精品课程新形态教材
"双创"型人才培养优秀教材
专创融合"金课"配套教材

大学生创新创业教育 上
思维与启蒙

主 编 ◎ 卞 华　　张 洁　　陈建萍
副主编 ◎ 陈卫东　　袁陆嘉雨
　　　　　刘 妍　　陈思思　　肖竟成
　　　　　李冬雪　　万江红　　庄莹莹
　　　　　韩丽娜　　李 晓　　曹军辉
　　　　　岳丽丽　　王自灵　　赵林林

湖南大学出版社
·长沙·

图书在版编目（CIP）数据

大学生创新创业教育：上、下/卞华，张洁，陈建萍主编. --长沙：湖南大学出版社，2024.9. --ISBN 978-7-5667-3655-0

Ⅰ. G647.38

中国国家版本馆 CIP 数据核字第 2024F9K619 号

大学生创新创业教育：上、下

DAXUESHENG CHUANGXIN CHUANGYE JIAOYU：SHANG、XIA

主　　编：卞　华　张　洁　陈建萍	
责任编辑：张以绪	
印　　装：涿州汇美亿浓印刷有限公司	
开　　本：787 mm×1092 mm　1/16	印　张：22　　字　数：481 千字
版　　次：2024 年 9 月第 1 版	印　次：2024 年 9 月第 1 次印刷
书　　号：ISBN 978-7-5667-3655-0	
定　　价：79.80 元（含上、下册）	

出 版 人：李文邦

出版发行：湖南大学出版社

社　　址：湖南·长沙·岳麓山　　　　邮　编：410082

电　　话：0731-88822559（营销部）　　88821174（编辑部）　　88821006（出版部）

传　　真：0731-88822264（总编室）

网　　址：http：//press.hnu.edu.cn

电子邮箱：xiaoshulianwenhua@163.com

前　言

　　培养创新型人才是目前我国人才培养的战略性目标，从中央到地方陆续出台了一系列支持创新创业的优惠政策，促进小微企业特别是创新型企业成长，带动就业，推动新质生产力发展。党的二十大报告指出，到2035年我国发展的总体目标之一是"进入创新型国家前列"。学校是培养和造就基础扎实、富有创新精神、能够应对未来社会就业发展和挑战的人才的摇篮，大力培养大学生的创新创业能力是各学校建立创新创业教育体系的关键环节和基础性内容。

　　目前，大学生创业的现状不容乐观，具体表现为大学生创业比例相对较低，整体创业活动不够活跃。造成这种现状的原因有很多，而学生缺乏创新创业意识是其中最为重要的原因之一。创新创业意识决定了创业者对创业活动的态度和行为，并规定着创业者创业行为的方向和力度，是创业者从事创业活动的强大内驱力。大学应该把培养学生的综合素质、创新精神和创业实践能力作为教育教学改革的重点，激发学生求知的潜能，使他们成为具有基础能力、应变能力、社交能力、创造能力的自觉创新创业者，真正把学生创新创业教育落到实处。

　　本书从实际出发，系统阐述了创新与创业的相关知识。全书共分上、下两册。上册为"思维与启蒙"，内容包括：认识创新创业、打造创业团队、激发创新思维、发掘创业机会、关注创新发明。下册为"基础与实务"，内容包括：盘点创业资源、理清创业思路、开办管理企业、学会营销财务、聚焦创新创业活动。其中项目一、项目二由卞华负责，项目三、项目四由陈卫东负责，项目五、项目六由袁陆嘉雨负责，项目七、项目八由刘妍负责，项目九、项目十由张洁负责。

　　本书的特色在于：紧密结合国家创新创业政策和实践，帮助学生了解最新的创新创业动态和趋势；注重实践性和可操作性，通过大量的案例分析和实训活动，引导学生将理论知识转化为实践操作；内容全面、系统，涵盖创新与创业的各个方面，帮助学生建立完整的创新创业知识体系；结合时代特点，引入新兴的创新创业理念和技术，拓宽学生的视野，激发其创新思维和创业热情。

　　本书在编写过程中，参考和借鉴了大量文献资料、网络资源以及一些专家学者的理论和观点，在此深表谢意。由于编者水平有限，加之编写时间仓促，书中不足乃至错漏之处难免，敬请广大专家、同行和读者批评指正，并对本书提出宝贵意见，以便我们在修订时不断完善。

编　者

2024 年 4 月

目　录

上　思维与启蒙

项目一
认识创新创业

> 我们要坚持创新是第一动力、人才是第一资源的理念，实施创新驱动发展战略，完善国家创新体系，加快关键核心技术自主创新，为经济社会发展打造新引擎。
>
> ——习近平

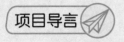

项目导言

　　创新创业是当今时代的旗帜。国家重视创新创业，因为社会的发展需要创新，各个领域都需要创新。现在越来越多的高校开始注重学生创新创业能力的培养，通过各种途径，调动各种资源，为学生创造充分的条件来培养和激发他们的创新创业能力。

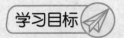

知识目标

- 了解创新创业的概念、熟悉创新的类型；
- 理解创新创业的本质和内涵。

能力目标

- 能够发现自身能力的不足，制订科学的创新能力提升计划；
- 能够对创新创业保持兴趣并树立正确的创业观。

素质目标

- 培养大学生敢于冒险、不惧艰苦的创业精神；
- 感受国家对大学生创新创业的支持，厚植爱国主义情怀。

案例导入

追梦在星辰大海的征途中

　　2019年，由我国自主研发、建造的疏浚重器，亚洲最大重型自航绞吸船——"天鲲号"正式投产首航。这一"大国重器"是国内第一艘完全自主设计建造的重型自航绞吸挖泥船，是拥有国际上最领先的智能控制系统、输送能力世界第一、适应恶劣海况能力全球最强的工程船。

　　这一刻，万众瞩目，惊耀世界，无数中国人感到骄傲和自豪；这一刻，欢呼的人群中，一位年轻人露出了带泪的微笑。他就是江苏航运职业技术学院船舶工程技术专业2007届毕业生，上海振华重工启东海洋工程股份有限公司设计部经理、高级工程师王秋松。

　　作为"天鲲号"项目技术负责人，从2015年"天鲲号"开工建造到2019年正式投产首航，王秋松为这艘"国之重器"付出了大量心血和汗水，其中的困难和艰辛数不胜数。王秋松带领他的团队夜以继日工作，整个建造过程可谓是迂回曲折、惊心动魄，3000份设计图纸，装满整整两个房间；技术工艺精益求精、自主创新，填补了国内多项行业空白；针对各种瓶颈问题举办的各类大型评审，平均每10天就要召集一次。

王秋松及其团队打破传统固有思维，通过反复计算、模拟，提出了最新设计方案，成功地减轻船体结构的重量，同时保证了足够的强度，得到专家的一致好评；他带领团队成功完成了全世界最大的140米桩架的制作与吊运；及时修正设计细节中的问题，保证项目的顺利完成，得到客户高度评价。建成后的"天鲲号"堪称"海上变形金刚"，两根巨型定位钢桩就是两条腿，起到"定海神针"的作用，能让"天鲲号"在惊涛骇浪里扎根施工。团队打破国际技术封锁，做出柔性钢桩台车系统。两根抛锚杆，就像一双巨手，可以移动船上的设备；而装驳管则像一对翅膀，可以把挖掘物装到泥驳里；绞刀架就像锋利的牙齿，啃食海底坚硬的岩石。"天鲲号"一小时就可以在海底挖出一米深、足球场那么大的深坑，并将挖起的海沙、岩石及海水的混合物输送到最远15公里外的地方。

"天鲲号"获得中国质量协会质量技术奖二等奖，王秋松也先后获得中国疏浚协会青年才俊、江苏省科学技术厅企业创新达人、江苏省科学技术奖三等奖等荣誉称号。王秋松正用智慧和汗水，和他的一艘艘船舶一起，劈波斩浪，追梦在星辰大海的征途中！

图1-1所示为"天鲲号"自航绞吸挖泥船。

图1-1 "天鲲号"自航绞吸挖泥船

启示

王秋松和他的团队从设计质量和技术创新角度入手，通过对设计图纸质量把控和有效技术谈判、工艺方案优化、材料降配等，以"强制度、控源头、再利用"的理念，加大降本增效的管控力度，让"天鲲号"实现了恰如其名的大气势、大胸怀，展示了新时代大国工匠奋发进取的昂扬姿态和踏实苦干的扎实作风。

任务 1 培养创新精神

问题导入

创新是一个民族进步的灵魂，是一个国家兴旺发达的不竭动力。在全社会都提倡创新的时代，大学生创业者应该时刻牢记"创新"的理念。创业如果没有创新，就好比鱼儿离开了水、鸟儿失去了翅膀。没有创新的引领，大学生创业者将很难闯出广阔的天空，而初创企业的持续发展壮大也将无从谈起。请同学们思考以下问题：

（1）创新是什么？在日常生活中，你有过创新行为吗？

（2）如何创新？

知识链接

一、创新的内涵、内容和特征

在深入探讨创新对于社会、经济及个人发展的深远影响之前，应明确并深刻理解创新的内涵。作为引领变革与进步的核心驱动力，创新不仅塑造了现在，更预示了未来的无限可能。

1. 创新的内涵

"创新"（innovation）一词源自拉丁语，涵盖更新、创造新事物以及改变等多重含义。尽管关于创新的定义众多，但最常被引用的是 1912 年由美国经济学家约瑟夫·熊彼特在其著作《经济发展理论》中提出的版本。熊彼特将创新概念引入经济领域，并认为创新意味着将新的生产要素和条件重新组合，形成新的生产体系，目的是实现潜在的利润增长。他从企业角度出发，列出了采用新产品、引入新的生产方法、开拓新市场、寻找原材料或半成品的新来源、实施工业的新组织形式等有关创新的五个主要方面。然而，熊彼特对创新的定义并不全面，存在一定的局限性。该定义偏重于经济学领域的创新，忽略了理论创新的重要性，也未充分考虑创新环境的影响。实际上，这一定义是在美国当时特定环境下形成的，不完全适用于其他情境或时代。

我国在 20 世纪 90 年代把"创新"一词引入科技界，形成了"知识创新""科技创新"等各种提法，进而扩展到社会生活的各个领域，由此使创新的说法被推广到各个层面。我国将创新视为国家发展的核心驱动力，强调科技创新对于提升国家竞争力和社会进步的关键作用。我国对创新的定义是全面而深刻的，它不仅仅是技术层面的革新，更是经济社会发展方式的转变。创新被视作推动国家持续发展、提升国际竞争力和改善民众生活的关键因素。创新驱动发展战略的实施，标志着我国进入一个新的以创新为主导的发展时代。对于每一个当代大学生来说，理解创新的深层含义，并积极参与到创新活动中，是顺应时代发展的必然选择。

综上，创新是指以现有的思维模式提出有别于常规的见解为导向，利用现有的知识和物质，在特定的环境中，为满足理想化需要或社会需求而引进或创造新事物、新方法、新元素、新路径、新环境的过程。

2. 创新的内容

（1）技术创新

应用最新技术：积极探索和利用人工智能、大数据、区块链等前沿技术，以寻求产品或服务的技术突破。例如，利用 AI 进行数据分析，提高决策的智能化水平。

研发新产品：不断研究和开发符合市场需求的新产品或服务。这包括对现有产品的迭代升级，以及对消费者需求进行预测并推出全新的产品。

（2）模式创新

商业模式创新：设计独特的商业模式，比如采用共享经济模式、订阅服务模式或免费＋增值服务模式，以满足不同客户群体的需求。

运营模式创新：优化内部管理和运营流程，如采用敏捷开发方法，提高产品开发的速度和效率。

（3）管理创新

扁平化管理：减少管理层级，提高团队成员的自主性，促进快速决策和灵活响应市场变化。

激励机制创新：设计多样化的员工激励方案，如股权激励、绩效奖金等，激发团队成员的积极性和创造力。

（4）营销创新

数字营销：运用社交媒体、搜索引擎优化、内容营销等数字营销手段，提高品牌曝光度和用户参与度。

个性化营销：通过数据分析了解顾客需求，实施个性化营销策略，提供定制化的产品或服务。

（5）服务创新

客户体验优化：重视用户体验的设计和优化，确保产品和服务能更好地满足用户需求，提升客户满意度。

售后服务创新：提供优质的售后服务，如 24 小时在线客服、快速响应机制等，提升客户忠诚度。

（6）文化创新

培育创新文化：培养一种鼓励创新、容忍失败的企业文化，为员工提供试验和创新的空间。

多元化和包容性：倡导文化多样性和包容性，吸引来自不同背景的人才，促进创意和创新的交流。

3. 创新的特征

创新作为一种推动社会进步和企业发展的关键驱动力，具有其独特的特征。这些特征不仅体现了创新的本质，也为理解和实施创新提供了重要的视角。

①超前性：创新必然具有超前性，它以"求新"为灵魂，但这种超前是从实际出发的，属于创造性实践活动的总结。

②新颖性：创新具有新颖性。创新将摒弃现有不合理的事物，革除过时的内容，然后再确立新事物。

③变革性：创新是一种深刻变革，是对已有事物的改革和革新。

④目的性：任何创新活动都有一定目的性，这个特征贯穿于整个创新过程始终。

⑤价值性：创新有明显、具体的价值，对社会经济具有一定效益。

通过对创新特征的深入理解，不仅能更好地把握创新的本质和规律，还能有效地指导实践中的创新活动，使其更加符合目的性和前瞻性要求，同时能够有效地管理和利用创新带来的不确定性和变革性。

案例分享

海上慧眼：船用观测与辨位专家

在广袤无垠的大海上，精准的观测与准确的辨位至关重要。针对船用罗经复示器存在的硬件制造复杂、人工测量目标方位繁琐、数字航向分罗经无法测方位等问题，江苏航运职业技术学院航海技术专业的李嘉航同学组建了"海上慧眼"创新团队，他们深入研究航向、舷角、方位的相互关系，精心设计了瞄准架与角度测量一体化的嵌入式数字舷角测量模块。他们巧妙运用信息技术，集成航向、方位数据，实现了数值和虚拟仪表的清晰显示。针对智能船与无人船远程观测的迫切需求，团队将数字舷角测量模块与云台摄像机进行互联，成功达成航向、方位、视频观测的一体化显示。在所有卫星定位都失效的极端情况下，团队的创新产品能够利用区域组网技术进行定位，为航海安全增添一道坚实的保障。项目荣获江苏省职业院校创新创业大赛一等奖、"互联网＋交通"全国交通职业院校创新创业大赛银奖，项目负责人李嘉航也被评为中国大学生自强之星、江苏省优秀共青团员。

案例点评

　　"海上慧眼"团队成员心怀对航海事业的热爱与追求，凭借着坚定的信念和顽强的毅力，不断攻克一个又一个技术难关。他们清晰地知晓自身所承担的责任与使命，凭借着敢为人先的果敢和智慧，在创新之途上无畏地阔步迈进。他们传承并发扬着科学精神，勇敢地去探寻未知的领域，大胆地向权威发起挑战，持续推动着技术的进步与发展。通过运用先进的理念和技术，摒弃陈旧的模式，"海上慧眼"团队为航海观测领域注入了青春力量，揭开了海上观测与辨位的崭新一页。

二、创新的原则

　　创新的原则体现了创新的规律和性质，是开展创新活动所依据的法则和判断创新构思所凭借的标准。按创新的原则去创新，可使创新活动更优化、更安全、更可靠。

1. 科学原理原则

　　创新最首要的是必须遵循科学原理，不能违背科学规律，因为任何违背科学原理的创新最终是无法获得成功的。比如，历史上许多才思卓越的人前仆后继地想去发明一种既不消耗任何能量又可不断运行的"永动机"，但无论他们构思得如何巧妙，均无法创造出"永动机"，其原因就在于这种创新违背了"能量守恒"的科学规律。

2. 机理简单原则

　　在现有科学技术条件下，如果不限制实现创新的方式和手段，所付出的代价可能远远超出合理范围，使得创新的结果得不偿失。在科技竞争日趋激烈的今天，结构复杂、功能冗余、用法烦琐已成为技术不成熟的表现。因此在创新的过程中，要始终贯彻机理简单原则，在同等效果下，机理越简单越好。为使创新的设想或结果更符合机理简单原则，可进行如下检验：

　　①新事物依据的原理是否重叠，超出应有范围；

　　②新事物拥有的结构是否复杂，超出应有程度；

　　③新事物具备的功能是否冗余，超出应有数量。

3. 构思独特原则

　　构思独特的创新往往能出奇制胜。创新贵在独特和新颖，在创新活动中可从新颖性、开创性、特色性等方面来考量创新构思是否独特。

4. 相对较优原则

　　创新事物不可能十全十美。创新不能盲目追求最优、最佳、最先进，创新设想各有千秋，这就需要人们按相对较优的原则，对设想进行判断选择。具体操作如下：

①从创新技术先进性上比较哪个更领先和超前；

②从创新经济合理性上比较哪个更合理；

③从创新整体效果上比较哪个更全面和更优化。

5. 不轻易否定且不简单比较原则

不轻易否定且不简单比较原则包括两个方面：一方面，不轻易否定是指在分析评判各种产品创新方案时，应避免轻易否定创新方案；另一方面，不简单比较是指不要随意在两个事物之间进行简单比较。

案例分享

超速革命：磁悬浮列车引领交通新纪元

21世纪初，全球交通运输业面临着前所未有的挑战和机遇。随着城市化进程的加速，传统的交通方式已经难以满足人们对速度、效率和环保的日益增长的需求。磁悬浮列车作为一种革命性的交通方式应运而生，它利用电磁力实现列车的悬浮和驱动，极大地提升了运输速度和舒适度，同时降低了噪音和能耗。

磁悬浮列车的核心技术是基于电磁悬浮原理，通过电磁铁产生足够的磁力，使列车悬浮在轨道上方，消除了轮轨之间的摩擦，从而允许列车以极高的速度平稳行驶。此外，列车采用直线电机驱动，利用磁场作用力推动列车前进，进一步提高了速度和效率。

工程师们深入研究了磁悬浮技术，包括磁力的产生、控制以及与车体动力的协同等，确保列车稳定悬浮并精确导航。设计团队构想出全新的列车外形和内部结构，以适应高速运行时的气动特性，并保证乘客的舒适体验。与当时的高速铁路相比，磁悬浮列车在速度、平稳性、噪音和能效上都展现出显著优势。面对技术挑战和成本问题，研发者没有轻易放弃磁悬浮技术，而是通过技术创新和优化，逐步解决了这些问题。

磁悬浮列车的成功投入运营，标志着交通运输领域进入了一个新的时代。这种新型列车将行程时间缩短到难以置信的程度，为远距离通勤和旅行提供了极大的便利。由于其在速度、舒适度和环保方面的卓越表现，磁悬浮列车引领了新一轮的交通技术革新。

图 1-2 所示为磁悬浮列车。

图 1-2　磁悬浮列车

案例点评

　　磁悬浮列车的开发不仅基于对电磁学原理的深刻理解和创新应用，还体现了人类对于更快速、更舒适、更环保交通方式不懈追求的精神。这一创新技术的成功实现，不仅推动了交通技术的发展，也为全球交通运输业的未来发展提供了新的方向。可见，深入挖掘和应用科学原理是推动技术革新和解决复杂问题的关键。

三、创新意识与创新精神

　　在深入剖析社会进步的脉络与个体成长的轨迹时，有一股无形的力量始终贯穿其中，成为推动历史车轮滚滚向前的关键。这股力量，正是源于人们内心深处对未知世界的好奇与渴望，以及对现状永不满足的探索精神，即创新意识与创新精神。正是这份精神，如同璀璨星辰，照亮前行的道路，引领着人类跨越重重障碍，不断攀登新的高峰。

1. 创新意识

（1）创新意识的含义

　　创新意识是指人们在实际社会活动中，主动开展创新活动的观念和意识，表现为对创新的重视、追求和开展创新活动的兴趣及欲望。它是人类意识活动中一种积极的、富有成果性的表现形式，是人们进行创新活动的出发点和内在动力，是唤醒、激励和发挥人所蕴含的潜在本质力量的重要精神动力，与创新能力一起贯穿于人的创新活动的整个过程。

（2）创新意识的内容

①强烈的创新动机。创新动机是创新意识的动力源，是形成和推动创新行为的内驱力，是引起和维持主体进行创新活动的内部心理过程，也是创新才能得以施展的能量源。人的每项创新活动、每个创新意识一定程度上都离不开创新动机的支配。创新动机明确并且强烈的人，其创新活动成功的希望就大；创新动机肤浅的人，其创新活动成功的希望就小。

②浓厚的创新兴趣。创新兴趣是指人们从事创新活动所投入的积极情绪和态度定向，它是创新动机的进一步发展。创新动机来源于对创新的浓厚兴趣。产生创新动机不一定有创新兴趣，而一旦形成创新兴趣则必然伴随着创新动机。创新兴趣是人们从事创新实践活动强有力的动力之一，是投身创新实践的不竭动力。

③健康的创新情感。创新过程不仅仅是纯粹的智力活动过程，它还需要开启、推进乃至完成创造性活动的创新情感。首先，需要稳定的创新情感。创新者只有在稳定的创新情感支配下，才能提高自身创新敏感性，及时捕捉有用信息，对与创新有关的事物充满浓厚兴趣。其次，需要积极的创新情感。创新者积极的创新情感可以极大激发自身的创新意识和创新敏感性，充分调动自己投身于创新活动的积极性。再次，需要深厚的创新情感。创新热情是一种深厚的创新情感，具有持续性，能促进创新者形成强烈的创新意识并展开创新活动。

④坚定的创新意志。创新意志是在创造中克服各种困难、冲破各种阻碍的心理状态，具有鲜明的目的性和顽强性。创新意志首要的是目的性，其次才是顽强性。创新者只有对自己的行动目的有明确认识，才能按既定的目标去行动。创新意志的顽强性指人们在创新的过程中能精力充沛、坚持不懈地克服一切困难和障碍，取得创新成果。科学创造是一种艰苦的劳动，是要探索前人没有走完的路，要产生前人没有产生过的成果。在创造过程中成功与失败并存，只有意志顽强的创造者才能在挫折与失败中不断进取，从而走向成功。

（3）增强大学生创新意识的重要性

①增强创新意识是当今时代国家创新体系持续发展的要求。在当今时代，强化创新意识是国家创新体系持续发展的核心要求。这一论断深刻植根于知识经济的大背景之下，对富有创新意识和创新能力的高素质科技人才的培养，不仅是科技进步的内在需求，也是科技人才培养的核心目标。作为由知识创新和技术创新相关机构或组织紧密交织而成的网络体系，国家创新体系包括企业科研机构、高等院校等关键要素。这一体系的构建并非一蹴而就，而是长期积累与发展的过程，它要求一代又一代人的不懈努力与持续投入。唯有通过不断完善国家创新体系，方能有效提升国家的科技竞争力和整体综合实力。作为这一体系中的灵魂人物，创新型人才具备强烈的创新精神和意识，拥有敏捷的创新思维以及卓越的创新能力，是推动国家自主创新的关键所在。创新型人才不仅能够取得创造性的成果，更能在各自领域有所建树。他们不仅是建设国家创新体系的主导力量，更是确保每个构成要素都能发挥科技中坚作用的关键。因此，培养具有创新意识的创新型人才，不仅是面对

知识经济时代挑战的必然选择，更是国家创新体系持续发展和永葆生机活力的迫切需要。

②增强创新意识是高校教育发展的需要。高校的人才培养目标是培育具备创新精神和实践能力的高级专业人才。高校的社会声誉主要依托其培养的优秀人才和丰硕的科研成果来建立。学生创新素质直接影响高校人才质量，进而决定高校在未来的竞争力。随着高校培养出更多高素质、具有竞争力的人才，其社会声誉也会不断提升，从而吸引更多生源，促进学校发展。因此，培养具有创新意识的创新人才，对于高校的生存与发展至关重要。创新意识和创新能力是一个涉及生理、心理、智力、人格等多方面的综合体，体现了人的综合素质和发展状况。对于高校而言，培养大学生的创新意识是素质教育的重要内容。人才素质的高低在很大程度上取决于其创新意识和创新能力的高低，这两者是大学生素质中不可或缺的成分，因此，培养大学生的创新意识和创新能力是高校实施素质教育的核心。同时，培养大学生的创新意识也是高校思想政治教育创新的重要体现。思想政治教育的内容随着社会和现实的发展而不断更新，以创新意识和创新能力为核心的创新观是现代思想政治教育内容的时代扩充。因此，培养大学生的创新意识是推进高校思想政治教育创新的重要任务和内在要求。

③增强创新意识是高校大学生全面发展的需要。在知识经济时代，知识的陈旧周期日益缩短，内容日渐丰富，转化速度迅猛提升。面对这一形势，高校大学生欲成才，必须掌握涉及面广、迁移性强、容纳度大、概括程度高的"核心"知识，并树立忧患意识，主动强化自身的创新意识和能力。在就业市场趋于饱和的状态下，大学生更需树立创新意识和竞争意识，运用所学知识，敏锐观察就业趋势，将自己打造成为独具特色的创新人才，以增强自身竞争力。

2. 创新精神

（1）创新精神的概念

创新精神是科学精神和科学思想的重要组成部分，它要求个体在创新活动中展现出特定的心理特征。这一精神涵盖了创新意识、创新兴趣、创新胆量、创新决心以及相关的思维活动，体现了能够综合运用已有知识、信息、技能和方法，提出新方法、新观点的思维能力和进行发明创造、改革、革新的意志、信心、勇气和智慧。

创新精神的核心在于勇于抛弃旧思想、旧事物，积极创立新思想、新事物。它表现为不满足现有的认识、方法、工具、材料、生活生产方式等，而是根据实际需要或新情况，持续进行改革和革新。有创新精神的人不墨守成规，敢于打破原有框架，探索新的规律和方法；同时，也不迷信书本和权威，敢于基于事实和自己的思考向传统挑战。

此外，创新精神还体现在不盲目效仿他人，坚持独立思考，说自己的话，走自己的路。有创新精神的人追求新颖、独特，不喜欢一般化，而是致力于寻找与众不同的解决方案。在解决问题的过程中，创新精神强调灵活应用已有知识和能力，展现出一种不僵化、不呆板的态度。

（2）创新精神的培养

创新精神是推动个人发展和社会进步的关键力量。在当今快速变化和高度竞争的环境中，培养创新精神成为高等教育和个人发展的重要课题。

高等教育应从传统的知识传授转变为能力培养，强调批判性思维、问题解决能力和创新能力的培养。通过跨专业跨学科课程设置，促进学生在不同领域之间建立知识链接，激发新的思考方式。

通过实验、项目制学习和实地考察，提供给学生更多亲身体验和实际操作的机会。实践中遇到的真实问题可以激发学生发现问题和解决问题的能力，从而培养创新思维。

鼓励学生质疑现有知识和观点，通过批判性思维的训练，提高分析和判断能力。教育学生从多个视角和维度分析问题，以开放的心态探索多种可能的解决方案。

营造一个鼓励尝试和包容失败的环境，使得学生能够在实践中自由探索，不惧失败。学校可以设置专门的创新支持平台，如创新中心和孵化器，提供资源和指导以支持学生的创新活动。

鼓励学生探索自己感兴趣的领域。内在兴趣是推动个人持续创新的重要动力，学校要帮助学生明确创新活动的长远目标和意义，增强其对创新成果的期望和动力。

通过团队项目和协作任务，培养学生的沟通能力和团队精神，使其学会在多样性中寻找创新灵感。鼓励团队内的知识和经验共享，通过集体智慧解决复杂问题，共同推动创新的实现。

案例分享

焊接革新梦：创新让生活更美好

袁宏亮是江苏航运职业技术学院 2022 届毕业生，虽已毕业，但每次遇到焊接技术上的难点，第一时间就会回到学校，到工作室来向师傅请教，与大家一起探讨，攻克难关。

袁宏亮出生于一个经济困难家庭，他来到江苏航运职业技术学院就是想掌握一技之长，改变家庭的困境。他加入了江苏航运职业技术学院焊接技能大师工作室，工作室充分发挥高技能人才在带徒传艺、技能攻关、技艺传承、技能推广等方面的重要作用，实行教学、生产、技术服务"三结合"。正是在焊接技能大师工作室，袁宏亮的专业技能水平突飞猛进，获得了别人需要十几年才能取得的高级技师证书，多次在江苏省船舶行业电焊工技能大赛、"嘉克杯"国际焊接技能大赛中获奖，并取得了多项专利。

在学习和实践中，袁宏亮及其项目团队成员始终紧跟行业发展步伐，坚持产教融合、校企合作，践行工匠精神，刻苦训练，凭借不懈努力，研制出了具有独立知识产权的单头双丝共熔池焊机。该设备通过两条焊丝同时焊接，采用智能控制系统，自动调整焊接参数，适应不同材料和工况，确保焊接质量的稳定性，大大提高了焊接速度和效率。该项目荣获中国国际"互联网＋"大学生创新创业大赛国赛金奖，"挑战杯"中国大学生创业计划竞赛国赛金奖。

图 1-3 所示为中国教育电视台《职教中国》栏目介绍袁宏亮的创新故事。

图 1-3　中国教育电视台《职教中国》栏目介绍袁宏亮的创新故事

案例点评

　　袁宏亮的成长经历充分体现了持续学习、技能传承和创新精神的重要性。通过加入焊接技能大师工作室，袁宏亮不仅迅速提升了专业技能水平，还取得了高级技师证书和多项专利，并在国家级技能大赛及创新创业大赛中获奖。他的成功得益于学校提供的实践平台和良好的师徒制度，这种模式有效地结合了教学、生产与技术服务，为学生提供了实际操作和解决问题的机会。此外，袁宏亮及其团队紧跟行业发展，坚持产教融合、校企合作，发扬工匠精神，最终研制出具有自主知识产权的单头双丝共熔池焊机，这不仅提升了焊接工作的质量和效率，也获得了国内外的高度评价和多项荣誉，充分展示了教育对于技术技能传承和创新创业的巨大推动力，同时也说明了持续学习和创新精神在个人职业发展中的重要作用。

■ 素养园地

培养更多高素质技术技能人才、能工巧匠、大国工匠

　　"当今世界的竞争说到底是人才竞争、教育竞争。要更加重视人才自主培养，努力造就一批具有世界影响力的顶尖科技人才，稳定支持一批创新团队，培养更多高素质技

术技能人才、能工巧匠、大国工匠。我国教育是能够培养出大师来的，我们要有这个自信！"这段话出自 2021 年 5 月 28 日习近平总书记在中国科学院第二十次院士大会、中国工程院第十五次院士大会和中国科学技术协会第十次全国代表大会上发表的讲话。

当前，世界百年未有之大变局加速演进，新一轮科技革命和产业变革深入发展，我国正处于重要的战略机遇期。加快培养更多高素质技术技能人才、能工巧匠和大国工匠，对于我们加快建设现代化产业体系、增强国家核心竞争力具有重要意义。

实现高质量发展，离不开高技能人才的坚实支撑。党的十八大以来，以习近平同志为核心的党中央高度重视人才工作，技能人才队伍建设进入"快车道"。目前，我国高技能人才已超过 6000 万人，占技能劳动者的 30%，是中国制造、中国创造、中国建造的中坚力量。从"神舟飞天"到"嫦娥揽月"，从"天眼探空"到"北斗组网"，再到港珠澳大桥飞架三地、北京大兴国际机场"凤凰展翅"，这些重大成就的取得都离不开大国工匠和能工巧匠们的深入钻研、执着追求。近年来，越来越多的"劳模和工匠人才创新工作室""技能大师工作室"获命名授牌。他们充分发挥了示范引领作用，推动更多技能大师实践经验及创新成果的传承和推广。

党的二十大明确提出，要加快建设国家战略人才力量，努力培养造就更多大师、战略科学家、一流科技领军人才和创新团队、青年科技人才、卓越工程师、大国工匠、高技能人才。这一重要论断足以说明，培养能工巧匠、大国工匠在内的战略人才在我们强国建设、民族复兴道路上的重要地位和紧迫性。我们要始终坚持面向世界科技前沿、面向经济主战场、面向国家重大需求、面向人民生命健康，以国家战略需求为导向，加大人才培养、人才使用、人才激励的体制机制改革力度，不断培养造就更多顶尖科技人才、高素质技术技能人才和能工巧匠，为实现经济社会高质量发展注入不竭动力。

资料来源：央广网《每日一习话》

■ 任务训练

（一）打破思维定势

活动目的：

通过小游戏，让同学们打破思维定势。

活动要求：

请 12 位同学做一个小游戏。将这 12 位同学平均分为两队，把放在地上的两个钥匙扣捡起来，再把钥匙扣从队首传递到队尾。游戏规则是必须按照顺序传递，并使钥匙扣接触每位同学的手。两队比赛，看哪一队能在最短的时间内完成这一游戏，赢的那一队可以获得一份神秘奖品。

活动思路：

最快的方法是创新传递的方式，把两个钥匙扣扣在一起，把手扣成圆筒状，摞在一起，形成一个通道，让钥匙扣像自由落体一样地从上往下落。这样既按了顺序传递，同时也接触了每位同学的手。

（二）从多个角度思考问题

活动目的：

通过把问题放在不同的环境中进行思考，让学生学会从多个角度思考问题、发现新思路。

活动主题：

报纸的用途。

活动要求：

你能具体想象出多少种报纸的用途？越具体、越多越好，请同学们试试看。

任务 2　增强创业能力

创业，无疑是当今时代极具吸引力的一个词语，因为它不仅意味着创造出更丰富的产品、服务，为我们自身和社会创造财富，还意味着可以让我们施展才能，实现自身价值和人生理想。当今的时代是一个全民创业的时代，大学生创业已成为毕业生的一种全新的就业方式。请同学们思考以下问题：

（1）什么是创业？

（2）创业的类型有哪些？

（3）创业过程包括哪些环节？

知识链接

一、创业的内涵与意义

创业，是个人梦想与激情的展现，也是社会进步与经济繁荣的驱动力。它打破了传统职业的界限，强调创新思维与实践能力。创业过程涵盖了从构想到实践的各个环节，是创业者智慧与汗水的结晶。它不仅关乎个人成就，更激发了社会活力，促进了产业升级，解决了就业问题，并为社会问题提供了创新路径。因此，探讨创业的内涵与意义，既是对个人奋斗精神的认可，也是对未来社会发展的展望。

1. 创业的内涵

"创业"一词最早出现于《孟子·梁惠王下》："君子创业垂统，为可继也。"故《辞海》将"创业"解释为"开创基业"，《汉语成语词典》将"创业"解释为"创办事业"。杰弗里·蒂蒙斯所著的创业教育领域的经典教科书——《创业创造》中将"创业"定义为：一种思考、推理结合运气的行为方式，它由运气带来的机会所驱动，需要在方法上全盘考虑并拥有和谐的领导能力。

综合国内外学者的观点，关于什么是"创业"，可以从狭义和广义两个层面来理解。

（1）广义的创业

广义的创业泛指在各个领域开创事业并且在特定领域内造成较大的影响、关系到国计民生的事业。战国七雄为了实现霸业而东征西战，历代开国君臣为建立新的国家而运筹帷幄，殚精竭虑，他们都是在创业；秦汉的文治武功是创业，唐宋的休养生息、发展经济也是创业。创业总是以价值实现为终极目标，创业的价值是个人价值与社会价值的统一。

（2）狭义的创业

狭义的创业也称为自主创业，是指创办企业，可定义为：创业者在不确定的环境中，通过发现、识别和捕捉创业机会并有效整合资源、获取商业利润、创造个人价值与社会价值的过程。狭义的创业具有如下内涵：

①创业是一个复杂的创造过程，它创造出某种有价值的新事物。这种新事物不仅要对创业者本身有价值，而且对社会也要有价值。价值属性是创业的重要属性，同时也是创业活动的意义所在。没有增值，创业就没有意义，初创企业也不可能存活。

②创业需要创业者贡献必要的时间和大量的精力，付出极大的努力。要完成整个创业过程，要创造新的有价值的事物，就需要大量的时间；而要获得成功，更需要坚忍不拔的意志和坚持不懈的努力，而且很多创业活动的初期都是在非常艰苦的环境下度过的。当然，创业的渐进和成功也会带来很大的成就感。

③创业将会面对资源难题，需要设法突破资源束缚。一般情况下，创业者可以直接控制的可用资源往往很少，创业几乎都是白手起家、从无到有的过程。成功的核心因素之一就是借助别人的资源。因此，创业者只有努力创新资源整合手段和资源获取渠道，才能真正摆脱资源约束的困境。

④创业需要寻求有效机会。创业通常离不开创业者识别机会、把握机会和实现价值的有效活动。创业者从创业起始就需要努力识别商业机会，只有发现了商业机会，才有可能更好地整合资源和创造价值。因此，一般认为寻求有效机会是产生创业活动的前提。

⑤创业要承担必然的风险。创业的风险可能有各种不同的形式，这取决于创业的领域和创业团队的资源。通常的创业风险主要包括人力资源风险、市场风险、财务风险、技术风险、外部风险、合同风险等几个方面。创业者应具备超人的胆识，甘冒风险，勇于面对多数人望而却步的风险。

2. 创业的意义

随着高等教育学校数量的增多和规模的扩张，大学毕业生的就业问题也日渐突出。我国应届高校毕业生人数多年来持续增长，不断创历史新高。为了解决大学生就业难题，近年来，从中央到地方都出台了许多应对措施，其中鼓励大学生创业被摆在了突出的位置，"大力支持自主创业、促进以创业带动就业"成为应对就业问题的重大战略。因此，大学毕业生创业具有十分重要的意义。

（1）创业是缓解大学生就业难的有效途径

创业具有扩大就业的倍增效应。大学生创业不仅是自身就业的重要形式，还能带动就业，为更多的人解决就业问题。调查结果表明：一个大学生创业，平均可以带动 8 个大学生或社会待业人员的就业。因此，培养大学生的创业精神和创业技能，提倡和鼓励大学生自主创业，通过创业来解决大学生就业问题无疑是一条可行有效的途径。

（2）创业有利于大学生自我价值的实现

随着社会的不断发展，创办企业越来越需要创业者具有较高的知识水平和技术能力。而拥有专业知识和具有人力资本的大学生更有能力通过创业来实现价值创造。大学毕业生通过自主创业，可以把自己的兴趣与职业紧密结合起来，做自己最感兴趣和自己认为最值得做的事情。创业为大学生创造了发展的机会，提供了增加个人财富的可能性，有利于大学生提高自己的社会地位。对许许多多梦想着开创自己事业的大学生而言，创业不但是一种充分实现自我价值的机会，更是充分发挥个人潜能的舞台。

（3）创业有利于培养大学生的创新精神

创业的本质是创新，而创新是一个民族的灵魂，是一个国家兴旺发达的不竭动力。青年大学生作为最具活力的群体，是未来社会的精英，如果大学生失去了创造的冲动和欲望，那么国家最终将失去发展的不竭动力。大学生的创业活动，有利于培养其勇于开拓创新的精神，使其把就业压力转化为创业动力，有利于培养出越来越多各行各业的创新型人才，为我国创业型经济的发展提供根本性支撑。

（4）创业有利于促进中小企业的快速发展

从国际经验来看，等量资金投资于小企业所创造的就业机会是大企业的 4 倍。我国约有 99.5% 的企业属于中小企业，65%～80% 的劳动者在其中就业。

（5）创业有利于培养大学生艰苦奋斗的作风

大学生自主创业的过程中，困难、挫折甚至失败都在所难免，这就要求自主创业的大学毕业生具备顽强的意志和良好的品格，勇于承担风险，自立自强，艰苦拼搏，通过创业培养风险意识、拼搏精神和艰苦奋斗的作风。

案例分享

多级油气冷凝分离回收装置

油气是原油运输、储存过程当中产生的易挥发有机气体，如果不及时处理，不仅会造成装置变形、泄漏、爆炸等安全问题，而且污染环境，威胁人身安全。

为响应国家"双碳"政策，缓解能源紧张，促进企业高端化、绿色化、智能化转型，江苏航运职业技术学院船舶动力工程技术专业 2022 级的王宇轩同学实地走访多处原油运输港口与大规模储油区域，发现大部分处理油气的方式为混合回收后直接燃烧或丢弃，没有二次利用环节，严重浪费资源，并且在燃烧或者丢弃过程中，也容易造成二次污染。他还发现，目前油气的二次回收利用装置后续处理步骤繁琐、时间长、耗能高，与企业支出不成正比；装置本身耗能高、热损失严重，并且材料脆弱，在长时间低温运行下容易导致能量流失加剧，设备寿命减短；设备运行维护成本高，在长时间运作下会导致装置形变，从而引发油气泄漏，造成环境污染和爆炸等问题。图 1-4 所示为"多级油气冷凝分离回收装置"项目团队在调试设备。

图 1-4　"多级油气冷凝分离回收装置"项目团队在调试设备

王宇轩同学与小伙伴们组建了"凌航"创新团队，历时两年，利用低温液化与物质露点差异的原理，通过改变原有装置的单腔室结构与制冷模式，研发出多级油气冷凝分离回收装置。他们解决了油气回收步骤繁琐、耗能大、二次污染等问题，实现了节能减排、能源再利用的绿色化发展。团队成员攻克了一个又一个技术难点，项目先后获第十八届全国高职院校"发明杯"大学生专利创新大赛二等奖、2023 年江苏省高校创新创业"金种子"四星级孵育项目、2023 年江苏省职业院校创新创业大赛二等奖、第十四届"挑战杯"中国大学生创业计划竞赛江苏省选拔赛铜奖。

✒️ 案例点评

"多级油气冷凝分离回收装置"项目响应了"双碳"政策，对政策的有效解读和实践创新是大学生创新创业过程中最基本的要求。团队成员将专业知识与商业能力结合，通过刻苦钻研，形成了优秀的创新成果；并且在过程中不断完善，结合实际，迎合市场与行业需求，不断创新，积极进步，展现了当代大学生敢闯会闯的精神面貌，得到了行业内外专家的认可。

二、创业的要素与类型

创业的要素如同构建大厦的基石，每一块都至关重要，它们共同支撑起创业项目的稳固框架。从创新的商业理念到敏锐的市场洞察，从资源的有效整合到团队的紧密协作，每一个要素都是创业成功不可或缺的。而创业的类型，则如同丰富多彩的画卷，展现了不同行业、不同模式的多样性。从科技初创企业的颠覆性创新，到传统行业的转型升级；从独立创业的单打独斗，到团队合作的集思广益，每一种类型都蕴含着独特的魅力和挑战。正是这些要素与类型的交织，构成了创业生态的多元化与活力，蕴藏了无限可能与机遇。

1. 创业的要素

人们研究创业活动的一个基本方法就是分析创业要素，即分析具备了哪些要素就可以进行创业活动了。目前，相关研究成果很多。如"三要素说"：技术、创新模式和创业团队（或是产品、资金、团队，也有人认为是资金、策划、市场）。"四要素说"：创业者、创业机会、创业组织、创业资源。"五要素说"：眼光、思想、魄力、资本、关系。但迄今为止，人们对创业要素的认识和分析中，最为典型和公认的创业要素模型为蒂蒙斯模型。该模型提炼出了创业的三大关键要素，即创业机会、创始人及其创业团队、创业资源，如图 1-5 所示。

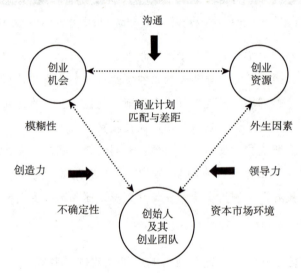

图 1-5　蒂蒙斯创业三要素模型

（1）创业机会

创业机会是创业过程的核心驱动力。如果没有机会，创业活动就成了盲动，难以创造真正的价值。创业过程始于创业机会，而不是钱、战略、网络、团队或商业计划。开始创业时，商业机会比资金、团队的才干和能力及适当的资源更重要。在创业过程中，资源与商机间经历着"适应→差距→适应"的动态过程。商业计划为创业者、创业机会和资源三个要素的质量以及相互间的匹配和平衡提供了语言和规则。

（2）创始人及其创业团队

创始人及其创业团队是创业过程的主导者和核心。如果没有创业者及其创业团队的主观努力，创业活动是不可能发生的。创始人及其创业团队的作用就是利用其自身的创造力，在模糊、不确定的环境中发现机会，并利用企业网络和社会资本等外界因素组织和整合资源，主导企业利用搜寻到的创业机会创造价值。

（3）创业资源

创业资源是创业成功的必要保证。创始人及其创业团队把握住合适的机会后，还需要有相应的资金和设备等资源；如果没有必要的资源，机会也就难以被开发和实现。

创业过程实际上是三个要素之间相互作用、由不平衡向平衡发展的过程。在三个要素中绝对的平衡是不存在的，但企业要保持发展，必须追求一种动态的平衡。处于模型底部的创始人及其创业团队要善于平衡，借此推进创业过程。他们必须做的核心工作是：对创业机会的理性分析和把握，对风险的认识和规避，对资源的合理利用和配置，对工作团队适应性的分析和认识，等等。

用保持平衡的观念展望企业未来时，创业者必须思考的问题是：目前的团队能否领导公司在未来成长得越来越好？下一阶段要想取得成功会面临怎样的困难？这些问题在不同的阶段以不同的形式出现，关系着企业的可持续发展。总之，创业者要在千变万化的环境中依靠创业机会、创始人及其创业团队和创业资源三要素之间的和谐与平衡，分析解决各种问题，努力协调创业中各种资源的配置，从而保证创业成功。

2. 创业的类型

创业活动涉及各行各业，创业者的创业动机千差万别，创业项目和领域多种多样，创业的类型也因此呈现多样化，可以从不同角度对其进行分类。

（1）基于创业形式的分类

根据创业形式，可以将创业分成复制型创业、模仿型创业、安定型创业和冒险型创业。

①复制型创业。复制型创业即在现有经营模式的基础上，简单复制原有公司的经营模式进行的创业。例如，某人原本在餐厅里担任厨师，后来辞职自行创立了一家与原服务餐厅类似的新餐厅。在现实社会里，初创企业中属于复制型创业的比例很高，且由于前期经验的积累，创业者创业的成功率较高。

②模仿型创业。这种形式的创业虽然创新的成分很低，但与复制型创业的不同之处在于，其创业过程对于创业者而言具有很大冒险成分。例如，某制鞋公司的经理辞掉工作，开办了一家当下流行的网络咖啡店。这种形式的创业具有较高的不确定性，学习过程长，犯错机会多，代价也较高昂。这种创业者如果具有合适的创业人格特征，经过系统的创业管理培训，掌握正确的市场进入时机，还是有很大机会获得成功的。

③安定型创业。这种形式的创业，虽然为市场创造了新的价值，但对创业者而言，无太大的改变，做的也是比较熟悉的工作。这种类型的创业强调的是创业精神的体现，也就是创新的活动，而不是新组织的创造，企业内创业即属于这一类型。例如，研发单位的某小组在开发完成一个新产品后，继续在该企业部门开发另一个新产品。

④冒险型创业。冒险型创业是一种难度很高的创业活动，有较高的失败率；而一旦创业成功，投资回报也很高。这种类型的创业想要获得成功，对创业者能力、创业时机、创业精神发挥、创业策略研究拟定、商业模式创新、经营模式设计、创业过程管理等各方面都有很高的要求。

（2）基于创业动机的分类

依据创业者的创业动机可以将创业分成生存型创业和机会型创业。

①生存型创业。生存型创业是指创业者受生活所迫，由于没有其他更好的选择，不得不通过创业活动来解决其所面临的困难而进行的创业。这种类型的创业者，最初或许根本就没有太多创业的概念以及伟大的理想与梦想，只是出于生存的需要，在现有市场中捕捉机会，从事低成本、低门槛、低风险、低利润的创业。生存型创业大多属于复制型和模仿型创业，创业项目多集中在餐饮、美容美发、商业零售、房地产经纪等比较容易进入的生活服务业。生存型创业企业一般规模较小，其面临的市场竞争比较激烈。对生存型创业者来说，要想做大做强，必须克服小富即安的惰性思想，善抓机遇，走机会型创业的道路。

②机会型创业。机会型创业是指创业者基于实现自我价值的强烈愿望，在发现或创造新的市场机会下进行的创业活动。从事机会型创业的人通常不会选择自我雇佣的形式，而是具有明确的创业梦想，进行创业机会的识别和把握，有备而来。例如，李彦宏创办百度公司就是典型的机会型创业。他舍弃在美国的高薪岗位毅然回国创业，其主要原因是他发现了互联网搜索引擎存在的巨大商机，同时期望实现自我人生的更大发展。相比生存型创业，机会型创业不仅能解决创业者自己的就业问题，而且能解决更多人的就业问题，有可能创造更大的经济效益和社会价值。所以，无论是从缓解就业压力的角度还是创造社会和经济价值的角度，政府和社会都应该大力倡导机会型创业。

（3）基于创业起点的分类

依据创业者的创业起点，可将创业分为创建新企业和企业内创业。

①创建新企业。创建新企业是指创业者或团体从无到有地创建全新的企业组织。这个过程充满机遇，创业者和团队的想象力、创造力可以得到最大限度地发挥。但创业的风险和难度较大，创业者可能遇到缺乏资源、经验和相关方支持的困境。

②企业内创业。企业内创业是指在企业内进行创新创造的过程，意指现有的企业为了适应市场环境的变化，开发新的产品或者服务，为了提高企业竞争力和盈利能力而开展的创业活动。通常情况下，企业内创业是由有创意的员工发起的，其在企业的支持下进行企业内部新项目的创业，并与企业分享创业成果。企业内创业由于其独特的优势而受到越来

越多创业者和企业的关注。例如，华为公司为了解决机构庞大的问题和老员工的问题，鼓励内部创业，将华为非核心业务与服务业务（公交、餐饮等）"分离"出去，以内部创业方式先后成立了两家公司。这些内创公司依托华为强大的经济实力与市场占有率为其产品提供相关技术服务，同时也成就了企业内部员工的创业梦。

案例分享

大疆：从民房初创到无人机领军企业

大疆是一家专注于无人机研发的公司，其创始人汪滔是一位传奇人物。汪滔大三时，他选择将直升机的飞行控制系统作为自己的毕业课题，还拿到了研究资金。香港科技大学机器人研究方向的李泽湘教授看中了汪滔的创新和动手能力，并邀请他修读他的研究生。研究生期间，李泽湘甚至允许汪滔边创业边学习，还推荐汪滔在深圳创业。2006年，他在一间不足20平方米的民房里创立了大疆，可是他既没有资金也不懂如何管理，公司里只有两三个当初和他一起做课题的员工。他们的第一款产品是飞行控制器。这个产品很快就受到了市场的欢迎。他们的客户非常满意，因为这个产品比市场上其他的产品更加稳定，价格也更加合理。公司在发展过程中也遇到不少问题，他们经历了很多的困难和挫折。但是，他们从来没有放弃过。他们一直相信，只要坚持下去，就一定会成功。为了实现自己的目标，汪滔和他的团队一直在不断地创新。他们不断地改进自己的产品，使其更加稳定，更加实用。他们的创新精神，为公司的发展提供了不竭的动力。

案例点评

大疆的成功，离不开汪滔及其团队的努力和付出。他们的创业故事告诉我们，只要坚持不懈，勇于创新，团结协作，就一定能够创造出属于自己的辉煌。但大疆的成功，不仅是汪滔和他的团队的成功，也是中国创新精神和创业精神的成功。大疆的故事，将激励更多的人勇于创新，勇于创业，为中国的创新和创业事业作出更大的贡献。

三、创业的过程与阶段

创业之路，充满挑战与机遇，其过程犹如探险，各阶段紧密相连。从创意萌发到商业计划确立，是起点也是关键一步。接着，资源筹集、团队构建、市场开拓，每一步都考验着创业者的智慧与勇气。在此过程中，创业者需跨越理论与实践的鸿沟，面对不确定性，做出决策。每一次成长与突破，都是对能力的锻炼与提升。下面简要概述创业的过程与阶段。

1. 创业的过程

创业的一般过程包括创业者从产生创业想法开始的自我评估到创建新企业并获取回报，通常分为以下 6 个过程环节。

（1）自我评估

"想创业不一定能创业，能创业不一定成功创业。"创业者的性格、技能和资源往往决定了创业的成败。当你产生了创业动机后，在打算创办一家企业之前，你需要全面而客观地评价自己，判断自己是否适合创办和经营企业，是否具备创办和经营企业的基本能力，因为创业是一种极大的挑战。

（2）识别创业机会

识别创业机会是创业过程的核心环节。李嘉诚说："机会存在是客观的，机会发现是主观的，只要做一个有心人，发现机会的存在不是一件困难的事情。"创业者在识别创业机会阶段应有敏锐的嗅觉，能够广泛结交朋友并与他们交流沟通，以便准确地寻找和识别创业机会，分析并判断其商业价值，最终抓住创业机会，确定创业项目。

（3）组建创业团队

创业活动的复杂性决定了不可能由创业者一个人包揽所有的事务，而要通过组建分工明确的创业团队来完成各自的任务。创业团队的优劣，基本上决定了创业能否成功。对于创业公司来说，团队的重要性不言而喻。然而大多数创业者却没有认识到这一点，他们觉得只要项目好，就会有好的市场前景，事实上并非如此。再好的项目也是需要人来运作的。所以创业者需要构建一个分工合作、步调一致的团队。

（4）制订创业计划

创业计划是对与创业项目有关的事项进行全方位安排的一份书面文件，用以描述创办一个企业时所有相关的外部及内部要素，包括商业前景的展望、人员、资金、物质等各种资源的整合，以及经营思想、战略的确定等，是为创业项目制订的一份完整、具体、深入的行动指南。因此，创业者在创办企业之前，必须撰写一份创业计划书，来帮助创业者进行自我评价，以及判断项目的可行性、竞争力与盈利能力。

（5）创办新企业

企业是创业行为的产物，是创业者实现创业梦想的实体基础。创办新企业包括选择适当的企业法律形式和经营地址、公司制度设计、企业注册、确定进入市场的途径（包括选择完全创办新企业还是加入现有企业等）。值得注意的是，许多创业者在创业初期由于生存的压力以及对未来缺乏准确预判，往往容易忽视这部分工作，结果给以后的发展留下了隐患。

（6）初创期企业的经营和管理

企业一经建立，首先面临的是经营和管理问题，包括创业初期的市场营销、产品设计和规划、财务和售后服务体系的建立等。这一阶段包括选择正确的管理模式、明确创业成功的关键、及时发现运作中出现的问题，并完善相应的管理和控制系统，确保企业或店铺的正常运作。在安全度过生存期后，创业者需要了解新创企业成长的一般规律，预判可能面临的问题及如何防范和解决问题，如何实现初创企业的发展。

2. 创业的阶段

从新创企业发展的性质来看，创业可分为四个基本阶段：

①生存阶段：以产品、技术和服务来占领市场，重点是要有想法、会销售。

②公司化阶段：以规范管理来增加企业效益，这需要创业者提高思维层次，要从企业战略的高度来思考问题。

③集团化阶段：以产业化的核心竞争力为硬实力，依靠一个个团队的合作，构建子公司和整个集团的系统平台，通过系统平台来完成管理。

④总部阶段：以一种无国界的经营方式构建集团总部，依靠可跨越行业边界的无边界核心竞争力，让企业发展达到最高层级。

案例分享

知乎：从小众社区到知识分享巨头

知乎，一家以问答形式汇聚用户知识与经验的社交平台，自 2010 年创立以来，便开启了一段传奇般的创业历程。其发展历程不仅体现了中国中小企业的创新创业精神，也展示了企业从初创到成熟的完整过程。

在创业的最初阶段，知乎面临的是如何在一个竞争激烈的互联网环境中脱颖而出的问题。创始人周源深知，一个专注于高质量内容的平台是吸引知识分子和专业人士的关键。因此，在"点"的阶段，周源及其团队采用了邀请制的注册方式，确保了社区的内容质量和用户素质。这一策略成功地为知乎打下了坚实的基础，形成了独特的社区氛围，并迅速在目标用户群中建立了口碑。

随着社区的逐步扩大，知乎进入了发展的"线"阶段。在这一阶段，知乎开始探索更多的应用场景，将问答模式延伸至职业规划、心理辅导等多条产品线。同时，知乎也开始尝试商业化运作，推出了付费咨询、电子书出版、线下活动等多种服务，进一步丰富了社区生态并增强了自我造血能力。这些举措不仅提升了用户体验，也为公司带来了稳定的收入来源。

进入"面"的拓展阶段后，知乎不断扩展其影响力，形成了一个庞大的知识分享网络。它通过合作伙伴关系和技术创新，实现了从单一问答社区向全方位知识服务平台的转变。知乎利用大数据和人工智能技术优化内容推荐，提高用户粘性，同时对外开放 API，吸引更多开发者和企业入驻，形成了一个更加开放和多元的知识生态系统。

知乎的成功在于其始终坚持初心，以用户体验为核心，持续创新并快速响应市场变化。从一开始的小众社区到如今的知识分享巨头，知乎展示了中小企业如何在不断变化的市场中寻找到自己的定位，并以灵活的策略和坚定的决心实现持续成长。

案例点评

知乎的创业经历充分展现了一个中小企业如何从零起步，通过不断创新和扩大服务范围，最终成为行业领导者的过程。其成功不仅在于抓住了市场需求，更在于坚持核心价值的同时，不断探索新的成长路径。对于其他创业者而言，知乎的经验强调了专注、创新和适时扩张的重要性，这是中小企业走向成熟不可或缺的发展策略。

■ 素养园地

全面提高教育质量，注重培养学生创新意识和创新能力

"人才是第一资源。国家科技创新力的根本源泉在于人。十年树木，百年树人。要把教育摆在更加重要位置，全面提高教育质量，注重培养学生创新意识和创新能力。"这段话出自 2020 年 9 月 11 日习近平总书记在科学家座谈会上的讲话。

当前，新一轮科技革命和产业变革深入发展，科技创新已成为推动国家发展的重要引擎。畅通教育、科技、人才三者的良性循环，全面提高教育质量，培养学生的创新意识、创新能力，对于我们实现强国建设、民族振兴，赢得国际竞争主动具有重大意义。

科技创新需要人才，而人才的培养要依靠教育。我们的青少年在接受教育阶段能否培养出创新意识、创新思维和创新能力，不仅反映出我们教育发展的质量和水平，也直接关系到广大青少年个人的成长，更与国家前途命运息息相关。

近年来，我国在大力推进教育强国建设进程中，从教育理念、教育内容、教育方法、教育评价等多个维度进行改革创新，努力培养学生养成独立思考、自主探究意识，潜移默化地鼓励学生在学习思考中增强创新意识和能力。以基础教育阶段为例，一些中

小学校将课堂搬进科技展馆，让学生们放下书本，通过亲身体验科技项目、观看科普剧和表演等，激发其好奇心和求知欲。在不少学校，学生们根据自己的兴趣爱好，选择加入人工智能、3D打印、编程、机器人等各类校内社团，在团队协作中探求未知、相互学习启发和借鉴，共同提高发现问题、解决问题的能力。

在高等教育阶段，我国高校、科研院所聚焦培养高层次创新人才，以当下重大科学问题和社会发展需求为导向，不断优化学科专业结构，促进学科、科教、产教深度融合。譬如，中国科学技术大学工程科学学院实施"三早"育人计划，引导低年级本科生早进实验室、早进课题组、早进科研团队；北京邮电大学未来学院采取本硕博贯通培养模式，以全国重点实验室、国家工程研究中心、省部级重点实验室等为载体，在无线移动通信、空天信息、导航定位等高水平科研实践中开展"实网、实采、实操、实战、实检"的有组织人才培养，努力提高学生的创新和思辨能力。

教育是国之大计、党之大计。目前，我国共有各级各类学校近52万所、在校生超2.9亿人。我们要锚定2035年跻身创新型国家前列、建成人才强国的远景目标，就要坚持把高质量发展作为各级各类教育的生命线，从基础教育开始，就要努力培养学生勤学好问意识，既要夯实学生的知识基础，也要重视学生科学精神、创新能力、批判性思维的养成；鼓励具备条件的高校积极设置基础研究、交叉学科相关学科专业，主动与企业实现战略合作，走好创新人才自主培养之路，让更多科技创新成果源源不断涌现。

资料来源：央广网《每日一习话》

■ 任务训练

调研"双创"政策与创业倾向

活动思路：

搜集当地以及所在学校实施的"双创"扶持政策，分析其能够为大学生创新创业带来哪些影响。同时，对当地的大学生创新创业倾向进行调研。

活动要求：

1. 分组活动，5～8人为宜。

2. 学生通过网络、资料查阅等各种途径搜集当地及学校的"双创"扶持政策，并且以小组为单位在课堂上总结分享对大学生创新创业最有帮助的政策并说明原因。同时，各小组自行设计调查问卷，统计当地大学生的创新创业倾向，并撰写调查报告，以小组为单位进行报告分享，由教师做出点评。

注意事项：

1. 在分享对大学生创新创业最有帮助的政策时，一定要明确政策的出处、适用范围和有效期等，避免对政策的错误解读。

2. 调查问卷设计时，注意调查对象应限定为大学生，样本以 100 份以上为宜，可以通过电子问卷软件进行问卷调查。

项目二
打造创业团队

天之生人也，与草木无异。若遗留一二有用事业，与草木同生，即不与草木同腐朽。

——张謇

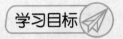

创业者是企业前行的领航者，其品质素质直接塑造着企业的文化和企业的灵魂。而创业团队则是支撑整个企业的核心力量，其优劣直接关乎企业的兴衰成败。事实上，不存在绝对优秀的个人，唯有团结协作才能铸就优秀的团队。因此，各类型企业都应高度重视创业者的素质培养以及创业团队的建设工作。

学习目标

知识目标

- 了解创业者应具备的素质，掌握提升心理素质、道德素质和专业素质的方法；
- 了解创业团队的概念和组成要素，掌握组建优秀创业团队的要求以及有效管理创业团队的要点。

能力目标

- 能够分析自身所具备的创业素质，发现自身素质的不足并找到有效提升方法；
- 能够组建和管理创业团队。

素质目标

- 自觉培养创业所需要的素质，如自信乐观、顽强执着、诚实守信、守法律己、勤劳节俭等；
- 树立团队意识，自觉提升团队管理能力。

案例导入

张謇，一个人影响一座城

张謇，他是士人——中国历史上最后一位"恩科状元"；他是商人，是实业家——创办大生纱厂，推动南通较早形成以纺织业为主，向粮油加工、造纸印刷、机械制造等上下游产业链延伸的近代工业体系；他是"创新者"，是教育家——兴业30年，开辟出诸多新路，创办第一座公共博物馆、第一个民营资本集团、第一个气象站、第一所师范学校、盲哑学校、纺织学校、水利学校、航海学校、戏剧学校等十多个"中国第一"。

甲午战争爆发那年，张謇毅然弃官从商，从此在清末民初的实业界叱咤风云。在张謇的推动下，南通的建筑、纺织、教育等逐渐完善，成为中国近代早早步入现代文明的城市。彼时的南通——公园、博物馆、戏剧社一应俱全，电灯、电话走进百姓日常；公路四通八达，航运直通上海；闸北码头，工厂商铺林立。因为张謇，南通才成为中国早期民族资本主义工业基地之一。岁月长河里，张謇留下的精神理念，与百年后南通"重实业、重企业、重创新"的城市气质高度弥合。张謇百年前"实业可振兴经济"的愿景，如今在南通已实现。从数据上看，2023年南通GDP接近1.2万亿元，高端纺织、船舶海工等六大重点产业集群产值规模突破1万亿，位列2023年度全国制造业高质量发展50强城市第12位。

如今，南通培育出了一支"强毅力行，通达天下"的通商。数据显示，南通个体工商户已达90.54万户，每十个南通人就有一个人在经商。通商已成为商界中一支不可忽视的劲旅，他们不仅在国内开拓市场，还广泛活跃在世界五大洲四十多个国家，成为当地不可或缺的商界力量。

长江之畔，南通与长三角国家技术创新中心合作紧密，围绕船舶海工和光电技术共建了2家省级创新中心，建成9家企业联合创新中心。去年年末，长三角国家科技创新中心首个分中心更落户南通；南通家纺城中，"3D＋AI"技术运用于家纺画稿，面料查询一体机上手指轻点，不同色彩、材质、花型制作的床上用品三秒内呈现；浩瀚海上，全球最大24000TEU级集装箱船"中远川崎397"轮划破水面，融合当今船舶建造领域前沿技术，单箱油耗在同级别船型中达到世界领先水平……

截至2024年5月，南通市制造业单项冠军（产品）30家，列全国第10位；16条重点发展的优势产业链中，超三分之二属于新兴产业范畴，战略性新兴产业产值占规上工业总产值比重近40%。作为江海之城，南通正迎来新一轮发展机遇期。攀登新的万亿之阶，南通向长三角寻迹"再创新"，恰如"张謇企业家精神"跨越百年依然生生不息。图2-1所示为清末民初实业家、教育家张謇。

图 2-1　清末民初实业家、教育家张謇

启示

百余年前，爱国实业家张謇由仕入商，归乡兴办实业，推动南通接入现代文明，南通也因此被誉为中国"近代第一城"。以"爱国情怀、创新精神、民本意识"为突出特征的张謇企业家精神薪火相传，深刻影响着一代代"包容会通、敢为人先"的南通人。习近平总书记赞扬张謇为"中国民族企业家的先贤和楷模""爱国企业家的典范"。如今，"重实业、重企业、重创新"已成为南通这座城市的重要基因。

任务3　提升创业素养

问题导入

创业者是创业活动的核心实践者，在创业全过程中发挥着至关重要的作用。尤其在创业初期，创业者内在的心理特质、知识储备、能力水平、个人背景以及创业动机等关键因素，直接且深刻地影响着创新创业进程的每一个环节和步骤。请同学们思考以下问题：

（1）结合自身实际，谈谈如何提高自己的创业素质？

（2）以一个成功的创业案例为例，说明其体现了创业者的哪些创业素养。

知识链接

一、创业者的定义与类型

创业者以独特的视角和不懈的努力，引领着创新与变革的浪潮。创业者的定义，远不止于一个简单的身份标签，它是对那些敢于梦想、勇于实践、追求卓越者的深刻诠释。而创业者的类型，则各具特色，有的凭借技术革新引领未来，有的则在传统行业中寻找新的增长点。

1. 创业者的定义

创业者（entrepreneur）这一概念具有深远的意义和丰富的内涵。其定义经历了多次探讨与丰富，逐渐形成了多维度、多视角的理解。

首先，从历史渊源来看，"创业者"一词最早由法国经济学家坎蒂隆（Cantillon）于1755年引入经济学领域。坎蒂隆将创业者描述为"在组织生产并促进商品货物流通，且承担一定风险的人"。这一界定初步揭示了创业者的核心特征：组织能力、风险承担与价值创造。随后，法国经济学家萨伊（Say）在1800年进一步丰富了创业者的定义，将其视为将经济资源从生产率较低的区域转移到生产率较高区域的人，强调了创业者在经济活动中的资源配置与优化作用。

进入20世纪，著名经济学家熊彼特对创业者的理解更为深刻，他认为创业者应为创新者，即具有发现和引入新的、更好的、能赚钱的产品、服务和过程的能力。熊彼特的这一观点，将创业者的角色提升到了推动经济创新和社会发展的高度，使创业者概念中融入了创新的元素。

在现代学术界，创业者的定义更加多元化和全面化。香港创业学院院长张世平提出，创业者是一种主导劳动方式的领导人，需要具备使命、荣誉、责任能力，是组织、运用服务、技术、器物作业的人，是具有思考、推理、判断能力的人，也是能使人追随并在追随过程中获得利益的人。这一定义不仅涵盖了创业者的个人素质和能力，还强调了其在团队和社会中的领导力与影响力。

从西方学术界和企业界的视角来看，创业者通常被定义为组织、管理一个生意或企业并承担其风险的人。这一界定突出了创业者在商业活动中的核心地位，以及他们面对不确定性和挑战时的勇气和决心。

综合以上论述，可以给出创业者的一个较为全面的定义：创业者是指那些能够敏锐地捕捉市场机会、掌握关键技术或资源，通过组织、管理和创新活动，将这些要素转化为实际产品或服务，从而创造经济价值和社会价值，并在此过程中承担相应风险的人。创业者不仅需要具备扎实的专业知识、敏锐的市场洞察力和卓越的领导能力，还需要拥有勇于冒险、不断学习和自我提升的精神品质。他们是推动社会进步和经济发展的重要力量，也是企业创新和成长的核心驱动力。

2. 创业者的类型

创业者是创业的主体，创业者既可以是一个单独的个体，也可以是一个团队；既可以是创业的意志主体，又可以是行为主体。

（1）按创业内容划分

创业者涉及各行各业，创业的动机也千差万别，按照其创业内容进行划分，可分为生产型、管理型、市场型、科技型和金融型5种类型。

①生产型创业者。生产型创业者是指通过创办企业推出产品的创业者，这种产品通常科技含量较高。

②管理型创业者。管理型创业者是指那些综合能力较强的创业者，他们对专业知识并不十分精通，但能够通过各种有效的管理手段带动企业前进，例如"钢铁大王"卡耐基，最初对钢铁生产知识知之甚少，但他看准了钢铁制造业的发展前景，迅速网罗人才进行创业，打造了自己的钢铁帝国。

③市场型创业者。市场型创业者的一个重要特点就是善于把握机会。在中国，改革开放以来涌现出大批的市场型创业者。例如，海尔集团总裁张瑞敏，正是抓住市场转型期的

大好机遇，将海尔做强做大，最终冲出国内，走向世界。

④科技型创业者。科技型创业者多与高校和科研机构相关联，以高科技为依托创办企业。20世纪90年代后，为了鼓励科技成果转化为生产力，我国推出了一系列鼓励高等院校创办企业的举措。当今许多知名的高科技企业，前身就是原来的校办企业和科研院所的所办企业，如北大方正、清华同方等。

⑤金融型创业者。金融型创业者实际上就是一种风险投资家，他们向企业提供的不仅仅是资金，更多的是专业特长和管理经验，他们不仅参与企业经营方针的制定，并且还参与企业营销战略的制定、资本的运营等。

（2）按创业动机划分

按创业动机划分创业者类型，可分为生存型创业者、实现型创业者和主动型创业者。

①生存型创业者。这类创业者是我国数量最大的创业人群。清华大学的一份调查报告指出，这一类型的创业者占我国创业者总数90%。这种类型的创业者，最初或许根本就没有太多创业的概念以及伟大的理想与梦想，只是出于生存的渴望与责任，凭借自己的勤劳、努力与节俭，在生存的道路上不断积累财富、经验、人脉，然后不断做大、做强，最后走上一条可持续发展的道路，最终取得自己意想不到的成就与事业。

②实现型创业者。实现型创业者就是过去在机关事业单位掌握一定权力，或者在企业当经理人，积累了大量资源的人，在机会适当的时候自己出来开公司办企业，实际是将拥有的资源通过市场变现，将无形资源变现为有形货币。

③主动型创业者。主动型创业者又可以分为两种：一种是盲动型创业者，另一种是冷静型创业者。前一种创业者大多极为自信、做事冲动。这样的创业者很容易失败；但一旦成功，往往就会成就一番大事业。冷静型创业者的特点是谋定而后动。他们或是掌握资源，或是拥有技术，不打无准备之仗；一旦行动，其创业成功的概率很大。

案例分享

从 Foxmail 到微信的创业奇迹

微信作为中国使用最广泛的社交应用之一，其背后的创业者张小龙被誉为"微信之父"。张小龙的创业历程充满了挑战和创新，他的经历是对众多创业者的一种鼓励和启示。

张小龙毕业于华南理工大学，之后在互联网领域开始了他的职业生涯。在加入腾讯之前，他曾创办过自己的公司，并开发了电子邮件客户端软件 Foxmail。2005年，腾讯收购了 Foxmail，张小龙也随之加入了腾讯公司。进入腾讯后，张小龙并没有立即着手于大型项目的开发，而是被安排负责 QQ 邮箱的研发工作。他对产品的极致追求使得 QQ 邮箱获得了巨大成功，用户量迅速上升。这证明了他不仅具备技术专长，更有着对市场需求敏锐的洞察力。

2010 年，智能手机开始普及，张小龙看准了这个趋势，向腾讯高层提出了开发一款基于手机通信录实现即时通讯的软件的想法，这就是后来的微信。尽管初始版本功能简单，但张小龙坚信微信能够成为改变人们沟通方式的产品。微信随后的发展证明了张小龙的预见。微信从一个简单的聊天工具逐渐演变为集社交、支付、游戏、服务于一体的平台，创建了一个庞大的生态系统。微信的成功不仅仅在于技术的创新，更在于它影响和改变了人们的日常生活。

张小龙的成功并非偶然，他对于产品细节的不懈追求和对用户体验的极度重视，是他能够在激烈的市场竞争中脱颖而出的关键。微信团队在他的带领下，始终保持着快速迭代和创新的精神，持续为用户带来惊喜。

✒ 案例点评

张小龙的创业经历突出地展示了一个成功的创业者应有的素质：前瞻性的视角、对产品极致的追求，以及不断迭代的创新精神。真正的创业不是一时的激情和冲动，更多的是持之以恒地努力和不断地学习。在技术迅猛发展的今天，创业者需要有敏锐的市场嗅觉，快速适应变化的能力，以及在失败中汲取教训、在成功中保持谦逊的品质。张小龙展现了如何在创业过程中通过不懈努力和创新思维，打造出能够影响亿万人生活的产品和服务。

二、创业者应具备的素养

在创业的征途上，创业者不仅是梦想的掌舵者，更是挑战与机遇的直面者。因此，他们必须具备一系列宝贵的素养，以应对复杂多变的创业环境。这些素养将帮助创业者向着成功的彼岸坚定前行。

1. 什么人适合创业？

创业是一条挑战与机遇并存的道路，并非适合所有人。然而，对于那些具备特定性格特质和能力的人来说，创业可能是实现个人抱负和职业发展的理想选择。

（1）具备创业精神的人

高度自主与独立：创业者需要能够独立思考和行动，不依赖于他人的指示。他们应能自我激励，设定个人目标，并为之不懈努力。

承受风险的能力：创业通常伴随着不确定性和风险。适合创业的人应该能够在面对可能的财务损失和失败时保持冷静，并从中吸取教训。

（2）拥有领导力的人

战略眼光：优秀的创业者需要具有远见，能够制定清晰的业务愿景，并设定实现这一愿景的步骤。他们还要能适应市场变化，灵活调整策略。

团队管理能力：能够招募、管理和激励团队成员，建设一个多元化且效率高的团队对于创业成功至关重要。

（3）创新和创造性思维的人

解决问题的能力：创业过程往往充满了问题和挑战，适合创业的人能够创造性地解决这些问题，找到有效的方法克服障碍。

创新思维：在市场中脱颖而出往往需要独特的创新理念。有创造力的个体能不断提供新观点、新产品或新服务，满足市场需求。

（4）情绪稳定且有韧性的人

应对压力：创业过程中的压力可能来自多方面，包括财务、竞争和人际关系等。适合创业的人应能在压力下保持情绪稳定，做出理智决策。

持久的坚持：成功很少是一帆风顺的。有韧性的创业者在面对失败时不轻言放弃，而是坚持不懈，从经历中学习并继续前进。

（5）具备相关行业经验的人

行业知识：对某个行业有深入了解的人，在创业时能更好地识别市场机会和潜在的风险。他们的专业知识可以帮助他们做出更明智的业务决策。

实践经验：具有相关工作或管理经验的人，在设立和运营新企业时会更有优势。他们的经验有助于避免初创阶段的常见问题，并加速企业成长。

总而言之，适合创业的人往往具备一定的心理品质、领导能力、创新思维、情绪稳定性与行业经验。这些特质不仅有助于他们识别和把握机会，还能使他们在面临困难时坚持下去，最终增加创业成功的可能性。

2. 创业者的基本素养

（1）政治素养

在我国，创业者应该具有政治自觉，坚持把国家富强、民族振兴、人民幸福作为自己的毕生追求，自觉按党的路线、方针、政策办事，自觉地维护人民利益、国家利益，绝不做任何危害祖国和人民利益的事情。青年兴则国家兴，青年强则国家强。青年一代创业者有理想、有本领、有担当，国家就有前途，民族就有希望。中华民族伟大复兴的中国梦是历史的、现实的，也是未来的，终将在一代代创业者的接力奋斗中变为现实。

（2）身体素质

身体是完成创业的基础，只有拥有良好的身体素质，才能使人拥有一往无前的魄力。如果想创业，就必须有一个健康的身体，要在日常生活中注意锻炼。经常锻炼身体还可以使人具有坚定的意志和志向。人能攀多高，不要问双手，要问意志；人能走多远，不要问双脚，要问志向。

（3）强烈的创业意识

促成创业成功的因素很多，其中之一就是要有强烈的创业意识。创业者要挖掘大脑的潜力，对创业产生强烈欲望，营造创业的氛围，积极为创业创造条件。新时代对每一位创业者又有着新的要求，即具备顺应时代发展变化的创业意识。

（4）创业家精神

创业家精神，是指开创性的思想、观念、个性、意志、作风和品质，涵盖了哲学、心理学和行为学三个层次，具体包括创新、自信、拼搏、进取、合作等精神。创新是创业首要且必备的精神。自信心是一个人相信自己的能力的心理状态。自信关系着一个人能否成功，没有自信是很难成功的。创业者要培养和坚定自己创业的自信心，最大限度地挖掘和发挥潜能。创业者还要有拼搏、进取、合作精神，要通过多种途径学习创业成功者的优秀品质，深刻领会他们在创业过程中的成功经验。

（5）知识素养

①基础知识。基础知识是指创业者应具备的最起码的科学文化知识，包括语文、英语、数学、物理、化学、生物、历史、地理、政治等知识。

②人文社会知识。创业者应丰富自己的人文社会知识，特别是要丰富关于哲学、政治、文化、道德、法律和历史方面的知识，以确保做出正确的决策，并有效地加以落实。

③科学技术知识。科学技术是第一生产力。科学技术日新月异，创业者应力求在自己的业务领域中成为专家，又要有比专家有更广博的知识面。

④管理知识。现代管理理论是一切创业者的必学科目，也是成功者的必备知识。创业者在实践中创造性地应用管理知识，就会形成独具特色的领导风格。

（6）能力素养

①专业技术能力。专业技术能力是创业者掌握和运用专业知识进行专业生产的能力。专业技术能力的形成有多条途径：一是在学校里学习理论知识；二是学习创业成功者的专题报告；三是参与项目教学形式的专业技术培训；四是利用现代信息技术收集有关专业技术的知识。平时注意积累，分类做好记录，注重学习创业计划书的撰写、融资知识、如何选定行业、如何确定产品等。

②社会交往能力。社会交往能力是创业者妥善处理与公众及下属各部门成员之间关系的关键能力。尽管每个人的交往能力各异，但通过实践中的不懈努力，这一能力可以得到提升。交往能力可通过参与各项活动，如游戏、联欢会、演讲比赛等逐步培养。与同事和谐相处、互帮互助、团结协作，都将有助于提升自身的交往能力。

③决策能力。决策能力是创业者根据主客观条件、正确地确定创业的方向、目标、战略，以及具体选择实施方法的能力。决策能力是一个人综合能力的体现，一个创业者首先要成为决策者。创业者要考察众多的行业及产品，对行业及产品进行分析、判断，由此及彼、由表及里，能在错综复杂的现象中发现事物的本质。因此，创业者应当具有良好的分析能力和判断能力，通过分析判断，选择有发展前景和潜力的领域，确定创业的行业和产品。

④经营管理能力。经营管理能力涉及创业者对人力资源的选择、使用、组合和优化，也涉及资金聚集、核算、分配、使用、流动。经营管理能力是一种较高层次的综合能力。经营管理能力的形成要从学会经营、学会管理、学会用人、学会理财几个方面去努力。

⑤革新能力。革新能力是创业者运用发明成果开展变革活动的能力。这个变革活动是指从产生新思想到产生新事物，再将新事物推向社会的过程。革新是一个民族进步的灵魂，是一个国家兴旺发达的不竭动力。对创业者来讲，革新能力的培养和提高，首先要突破习惯，即勇于突破原有的思维习惯、行为习惯和文化氛围的束缚，坚持以新的思维、积极的行为来对待生活。其次要进行社会实践锻炼，要具体剖析企业内部的组织、技术、产品和经济等因素的构成及效能，在解决实际问题的过程中，不断提升自身的创新能力。

3. 创业素养与能力的培养

大多数创业能力可以通过后天的实践获得和培养。创业者素养与能力的培养通常需要注意三个方面的内容：一是打造有利于创业者素养与能力形成的外部环境；二是引导创业者创业人格的形成；三是坚持知识、能力、素质的辩证统一。

良好的外部环境对创业者具有陶冶、凝聚、激励和导向等作用，有利于创业者塑造优秀品质。个人的自由发展以及公平的竞争和均等的机会等都能极大地促进创业精神的孕育。

个性特征对个体的创业具有重要的影响。高成就者更具有谨慎、自信、不屈不挠、进取心、坚韧、不自卑等心理特征。创业人格的形成与创业能力的培养之间常常相辅相成。

就知识、能力、素质的辩证统一而言，知识是能力和素质的载体。创业所需的知识是一个体系，包括科学文化知识、专业知识、相邻学科知识等。创业知识可以通过相关的创业课程和培训获得，能力可以在具备一定知识的基础上经过培养和实践锻炼而形成。丰富的知识可以促进能力的增强，较强的能力也可以促进知识的获取。例如，可以依据拟创业者的心理特点，有针对性地教授心理健康知识，开展辅导或咨询活动，帮助创业者树立心理健康意识，优化心理素质，增强心理调适能力和社会生活适应能力，培养其坚韧不拔的意志品质和艰苦奋斗的精神，提高其承受和应对挫折的能力。

案例分享

创新铸就未来

江苏航运职业技术学院智能与制造学院的黄健同学，通过参与船舶维修厂的实地调研，发现了一个突出的行业问题：船舶零件频繁在高温环境下损坏。这不仅导致维护成本的大幅增加，还延长了船舶的停工时间，给企业带来了巨大的经济损失。

面对这一挑战，黄健思考是否可以改进材料来延长零件的使用寿命。

通过对比分析多种基材性能，黄健发现传统的镍基合金虽然耐高温性能较好，但在极端条件下的表现仍不尽如人意。意识到这一问题不仅存在于船舶行业，同样也影响着海工和航空航天领域，他决心寻找解决方案。在热爱的驱动和不懈的努力下，黄健结合课堂所学知识，并在老师的指导下，与团队共同研发出一种新型材料配方。该配方以镍基合金为基底，融合稀有金属和稀土元素，成功研发出一种能在温度高达 1100 ℃环境中稳定工作的高性能材料。

这项创新显著提高了零件的抗高温能力，并显著降低了维护频率，实现了高附加值零件的再生利用。黄健的创新成果不仅解决了船舶和航空领域的紧迫需求，还荣获第七届中国国际"互联网＋"大学生创新创业大赛国赛金奖、江苏省职业院校创新创业大赛一等奖等荣誉。

图 2-2 所示为"中国大学生自强之星"黄健。

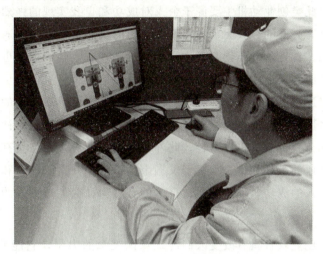

图 2-2　"中国大学生自强之星"黄健

✏ 案例点评

黄健是青年创新和实践精神的典范，他不仅发现了船舶维修领域中的关键问题，还主动寻求解决方案，展示了出色的问题解决能力和创新思维，被授予了 2021 年度"中国大学生自强之星""江苏省三好学生"等荣誉称号。黄健同学展现了当代大学生敢闯会创的精神面貌，展示了青年学子在科技创新和实际应用中所能发挥的独特作用。

三、创业动机

创业动机是创业的核心驱动力，它激发了无数创业者的热情与决心。每个人的创业动机各不相同，有的源自对梦想的执着追求，有的则是为了改变现状、实现自我价值。但无论动机如何，它都是推动创业者迈出第一步、坚持下去的重要力量。

1. 利益需求驱动

有这样一类人，他们向往创业家身上的光环，为了积累更多的财富，他们加入了创业的行列。如果创业成功，不仅有机会实现财富自由，知名度、社会地位等也会上一个大台阶。创业动机没有高下之分，只要诚信、合法，纯粹以营利为目的的创业也无可厚非，毕竟每个人的价值观不同，生活态度和人生态度也不一样。巨大的商业机会和利益吸引着越来越多的创业者投身创业活动，许多成功的创业者的实践也为其树立了典范。

2. 自我实现需求驱动

此类创业动机主要源于个人对成功和自我实现的强烈渴望。具有这种动机的创业者通常具有高度的自我驱动力和追求卓越的决心，他们希望通过创业来实现个人的职业目标和梦想。首先，此类创业者往往不满足于现状，他们追求更高的挑战和更大的成功。他们可能已经在某个领域取得了一定的成就，但觉得自身还有更大的潜力可以挖掘，因此选择创业来追求更高的目标。其次，这类创业者通常具有强烈的自我实现愿望。他们希望通过创业来展示自己的才能，实现自己的创意和想法，并获得社会的认可和尊重。创业成为他们实现自我价值的重要途径。此外，这类创业者也往往具有领导力和创新精神。他们愿意承担创业的风险和挑战，善于发掘市场机会，并勇于创新和实践。他们的创业动机不仅是追求个人的成功，也希望通过自己的努力为社会创造更多的价值和就业机会。

3. 教育驱动

创业教育具有改变人们传统意识观念的力量，它能够培育创业精神，激发长远眼光，并培养个体的创业能力，将创业作为一种积极的人生态度。对于大学生群体而言，他们接受创业教育的程度深刻影响着其创业态度，而创业态度又在很大程度上决定了他们的创业结果。事实表明，一个人所接受的创业教育越系统、越全面，其创业能力就越强，创业的勇气和决心也越大，因此选择创业的可能性也随之增加。

案例分享

蜜雪冰城：从 2 平方米路边小档口到全球连锁品牌

蜜雪冰城创始人张红超，1978 年出生在河南商丘，20 岁时张红超靠着积攒的 3000 块钱在郑州城中村开了个 2 平方米的小档口。张红超想卖刨冰冷饮，但刨冰机太贵，就自己亲手做。张红超买了一个电机，电机的一头焊上卡冰块的转盘，下面做了一个刀盘，一台刨冰机就造出来了。又花了 800 元淘了个二手冰柜，档口就开张了。

只靠卖冷饮，张红超一天就能卖 100 多块钱，但城中村来来回回也就那么几拨人，人们尝过鲜之后刨冰店的生意很快就冷落下来了，不到两个月就关门了。但张红超不服输，就是坚持要创业。张红超吸取了教训，店面选在了几个学院附近，学生多，生意非常红火。正当一切看着都顺风顺水的时候，市政府却发了拆迁通知，这一次创业又宣告失败。2003 年张红超找到了一家废弃的铝厂，离他的母校河南财经大学不远，大学生很多。张红超租了 1500 平方米的场地，可以同时容纳 200 人就餐，除了做冷饮也做家常菜。新店一开张，张红超就发了 10 万份传单，加上不错的口碑，每天都有人排队吃饭，生意火爆，张红超的事业便稳定下来了。

2006 年郑州突然出现了一家叫"彩虹帽冰激凌"的店，里面的爆款产品是一款售价 20 元的火炬冰淇淋。做冷饮起家的张红超迅速嗅到了商机，2006 年秋天，张红超的店里开卖这种火炬冰淇淋，定价二元还送一元优惠券，生意非常火爆。2008 年，张红超注册了蜜雪冰城商贸有限公司，标志着"蜜雪冰城"品牌的成立，正式开启了加盟模式。早期就跟着张红超干的亲戚朋友，就成了蜜雪冰城最早的一批加盟店主。蜜雪冰城分店越来越多，营收规模也变得十分可观。2012 年蜜雪冰城开始自建中央工厂研发中心，核心原料实现自产；2014 年自建物流中心，成为全国首家物流免费运输的饮品品牌。蜜雪冰城跳过中间环节，与许多上游工厂、茶产地和加工企业进行合作，加快运转周期，降低存货成本和仓储成本。截至 2023 年 9 月，蜜雪冰城在全球拥有超过 3.6 万家门店，其中 4000 多家位于海外。

✍ 案例点评

蜜雪冰城凭借其独特的品类定位在新式茶饮市场中脱颖而出，与其他知名品牌形成了明显的区隔。这种品类定位不仅有助于品牌在消费者入口处抢占心智资源，还降低了市场竞争的成本。蜜雪冰城以其独特的口味和精湛的制作工艺赢得了广大消费者的喜爱。随着市场需求的不断增长，蜜雪冰城在全国范围内不断扩大经营规模，开设了大量门店，为顾客提供美味的饮品和优质的服务。蜜雪冰城之所以能够在饮品市场成功，关键在于其坚韧不拔的创新精神，表现在独特的经营模式和口感的创新上，让消费者在品尝的过程中感受到变化和惊喜，满足了消费者的多样化需求。

■ 素养园地

大学生创业与企业家精神的培养

在当代社会，大学生创业已成为一种趋势和潮流，年轻的创业者们以饱满的热情和创新的思维，不断推动社会的发展和进步。然而，成功的创业不仅需要优秀的商业模型和创新理念，更在于秉持深刻的社会服务动机和坚定正确的价值观。宋代政治家、文学家范仲淹曾言："先天下之忧而忧，后天下之乐而乐。"这句话对于今日的大学生创业者而言，仍有重要的启示意义——真正的成功源于服务于社会，利他最终才能利己。

大学生创业应秉持"服务社会"的初心。创业不仅是为了个人的名利，更是为了解决社会问题，提高人们的生活质量。这种初心不仅能够帮助创业者在面临挑战时坚持下去，还能够引导他们做出更多有益于社会的决策。在产品开发和服务创新上，这种以社会需求为导向的思维尤为重要。

培养"敢于担当、开拓创新"的企业家精神对大学生创业者来说至关重要。敢于担当意味着在遇到困难和挑战时勇于承担责任，积极寻找解决问题的方法而不是逃避。开拓创新则是不断追求技术、管理和商业模式等方面的创新，以适应不断变化的市场和社会需求。这种精神是企业可持续发展的动力源泉。

诚信有德、公平取利是大学生创业者必须坚守的原则。在社会主义核心价值观的基础上，树立正确的利益观和经营观，不仅是对个人和企业的要求，更是对社会的责任。通过诚实守信的经营赢得消费者和市场的信任，是企业长期稳定发展的保障。

提供满足社会需求的产品与服务，是企业获利生存的根本。当企业能够真正解决消费者的问题，提高他们的生活品质，企业自然能够在市场中站稳脚跟，实现利润的增长。这不仅仅是一种商业策略，更是一种社会责任的体现。

大学生创业者应当以"服务社会"为初心，积极培养"敢于担当、开拓创新"的企业家精神，同时坚守诚信有德、公平取利的原则，在爱国守法的前提下，提供高质量的产品与服务。如此，不仅能促进企业的发展，更能为社会带来正面的影响和价值。

■ 任务训练

（一）分析自己是否具有创业者的基本条件

活动目的：
培养创业意识，提高创业素质。

活动要求：
将创业素质的符合程度分为"十分符合""一般符合"和"不是太符合"三个档次，每个人对自己的符合程度进行判断，同学间相互点评，并分别对如何改进、如何提高创业素质发表意见，最后教师点评。

（二）创业能力训练

活动目的：
了解创业者需要具备哪些方面的能力，并通过训练提高创业能力。

活动要求：
假设要在学校周围开一个关于地方特色小吃的小店，分小组讨论在创办小店的过程中如何体现创业能力，然后小组中选出代表发言，最后教师点评。

任务 4　管理创业团队

问题导入

对创业来说，团队的重要性不言而喻。一个篱笆三个桩，一个好汉三个帮。然而大多数创业者却没有认识到这一点，觉得只要项目好、壁垒强、容量够大就有人愿意往里投钱。然而事实并非如此，再好的项目、再好的产品始终要人来运作。所以在创业过程中，创业者需要构建一个和他步调一致的团队。请同学们思考以下问题：

(1) 什么样的创业团队是优秀创业团队？

(2) 如何组建创业团队？

(3) 创业团队的运作策略有哪些？

知识链接

一、创业团队的特征和类型

在创业的过程中，单打独斗或许能展现个人英雄主义，但团队的力量无疑是推动项目走向成功的关键。创业团队，作为创业过程中的核心组成部分，其特征与类型直接关系到项目的成败。一个优秀的创业团队，如同精密的仪器，每个成员都是不可或缺的零件，需要共同协作以达成共同的目标。根据行业、项目需求及成员构成的不同，则有不同的团队类型。

1. 创业团队的定义和特征

创业团队，通常指创业初期（包括企业成立前和成立早期），由两个以上才能互补、责任共担、愿为共同的创业目标而奋斗的人所形成的工作团队。创业团队有狭义和广义之分：狭义的创业团队特指那些拥有一定的所有权、发挥某种管理功能并全程参与新企业创建的人；广义的创业团队则不仅包括前者意义上的创业团队成员，还包括与创业过程有关的各类利益相关者，如核心员工、风险投资家、专家顾问等。

创业团队的特征可以从以下三个方面加以界定：

第一，创业团队不是一般的群体，其成员在创业初期把创建新企业作为共同努力的目标。他们在集体创新、分享认知、共担风险、协作进取的过程中形成特殊情感，创造出高效的工作流程。随着新创企业的发展，企业会不断有新的人员加入，团队力量因此也会不断增强。

第二，与个体创业相比较，团队创业具有多方面的优势，对创业成功起着举足轻重的作用。一般来说，创业团队的工作绩效大于所有个体成员独立工作时的绩效之和。虽然创业团队个体成员可能具有不同的特质，但他们互相配合、互相帮助，通过坦诚的意见沟通形成团队的行为风格，能够共同对创建的新企业负责，具有强大的凝聚力。由于团队绩效的产生基于每个团队成员的不同角色和能力，因而创业团队的通力合作很可能产生乘数效应。

第三，创业团队是高层管理团队的基础和最初的组织形式。由于创业团队通常在创建新企业的初期或小企业成长的早期就已经形成，因而团队成员在现实中往往被人们称为"元老"。高层管理团队通常是创业团队组织形式的延续。创业时期的元老可能继续留在高层管理团队中，也可能都已离开，但高层管理团队的管理风格在很长一段时期内都会受到创业团队的影响。

2. 团队对创业的重要性

创业离不开"好兄弟"、好团队。创业需要多种多样的资源和机会，单靠个人是很难满足这些条件的。大量结果和经验表明，由创业团队共同创立的创业企业的绩效往往显著高于由单个创业者创办的创业企业，尤其是高新技术企业。因此，创业团队对企业的成立和成长均起着至关重要的作用。

"创业教育之父"杰弗里·蒂蒙斯在其所提出的创业理论经典框架中，将创业团队、资源、机会视为创业的三大核心要素，其中任何一种要素的弱化都会破坏三者之间的平衡，创业团队在这种从不平衡到平衡的状态变化过程中发挥着重要作用。

3. 创业团队的类型

一般而言，创业团队可以分为网状、星状和从网状演化来的虚拟星状等几种类型。

（1）网状创业团队

这种创业团队的成员一般在创业之前就有密切的关系，如同学、亲友、同事等。团队成员一般在交往过程中会共同认可某一创业想法，没有明确的核心人物，大家根据各自的特点进行自发的组织角色定位。因此在企业创业初期，各成员基本上扮演协作者或者伙伴角色。

网状创业团队通常有如下特点：没有明显的核心，整体结构较为松散。组织决策时一般采取集体决策的方式，通过大量的沟通和讨论达成一致意见。因此组织的决策效率相对较低。由于团队成员在团队中的地位相似，因此容易在组织中形成多头领导的局面。当团队成员之间发生冲突时一般都采取平等协商、积极和解的态度消除冲突。团队成员不会轻易离开。但是一旦团队成员间的冲突升级，某些团队成员就会退出，容易导致整个团队的瓦解。

（2）星状创业团队

这种创业团队一般有一个核心主导人物充当领军者角色。这种团队一般在形成之前，其核心主导人物就有了创业的想法，然后该人物根据自己的设想组建创业团队。因此，往往在团队形成之前，核心人物就已经对团队的组成进行过仔细思考，根据自己的想法选择相应的人物来组织团队。这些后来加入创业团队的成员也许是核心人物以前熟悉的人，也可能是其不熟悉之人。除核心主导人物之外的团队其他成员，在创业型企业中大部分时候是支持者角色。

星状创业团队通常有如下特点：组织结构紧密，向心力强，主导人物在组织中的行为对其他个体影响巨大；决策程序相对简单，组织效率较高。容易权力过分集中，加大决策失误的风险。当其他团队成员和主导人物发生冲突时，因为核心主导人物具有特殊权威，其他团队成员往往处于被动地位，在冲突较严重时，其他团队成员一般都会选择离开团队，因而对组织的影响较大。

（3）虚拟星状创业团队

这种创业团队往往由网状创业团队演化而来，基本上是前两种的中间形态。虽然团队中有一个核心成员，但是其核心成员地位的确立是团队成员协商的结果，因此某种意义上可以说核心人物是整个团队的代言人，而不是主导人物，其在团队中的行为必须充分考虑其他团队成员的意见，其权威性不及星状创业团队中的核心主导人物。

案例分享

"智造焊将"：大幅宽超高速激光深熔焊技术领跑者

团队建设的重要性不言而喻。一个富有创造力、协同作战能力强的团队，能够为项目和企业带来持续的创新动力和竞争优势。江苏航运职业技术学院的"智造焊将"团队正是一个典范，他们不仅在技术上取得了突破，更在团队建设上有着出色的表现。

"智造焊将"团队的成功不是偶然，而是基于坚实的团队建设。团队成员明确致力于推动船舶制造业的绿色化、智能化转型这一共同目标，因此不论面对何种挑战都能保持方向一致。团队成员汇聚了来自轮机工程技术、船舶工程技术、焊接技术、工业机器人技术、机电一体化技术、大数据与会计等不同专业的成员，他们专业技能互补，为项目的多角度发展提供了人才保障。在项目推进过程中，团队成员之间建立了高效的沟通机制和良好的协作关系，确保了信息的畅通无阻和任务的顺利完成。面对研发中出现的各种问题，团队能够迅速调整策略，以适应不断变化的外部环境和内部挑战。

"智造焊将"团队通过实地走访船厂，深入了解行业需求，将激光深熔焊技术引入船舶焊接领域。他们自主研发的大幅宽超高速激光深熔焊设备，通过复合振镜与旋镜结构，实现了焊缝宽度的可调性。这是技术创新的成果，更是团队精神的体现。在技术研发过程中，团队成员不畏困难，不断尝试，最终通过红外成像熔池实时监测系统，精准调控激光焊接参数，有效把控焊接质量，提高了焊缝强度。这一系列的突破不仅解决了技术难题，也展现了团队成员之间的紧密配合和相互支持。

"智造焊将"团队不仅在技术上追求卓越，更在精神层面传承了工匠精神和创新精神。他们敢于探索未知，勇于挑战极限，用机器代替人工，为智能制造注入了青春力量。

在中国国际大学生创新大赛（2023）中，"智造焊将"团队凭借"大幅宽超高速激光深熔焊技术领跑者"项目荣获国赛金奖，这不仅是对他们技术创新能力的认可，也是对他们团队协作精神和坚韧不拔态度的肯定（图2-3）。

图2-3 "智造焊将"团队亮相中国国际大学生创新大赛（2023）成果展

✎案例点评

手中有光，更要心中有光；中国需要"焊匠"，更需要"焊将"。传承匠心，追光而上，江苏航运职业技术学院"智造焊将"团队传承工匠精神和创新精神，敢想敢为，勇于探索，敢于挑战，不断探索新工艺和新技术，用机器代替人工，为智能制造注入了青春力量。

二、创业团队的组建

创业团队的组建，是创业过程中至关重要的一步。它不仅仅是将一群有才华、有梦想的个体聚集在一起，更是构建一个能够相互信任、协同作战、共同面对挑战与机遇的集体。一个优秀的创业团队，能够汇聚多元化的思维与技能，形成强大的合力，为项目的成功奠定坚实的基础。因此，如何精心挑选团队成员、明确角色分工、建立有效的沟通机制，成为创业者在组建团队时必须深思熟虑的问题。

1. 创业团队的组建原则

在组建一个创业团队时，需要遵循一系列原则。这些原则能够确保团队成员协作高效、目标一致且能够共同推动企业发展。以下是创业团队组建的几个关键原则。

（1）目标明确合理原则

确立清晰目标：团队的目标必须明确，让成员清楚地认识到共同奋斗的方向是什么。这种明确性有助于激发团队的动力和凝聚力。

设定合理目标：目标除了需要明确外，还必须合理和切实可行。这意味着目标应该与团队的资源、能力和市场条件相匹配，从而确保它们既具有挑战性，又能够实际达成。

（2）互补原则

技能和经验互补：团队成员在知识、技能和经验上应互补。这样可以确保团队在面对多样化的挑战时，无论哪一方面都能有相应的专家进行处理，并推动问题解决。

性格和背景多样性：团队成员可能来自不同的背景，拥有不同的性格特点。利用这种多样性可以促进创新思维的产生和多角度的问题分析，从而提高团队的整体决策质量。

（3）精简高效原则

控制团队规模：在初创阶段，团队规模应控制在必要范围内，避免不必要的层级和复杂性，这有利于快速决策和高效运作。

优化流程和分工：明确每个成员的职责和角色，优化内部流程，确保团队成员都能以最高效的方式发挥自己的专长。

（4）动态开放原则

适时引入新成员：随着业务的发展，团队可能需要新的技能和经验。要保持团队的开放性，根据业务需求及时吸纳适合的新成员加入。

鼓励创新和变革：营造开放和包容的文化，鼓励成员提出新想法和创新方案，同时对外部变化保持敏感，适应市场的动态变化。

（5）责任与信任原则

建立责任机制：为团队成员设立明确的责任和目标，确保每个人都对自己的工作成果负责。

培养相互信任：信任是团队合作的基础。可以通过共享目标、透明的沟通和团队建设活动来增进成员间的信任。

2. 创业团队的组建策略

组建一个高效的创业团队是创业成功的关键。以下是一些切实有效的策略，可以帮助创业者在组建团队时做出明智的选择。

（1）明确团队核心角色

确定关键职位：首先要分析你的业务模式，确定哪些职位是最重要的，通常包括技术研发、产品开发、市场营销、销售、财务和运营等关键领域。

职位描述与期望成果：为每个关键职位制定明确的工作职责和预期成果，确保你和未来的团队成员都对这些角色有清晰的理解和期望。

（2）评估技能和经验

现有技能评估：审视团队当前的技能集合，找出优势和不足。这将有助于你在组建团队时更有针对性，避免技能重叠或缺失。

经验与潜力平衡：在组建团队时，不仅要考虑候选人的工作经验，还要考虑他们的学习能力和成长潜力，特别是对于初创公司，适应能力和快速学习的能力同样重要。

（3）文化契合与团队合作

价值观和企业文化：在组建团队时，除了考虑技能和经验，还需要考虑候选人是否与公司的价值观和文化相契合。这对于长期保持团队的稳定性和高效协作至关重要。

促进团队协作：定期举办团建活动，增强团队间的沟通与理解，创建一个开放和包容的工作环境，鼓励团队成员提出意见和创意。

（4）灵活适应与远程工作

适应市场变化：创业环境充满不确定性，团队结构可能需要根据业务需求和市场变化进行调整。保持灵活性，适时调整团队结构和成员角色。

利用远程资源：在必要时，可以考虑引入远程工作或外包某些业务，以优化资源配置，降低运营成本，并吸引更广泛的人才。

（5）激励与责任

建立激励机制：为团队成员设定清晰的目标，并根据他们达成的成就提供相应的奖励。这可以激发团队成员的积极性和创造力。

明确责任和期望：每位团队成员都应清楚自己的责任和所承担的期望。通过定期的评估和反馈机制来确保每个人都对结果负责。

3. 创业团队组建应注意的问题

在团队组建过程中，需要注意的问题涉及多个方面，以下是一些关键注意事项。

（1）明确目标与计划

确立清晰的目标：团队需要有一个明确且可实现的目标，这有助于所有成员明确方向，共同努力。

制定详细计划：围绕目标制定详细的工作计划，包括阶段性目标和具体的实施步骤，以确保团队有序前进。

（2）合理的团队结构与岗位设置

罗列具体岗位和架构：根据团队目标和任务需求，明确各岗位的职责和要求，确保团队结构合理、职责分明。

遵循互补原则：在组建团队时，应考虑成员之间的知识、技能和经验互补，以发挥协同效应，提高团队整体效能。

（3）建立有效的沟通机制

确保沟通畅通：建立有效的沟通渠道和机制，鼓励成员之间积极交流信息、分享观点和想法，及时解决问题和冲突。

培养合作意识：通过团队活动和日常工作，加强成员之间的协作和合作精神，形成互帮互助的良好氛围。

（4）制定并执行合理的制度与标准

确立可行性强制度：包括人才的聘、选、用、留、晋升通道以及团队作风等方面，确保团队运作有章可循。

严格考核：将团队考核与个人考核相结合，确保每个成员都能够发挥最大价值，同时促进团队整体绩效的提升。

（5）选择合适的领导者与授权

确立明确的领导者：一个优秀的领导者能够带领团队走向成功，因此应选择具备专业能力和领导才能的成员担任领导者角色。

合理授权：作为领导者，应学会合理授权给团队成员，让他们充分发挥自己的能力和才华，同时也要确保授权不等于推卸责任。

（6）关注团队文化与凝聚力

建立团队文化：通过共同的价值观、行为规范和团队活动等方式，建立具有凝聚力的团队文化，增强成员的归属感和认同感。

定期组织团队活动：通过团建活动等形式，增进成员之间的了解和信任，提高团队的凝聚力和战斗力。

（7）持续评估与调整

定期评估团队绩效：通过定期评估团队绩效和成员表现，及时发现问题和不足，并采取相应措施进行改进。

灵活调整团队结构：随着团队目标和任务的变化，灵活调整团队结构和成员配置，确保团队始终保持高效运作状态。

案例分享

管道智测精灵：自适应滑模控制管道智能机器人

　　江苏航运职业技术学院轮机工程技术专业的张敦铭同学，在洞察到全球管道机器人行业的显著增长和我国油气管道高故障率问题后，萌生了创新念头。他迅速行动，组建了一支"管道智测精灵"跨专业创新团队。这个团队汇集了机械设计制造及其自动化、海洋工程装备技术、港口机械与智能控制等专业的同学，形成了强有力的技能互补优势。他们共同针对管道内部检测的技术难题进行了深入研究和勇敢探索。

　　在团队成员的共同努力下，"管道智测精灵"团队成功研发出了一款具有三大自主核心技术的新型内检管道机器人。这款机器人采用了自适应滑模速度精准控制、基于神经网络的摩擦力控制技术，大幅提升了管道检测、探伤和清洁的效率和准确性。其独特的工作原理，是利用管道内的前后压差驱动，智能调节阀门开度，从而改变压差和速度，实现高效且安全的管道维护。

　　面对技术挑战和市场竞争，"管道智测精灵"团队始终保持着积极的态度，不断寻求技术上的突破。他们的努力获得了认可，项目成功通过了江苏省科技查新中心的专利认定。这不仅证明了他们的技术实力，也为团队未来的商业化发展和市场推广奠定了坚实的基础。

　　图 2-4 所示为"管道智测精灵"团队企业实践调研。

图 2-4　"管道智测精灵"团队企业实践调研

案例点评

　　管道机器人创新团队具有强烈的使命感，目标明确而坚定，团队技能优势互补，是一个虚拟星状创业团队，也是一个技术创新型创业团队。他们以先进的技术研发为核心竞争力，通过不断创新来推动产品的升级和行业的发展。他们在变形内检技术、皮碗接触摩擦力、速度控制等关键方面处于领先地位，这得益于团队的技术实力和创新精神，他们的努力为管道机器人行业的发展注入了新的活力。

三、创业团队的运作

创业团队的运作，是创业过程中最为核心也最具挑战性的环节之一。它关乎团队成员之间的协作效率、决策质量以及项目推进的速度。一个高效运作的创业团队，能够迅速响应市场变化，灵活调整策略，确保项目按计划顺利推进。而要实现这一目标，就需要团队成员之间建立深厚的信任基础，明确各自的职责与角色，形成高效的沟通机制，以及共同遵循的价值观与行为准则。

1. 创业团队的凝聚力

创业团队最需要避免的失败之一就是内部的分裂。一个有凝聚力的团队可以拥有很强大的动力，而如果团队内部成员之间的关系出现了问题，就会极大地削弱整个团队的战斗力。

那么，如何让一个创业团队保持持久的凝聚力呢？一是要有一个魅力和能力出众的核心领导。一个能力强、人格魅力出众的领导者本身就是团队成员追随的对象，是团队的最佳黏合剂。二是要有共同的愿景和价值观。孙子曰："上下同欲者，胜。"团队成员要有共同的梦想和目标。只有目标一致、齐心协力，团队才可能形成合力，才会获得最终的胜利与成功。三是要有一个一以贯之的团队制度和组织文化。制度和文化要有延续性和一致性，不能朝令夕改。创业过程中的人和事要严格分开，对人可以温和，但对事就要严格，形成对事不对人的工作文化。四是团队成员间要及时沟通。求同存异，不要表里不一、言行不一。遇到问题面上不沟通，私下乱猜疑，最易产生隔阂、影响团结。

2. 创业团队运作需注意的问题

（1）与创业团队同成长

团队成员一定要保持对创业团队长期成功运作的信心；相反，团队也要给成员以长期承诺。每一位成员均要了解团队在成功之前将会面临的挑战，并承诺不会因为一时利益或困难而轻易退出团队，同意将团队的资源和股票集中管理。如有特殊原因而提前退出团队者，必须以票面价值将股权转让给原创业团队的成员。

（2）团队价值发掘

团队成员要全心全意致力于创造企业的新价值，以不断创造团队的价值增量作为创业活动的主要目标，充分认识到唯有团队不断增值，所有成员与参与者才有可能分享到其中的利益。

（3）合理股权分配

当创业进行到一定程度时，作为创业团队价值体现的股权分配就是一个绕不过去的问题。显然，股权分配中的平均主义并非完全合理。虽然团队成员的股权分配不一定要均等，但是需要合理、透明与公平。通常创始人与主要贡献者会拥有比较多的股权，但只要与他们所创造的价值与贡献能相匹配，就是一种合理的股权分配。

3. 创业团队的领导者

在创业团队中，领导者即团队领袖的作用尤为重要。创业团队领袖是创业团队的灵魂，是团队力量的协调者和整合者。联想集团创始人柳传志曾经说过："领军人物好比是阿拉伯数字中的1，有了这个1，带上一个0，它就是10，两个0就是100，三个0就是1000。"这句话很好地概括了创业团队里领导者的重要性。优秀的创业团队领导者——创业家应该具有良好的品质、能力、资历和魅力。

（1）品质

品质是指创业家自身所具备的基本性格、心理素质和道德修养等，包括执着的目标信念、自信心、激情、坚韧的意志力、魄力与决断力以及冒险精神、创新精神、独立意志、合作精神、道德修养、社会责任、实干精神和心理承受力等。当然，并不要求所有的创业家都必须同时具备所有这些优秀品质，不同的创业家会在涉及品质的不同项目上有强弱之分；不过，但凡成功的创业家往往具有一些共同的基本品质，如百折不挠的进取意志、冒险与实干精神、良好的心理承受力和道德修养等。

（2）能力

能力是指一个创业家需要具备的解决创业过程中各个方面问题的实践能力。它可大致划分为专业能力、管理能力和沟通能力三类。其中专业能力主要指专业知识和专业技能。创业家的专业能力除了能够赢得员工的尊重和敬仰、树立个人威信、提高创业家的影响力之外，也有利于创业家深入生产销售第一线，及时进行技术改进和战略方面的正确决策。管理能力主要指管理创业过程中应该具备的各种能力。一个强有力的领导者应当具备计划、组织、领导和控制协调的能力。沟通能力是指创业家与他人的沟通与交际能力，主要包括表达能力、谈判能力、变通能力、自我认识与自我调整能力等。

（3）资历

资历是指创业家过去所拥有的资格和经历。但是资历只能代表过去，一种经历或许能让人拥有某个方面的经验，但并不能说明许多未来问题。因为没有哪个人在某个领域不是从零开始的。当然，丰富的资历会对现在和未来的事业大有裨益。

（4）魅力

创业家个人的魅力是指创业家的品质、学识、能力、资历和个性化语言行为等综合形成的"个人引力场"。个人魅力是吸引人、影响人的无形而又巨大的力量。创业家个人的魅力在企业管理过程中的作用十分重要，是形成企业文化不可缺少的因素。

4. 创业团队管理应注意的问题

因为创业团队是特殊的工作团队，因此创业团队的管理也就不同于对普通工作团队的管理。对于大多数企业内的工作团队如研发团队、销售团队和项目团队等来说，由于人员和岗位稳定性相对较高，人们习惯性地将重点放在过程管理上，注重通过建设沟通机制、决策机制、互动机制和激励机制等发挥集体智慧，实现优势互补，提升绩效。但对创业团队而言正好相反：重点在于结构管理，而不是过程管理。创业团队管理的重点是在维持团队稳定的前提下发挥团队多样性优势。

创业团队管理是缺乏组织规范条件下的团队管理。在创业初期，创业团队还没有建立起规范的决策流程、分工体系和组织规范，"人治"味道相当浓厚，处理决策中的分歧显得尤为困难。此时，团队成员之间的认同和信任尤其重要，但又很难在短期建立起来。因此，认同和信任关系取决于创业团队的初始结构。

创业团队管理是缺乏短期激励手段的团队管理。成熟企业内的工作团队可以凭借雄厚的资源基础、借助月度工作考核等手段，在短期实现成员投入与回报的动态平衡。相比之下，创业初期需要团队在时间、精力和资金等资源方面的高强度投入，但短期无法实现期待的激励和回报，不仅是因为没有资源，更主要的是对创业团队的回报是以创业成功为前提的。当成功不可一蹴而就的时候，就需要找到能与之相适应的合伙人。

创业团队管理是以协同学习为核心的团队管理。成熟企业内工作团队的学习以组织知识和记忆为依托，成员之间共享着相似的知识基础。但是创业过程充满不确定性，需要不断试错和验证，在此基础上创造并存储组织知识和记忆。创业团队的协同学习建立在团队成员之间形成于创业之前的共同知识和观念的基础之上，这仍旧取决于创业团队的初始结构。

案例分享

携程创业团队的协作之道

在互联网创业领域中，携程无疑是一颗璀璨的明星。作为中国领先的在线旅行服务公司，携程的成功并非偶然，而是其背后强大的创业团队运作的结果。

携程创业团队由四位创始人组成，他们分别是梁建章、范敏、季琦和沈南鹏。这四人各自在旅游、技术、管理和资本运作方面拥有丰富的经验和独到的见解。他们共同的愿景是打造一个全方位的旅游服务平台，让中国人的出行更加便捷。这一愿景成为团队行动的指南针，指引着他们在创业的道路上不断前行。

携程创业团队的高效运作得益于成员之间明确的角色分工和互补的能力。梁建章担任首席执行官，凭借其深厚的技术背景和对旅游行业的深刻理解，引领公司的技术发展和战略规划。范敏则作为首席运营官，负责日常运营管理，确保公司各项业务高效运转。季琦以独特的市场洞察力和创新思维，担任公司的首席财务官，管理公司财务并策划新业务发展。沈南鹏则利用其在资本市场的丰富经验，为公司提供资金支持和投资决策。

携程创业团队建立了高效的沟通和决策机制。团队成员定期举行会议，就公司的战略方向、业务发展、风险管理等议题进行深入讨论。在这些会议上，每个成员都能够充分发表自己的意见和建议，确保决策的全面性和科学性。此外，团队还建立了快速响应机制，面对市场的突发事件和挑战时能够迅速做出反应，保持公司的竞争力。

携程创业团队坚持"客户至上、团队协作、诚信正直、追求卓越"的价值观。这些价值观不仅体现在公司的服务中，更渗透到团队的日常运作中。团队成员之间相互尊重、支持，共同营造了一个积极向上的工作氛围。这种文化不仅吸引了大量优秀人才的加入，也为团队的稳定和发展提供了坚实的基础。

在不断变化的互联网行业中，携程创业团队始终保持着持续创新的精神。他们不断探索新的业务模式，拓展服务范围，提升用户体验。同时，团队也展现出了极强的适应变化能力，无论是面对行业的竞争压力，还是应对外部环境的变化，都能够及时调整策略，确保公司的持续发展。

案例点评

一个优秀的团队是企业成功的基石，而高效的团队运作则是实现愿景的关键。携程创业团队的运作模式是其成功的关键。通过共同的愿景、明确的角色分工、高效的沟通与决策机制、共同的价值观和团队文化以及持续的创新与适应变化，携程在激烈的市场竞争中脱颖而出，成为中国乃至全球旅游行业的领先者。

■ 素养园地

创业团队的社会责任

1. 向社会提供优质产品和服务

诚信是市场经济正常运行的基石。企业的不诚信和泛滥的假冒商品会对消费者造成巨大损失。很多企业都因假冒商品的干扰和打假难度的加大而难以为继。为了维护市场秩序、保障人民群众的利益，创业团队必须承担起确保产品货真价实的社会责任。

2. 促进国家财富创造和积累

企业担负着增加税收和促进国家经济发展的使命。因此，企业要以发展为中心，以创新为前提，不断扩大企业规模，扩大纳税份额，完成纳税任务，为国家发展作出贡献。当然，企业的发展必须科学、绿色和可持续。任何企业都不能只顾眼前，不顾长远；也不能只顾局部，不顾全局；更不能只顾自身，不顾友商。

3. 节约资源和保护环境

企业的发展一定要与资源节约和保护环境相适应。企业不能顾此失彼，不顾全局。作为创业团队，一定要站在全局立场上，坚持可持续发展，节约资源。要下决心改变增长方式，优化调整结构。

4. 提高就业率和就业质量

人力资源是社会的宝贵财富，也是企业发展的支撑力量。保障企业职工的生命和健康，确保职工的工作与收入待遇，这些不仅关系到企业的持续健康发展，也关系到社会的稳定与发展。创业团队必须承担起保护职工生命健康安全和持续优化职工待遇的责任。创业团队要爱护企业的员工，多与员工沟通，多为员工着想，做好劳动保护，不断提高员工的工资水平。

5. 参与社会公益事业

改革开放以来我国的经济得到了巨大的发展，但是发展不平衡、不充分的问题仍然突出。解决这些问题，固然需要政府的努力，但也需要企业的支持。为了社会的发展，也是为企业自身的发展，创业团队更应重视公益，更好地承担起"先富带后富、共奔致富路"的责任。

■ 任务训练

解决团队矛盾

活动方法：

分小组活动，每小组 3～5 人为宜。每组自行创作一个以团队矛盾为主题的情景剧，由其他小组来解决矛盾。

活动要求：

各小组自行设计团队矛盾的情节，然后以情景剧的形式表演。表演时需加入另外一个小组的成员，并由该成员来负责解决团队矛盾，考验其处理方式是否妥当。

注意事项：

1. 接受考验的同学不能事先了解剧情。

2. 矛盾发生前应该有必要的铺垫，方便被考验的同学了解情况。

3. 剧本无须过于注重细节，实际演出需要根据被考验同学的反应即兴发挥。

项目三
激发创新思维

如果没有独创精神，不去探索更新的道路，只是跟着别人的脚印走路，也总会落后别人一步；要想赶过别人，非有独创精神不可。

——华罗庚

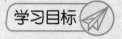

项目导言

　　创新思维是人类创造力的核心和思维的最高级形式，是人类思维活动中最积极、最活跃和最易于产出成果的一种思维形式。人类社会的进步与发展离不开知识的增长与发展，而知识的增长与发展又是应用创新思维的结果。

学习目标

知识目标

· 了解创新思维的定义、特点、作用和意义；
· 掌握不同阶段创新活动的表现形式，掌握不同的创新方法。

能力目标

· 能够实践创新思维；
· 能够掌握一定的创新方法，并灵活运用。

素质目标

· 明确创新思维和创新能力的重要性；
· 树立主动培养创新思维、提升创新能力的意识。

案例导入

比亚迪启用汉字产品标识

　　比亚迪发布的新能源"王朝"系列车型，是一个具有鲜明中国风格和丰富产品线的系列。比亚迪首次在"王朝"系列车型中使用了汉字产品标识，这一创新举措不仅体现了比亚迪对中国传统文化的尊重和传承，也为其产品赋予了独特的辨识度和文化内涵。"秦Pro"作为一款紧凑型轿车，以高配置和较低售价吸引消费者，适合市区内用车。"汉"主打高性能，分别有纯电和混合动力版本，电机性能、电能消耗和燃油消耗表现良好，且性价比较高。"唐"作为中型SUV，融合了西方设计理念和中华民族代表元素"龙"，造型别具一格，有插电版和纯电版两种能源版本。"宋Pro"作为一款紧凑型SUV，以其均衡的性能、充裕的空间、丰富的配置和多样的动力选择受到消费者欢迎。"元"定位为一款小型SUV，采用"龙颜"设计语言，外观颇具个性，内饰简约有档次。比亚迪"王朝"系列车型在设计上融入了大量中国传统元素，如汉字产品标识、篆书字体等，展现了比亚迪对中国文化的深刻理解和创新应用。

"王朝"系列车型覆盖了轿车、SUV 和 MPV 三种车型，既有纯电版也有混动版，旨在满足不同消费者的需求，抢占细分市场。比亚迪发布的新能源"王朝"系列车型以其独特的汉字产品标识、丰富的产品线和深植中国传统文化的设计理念，成为市场上备受瞩目的新能源汽车系列。

启示

比亚迪创造性借用中国历史符号，以朝代名称命名新车型，体现了比亚迪不落俗套和对中国传统文化的推崇和尊重。比亚迪用中国基因铸造中国品牌，显示了其创新型思维和爱国主义精神。

任务5　开启创新思维

问题导入

创新思维是人类创造力的核心和思维的最高级形式，是人类思维活动中最积极、最活跃和最易于产出成果的一种思维形式。人类社会的进步与发展离不开知识的增长与发展，而知识的增长与发展又是创新思维的结果。所以，创新思维比之思维的其他形式，更能体现人的主观能动性。请同学们思考以下问题：

(1) 什么是创新思维？

(2) 常见的创新思维有哪些？

(3) 在生活中有哪些创新的小技巧？对你的生活有些什么改变？

知识链接

一、创新思维的定义和特点

在深入探讨创新思维之前，有必要先明确其意义与独特之处。创新思维是推动社会进步与文明发展的重要引擎，是人类智慧在挑战与未知中绽放的璀璨火花。它超越了传统框架的束缚，以非凡的洞察力和创造力，为解决复杂问题、开创未来新局提供了无限可能。

1. 创新思维的定义

创新思维是指以新颖独创的方法解决问题的思维过程，它能突破常规思维的界限，以超常规甚至反常规的方法、视角去思考问题，提出与众不同的解决方案，从而产生新颖的、独到的、有社会意义的思维成果。其本质在于将创新意识的感性愿望提升到理性的探索上，实现创新活动由感性认识到理性思考的飞跃。

2. 创新思维的特点

（1）独创性

独创性是创新思维的基本特点。创新思维活动是新颖的、独特的思维过程，它打破传统和习惯，不按部就班，对常规事物怀疑，向陈规戒律挑战，否定原有的框框，锐意改革，勇于创新。在创新思维过程中，人能从与众不同的新角度提出问题，探索开拓别人没有认识或者没有完全认识的新领域，以独到的见解分析问题，用新的途径、方法解决问题，善于提出新的假说，善于想象出新的形象，思维过程中能独辟蹊径，标新立异，革新首创。

（2）多向性

创新思维能够使人不受传统的、单一的思想观念限制，思路开阔，全方位提出问题，产生较多的设想和答案，选择面宽广。思路若受阻，遇到难题，也能灵活变换某种因素，调整思路从新角度、新方向去思考，产生合适的新办法。

（3）综合性

创新思维能把大量的观察材料、事实和概念综合在一起，进行概括、整理，形成科学的概念和体系。创新思维能对占有的材料加以深入分析，把握其个性特点，再从中归纳出事物的规律。

（4）联动性

创新思维具有由此及彼的联动性，这是创新思维所具有的重要的思维能力。联动性有三个方向：一是纵向，即看到一种现象，就向纵深思考，探究其产生原因；二是逆向，发现一种现象，则想到它的反面；三是横向，能联想到与其相似或相关的事物。总之，创新思维的联动性表现为由浅入深、由小及大、触类旁通、举一反三，从而获得新的认识、新的发现。

（5）跨越性

创新思维在思维步骤上有所省略，其思维进程展现出较大的跨越性，具体表现为明显的跳跃性和直觉性特征。

案例分享

智检究"缝"：焊缝无损探测数字化解决方案

船舶海工装备一旦发生事故损失巨大，其健康状况至关重要，而焊缝是最薄弱环节，很多破坏都是从焊缝开始的。焊缝的超声无损检测是保障安全的重要环节，目前仍依赖人工经验检测，亟需实现焊缝智能探伤的技术革新与升级。就读于江苏航运职业技术学院船舶工程技术专业的王海强同学发现船舶海工装备制造企业存在焊缝探伤数据分散和标准不统一的问题，这是导致产品焊缝质量控制不确定性的重要原因之一，于是王海强与团队提出了在解决方案中加入数据库，便于焊缝数据的管理与未来的溯源。

团队搜集了国内外共 21 家标准厂商的 1601 种焊接材料样本数据，8 种常用标准钢材及合金的 2399 项数据，8 种常见工艺中的 11 种损伤机理，并利用专业所学，通过大数据软件 power BI，将数据搜集整理成焊缝数据库。船舶海工焊缝数据库是行业内首个细分数据库。在数据库的帮助下，团队的数字化探伤方案检测效率显著提高，精度得到了明显提高，可以有效保障焊缝质量和船舶结构安全。团队先后获得第 29 届智能交通世界大会创新大赛暨"姑苏杯"长三角智能交通创新技术应用大赛江苏赛区优秀奖。

案例点评

"智检究'缝'"团队注重创新发散思维，通过团队成员之间的密切合作和思维碰撞，激发创新，推动项目的发展。团队成功建立了行业内首个细分数据库，使得数字化探伤方案的效率和准确性得到显著提升，保障了焊缝质量与船舶结构的安全。

二、创新思维的作用和意义

创新思维的作用与意义不可估量。它不仅能使个人激发巨大潜能，促进个人能力的飞跃，更在社会进步中扮演着至关重要的角色。从科技进步到产业升级，从问题解决到模式创新，创新思维如同一把钥匙，为人们打开了通往未知世界的大门，引领着人类不断向前迈进。

1. 创新思维的作用

（1）不断地增加人类知识的总量

创新思维因其对象的潜在特征，表明它是向着未知或不完全知的领域进军，不断扩大着人们的认识范围，不断地把未被认识的东西变为可以认识和已经认识的东西。科学上每一次发现和创造，都增加了人类的知识总量，为人类由必然王国进入自由王国创造着条件。

（2）不断地提高人类的认识能力

创新思维的特征表明，创造性思维是一种高超的艺术，创造性思维活动及过程中内在的东西是无法模仿的。这内在的东西即创造性思维能力。这种能力的获得依赖于人们对历史和现状的深刻了解，依赖于敏锐的观察能力和问题分析能力，依赖于平时的知识积累和知识面的拓展。

（3）为实践开辟新的局面

创新思维的独创性与风险性特征赋予其敢于探索和创新的特质，在这种思维的引领下，人们不满足于现状，不满足于已有的知识和经验，总是力图探索客观世界还未被认识的本质和规律，并以此为指导，进行开拓性的实践，开辟出人类实践活动的新领域。相反，若没有创新思维，人类"躺"在已有的知识和经验上，坐享其成，那么，人类的实践活动只能留在原有的水平上，实践活动的领域也非常狭小。

（4）是未来人类的主要活动方式和内容

工业革命没有完全把人从体力劳动中解放出来，而目前世界范围内的新技术革命带来了生产的变革。全面的自动化，把人从机械劳动中解放出来，转向控制信息、编制程序的脑力劳动。而人工智能技术的推广和应用，使人从一些简单的脑力劳动中解放出来。这样，人将有充足的精力把自己的知识、智力用于创造性的思维活动，把人类的文明推向一个新的高度。

2. 创新思维的意义

（1）促使知识融会贯通和优化组合

知识是多种多样的，一个人只能掌握一定量的知识。创新思维的产生土壤绝不是贫瘠和单一的，开拓创新思维需要人们"上知天文，下知地理"，了解多个领域的知识，使人知识的涉猎更广、体系化更强，同时在不断思考和学习中，达到知识的融会贯通和优化组合。

（2）促使企业自主创新，培养民族品牌

民族品牌的树立，需要依靠自主创新。企业的产品没有创新就没有市场，企业的发展没有创新就难以维持，企业的管理没有创新难免死气沉沉，企业就可能缺乏竞争力。因此对企业而言，创新思维尤其重要。

（3）能解放想象力，促进教育体制的完善发展

当前我国基础教育进行"新课改"，提倡素质教育，而创新思维就是创新素质的核心。"新课改"的实行，能促进学生多方面能力发展，使学生的自主能动性得以发挥、想象力得到激发和保护。而想象力的延伸和发展，就是创新思维的源泉。

（4）能推动社会重视创意产业发展，促进法律体系的完善

新兴行业特别依赖于创新思维，艺术创作和文学创作等行业也非常需要创新思维。对于这些行业而言，想象力和创造力是衡量从业者是否适合行业发展的重要标准。对创新的重视和有意识保护创新思维成果的态度，不仅有利于促进尊重原创、反对剽窃的行业风气的形成，促进行业的蓬勃发展，还能推动相关部门有关知识产权保护的立法，进而促进法律法规体系的完善。

案例分享

海上清"肺"：远洋船舶废气环保方案

　　针对老旧船舶燃油含硫量超标问题，江苏航运职业技术学院船舶工程技术专业的陈宇同学提出了为大型船舶提供脱硫设备一体化模型定制解决方案。为有效规避数据测量不准的技术风险，陈宇带领研发团队研发了具有独立知识产权的三维激光扫描技术、三维建模技术，针对新型船舶，充分发挥原有系统备用设备的功能，耦合加装设备与原有设备，提高设备使用效率，降低改造成本；针对老旧船舶，对占有的材料加以深入分析，建立机能三维数字模型，进行机舱设备型号、安装位置的核实工作，提高设备安装成功率及安全性。他们创新性地采用虚拟设计法将船舶废气处理系统各个设备的三维模型整合于三维机舱模型中，在三维场景中解决设备安装工作中出现的各类问题，构建了三维安装图，用于指导现场设备安装工作，极大减少现场工作量，降低施工返工率。项目共申请实用新型专利13项，获江苏省职业院校创新创业大赛一等奖、江苏省高校创新创业"金种子"孵育项目。

案例点评

　　本项目是问题解决与技术融合的创新示范。这种跨学科整合和前瞻性设计思维，不仅体现了对技术细节的深入把握，也显示了创新在解决环境问题和提升经济效益上的巨大潜力，证明了这一创新方案的实际应用价值和市场认可度。

知识拓展

从儒家思想看孔子的创新

　　中国思想史，尤其是儒家思想史，就是思想不断创新的历史。历史上儒释道各派思想的变化，春秋战国诸子学、两汉经学、魏晋玄学、隋唐佛学、宋明理学、明清实学、近代新学等思潮演进，都是思想创新的表现。学者的生活与交往，学派的产生与交流，思想的矛盾与会通等，都离不开思想创新。在思想家那里，思想创新主要表现在两个方面：一是在历史背景中问题的自觉，即问题意识的创新；二是借助学术思想渊源和交流获得认识和解决问题的资料、工具和方法，这是视角、方法、工具的创新。在此基础上才出现思想结论的创新。在儒家看来，创新的核心在新人，最终目的是使人德才兼备，自由全面发展。所谓创新，指发现新事物、提炼新知识、总结新理论、运用新方法、建立新制度、创制新器物、开发新产品、开拓新市场、培养新人才、建设新文化、形成新风尚等。照儒家看，器物更新、技术创新等只是表象，更重要的在于创新主体的更新，即创新者本人修养要不断更新。创新的根本在新人，有新人，创新自然水到渠成；无新人，创新即使出现，也不能确保持久。按照儒家思想来看，创新不仅是自己的创新，而且要求自己发挥仁爱情怀，帮助家人、国人，让天下人皆能创新。创新的内容，不仅是生产产品、技能、生活方式、管理模式等，而且是道德修养的提高、人性的自觉和实现。创新的本质内容是在人成为理想的人的人生历程和历史征途中，人性综合修养水平的提高，创新的重点是人民群众创新能力的培养和发挥。

儒家重视历史，将新与旧看成一个整体的发展过程。如此，创新只是历史进程的一个环节，历史活动的一个方面。新旧统一起来，共同成就人性的自觉和实现文明史进程。这就确立了创新在人性修养和文明史进程中的地位和作用。

在儒家看来，世界生生不息，日新月异，人们对世界和自身的认识也温故知新，人们自身的修养、对世界和人类的仁爱也在日日新、又日新，器物、制度、思想、方法、程序等都在推陈出新，人类就这样借助创新，阔步行进，每个人都逐步成为真正的、理想的人，从而实现美好的理想社会。

资料来源：张茂泽．论儒家的创新思想：《大学》"亲民"即"新人"解 [J]．唐都学刊，2017，33（2）：38-42

三、创新思维的培养和训练

创新思维的培养和训练并非一蹴而就，它是一个系统而持续的过程，旨在激发个体的内在潜能，培养灵活多变的思维方式。通过一系列科学的方法和实践，可以逐步形成更加敏锐的问题意识、更加开阔的视野以及更加丰富的想象力。

1. 发散思维训练

（1）发散思维的含义

发散思维（扩散状态的思维）又称放射思维、辐射思维、扩散思维和求异思维，是指大脑在思维时呈现的一种扩散状态的思维模式，思维呈现出多维发散状。发散思维是从一个问题（信息）出发，突破原有的框框，充分发挥想象力，经过不同的途径、方向，以新的视角去探索，重组眼前的和记忆中的信息，产生多种设想、答案，使问题得到圆满解决的思维方式。

（2）发散思维的特点

①流畅性。流畅性就是观念的自由发挥，指单位时间内产生设想和答案的多少或者指在尽可能短的时间内生成并表达出尽可能多的思维观念以及较快地适应、消化新的思想观念。流畅性用于衡量思维发散的速度（单位时间的量），可以看成发散思维"量"的指标。其包括语句的流畅性、图形的流畅性、观念的流畅性、联想的流畅性以及表达的流畅性。其中，语句的流畅性和表达的流畅性更为重要。

②变通性。变通性是指在提出设想或答案方面所表现出的灵活程度，是突破人们头脑中某种自己设置的僵化的思维框架，按照某一新的方向来思索问题的过程。变通性是发散思维"质"的指标，表现了发散思维的灵活性，是思维发散的关键。变通性是指知识运用上的灵活性，观察问题的多层次、多视角。

③独创性。独创性是指人们在发散思维中作出不同寻常的异于他人的新奇反应的能力。独创性是发散思维的本质，表现发散思维的新奇成分，是思维发散的目的。独创性也可称为独特性、求异性，这一点是创新思维的基本特征和标志，能形成与众不同的独特见解，让思维活动进入创新的高级阶段。没有这个特征的思维活动都不属于创新思维，这是发散思维的最高目标。

④多感官性。发散性思维不仅运用视觉思维和听觉思维，而且也充分利用其他感官接收信息并进行加工。如果思维者能够想办法激发兴趣，产生激情，把信息感性化，赋予信息以感情色彩，那么就会提高发散思维的速度与效果。在日常的学习生活中，要特别重视多感官训练，通过调动身体各个器官，体验视觉、听觉、嗅觉、触觉等感官刺激，减缓不正常张力变化，纾解焦虑不安的情绪，全方位地激发兴趣，全身心地为学习服务。

（3）发散思维的作用

①核心性作用。发散思维在整个创新思维结构中的核心性作用十分明显。首位发散思维概念提出者、美国心理学家吉尔福特说："发散思维是创新思维的核心，正是在发散思维中，我们看到了创造性思维最明显的标志。"想象是人脑创新活动的源泉，联想使源泉汇合，而发散思维就为这个源泉的流淌提供了广阔的通道。发散思维从一个小小的点出发，冲破逻辑思维的惯性，创造性想象才得以形成。

②基础性作用。创新思维的技巧性方法有许多都是与发散思维密切联系的。著名的奥斯本智力激励法中最重要的一条原则就是自由畅想，它要求不受一切限制地去寻找解决问题的办法，这实际上就是鼓励参与者运用发散思维。

③保障性作用。发散思维的主要功能就是为其他思维提供尽可能多的方案。这些方案不可能每一个都十分正确、有价值，但是一定要在数量上有足够的保证。如果没有发散思维提供大量的可供选择的方案、设想，其他思维就无事可做。可见发散思维在整个创新思维过程中，起着保障的重要作用。

（4）发散思维的训练原则

①考虑所有因素。尽可能周全地从各个方面考察和思考一个问题，这对问题的探索、解决特别有用。

②预测各种结果。思考问题时，应考虑各种"后果"或最终可能出现的结局。这有利于对事物的发展作出较明确的预测，并从中寻求最佳的结局模式。

③尝试思维跳跃。遇到困难时，可以采用思维跳跃的方法，即不从正面直接入手，而是另辟蹊径、从侧面突破。

④寻求多种方案。思考问题时，可快速"扫描"并指向事物或问题的各个点、线、

面、空间，寻找多种方案，并对方案进行深入思考，从而找到全新的思路和方法。

（5）发散思维的训练方法

①材料发散法。材料发散法即以某个物品尽可能多的"材料"为发散点，设想它的多种用途。如回形针的用途：把纸或文件别在一起，做发夹……

②功能发散法。功能发散法即从某事物的功能出发，构想出获得该功能的各种可能性。

③结构发散法。结构发散法即以某事物的结构为发散点，设想出利用该结构的各种可能性。

④形态发散法。形态发散法即以事物的形态为发散点，设想出利用某种形态的各种可能性。

⑤组合发散法。组合发散法即以某事物为发散点，尽可能多地把它与别的事物进行组合。

⑥方法发散法。方法发散法即以人们解决问题或制造物品的某种方法为扩散点，设想出利用该方法的各种可能性。如说出用"吹"的方法可能做的事或解决的问题：吹气球、吹蜡烛、吹口哨……

⑦因果发散法。因果发散法即以某个事物发展的结果为发散点，推测出造成该结果的各种原因，或者由原因推测出可能产生的各种结果。如推测"玻璃杯碎了"的原因：手没抓住，掉地上碎了，被某物碰碎了……

⑧假设推测法。假设推测法即假设的问题无论是任意选取的，还是有所限定的，所涉及的都应当是与事实相反的情况，是暂时不可能的或是现实不存在的事物对象和状态。由假设推测法得出的观念大多是不切实际的、荒谬的、不可行的，这并不重要，重要的是有些观念在经过转换后可以成为合理的、有用的思想。

2. 平面思维训练

（1）平面思维的含义

平面思维是指人的各种思维线条在平面上聚散交错，是线性思维向着纵横两个方向扩张的结果。当思维定向、中心确定以后，就要从几个方面去分析说明这个问题。当这些点并不构成空间，而是处于同一平面不同方位的时候，思维过程就进入了平面思维。平面思维可以从不同的方面去说明思维的中心，可以相对地达到认识某一方面的全面性。具有这种思维的人，喜欢进行横向的平面比较，横向扩大视野。平面宽于直线，因而平面思维优于一维思维，同时，还能将横向的现实知识与纵向的历史知识结合起来进行思考。

横向思维概念是一种打破逻辑局限，将思维往更广阔领域拓展前进的模式，由英国学者爱德华·德·波诺首次提出，与纵向思维的概念相对应。爱德华·德·波诺提出了一些促进横向思维的方法：对问题本身提出多种选择方案；打破定式，提出富有挑战性的假设；对头脑中冒出的新主意不要立刻作是非判断；反向思考，用与已建立的模式完全相反的方式进行思考，以产生新的思想；对他人的建议持开放态度，让一个人头脑中的主意刺激另一个人，形成交叉刺激；扩大接触面，寻求随机信息刺激，以获得有益的联想和启发。

纵向思维是指思维从对象的不同层面切入的思维模式，具有纵向跳跃、突破性、递进性、渐变等特点。具有这种思维的人，对事物的见解往往入木三分、一针见血，对事物动态把握能力较强，具有预见性。

（2）点的思维、线性思维和平面思维

人们在确定研究方向、选择切入点时，作为表现思维出发点或中心的思维过程，就是点的思维。点的思维也叫零维思维，它既无长度又无宽度。具有零维思维的人，容易将思维固定于某个观点或某个对象上，不会由此及彼。具有零维思维的人不会将该点与其他相关的点联系起来，具有凝固、僵化的特点，因而往往一叶障目，在思想上表现出较强的主观性与片面性。

线性思维是点的思维的延伸或扩展。它有长度但无宽度，具有单一性和定向性的特征。线性思维也叫一维思维，表现为单纯的、纵向的思维方式。具有这种思维的人喜欢进行历史模拟、单向性的回忆，注意传统的延续性和经验的有效性。而对外来的东西往往进行本能的抵制，对周围各种有益的意见常常采取排斥的态度。在实际工作中，具有这种思维的人讲话、行文常常引经据典，套话连篇，唯恐别人说自己不正统；从事学术研究，他们则习惯于整理、考据、疏证，解释圣人、伟人们的学说，只能沿着某个固定的方向或向前引申，或向后回溯。因此，习惯于线性思维的人，虽然思维也有运动，但运动较为有限，缺乏应有的多向思考的灵活性。

线性思维可以分为正向线性思维和逆向线性思维。正向线性思维的特点是思维从某一个点开始，沿着正向向前以线性拓展，经过一个点或几个点，最终得到正确的思维结果。在答题中，线性思维表现为最终得到正确的答案。逆向线性思维的特点是通过正向思维难以得到正确的结果，既然正向走不通，就向相反的方向思考，经过一个或几个点，最终得到正确的思维结果，在答题中，也就是最终得到了正确的答案。

平面思维指的是人的各种思维线条在平面上聚散交错，也就是哲学意义上的普遍联系，这种思维更具有跳跃性和广阔性，联系和想象是它的本质。通常所说的形象思维就属于平面思维的范畴。例如，什么样的东西可以做成一幅"画"呢？对于这个问题，很多人会选择纸和墨。但曾经就有一个画家用他母亲的头发做成了他母亲的头像。由此可见，这个问题不是线条型的单向思维能回答的。如果把"画"放在一个平面上，将其与所有可以想象到的名词联系起来，就会发现头发、石头、金属、麦草、树叶、棉花……都可以用来做成精美的画。联系和想象是平面思维的核心，其特点通常表现为事项之间的跳跃性连接，在这一思维过程中它既受到逻辑的制约，又常常得到联想的支持。

案例分享

智能家居系统的集成化设计

随着科技的飞速发展，智能家居系统逐渐成为现代家庭的重要组成部分。然而，众多智能设备的管理与协同工作成了一大挑战。传统的设计往往是孤立地考虑每个设备的功能，而忽视了整体的使用体验和操作便捷性。为了解决这个问题，一群设计师运用平面思维，对智能家居系统进行了集成化设计。

设计团队通过运用平面思维，将家中的智能设备进行了全面而细致的梳理，包括照明、温控、安防、娱乐、家电控制等系统。他们将这些系统的信息和控制平台整合到一个统一的界面中，实现了设备之间的无缝连接和协同工作。设计团队首先分析了用户在家中的活动路径和日常需求，确定了哪些设备是高频使用的，哪些设备需要紧密协作。他们将设备按照功能分类，并分析数据流和控制信号的流向。在理解了不同设备间的关系后，设计团队采用了简约而不简单的界面设计，使得用户可以在单一视图中看到所有设备的状态，并能轻松地进行控制和调整。设计师们注重用户的直接体验，减少了用户操作的步骤，运用智能化的推荐算法，根据用户的历史操作习惯和场景，自动调整家居设备的状态。设计团队在系统中设置了反馈机制，能够实时收集用户使用中的问题和建议，通过数据分析，进一步优化系统功能和用户界面。考虑到智能家居涉及用户的隐私和安全，设计团队在系统集成中加入了多层次的安全保护措施，确保用户数据的安全性和私密性。

智能家居集成化设计显著提高了操作的便利性，极大提升了生活质量和科技体验。家庭成员能更加轻松地管理家居设备，享受到智能化生活的便捷和乐趣。

案例点评

智能家居集成化设计展示了如何通过平面思维的方法解决实际操作中散乱复杂的问题。着手设计时，设计团队没有立即深入某个具体产品的细节，而是先从宏观的角度分析了所有设备和用户的需求，从而构建了一个统一和谐的智能系统。平面思维的运用体现为对复杂系统的整体规划和设计，其重点在于理清结构，简化操作，提高用户体验。

3. 立体思维训练

（1）立体思维的含义

立体思维也称多元思维、全方位思维、整体思维、空间思维或多维型思维，是指跳出点、线、面的限制，从上下左右、四面八方去思考问题的思维方式，也就是"立起来思考"。这种思维方法强调整个立体思维空间，有纵向垂直、横向水平以及交叉等全方位的思考。

（2）立体思维的维度

立体思维的时空观很强。所谓的时间或空间只是人们在对存在事物的认识和理解的基础上创建的概念。大自然本身并不存在时间或空间，一切与时间或空间有关的概念只表示人们在了解或认识事物时所形成的各种意识的形态。

人类社会需要时间和空间。于是人们把自然事物形态的变化特点认知为时间的作用，把自然事物的变化现象认知为空间的存在。例如，从人类生活的地球表面到大气层之间，或从大气层到外太空之间，甚至是由外太空到整个太阳系甚至银河系，这些人类认知中的空间，实质上都只是自然变化的一种现象。这些认知表现了人们对宇宙天体的一个认知程度。

空间和时间是事物之间的一种秩序。空间用以描述物体的位形；时间用以描述事件的先后顺序。空间和时间的物理性质主要通过它们与物体运动的各种联系来表现。在狭义相对论中，不同惯性系的空间和时间之间遵从洛伦兹变换。根据这种变换，同时性不再是绝对的，相对于某一参照系为同时发生的两个事件，相对于另一参照系可能并不是同时发生的。在狭义相对论中，长度和时间间隔也变成相对量。运动的尺子相对于静止的尺子变短了，运动的时钟相对于静止的时钟变慢了。

（3）立体思维的特征

①层次性。层次性是指系统在结构或功能方面的等级秩序。层次具有多样性，可按物质的质量、能量、运动状态、空间尺度、时间顺序、组织化程度等多种标准划分。不同层次具有不同的性质和特征，既有共同的规律又各有特殊的规律。要想对认识对象形成整体性的立体反映，首先要把握或分析认识对象的层次，包括认识对象的运动、变化或发展，经历了哪些阶段，认识对象的组成结构，具有什么样的层次，等等。

②多维性。一般一维到三维是人类肉眼可见的效果，到四维以后就不可见了，立体思维的多维性就是指立体思维的三维性。点运动成线，线运动成面，面运动成体。立体思维就是要从多方面、多角度、多侧面、多方位地去探究认识对象。

③联系性。联系性是指立体思维中各种因素、关系、方面的制约性、过渡性和渗透性。

④系统性。系统性是指立体思维过程中有关联的所有个体，根据预先编排好的某种规则工作，能完成个体不能单独完成的工作。

⑤整体性。整体性是立体地描述、反映思维对象最后完成形态的要求，是立体地认识事物的必然结果。

⑥动态性。事物总是发展变化的，立体思维也不能局限于某一时间和空间，也要随着事物的变化而变化。

（4）立体思维的规律与方法

①立体思维的规律。诸多因素综合律是指思维在由低级向高级发展的过程中，在把点、线、面的思维上升为立体思维的过程中，必须动用多种观察工具、多种思维形式，把思维对象的各个方面、各种因素综合为一个整体，方能形成整体的思维。纵横因素交织律是指在纵的分析与横的分析的基础上，使两者交织成一个有机整体。纵的分析是对认识对象进行历史的分析，横的分析是分析思维对象运动全过程中内在矛盾和外在矛盾的各个方面，分析各个矛盾方面在各个发展阶段（层次）的各种特征、关系、联系。各层次、因素、方面贯通律是指在立体思维的过程中，从问题的提出到问题的展开，必须按照思维自身和事物自身的层次、环节、阶段或结构，使其内容有条不紊地安排或组织起来，充分体现出立体思维的有序性。这是思维对象和思维自身具有的结构层次和发展层次在人的思维中的反映。

②立体思维的方法。整体性思考方法是指以诸多因素综合律为依据的思维方法。在立体思维的过程中，其根本宗旨和最后归宿就是要全面把握、反映思维对象的整体。运用整体性思考方法，就可以把看起来零碎的、没有联系的东西组成互相联系的整体。系统性的方法是指以各层次、因素、方面贯通律为依据的思维方法。在运用这种方法的过程中，要注意层次或顺序，或从小系统到大系统逐级进行，或从大系统到小系统逐级进行，不能越级，否则就可能出现错误。结构分析方法是指以纵横因素交织律为依据的思维方法。运用立体思维必须了解整体或系统中各组成部分分别处于什么位置，起着何种作用，应当如何组合、排列等。这样，立体思维既可把握事物的整体，又可把握形成这个整体的内在机制，了解这个整体的结构性质。

4. 逻辑思维训练

（1）逻辑思维的含义

逻辑思维又称为理论思维、抽象思维或闭上眼睛的思维，是指人们在认识过程中借助于概念、判断、推理等思维形式能动地反映客观现实的理性认识过程。它是作为对认识对象的思维及其结构以及起作用的规律的分析而产生和发展起来的，是人的认识的高级阶段，即理性认识阶段。

逻辑思维是确定的，而不是模棱两可的；是前后一贯的，而不是自相矛盾的；是有条理、有根据的思维。在逻辑思维中，要用到概念、判断、推理等思维形式和比较、分析、综合、抽象、概括等方法，而掌握和运用这些思维形式和方法的程度，也就是逻辑思维的能力。

逻辑思维要遵循逻辑规律，主要包括形式逻辑的同一律、矛盾律、排中律、辩证逻辑的对立统一、质量互变、否定之否定等规律。违背这些规律，就会导致认识上的混乱和错误，继而在思维上出现偷换概念、偷换论题、自相矛盾、形而上学等逻辑错误。

（2）逻辑思维的特点

①规范性。规范性强调的是规矩和标准，逻辑思维恰是遵循规矩和标准的过程。不论是概念的起点，还是判断的发展，或是最后的推理，都是有科学方法可依、层层递进的思维过程。逻辑思维是关注目标，沿着思维发展的脉络，推演出应采取的措施或行为的过程。

②严密性。严密性是指事物之间结合得紧密、没有空隙，或者是考虑很周到、没有疏漏。逻辑思维的严密性是指在逻辑推理过程中，由于建立在概念和判断的基础上，推演出的最终结论是严密的，不会出现逻辑上的错误。

③确定性。确定性是相对于不确定性而言的，是指事先就能准确地知道某个事件或某种决策的结果，或者说事件或决策的可能结果只有一种，不会产生其他结果。逻辑思维的确定性强调的是逻辑思维推导出的结论就是确定的，不存在模棱两可的情形。

④可重复性。逻辑思维的可重复性是指同一个人在同样的假设或已知条件下，运用同样的逻辑思维过程，最终推导出的结论是相同的。

（3）逻辑思维的作用

①一般作用。逻辑思维的一般作用表现为有助于人们正确认识客观事物；可以使人们通过揭露逻辑错误来发现和纠正谬误；能帮助人们更好地去学习知识；有助于人们准确地表达思想。

②积极作用。逻辑思维在创新中的积极作用：发现问题、直接创新、筛选设想、评价成果、推广应用、总结提高。

（4）逻辑思维的形式

①形式逻辑。形式逻辑也称为普通逻辑，就是平常说的逻辑，是指抛开具体的思维内容，仅从形式结构上研究概念、判断、推理及其联系的逻辑体系。

②数理逻辑。数理逻辑是在形式逻辑的基础上发展起来的新的逻辑分支学科。数理逻辑在深度和广度上推进了形式逻辑，使它更加精确和严密。数理逻辑使用了数学的语言和符号，揭示了事物和事物之间的数量关系。数理逻辑不仅深化了传统自然科学学科的研究，而且对计算机科学、控制技术、信息科学、生物科学等学科的发展有着重要的意义。

③辩证逻辑。辩证逻辑就是按照辩证唯物主义哲学对客观世界的认识方法和思维方式去认识世界的逻辑体系。列宁说："逻辑不是关于思维的外在形式的学说，而是关于一切物质的、自然的和精神的事物的发展规律的学说，即关于世界的全部具体内容及对它的认识的发展规律的学说。"

（5）逻辑思维的方法与训练

①演绎推理法。演绎推理就是由一般性前提到个别性结论的推理，是按照一定的目

标，运用演绎推理的思维方法获得新颖性结论的过程。

例如，化学元素在一定条件下会发生化学反应。惰性气体是化学元素，所以，惰性气体在一定条件下确实能够发生化学反应。这里运用的就是演绎推理法。

演绎推理的主要形式是三段论式。三段论式就是从两个判断中得出第三个判断的一种推理方法。上面的例子就包含了三个判断。第一个判断是"化学元素在一定条件下会发生化学反应"，提供了一般的原理原则，叫作三段论式的大前提。第二个判断是"惰性气体是化学元素"，指出了一种特殊情况，叫作小前提。根据这两个判断，说明一般原则和特殊情况间的联系，进而得出第三个判断——结论："惰性气体在一定条件下确实能够发生化学反应"。

只要作为前提的判断是正确的，中间的推理形式是合乎逻辑规则的，那么必然能够推出"隐藏"在前提中的知识。这种知识，尽管没有超出前提的范围，但毕竟从后台走到了前台。由于人们常常是为了某种实际需要才做这种推理，其结论很可能具有应用价值。这样演绎推理的结论就可能既具有新颖性又具有实用性。

②归纳推理法。归纳推理法有时也称"归纳法"，与"演绎推理"相对。传统逻辑是从个别性知识的前提推出一般性知识的结论的推理。归纳推理的结论一般超出了前提陈述的范围，当其前提真时，结论并不必然真。故归纳推理是一种或然性推理，分为完全归纳推理和不完全归纳推理。不完全归纳推理又分为简单枚举归纳推理和科学归纳推理。

完全归纳推理指的是根据某类中每一事物都有（或没有）某一属性，推出该类全体都有（或没有）该属性的归纳推理。完全归纳推理的结论所断定的并未超出其前提所断定的知识范围，其结论是确实可靠的。但它只在被概括的对象为数不多的情况下才能应用。

简单枚举归纳推理指的是列举某类事物中一部分对象的情况，根据没有遇到矛盾的情况，便作出关于这一类事物的一般性结论的推理。在它的结论的基础上，可以继续研究，如果证明是正确的，就得到了新的知识。即使证明是错误的，也能从另一方面获得新的知识。

科学归纳推理指的是列举某类事物的一部分情况，并分析产生这些情况的原因，以此结果为根据，总结出这一类事物的一般性结论的推理方法。

③实验法。实验法是为了某一目的，人为地安排现象发生的过程，据之研究自然规律的实践活动。实验的特点是必须能重复，能够在相同条件下重复地做同一个实验，并产生相同的结果，这是一个实验成功的标志。实验法研究有诸多优点，比如：能够纯化研究对象；能够人为地再现自然现象；可以改变现象的自然状态；可以加速或延缓对象的变化速度；可以节约费用，减少损失。

④比较研究法。比较研究法简称比较法，是指通过两个或两个以上对象的相同点和差异来获得新知识的方法。

在比较研究中，起主要作用的还是逻辑思维中的演绎推理、归纳推理和类比推理。因此比较研究是运用逻辑思维进行创新的一种方法。比较可以是空间上的横向比较，也可以是时间上的纵向比较，还可以是直接比较和间接比较。

运用比较研究可以鉴定真伪、区分优劣，可以明察秋毫、解决难题，可以确定未知、发现新知，可以取长补短、综合改进，可以追踪索骥，建立序列。

⑤证伪法。根据形式逻辑中的矛盾律，在同一时间、同一关系上，不能对同一对象作出不同的断定。用一个公式来表示：A 不能在同一时间、同一关系上是 B 又不是 B。

根据形式逻辑中的排中律，在同一时间、同一关系上，对同一事物是两个相互矛盾的论断必须作出明确的选择，必须肯定其中的一个。用一个公式来表示：A 或者是 B，或者不是 B，二者必择其一，不可能有第三种选择。

根据以上两个规律，运用逻辑思维方法，可以在证明一个结论是错误的同时，证明另一个结论是正确的。这种用来取得正确答案的方法就是反证法或证伪法。在许多情况下，证伪法可以帮助人们解决疑难问题，取得创新结果。

案例分享

特斯拉的需求分析与创新

随着全球环保意识的提升和科技的发展，电动汽车行业迎来了前所未有的机遇。特斯拉通过逻辑思维方法对市场需求进行深入分析，并据此不断创新，成为电动汽车行业的领军企业。

特斯拉在进入市场初期就明确了其面临的问题：如何打造一款既能满足消费者对于汽车性能、安全性、舒适度等方面需求，同时又环保的电动汽车。特斯拉团队通过对市场调研，收集了大量关于消费者对汽车的期望和需求的信息。他们发现，传统燃油汽车虽然满足了一定的出行需求，但在环保性、能源消耗效率以及智能化程度上存在不足。基于收集到的信息，特斯拉做出了假设：如果能开发出一款兼具高性能、环保、智能等特性的电动车，将有潜力改变市场现状。为了验证这一假设，特斯拉决定开发一款原型车，并进行测试。经过多轮的设计与测试，特斯拉推出了其首款电动跑车——Tesla Roadster。这款车不仅拥有出色的加速性能，还实现了零排放，并且具备一定的智能化特征，如触摸屏操控等。Tesla Roadster 的推出获得了市场的热烈反响，这验证了特斯拉的假设。随后，特斯拉持续创新，推出更多型号的电动汽车，不断优化性能，增加自动驾驶等高科技功能，致力于提升用户体验。

> **案例点评**
>
> 特斯拉的成功在于其运用逻辑思维方法，从问题的识别到需求的分析，再到解决方案的实施，每一步都紧密相连，形成了闭环的创新过程。通过严谨的逻辑分析，特斯拉不仅成功解决了行业和消费者面临的问题，还引领了整个行业的变革，成为电动汽车领域的标杆。

5. 逆向思维训练

（1）逆向思维的含义

逆向思维也称为求异思维，它是对司空见惯的似乎已成定论的事物或观点反过来思考的一种思维方式，是指为实现某一创意或解决某一因常规思路难以解决的问题而采取的反向思维。

（2）逆向思维的特点

①普遍性。逆向思维在各个领域、各种活动中都适用。由于对立统一规律是普遍适用的，而对立统一的形式又是多种多样的；有一种对立统一的形式，相应地就有一种逆向思维的角度。因此，逆向思维也有无限多种形式。比如性质上对立两极的转换——软与硬、高与低等；结构、位置上的互换、颠倒——上与下、左与右等；过程上的逆转——气态变液态或液态变气态、电转化为磁或磁转化为电等。无论哪种方式，只要从一个方面想到与之对立的另一个方面，都是逆向思维。

②批判性。逆向是与正向相较而言的，正向是指常规的、常识的、公认的或习惯的想法与做法。逆向思维则恰恰相反，是对传统、惯例、常识的反叛，是对常规的挑战。它能够克服思维定式，破除由经验和习惯造成的僵化的认识模式，具有批判性的特点。

③新颖性。以循规蹈矩的思维解决问题虽然简单，但容易使思路僵化、刻板，摆脱不掉习惯的束缚，得到的往往是一些司空见惯的答案。其实，任何事物都具有多方面的属性。由于受过去的经验影响，人们容易看到熟悉的一面，而对不熟悉的一面却视而不见。逆向思维能克服这一障碍，从而得出令人耳目一新的观点或看法。

（3）逆向思维的原则

①敢想敢说、勇于创新。学会逆向思维，敢于提出与众不同的见解，敢于破除习惯的思维方式和旧的传统观念的束缚，跳出因循守旧、墨守成规的框框，大胆设想。发前人之未发，化腐朽为神奇，标新立异。

②严谨、积极、有益。逆向思维要经得起推敲，避免表面化、浅层次地思考问题。

③遵循规律、避免极端。逆向求异应在一定的语言环境或特定的社会背景中进行，只有严格遵循客观规律，准确把握事物的本质，才能避免从一个极端走向另一个极端。

④尊重科学、不伤感情。"逆向"虽具有普遍性，但那些违反科学常理、有悖于人们共识和伤害人感情的"逆向"都是不可取的。

（4）逆向思维的训练方法

①反转型逆向思维法。这种方法是指从已知事物的相反方向进行思考，产生发明构思的途径。"事物的相反方向"常常是指从事物的功能、结构和因果关系三个方面做反向思维。

②转换型逆向思维法。转换型逆向思维法是指在研究一问题时，由于解决某一问题的手段受阻，而转换成另一种手段，或转换思考角度，以使问题顺利解决的思维方法。如历史上被传为佳话的司马光砸缸救落水儿童的故事，实质上就是一个运用转换型逆向思维法的例子。由于司马光不能通过爬进缸中救人的手段解决问题，因而他就转换为另一手段——砸缸救人，进而顺利地解决了问题。

③缺点逆用思维法。缺点逆用思维法是指利用事物的缺点，将缺点变为可利用的东西，化被动为主动、化不利为有利的思维方法。这种方法并不以克服事物的缺点为目的，相反，它是将缺点化弊为利，找到解决方法。例如，金属会被腐蚀是一件坏事，但人们利用金属腐蚀原理进行金属粉末的生产或进行电镀等，便是缺点逆用思维法的一种应用。

案例分享

爱彼迎的崛起之路

在共享经济浪潮中，爱彼迎以其独特的逆向思维模式，从一家初创公司发展成为全球知名的住宿分享平台。爱彼迎充分利用了市场上存在的闲置房源，通过在线平台为房东和租客提供对接服务，实现了资源的最大化利用。

面对酒店业的高度竞争和房地产市场的饱和，爱彼迎识别到了旅行者寻求低成本住宿以及房主寻求额外收入的需求。与正向思维下的传统酒店业的选择不同，爱彼迎没有投资兴建酒店或租赁房产，而是选择了将现有闲置房源转化为临时住宿的逆向解决方案。爱彼迎构建了一个在线平台，使得房主能够轻松地发布其闲置房源，同时让寻找住宿的旅行者能够方便地找到这些房源。爱彼迎重视社区的建设，通过评价系统、身份验证等手段建立了信任机制，保证了交易的安全和服务质量。在取得初步成功的基础上，爱彼迎持续创新，推出了多种新功能，如"体验"服务，让用户不仅可以租住房间，还可以预订当地的特色活动。

案例点评

爱彼迎展示了逆向思维在解决市场需求上的巨大潜力。爱彼迎通过挑战传统行业的运作方式，不仅创造了新的市场机会，还促进了共享经济的发展，成为创新创业的典型代表。

知识拓展

创新思维训练：技巧与实践

在瞬息万变的现代社会，创新已成为推动个人发展、企业成长乃至社会进步的关键动力。而培养创新思维，不仅需要天赋和灵感，更需要科学且系统的训练方法。下面介绍几种实用的创新思维训练技巧，帮助你激发潜在的创造力，促进新想法的产生。

1. 拓展认知地图

认知地图是指个体对周围世界的理解与认知结构。扩展认知地图意味着跳出现有的认知框架，探索新的知识领域。例如，艺术家可以学习科学知识，科学家可以尝试艺术创作。这种跨界学习有助于建立新的神经连接，为创新思维提供源泉。

2. 运用 SCAMPER 技术

SCAMPER 技术包含替代（substitute）、结合（combine）、调整（adapt）、修改（modify）、用于其他用途（put to other uses）、消除（eliminate）、重新排列（reverse）七种策略，是探索和扩展现有产品、服务或流程的实用工具。比如，"重新排列"一项工作流程可能就能发现效率低下的环节，并加以改进。

3. 实施倒逼法

倒逼法要求我们从期望的结果出发，逆向思考达到该结果所需的条件和路径。使用这种方法能有效打破常规思维模式，迫使我们寻找创新的解决方案。在产品开发过程中，倒逼法尤其有用，它可以帮助我们从用户需求出发，设计出更加精准满足市场需要的产品。

4. 进行思维导图练习

思维导图是通过图形化方式组织和链接思想的一种工具。它仿照大脑的放射性思考模式，帮助我们以非线性的方式整理和扩展思路。通过绘制思维导图，我们可以更清晰地看到不同概念间的联系，并在此基础上产生新的创意。

5. 采用六顶思考帽法

六顶思考帽法由爱德华·德·波诺提出，通过假设戴上六种颜色的帽子来代表不同的思考角色，包括客观分析、情感直觉、谨慎风险等。变换不同的"思考帽"能帮助个体从多种角度审视问题，从而发掘更多创新点。

6. 利用创意激荡法

创意激荡法鼓励参与者在有限时间内自由地提出尽可能多的想法，无论这些想法多么夸张。其目的是通过数量产生质量，激发团队的集体创意潜能。在进行创意激荡时，组织者应鼓励开放性思维，暂缓评判，以利于想法的大量涌现。

■ 素养园地

创新、创业与创造：推动社会进步和经济发展

当今时代，创新、创业和创造已经成为推动社会进步和经济发展的核心动力。它们紧密相连、相互促进，共同构建了一个动态发展的生态系统。

创新是创业的灵魂，它引领着创业的方向和步伐。在现代社会，创业者群体日益专业化和科学化，他们利用不断升级的技术，推动产品和服务的创新。这种创新不仅是技术上的突破，更是商业模式和管理思想的革新。因此，创新与创业不是简单的相加关系，而是深度融合，形成了一种互相驱动的机制。

创业的结果本质上是创造。这种创造不仅仅是物质财富的增加，更重要的是它创造了价值、新的商业模式、新兴产业以及新的增长方式。这些成果反过来又会激发更多的创新活动，形成一个良性循环。在这个过程中，"创新－创业－创造"构成了一个整体，使得创新驱动发展战略得以落地实施。

尽管创新与发明紧密相关，但它们有着本质的区别。发明更多指向技术概念，其成果往往是新事物的发现；而创新则是一个经济术语，强调将新事物、新思想转化为实践应用。这种区别决定了创新更具有市场导向性，是创业成功的关键因素。

与此同时，创业并不仅限于创新模式。即便模仿或复制已有的经营模式，也可以被视为一种创业行为。然而，有创新的创业更能突出竞争优势，更能适应市场的变化和需求。因此，"创新－创业－创造"体系直接面向社会需求，通过解决问题来创造价值，实现社会和经济的双重进步。

因此，创新引领创业，创业带动创造，创造又进一步促进创新。这种相互促进的关系为社会的持续发展提供了源源不断的动力，同时也为实现高质量发展和实施创新驱动战略提供了坚实的支撑。

■ 任务训练

（一）发散思维小游戏

活动目标：

掌握发散思维的方法。

活动要求：

1. 请学生回答，在图 3-1 中，能数出多少个三角形；

2. 图 3-2 所示是两个抽象的图形。它们可以被形象地视为许多事物，如月亮、拱桥、旅行帐篷。请学生说说它们可以形象化为什么事物，答案越多越好。

3. 老师进行点评总结。

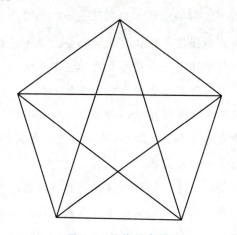

图 3-1　结构示意图

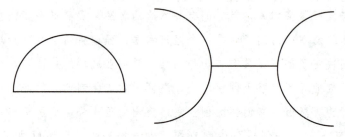

图 3-2　抽象图形示意图

（二）汽车为什么不前进？

活动目标：

掌握逆向思维的方法。

活动要求：

1. 老师抛出问题："王师傅将汽车发动起来，轮子也动了，可汽车就是没有前进一米，为什么？"

2. 以小组为单位讨论原因，每小组推选一人分享小组的想法。

3. 老师进行点评总结。

任务6 应用创新技法

问题导入

创新技法是创造性思维活动模式化的体现，易于传授和学习，实用价值显著。方法的创新以新方法的探求与创建为目标，是科研活动顺利展开的前提，具有基础性与特殊性特征。创新技法不仅仅是一系列工具和方法，更是一种思维方式和解决问题的哲学。通过系统地学习和应用这些技法，我们能够更加高效地捕捉市场机遇、设计解决方案、优化产品服务。请同学们思考以下问题：

（1）创新技法有哪些？

（2）结合自身谈谈创新技巧在生活中有哪些实际应用。

知识链接

一、常用的创新技法

在现代社会，创新已成为驱动发展的关键因素，无论是在科技、经济还是文化领域，创新技法的运用都至关重要。常用的创新技巧包括头脑风暴法、635法、德尔菲法等，下面将详细介绍这些创新技巧。

1. 头脑风暴法

（1）起源

"头脑风暴"最早是精神病理学上的用语，是指精神病患者的精神错乱状态。经过发展演变，在现代创造学中，头脑风暴是指一种无限制自由联想和讨论的创新方法。运用头脑风暴的目的在于产生新概念、新方法，激发创新设想。

头脑风暴法是由美国创造学家 A. F. 奥斯本提出的一种激发性思维的方法。这种方法经过俄国创造学研究者的实践和发展，至今已经形成了发明技法群，如奥斯本智力激励法、默写式智力激励法、卡片式智力激励法等。

在群体创新活动中，由于群体成员心理相互作用影响，以及对权威或大多数人意见的屈从，形成了群体思维。群体思维削弱了群体的批判精神和创造力，损害了创新活动的质量。为了保证群体创新活动的创造性，提高质量，人们发展了一系列改善群体创新活动的方法，头脑风暴法是较为典型的一个。

（2）机理

头脑风暴何以能激发创新思维？A．F．奥斯本本人及其他研究者的看法主要有以下几点。

①联想反应。联想是由于某人或某种事物而想起其他相关的人或事物，由某一概念而引起其他相关的概念。联想是产生新观念的基本过程，在集体讨论问题的过程中每提出一个新的观念，都能引发他人的联想，相继产生一连串的新观念，产生连锁反应，为创造性地解决问题提供更多的可能性。

②热情感染。在不受任何限制的情况下，集体讨论能突破固有观念的束缚，激发人的热情，自由发言相互影响、相互感染能形成热潮，最大限度地发挥创造性的思维能力。

③竞争意识。在具有竞争意识的情况下，人人争先恐后竞相发言，不断开动头脑，力求有独到见解、新奇观念。心理学原理告诉我们，人类有求胜心理，在良性竞争环境下，人的心理活动效率可提高 50% 或更多。

④个人表现欲。在集体讨论解决问题的过程中，个人的表现与不受任何干扰和控制是非常重要的。头脑风暴法有一条原则，不得批评仓促的发言，甚至不许有任何怀疑的表情、动作、神色。

（3）实施步骤

头脑风暴法的实施步骤包括准备、提出问题、组建小组、通知会议内容及时间和地点。会前可做一些智力游戏，讲一些幽默小故事，做简单的发散思维练习等活动；正式开会时要明确问题，简单明了；开会时大家自由畅谈，主持人要坚持原则；会后要收集资料，整理、设想提案。为达目的可重复上述过程，评选出最佳设想方案。

（4）实施原则

一次成功的头脑风暴，除了在程序上符合要求之外，更为关键的是探讨方式和心态上的转变。可归纳为以下几个实施原则：

①庭外判决原则。对各种意见、方案的评判必须放到最后阶段，此前不能对别人的意见提出批评和评价。认真对待任何一种设想，而不管其是否适当和可行。

②各抒己见，自由发挥。创造一种自由的气氛，激励参加者提出各种天马行空的想法。

③追求数量。意见越多，产生好意见的可能性越大。

④探索取长补短和改进办法。除提出自己的意见外，鼓励参加者对他人已经提出的设想进行补充、改进和综合。

（5）人员要求

为了提供一个良好的创造性思维环境，应该确定专家会议的最佳人数和会议进行的时间。经验证明，专家小组规模以 10～15 人为宜，会议时间一般以 20～60 分钟效果为最佳。

专家的人选应严格限制，便于参加者把注意力集中于所涉及的问题。具体人选应该按照下述原则选取：如果参加者相互认识，要从同一职位（职称或级别）的人员中选取。领导人员不应参加，否则可能对参加者造成某种压力。如果参加者互不认识，可从不同职位（职称或级别）的人员中选取。这时不应宣布参加人员职称，不论成员的职称或级别的高低，都应同等对待。参加者的专业应力求与所论及的决策问题相一致。这不是专家组成员的必要条件。但是，专家中最好包括一些学识渊博、对所论及问题有较深理解的其他领域的专家。

头脑风暴法的主持工作，最好由对决策问题的背景比较了解并熟悉头脑风暴法的处理程序和处理方法的人担任。

头脑风暴法的所有参加者，都应具备较高的联想思维能力。在进行头脑风暴时，应尽可能提供一个有助于把注意力高度集中于所讨论问题的环境。有时某个人提出的设想，可能正是其他准备发言的人已经思考过的设想。其中一些最有价值的设想，往往是在已提出设想的基础之上，经过"思维共振"的"头脑风暴"迅速发展起来的设想，以及对两个或多个设想的综合设想。因此，头脑风暴法产生的结果，应当认为是专家成员集体创造的成果，是专家组这个整体智能结构互相感染的总体效应。

头脑风暴主持者的发言应能激起参加者的思维"灵感"，促使参加者感到急需回答会议提出的问题。通常在头脑风暴开始时，主持者需要采取询问的做法，因为主持者很少能在会议开始5～10分钟内创造一个自由交换意见的气氛，并激励参加者踊跃发言。主持者的主动活动也只局限于会议开始之时，一旦参加者被鼓励，新的设想就会源源不断地涌现。这时，主持者只需根据头脑风暴的原则进行适当引导即可。发言量越大，意见越多种多样，所论问题越广越深，出现有价值设想的概率就越大。

会议提出的设想应由专人简要记录下来或录在磁带上，以便由分析组对会议产生的设想进行系统化处理，供质疑阶段使用。系统化处理程序如下：对所有提出的设想编制名称一览表；用通用术语说明每一设想的要点；找出重复的和互为补充的设想，在此基础上形成综合设想。

（6）评价准则

在决策过程中，对直接头脑风暴法提出的系统化的方案和设想，要经常采用质疑头脑风暴法进行质疑和完善，这是头脑风暴法中对设想或方案的现实可行性进行评估的一个专门程序。在这一程序中，第一阶段就是要求参加者对每一个提出的设想都要质疑，并进行全面评论。评论的重点，是研究有碍设想实现的所有限制性因素。在质疑过程中，可能产生一些可行的新设想。这些新设想，包括对已提出的设想无法实现的原因的论证，存在的限制因素，以及排除限制因素的建议。

质疑头脑风暴法第二阶段，是对每一组或每一个设想，编制一个评论意见一览表，以及可行设想一览表。质疑头脑风暴法应遵守的原则与直接头脑风暴法一样，只是禁止对已有的设想提出肯定意见，鼓励提出批评和新的可行设想。在进行质疑头脑风暴法时，主持者应首先简明介绍所讨论问题的内容，扼要介绍各种系统化的设想和方案，以便把参加者的注意力集中于对所论问题进行全面评价上。质疑过程一直进行到没有问题可以质疑为止。质疑中抽出的所有评价意见和可行设想，应专门记录。

质疑头脑风暴的第三个阶段，是对质疑过程中抽出的评价意见进行估价，以便形成一个对解决所讨论问题实际可行的最终设想一览表。对于评价意见的评估，与对所讨论设想的质疑一样重要。因为在质疑阶段，重点是研究有碍设想实施的所有限制因素，而这些限制因素即使在设想产生阶段也是放在重要地位予以考虑的。由分析组负责处理和分析质疑结果，分析组要吸收一些有能力对设想实施做出较准确判断的专家参加。如果须在很短时间就重大问题做出决策，吸收这些专家参加尤为重要。

（7）意义价值

实践经验表明，头脑风暴法可以排除折中方案，对所讨论问题通过客观、连续的分析，找到一组切实可行的方案，因而头脑风暴法在军事决策和民用决策中得到较广泛的应用。例如，在美国国防部制订长远科技规划中，曾邀请 50 名专家采取头脑风暴法开了 2 周会议。参加者的任务是对事先提出的长远规划提出异议。通过讨论，得到一个使原规划文件更加协调一致的报告。原规划文件中，只有 25％～30％的意见得到保留。由此可以看到头脑风暴法的价值。

2. 635 法

635 法又称默写式智力激励法、默写式头脑风暴法。与头脑风暴法相比，其不同点是把设想记在卡上。头脑风暴法虽规定严禁评判，自由奔放地提出设想，但有的人对于当众说出见解犹豫不决，有的人不善于口述，有的人见别人已发表与自己的设想相同的意见就不发言了。而 635 法可弥补这种缺点，具体做法如下。

每次会议有 6 人参加，坐成一圈，要求每人 5 分钟内在各自的卡片上写出 3 个设想（故名"635 法"），然后由左向右传递给相邻的人。每个人接到卡片后，在第二个 5 分钟再写 3 个设想，然后再传递出去。如此传递 6 次，半小时即可进行完成，可产生 108 个设想。

（1）具体程序

①与会的 6 个人围绕环形会议桌坐好，每人面前放有一张画有 6 个大格 18 个小格（每一大格内有 3 个小格）的纸。

②主持人公布会议主题后，要求与会者对主题进行重新表述。

③重新表述结束后，开始计时，要求在第一个 5 分钟内，每人在自己面前的纸上的第

一个大格内写出3个设想，设想的表述尽量简明，每一个设想写在一个小格内。

④第一个5分钟结束后，每人把自己面前的纸顺时针（或逆时针）传递给左侧（或右侧）的与会者，在紧接的第二个5分钟内，每人再在下一个大方格内写出自己的3个设想。新提出的3个设想，最好是受纸上已有的设想激发的，且又不同于纸上的或自己已提出的设想。

⑤按上述方法进行第三个至第六个5分钟，共用时30分钟，每张纸上写满了18个设想，6张纸共108个设想。

⑥整理分类归纳这108个设想，找出可行的先进的解决方案。635法的优点是能弥补与会者因地位、性格的差别而造成的压抑。缺点是只是自己看和自己想，所以激励不够充分。

（2）注意事项

①不能说话，思维活动可自由奔放。

②由6个人同时进行作业，可产生更高密度的设想。

③可以参考他人写在传送到自己面前的卡片上的设想，也可改进或加以利用。

④不因参加者地位上的差异或内向的性格而影响意见的提出。

⑤卡片的尺寸相当于A4纸张，上面画有横线，每个方案有3行，分别加上1～3序号。

3. 德尔菲法

德尔菲法又叫专家意见法，是采用背对背通信方式征求专家小组成员的预测意见，最后获得较好准确率的集体判断结果，是一种向专家进行调查研究的专家集体判断。它是以匿名方式通过几轮函询征求专家们的意见，组织决策小组对每一轮的意见都进行汇总整理，作为参照资料再发给每一个专家，供他们分析判断，提出新的意见。如此反复，专家的意见渐趋一致，最后做出最终结论。

（1）系统程序依据

采用匿名发表意见的方式，即专家之间不得互相讨论，不发生横向联系，只能与调查人员发生关系，通过多轮次调查专家对问卷所提问题的看法，经过反复征询、归纳、修改，最后汇总成专家基本一致的看法，作为预测的结果。这种方法具有广泛的代表性，较为可靠。

（2）具体实施步骤

①组成专家小组，按照课题所需要的知识范围，确定专家。专家人数的多少，可根据预测课题的大小和涉及面的宽窄而定，一般不超过20人。

②向所有专家提出所要预测的问题及有关要求，并附上有关这个问题的所有背景材

料，同时请专家提出还需要什么材料，由专家做书面答复。

③各个专家根据他们所收到的材料，提出自己的预测意见，并说明自己是怎样利用这些材料并提出预测意见的。

④将各位专家第一次判断意见汇总，列成图表，进行对比，再分发给各位专家，让专家比较自己同他人的不同意见，修改自己的意见和判断。也可以把各位专家的意见加以整理，或请身份更高的其他专家加以评论，然后把这些意见再分送给各位专家，以便他们参考后修改自己的意见。

⑤将所有专家的修改意见收集起来，汇总后再次分发给各位专家，以便做第二次修改。逐轮收集意见并为专家反馈信息是德尔菲法的主要环节。收集意见和信息反馈一般要经过三四轮。在向专家进行反馈的时候，只给出各种意见，但并不说明发表各种意见的专家的具体姓名。这一过程重复进行，直到每一个专家不再改变自己的意见为止。

⑥对专家的意见进行综合处理。德尔菲法同常见的召集专家开会、通过集体讨论、得出一致预测意见的专家会议法既有联系又有区别。德尔菲法能发挥专家会议法的优点：能充分发挥各位专家的作用，集思广益，准确性高；能把各位专家意见的分歧点表达出来，取各家之长，避各家之短。同时，德尔菲法又能避免专家会议法的缺点：权威人士的意见影响他人的意见；有些专家碍于情面，不愿意发表与其他人不同的意见；出于自尊心而不愿意修改自己原来不全面的意见。德尔菲法的主要缺点是过程比较复杂，花费时间较长。

4. 类比法

类比法是联想类比型技法中的重要方法。它以大量联想为基础，以不同事物间的相同类别为纽带。类比法是把陌生的对象与熟悉的对象、把未知的东西与已知的东西进行比较，从中获得启发而解决问题的方法。

类比法根据实施类型可分为直接类比、仿生类比、因果类比、对称类比。

直接类比是根据原型的启发，直接将一类事物的现象或规律用到另一类事物上。

仿生类比是根据生物结构、功能或原理而产生新成果。例如，仿照鸟类展翅飞翔，造出了具有机翼的飞机。同样，发现了鸟类可以直接腾空起飞不需要跑道，又发明了直升机。当发现蜻蜓的翅膀能承受超过其自身好多倍的重量时，试制出超轻的高强度材料，用于航空航海及房屋建筑。

因果类比是根据某一事物的因果关系，推出另一个事物的因果关系，而产生新成果。

对称类比是用对称关系进行类比而产生新成果。如原来化妆品都是女人的专用，根据对称类比，男士化妆品便产生了。

5. 移植法

移植法是将某个学科、领域中的原理、技术、方法等，应用或渗透到其他学科、领域中，为解决某一问题提供启迪、帮助的创新思维方法。

（1）原理

移植法的原理是在各种理论和技术互相之间的转移。一般是把已成熟的成果转移、应用到新的领域，用来解决新的问题，因此，它是现有成果在新情境下的延伸、拓展和再创造。

（2）基本方法

①原理移植。即把某一学科中的科学原理应用于解决其他学科中的问题。例如，电子语音合成技术最初用在贺年卡上，后来就把它用到了倒车提示器上，又有人把它用到了玩具上，出现会哭、会笑、会说话、会唱歌、会奏乐的玩具。

②技术移植。即把某一领域中的技术运用于解决其他领域中的问题。

③方法移植。即把某一学科、领域中的方法应用于解决其他学科、领域中的问题。

④结构移植。即将某种事物的结构形式或结构特征，部分或整体地运用于另外某种产品的设计与制造。例如，缝衣服的线移植到手术中，出现了专用手术线；用在衣服鞋帽上的拉链移植到手术中，完全取代用线缝合的传统技术，"手术拉链"比针线缝合快 10 倍且不需要拆线，大大减轻了病人的痛苦。

⑤功能移植。即通过设法使某一事物的某种功能也为另一事物所具有而解决某个问题。

⑥材料移植。即将材料转用到新的载体上，以产生新的成果。例如，用纸造房屋，经济耐用；用塑料和玻璃纤维取代钢制造坦克的外壳，不但减轻了坦克的重量，而且具有避开雷达的隐形功能。

6. 5W1H 法

5W1H 法是由美国陆军首创的一种创造技法，通过规定的设问来发现问题，从而找出解决问题的方法，是通向创新成功的桥梁。5W1H 法用 6 个提问形成：为什么（why），是什么（what），何人（who），何时（when），何地（where）、如何（how）。6 个问题形成了解决问题的三部曲，从 6 个角度对创新对象进行提问，检查其合理性，列出发现的难点疑问，讨论分析，寻找改进措施。如果现行的方法或产品通过了 6 个问题的审核，并且已无懈可击，那么，此方法或产品被判为可取。如果 6 个问题中有一项不能令人满意，那么此方法或产品还需要进一步改善；如果哪方面具有独到的优点，应该巧妙地加以灵活运用，将此优点发挥到极致。针对与解决的目标不同，这 6 个方面发问的具体内容也各不相同。

（1）为什么（why）

为什么需要？为实现什么目标？为达到什么功能？为取得什么样的经济效益及社会效

益？为达到什么样的功效指标？为达到什么样的质量标准？为什么不用机械代替人力？为什么非做不可？为什么制造这种产品要经过这么多环节？为什么做成这个样子/形状/大小/颜色的？为什么要这样生产？

（2）是什么（what）

是什么发现？是什么产品？是什么方法？是什么材料？是什么样的生产方法？是什么样的商标？是什么目的？与……是什么关系？功能是什么？规范是什么？

（3）何人（who）

何人是设计者？何人是生产者？何人是消费者？何人是销售者？何人来办事方便？何人赞成？何人反对？何人来承担？何人被忽视了？

（4）何时（when）

何时研究？何时实施？何时完成？何时安装？何时销售？何时付款？何时交货？何时是期限？何时最佳？何时产量最高？何时最切时宜？

（5）何地（where）

何地研究？何地实验？何地生产？何地安装和部门采用？何地有资源？何地推广？何地改进？何地最适宜？何地最节省？何地最昂贵？

（6）如何（how）

如何省力？如何速度快？如何做最好？如何做效率最高？如何改进？如何实施？如何最方便？如何更美观？如何避免失败？如何增加销路？

此处还有 5W2H 法、6W2H 法，其实就是在原有的 5W1H 法的基础上，加上了一些新问题。

我国教育家陶行知先生把这种提问模式叫作"教人聪明的八大贤人"。为此，他写了一首小诗："我有几位好朋友，常把万事指导我，你若想问真姓名，名字不同都姓何，何时？何故？何人？何地？还有一个西洋名，姓名颠倒叫几何，多向八贤常请教，谁是笨人不会错。"

不管是 5W2H 法还是 6W2H 法，其基本原理都是根据 5W1H 法而来，5W1H 法在现实生活中的运用也很广泛，如果能够很好地掌握这种方法，不但能培养爱提问的好习惯，而且个人的认识能力和解决问题的能力都会得到切实的提高，一旦能完美地找到六个问题的答案，所有疑难问题都会不攻自破。

7. 和田十二法

我国创造学者许立言、张福奎等通过研究，并在上海和田路小学试验，提出了创造发明的"和田十二法"，具体内容如下。

（1）加一加

将一件东西加高一点、加厚一些又会怎样呢？增添一些零部件会有什么变化？把这件东西与其他东西组合在一起会有什么结果？把一件物品加大一点，加长一点，加高一点，或者把功能增多一点，使物品在形态上、功能上、尺寸上有所变化，有利于使用。例如，把变通的印刷铅字加大一点，成为大号字，便于老年人阅览。把变通雨伞加大一点，成为海滨游泳场的晴雨两用伞。铅笔和橡皮原来是分开的两件东西，后来发明了橡皮头铅笔，这也是加一加的方法；帽子和衣服加在一起，有了戴帽子的风雪大衣；X 射线照相装置同电子计算机加在一起，成为"CT 扫描仪"，使诊断脑内疾病和体内癌变等成为可能。

（2）减一减

将一件东西降低一点、减薄一些又会怎样呢？取消一些零部件会有什么变化？把一件物品减小一点、减轻一点、减低一点，使它的形态、功能发生变化。例如，电子管改成集成块，体积缩小了；钢铁架帆布帐篷改为充气塑料帐篷，重量大大减轻了；近视眼患者戴上眼镜很不方便，发明微型隐形镜片，放在眼睛内，更方便了。

（3）扩一扩

将这件东西的尺寸放大一些会怎样呢？它的功能及应用范围能否扩展呢？把一个物品放宽一点，扩大一点，使它的功能产生明显的变化。例如，放大镜、显微镜、宽银幕电影、投影电视，都是运用扩一扩的技法；上珠算课，教师向全班同学演示怎样拨珠运算，制作一个大算盘，挂在黑板上，全班同学都看得清清楚楚。

（4）缩一缩

将这件东西的尺寸缩小一些会怎样呢？它能否压缩呢？压缩以后会有什么结果呢？使一个物品的体积缩小一点，缩短一点，给人使用带来方便，或者改变它的功能。例如，制造压缩饼干、袖珍收音机、袖珍雨衣等，书籍的缩印本、袖珍词典等。一位医师设想了利用气球作为疏通血管的工具。把气球缩得很小（直径只有几毫米），把它系在一个特制的导管的一端插入病人的动脉血管，当它探到被脂肪阻塞的地方时，就给小气球充气，小气球膨胀后，就挤压清除了沉积在那里的脂肪，使血液正常地流通。

（5）变一变

改变一下这件东西的结构、形状、颜色、声音、味道会怎样呢？改变一下部件的安装位置又会怎样呢？改变物品的形状、尺寸、颜色、味道、音响等，引起人们新的感觉，更有使用价值，更受消费者欢迎。例如，服装的面料、款式、颜色、图案的变化；圆形铅笔变为六角形、扁圆形，不易滑手，不易从桌上滚下。圆珠笔从单色变为双色、三色等。

（6）改一改

这件物品还存在什么缺点？还有什么不足之处需要加以改进？使用时还有什么不方便及麻烦？有解决这些问题的办法吗？改进物品原来的形状、性能、结构，使之出现新形态、新功能。例如，对雨伞的改进。为了防止容易拿错，给伞布增加颜色和图案；为了防止风雨时伞布遮住视线，改用透明的塑料作伞布；为了撑伞时拿东西方便，设计成可戴在头上的帽式雨伞；还有带"储水器"的伞、带照明的伞等。再如，拨环式电话机改为按键式电话机，单放机改为收音机，单卡改为双卡……使产品朝着自动化、微型化、高效化、轻便化、简单化、省力化方向发展。

（7）联一联

这一事物与其他事物有何联系？事物的起因与结果有什么联系？把其他事物联系起来考虑，能帮助人们达到目的吗？把一个物品联系另一个物品联系起来，这和"加一加"有相同之处，但又不完全相同。这里指的是一种到多种规律的合并，一种到多种功能的合并。例如，有的把小刀、指甲剪、开啤酒瓶的起子合并在一起。有的组合家具，这样一并可以坐，那样一并可以睡，再通过摆弄可作写字台等。

（8）学一学

有什么事物可以模仿？模仿它的形状、结构，会有什么结果？有什么知识或技术可以学习吗？掌握了它的原理、技术，又会有什么结果？通过学习、模仿别的产品的形状、结构、颜色、性能、规格、功能、动作来实现新的发明。例如，鲁班被草划刮破了手，他模仿茅草边缘的小齿，发明了锯。平时淘米时，倒水很麻烦，一不小心，米就会流失，看到米筛做得密不易漏米，学着做个半圆形的铁丝网，罩在淘米桶上就不会使米流失了。

（9）代一代

这种物品能被其他物品替代吗？所用材料能为其他材料代用吗？解决问题的方法能够替换吗？代是指代用，材料的代用，方法的代用，商品的代用，工具的代用。例如，以塑料代钢，以喷塑代电镀，以集装代散装。运用"代一代"可以生产许多新的产品。

（10）搬一搬

把这件东西搬到别的地方，还能有别的用处吗？这个想法、道理、技术搬到别的地方，也能用得上吗？把物品的某一部件搬动一下，产生一种新的物品。例如，把电视机上的拉杆天线"搬"到圆珠笔上去，发明可伸缩的"圆珠笔教棒"。在黑板上用三角板画图形不方便，一位同学在三角板的三个顶角各装一个小铁珠，这样，当三角板在黑板上移动时，减小了摩擦。

（11）反一反

把事物或者产品前后、左右、上下、正反、横竖、里外颠倒过来，会有什么结果？把某一事物的形态、性质、功能"反一反"，发明出新的物品。例如，皮革里外"反一反"，成为翻毛制品。平时人们穿拖鞋只能朝一个方向穿进去，如果脱拖鞋时把拖鞋放倒了，那么，到要穿的时候，又需要把它摆正才能穿。能否做到反方向也能穿呢？日本设计师发明了两面都能穿的拖鞋，这种拖鞋只是把拖鞋的十字搭攀移到中央就行了。

（12）定一定

为了保证产品质量或者达到预期目标，需要制定相应的标准、规范或者管理制度吗？定指的是规定、约定。为了解决某一问题，或改进某一件东西，为了提高学习、工作效率和防止可能发生的事故或疏漏，需要做出一些规定。例如，为了使交通有秩序，防止事故发生，发明了信号灯。规定黄灯亮时，车辆停止行驶，已经越过停车线的车辆可以继续行驶；红灯亮时，禁止车辆通行；绿灯亮时，车辆通行。再如，医师测定病人的体温要用温度计，温度计刻度的规定，是瑞典科学家摄尔休斯的一大创举。他规定水结冰时的温度（冰点）为零度，在标准大气压下沸水的温度（沸点）为 100 摄氏度，中间分为 100 等份，每一等份为 1 ℃。这就是摄氏温度计使用的"温标"，记为"℃"。

8. 列举法

（1）缺点列举法

缺点列举法就是通过发现、发掘事物的缺陷，把它的具体缺点一一列举出来，然后，针对这些缺点，设想改革方案，进行创造发明。

缺点列举法是一种行之有效的发明技法。因为任何事物都不是十全十美的，总是有优点也有缺点。或者今天看起来没有缺点，但是过了一段时间，它的缺点就暴露出来了。

（2）希望点列举法

希望点列举法是通过列举事物被希望具有的特征，以寻找发明目标的方法。希望来自想象，希望的事物都是现实中还没有的，它既反映了人们对新事物及新产品的向往与追求，又反映了人们当前或者今后的需要。列举希望就是分析人们的追求和需要，并从这种追求和需要中产生创造性设想；列举希望就是提出想象，而提出想象本身就是一种进步，也是一种类型的创造。因此，列举希望会使人们从一切旧框框的束缚中解放出来，唤起人们丰富的想象力，激发出人们原发性的创造新事物的欲望。因此，相对缺点列举法来说，希望点列举法是一种主动型的创造方法。

现在，市场上许多新产品都是根据人们的"希望"研制出来的。例如，人们希望茶杯在冬天能保温，在夏天能隔热，就发明了一种保温杯；人们希望有一种能在暗处书写的笔，就发明了内装一节五号电池、既可照明又可书写的"光笔"。

（3）特点列举法

一般来说，要解决的问题越复杂、越隐晦、越分散，则越不易成功，相反，则成功的可能性越大。特点列举法充分运用了这个道理，它将创造对象按其特点进行详细分解，并将分解的特点细节统统列举出来。这样，从局部着眼，复杂的事物变得简单，隐晦的问题变得明朗，分散的目标变得集中，这就使人们观察得更具体、感知得更真切，更有利于启发人们的想象力，也就比较容易从中捕捉到线索；从整体来看，这种方法如同面对事物而撒开了一张大"网",不论是"鱼"是"虾"都"在劫难逃",这就使人们能够发现所需要解决的问题,并进而探讨特征变换,提出创新设想,以进行发明创造。

9. 组合法

组合法就是在创造发明中,把多种技术成果组合在一起,构思出新颖的设计和独特功能的方法。组合法是一种在确定的整体目标下,通过不同原理、不同技术、不同方法、不同事物、不同产品和不同现象的组合获得发明设想的创新技法。

组合法有一定的规律可循。在有了某个创造性设想,或者谋求某种特殊功能的时候,人们可以从原理的组合、内插式组合、辐集式组合三种形式,从不同角度进行发明设计。

橡皮和铅笔是两项不同的技术成果。美国一位画家威廉把它们组合在一起,发明了把橡皮包在铅笔头上的铅笔,并获得了专利。他把这个专利卖给了一家铅笔公司,该公司每年仅专利费一项收入就达 50 万美元。一家音乐工业公司的技术员豪斯菲尔德,把超声检查仪与计算机图像识别两项技术组合起来,发明了能够进行人体内探测的 CT 扫描仪器,因而获得了诺贝尔医学奖。

10. 联想法

联想法也叫想象法。它是把与发明对象不同领域中的事物与发明联系起来的思考方法。所谓联想,就是把头脑中不相关的事物重新进行组合。

瑞士工程师乔治·德·梅斯特拉尔喜欢打猎。每次打猎回来总发现有一种大蓟花粘在他的衣服上,粘得很紧,不易摘下。他逐渐对这种长有倒刺的野花发生了兴趣。有一次,他摘下一朵花放在显微镜下观察,发现花上长有许多小钩子。原来是这种小钩子紧紧地粘住了布料。由此,他联想到,假如在布上放置一些类似的小钩子,不就能够将两片布牢固地黏合在一起吗?经过多年的研究实验,终于制造出由两条尼龙带组成的尼龙搭扣,具体结构是在一条尼龙带上布满小钩,另一条上布满小圈,将二者相对挤压就能牢牢地黏合在一起了。

联想法有两种方式:随机联想法和强制联想法。

随机联想不是在于意料之中,而是出于意料之外,即人们常说的:踏破铁鞋无觅处,得来全不费工夫。由随机联想所产生的发明或发现,通常叫作"机遇"。

强制联想法是由强制性的联想引出新设想及方案的创造发明技法。严格来说,强制进行的联想才可称作一种独立的创造发明的构思方法。随机进行的联想只是配合其他发明构思方法的一种辅助手段。因为随机联想不是对发明目标有目的、有步骤地联想,而是偶然受到某种表象的刺激突然联想到某一重大问题及其解决方案。强制联想法是对照发明命题,在构思其具体结构时,开动自己的思维机器,将一切与本发明结构有关的表象和发明目标的要求或特性联系到一起想象。

案例分享

运用头脑风暴法快速响应市场需求

在科技飞速发展的今天，创新已成为企业持续发展的核心动力。如何有效地发挥和运用创新思维，是每个企业在激烈的市场竞争中必须面对的问题。科技公司华为，就是一个利用头脑风暴法促进创新，快速响应市场需求，并因此获得巨大成功的典型案例。

华为自创立之初，就将"以客户为中心，以奋斗者为本"作为其核心价值观，注重技术的不断创新和用户体验的持续优化。在华为内部，头脑风暴会议成为一种常态。公司鼓励员工在日常工作中积极提出创意和想法，定期组织跨部门的头脑风暴会议，旨在通过集体智慧解决技术、设计、市场等方面的问题。

一次，面对通信设备市场激烈的竞争和用户需求的多样化，华为公司决定开发一款具有创新性的产品，以满足全球消费者对高性能和高性价比的双重期待。公司组织了一次规模庞大的头脑风暴会议，参会人员包括了研发、设计、市场、销售等多个部门的核心成员。在这次会议上，团队成员充分发表意见，提出了各种新颖的想法和解决方案。这些想法经过讨论和完善，最终促成了华为旗下多款热门产品的诞生。这些产品不仅在技术上有所突破，如采用了当时最新的通信技术、最优质的材料等，还在用户体验上进行了大量创新，比如优化的用户界面、极具特色的外观设计等，这些都极大地满足了全球消费者的需求。

头脑风暴法作为一种高效的集体创新方法，能够为企业带来诸多益处。它不仅能促进跨部门之间的沟通与合作，还能激发员工的创造力和积极性，从而为企业带来更多创新的产品和解决方案。华为的成功，让我们看到了头脑风暴法在激发企业创新、快速响应市场变化中的重要作用。在未来，灵活运用头脑风暴法，挖掘企业内部的创新潜力，将会成为更多企业追求持续发展的关键策略之一。华为公司通过头脑风暴法成功激发了团队的创新活力，推出了一系列符合市场需求的产品。这不仅提升了华为在市场上的竞争力，也为其他企业树立了创新的典范。

案例点评

头脑风暴法作为一种简单而有效的集体创新方法，对企业挖掘内部创意资源、提高解决问题的能力具有重要意义。华为公司的案例向所有企业展示了头脑风暴法在促进跨部门合作、加快创新速度方面的巨大价值。在日益激烈的市场竞争中，掌握并有效运用头脑风暴法，将有助于企业保持持续的创新能力和竞争优势。

二、创新技法的应用

掌握了创新思维的基础后，如何将这些思维火花转化为实际行动，便离不开创新技法的应用。创新技法是连接思维与实践的桥梁，它们能够帮助人们更加高效地解决问题，创造出前所未有的价值。无论是设计新产品、优化服务流程，还是提出新颖的商业模式，都离不开对创新技法的巧妙应用。

1. 头脑风暴法的应用

实践经验表明，头脑风暴法，可以排除折中方案，对所讨论问题通过客观、连续的分析，找到一组切实可行的方案，因而头脑风暴法在许多领域中都得到了较为广泛的应用。头脑风暴法的正确运用，可以有效地发挥集体的智慧。

当然，头脑风暴法实施的成本是很高的，另外，头脑风暴法要求参与者有较好的素质，这些因素是否满足会影响头脑风暴法实施的效果。

法国盖莫里公司是一家拥有 300 人的中小型私人企业，这一企业生产的电器有许多厂家和它竞争市场。该企业的销售负责人参加了一个关于发挥员工创造力的会议后大有启发，开始在自己公司谋划成立了一个创造小组。在冲破了来自公司内部的层层阻挠后，他把整个小组（约 10 人）安排到了农村议价小旅馆。

第一天全部用来训练，通过各种训练，组内人员开始相互认识，他们相互之间的关系逐渐融洽，很快他们都进入了角色。第二天，他们开始创造力训练，涉及头脑风暴法以及其他方法。他们要解决的问题有两个，在解决了第一个问题，即发明一种拥有其他产品没有的新功能的电器后，他们开始解决第二个问题，即为此新产品命名。

在两个问题的解决过程中，都用到了头脑风暴法。在为新产品命名这一问题的解决过程中，经过两个多小时的热烈讨论，共为它取了 300 多个名字，主管则暂时将这些名字保存起来。第三天一开始，主管便让大家根据记忆，默写出昨天大家提出的名字。在 300 多个名字中，大家记住 20 多个。然后主管又在这 20 多个名字中筛选出了 3 个大家认为比较可行的名字。再将这些名字征求顾客意见，最终确定了一个。

结果，新产品一上市，便因为其新颖的功能和朗朗上口、让人回味的名字，受到了顾客热烈的欢迎，迅速占领了大部分市场，在竞争中击败了对手。

头脑风暴法适合于解决那些比较简单、严格确定的问题，比如研究产品名称、广告口号、销售方法、产品的多样化，以及需要大量的构思、创意的行业，如广告业等。

实践证明，在企业管理中，灵活而巧妙地使用头脑风暴法，能使领导和员工关系更加融洽，最大限度地使集体智慧的火花得以迸发，最终形成好的创意或方案。

头脑风暴法要解决的议题应从大家关注的问题着手，以平日悬而未决的、参与者们一直期待解决的问题为最佳。这种议事方法特点是参加者提出的方案说得越离奇越好，以此激发与会者的创意及灵感，使要解决的问题思路逐渐明晰起来。在众多创意出来后，管理者再进行综合和筛选，最后形成可供实践的最佳方案。

2. 635 法的应用

德国的奔驰汽车在国内外市场一直享有很好的声誉，该汽车公司成功地运用 635 法发展自己的产品。一方面，发动大家提出大量有价值的设想和方案，制定了一条以质量"首屈一指"而取胜的开发与竞争战略；另一方面，对车型及工艺进行了大胆的创新，先后设计和开发出从一般小轿车到 255 吨大型载重车共 160 种、3700 种型号的产品。以创新求发展，已成为该公司上下的一句流行口号，从而使奔驰汽车成了世界汽车工业的一颗明星。

3. 德尔菲法的应用

德尔菲法是在 20 世纪 40 年代由赫尔姆和达尔克首创，经过 T.J. 戈尔登和兰德公司进一步发展而成的预测方法。德尔菲这一名称起源于古希腊有关太阳神阿波罗的神话。传说中阿波罗具有预见未来的能力。因此，这种预测方法被命名为德尔菲法。1946 年，兰德公司首次用这种方法进行预测，后来该方法被迅速广泛采用。

如某书刊经销商采用德尔菲法对某一专著销售量进行预测。该经销商首先选择若干书店经理、书评家、读者、编审、销售代表和海外公司经理组成专家小组。将该专著和一些相应的背景材料发给各位专家，要求大家给出该专著最低销售量、最可能销售量和最高销售量三个数字，同时说明自己做出判断的主要理由。经销商将专家们的意见收集起来，归纳整理后返给各位专家，然后要求专家们参考他人的意见对自己的预测重新考虑。专家们完成第一次预测并得到第一次预测的汇总结果以后，除一位书店经理外，其他专家在第二次预测中都做了不同程度的修正。在第三次预测中，大多数专家又一次修改了自己的看法。第四次预测时，所有专家都不再修改自己的意见。因此，专家意见收集过程在第四次以后停止。最终预测结果为最低销售量 26 万册，最高销售量 60 万册，最可能销售量 46 万册。

德尔菲法作为一种主观、定性的方法，不仅应用于预测领域，而且广泛应用于各种评价指标体系的建立和具体指标的确定过程。

例如，人们在考虑一项投资项目时，需要对该项目的市场吸引力作出评价。人们可以列出同市场吸引力有关的若干因素，包括整体市场规模、年市场增长率、历史毛利率、竞争强度、对技术的要求、对能源的要求、对环境的影响等。市场吸引力这一综合指标就等于上述因素加权求和。每一个因素在构成市场吸引力时的重要性即权重和该因素的得分，需要由管理人员的主观判断来确定。这时，同样可以采用德尔菲法。

4. 类比法的应用

应用仿生类比的发明数不胜数，其发明基本是通过仔细观察，认真研究，总结规律，反复实践而获得的。

①当今的光伏太阳能板，用上了具有蝴蝶身上绒毛的图案与颜色的薄膜覆盖，就能增加光照，提高太阳能板转换效率。其发明灵感来自下雨后蝴蝶能快速"晾干"自己的现象。

②根据蛙眼的视觉原理，成功研制一种电子蛙眼，这种电子蛙眼能像真的蛙眼那样，准确无误地识别出特定形状的物体，把电子蛙眼装入雷达系统后，雷达抗干扰能力大大提高，这种雷达系统能快速而准确地识别出特定形状的飞机、舰船和导弹等，特别是能够区别真假导弹。

③根据蝙蝠超声定位器的原理，人们发明了声呐，还仿制了盲人用的"探路仪"，这种探路仪内装一个超声波发射器，盲人带着它可以发现电杆、台阶、桥上的人等。

④把海豚的体形或皮肤结构（游泳时能使身体表面不产生紊流）应用于潜艇设计。

⑤苍蝇的楫翅（又叫平衡棒）是"天然导航仪"，人们模仿它制成了"振动陀螺仪"。这种仪器目前已经应用在火箭和高速飞机上。

⑥苍蝇的眼睛是"复眼"，人们模仿它用几百块或者几千块小透镜整齐排列组合而成的镜头可以制成"蝇眼照相机"，一次就能拍出千百张照片，用于印刷制版和大量复制电子计算机的微小电路，大大提高了工效和质量。

⑦从萤火虫的发光器中分离出纯荧光素，可在充满爆炸性瓦斯的矿井中当闪光灯。由于这种光没有电源，不会产生磁场，因而可以在生物光源的照明下，做清除磁性水雷等工作。

⑧伏特以电鱼发电器官为模型，设计出世界上最早的伏打电池。因为这种电池是根据电鱼的天然发电器设计的，所以把它叫作"人造电器官"。

⑨仿照水母耳朵的结构和功能，设计出水母耳风暴预测仪，相当精确地模拟了水母感受次声波的器官。

⑩凯利模仿鳟鱼和山鹑的纺锤形，找到阻力小的流线型结构。凯利还模仿鸟翅设计了一种机翼曲线，对航空技术的发展起了很大促进作用。

5. 移植法的应用

在运用移植法时，一般有以下两种思路。

（1）成果推广型移植

成果推广型移植是把现有科技成果向其他领域铺展延伸的移植，其关键是在搞清现有成果的原理、功能及使用范围的基础上，利用发散思维方法寻找新载体。

（2）解决问题型移植

解决问题型移植就是从研究的问题出发，通过发散思维，找到现有成果，通过移植使问题得到解决。

在原理移植方面，超导技术具有强磁场、大电流、无热耗的独特功能，可以移植到许多领域：移植到计算机领域可以研制成无功耗的超导计算机，移植到交通领域可研制磁悬浮列车，移植到航海领域可制成超导轮船，移植到医疗领域可制成核磁共振扫描仪，等等。

在材料移植方面，汽车的车身等部件原来都是用钢板制作，既笨重又需要防腐、防锈处理。现在改用工程塑料等非金属材料，不仅重量大大减轻，而且成本降低，也省去了防腐、防锈的工作。

6. 5W1H 法的应用

5W1H 的思维方法，可以让人们对工作事项有充分的了解，也可以利用该方法去制订相关的计划，又可以用它来总结工作中的问题，从而使工作效率提高，工作效度也得到提升。

（1）利用 5W1H 进行工作计划

在日常工作中，经常要做工作计划。那么工作计划怎么去做？利用 5W1H，可以很方便。首先，确认你的工作有哪些项目，即"what"。这就是你的工作计划的内容。然后你计划什么时间完成或在什么时间段完成，即"when"。其次，你的项目由谁实施或需要哪些人协助实施，即"who"。再次，你的项目将在哪儿完成，即"where"。最后，你的项目有什么意义、为何要做，即"why"。最后，就可以选择如何去进行你的项目，即"how"。通过 5W1H 的计划分解，你可以很清楚地看到如何进行你的工作，而且每项内容都可以找到对应的入手方式。

（2）利用 5W1H 进行工作总结

工作总结和工作计划是相对的，你也可以利用相同的方法去进行工作总结，从而可以清楚地看到工作哪一项没有完成，没有完成的原因也一清二楚。此外，还可以及时进行方案调整，消除潜在问题，使工作完成得更好。所以，在利用 5W1H 做工作计划时，顺便把工作总结也列出来，最后以月份为单位，让二者连贯起来，效果更好。

（3）利用 5W1H 进行工作分析

工作中经常会用到工作分析，比如招聘或培训，都需要分析岗位，才能确定相应的方法。利用 5W1H 可以更快地梳理工作，分析一项工作都有哪些要素，需要什么样的技能，既可以用来进行人才测评，又可以用来进行培训提升。

（4）利用 5W1H 做因果分析

工作能不能完成，能不能完成好，都是有原因的，也能很容易看到完不成的后果。利用 5W1H，可以分析事项的因果要素，找出问题点，也可以总结出成功的地方，从而使工作更容易开展。

7. 和田十二法的应用

如用和田十二法改进现有电风扇的新设想：

①加一加：加个计算机，成为带计算机的电扇。

②减一减：减去吊杆，成为吸顶电风扇。

③扩一扩：扩大送风角度，成为全方位电风扇。

④缩一缩：缩小尺寸，成为微型电风扇。

⑤变一变：改变结构，成为球式电风扇。

⑥改一改：改进使人着凉的不足，成为保健电风扇。

⑦联一联：与助眠联系，成为助眠电风扇。

⑧学一学：学用新技术，成为太阳能风扇。

⑨代一代：用其他材料代替，成为木叶片电风扇。

⑩搬一搬：搬到电视机上，成为电视机用电风扇。

⑪反一反：冬天也用风扇，成为热风扇。

⑫定一定：规定节能标准，成为节能电风扇。

8. 列举法的应用

比如缺点列举法，在实际运用时，要遵循下面的步骤进行。

①运用发散思维找出事物或产品存在的缺点，将缺点一一列举出来。

②对列举出的缺点进行分析，将缺点分为两类：一类是可以加以适当利用的缺点；另一类是必须改进和克服的缺点。

③设想、探讨利用和改掉缺点的方案。

④选出最优方案。

用缺点列举法进行创造发明的具体做法：召开一次缺点列举会，会议由 5～10 人参加，会前先由主管部门针对某项事务，选举一个需要改革的主题，在会上发动与会者围绕这一主题尽量列举各种缺点，越多越好。另请人将提出的缺点逐一编号，记在一张张小卡片上，然后从中挑选出主要的缺点，并围绕这些缺点制订出切实可行的方案。一次会议的时间在一两小时之内，会议讨论的主题宜小不宜大，即使是大的主题，也要分成若干小主题，分次解决，这样，原有的缺点就不致被遗漏。

缺点列举法的应用面非常广泛，它不仅有助于革新某些具体产品，解决属于"物"一类的硬技术问题，而且还可以应用于企业管理中，解决属于"事"一类的软技术问题。

案例分享

探索创意的边界：乐高的头脑风暴法

头脑风暴法一直被认为是激发集体创造性思维的有效工具。这种方法通过鼓励开放式思考和延迟评判，促使团队产出创新的解决方案。乐高在开发其产品线时的成功应用，是这一技法实践的典范。

乐高，这家丹麦的玩具制造商，以其塑料积木玩具深受全球儿童和成人的喜爱。面对市场竞争和数字化时代的挑战，乐高必须不断创新以保持其市场领导地位。2009年，乐高面临财务危机，销售额下跌，公司急需转型。在这一背景下，乐高决定召集其核心团队，通过头脑风暴法共同寻找突破点。

乐高组织了一次为期数日的闭门会议，参与者包括公司的设计师、工程师、市场营销人员及管理层。会议采用头脑风暴规则，明确禁止任何早先的批评，并鼓励最自由的想法表达。乐高确保来自不同部门的专业人员参与，为的是获得多样化的视角和思维。会议中所有想法都受到欢迎，拥有自由无拘无束的环境，不论它们多么非传统或大胆。虽然允许自由发言，但所有讨论都围绕着如何挽救公司下滑的业绩，以及如何更贴近消费者需求这两大主题进行。头脑风暴会议最终产生了几项关键决议，包括转向电影和媒体作品的配套产品，强化品牌合作，以及更加注重顾客参与和体验。这些决策帮助乐高开拓了新的市场，同时增强了与消费者的互动。

案例点评

乐高利用头脑风暴法成功地引导了其创新过程，它强调了在创意过程中营造支持性环境的重要性，以及结构化方法对于指导讨论的必要性。作为创新者，应该认识到头脑风暴法不仅仅是简单地提出想法，更重要的是创造一个可以让不寻常的想法浮现的环境。同时，创新过程中的引导和组织同样重要，它们确保了团队不会偏离目标，并能将创意转化为实际的解决方案。

■ 素养园地

科技创新要有创造性思辨的能力

"科技创新特别是原始创新要有创造性思辨的能力、严格求证的方法，不迷信学术权威，不盲从既有学说，敢于大胆质疑，认真实证，不断试验。"这段话出自2020年9月11日习近平总书记在科学家座谈会上的讲话。

党的十八大以来，我国坚持把创新作为引领发展的第一动力，深入实施创新驱动发展战略。近两年来，我国国家战略科技力量加快壮大，关键核心技术不断取得突破，"祝融"探火、"羲和"逐日、"天和"遨游星辰，载人航天、火星探测等领域实现新突破，企业研发经费增长 15.5%，数字经济与实体经济加速融合。

纵观人类发展历史，创新是一个国家、一个民族发展的不竭动力。科技创新作为一种高度创造性活动，其创造性思辨是发现问题和解决问题的基本途径，是科学家展现其科技创新水平最基本的能力。

在中国，无论是被誉为"两弹一星"元勋的钱学森，创建了超级杂交稻技术体系的袁隆平，还是研发出"青蒿素"挽救世界数百万人生命的屠呦呦，这些伟大科学家身上都具备超强的创造性思辨能力，最终实现在相关领域基础性、前瞻性、引领性原创成果的重大突破。

当今世界正经历百年未有之大变局，各国经济科技竞争更趋激烈。我国"十四五"规划及 2035 年远景发展目标对加快科技创新提出了更为迫切的要求。为此，我国已着手实施基础研究十年规划、科技体制改革三年攻坚方案，加快建设世界重要人才中心和创新高地。

实现科技创新，必须面向世界科技前沿、国家战略需求、国民经济主战场和人民生命健康，大力弘扬科学家精神，以问题和需求为导向科学论证、严格求证，去伪存真、不断探索；要敢于提出新理论、开辟新领域、探索新路径，在创造性上下功夫，实现新突破，取得新成果；要加快建设具有重大引领作用的跨学科、大协同的科技基础条件平台和创新团队，打好关键核心技术攻坚战，为建设世界科技创新强国不断作出新的伟大贡献。

资料来源：央广网《每日一习话》

■ 任务训练

运用创新技法

活动目标：

请阅读材料，实践运用创新技法。

活动内容：

手机是生活中必不可少的物品，由于手机电池容量是有限的，手机在使用频率高的情况下，耗电也会更快。电量用完后，手机就必须进行充电，现有的手机产品一般都采用不可拆卸电池的设计，因此，充电的时候必须连接一条充电线，现有的充电线功能单一。手机支架也是生活中常见的产品，其作用是将手机支撑起来，方便观看。现有的手机支架都是独立的产品，体积较大，携带不便。

如何设计出一款既能满足充电需求又能实现支撑手机功能的产品？

活动要求：

1. 个人或小组讨论。教师简要分析阅读材料，组织小组讨论可能的创新技法。

2. 小组讨论与报告。根据教学班实际情况，可以个人或小组共同创作的方式，完成创新技法的实践运用。

项目四
发掘创业机会

知之者不如好之者，好之者不如乐之者。

——《论语》

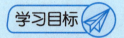

机会即行事的际遇与时机，是指一系列有利于做事的环境条件。机会对行事非常关键，唐代诗人罗隐曾说："时来天地皆同力，运去英雄不自由。"其中的"时"与"运"指的就是做事的机会。社会学家托·富勒曾说："一个明智的人总是抓住机遇，把它变成美好的未来。"创业者需要善于发现并抓住创业机会，否则创业就无从谈起。

学习目标

知识目标

- 了解创业机会的来源与特征；
- 了解创业机会的识别与评估。

能力目标

- 能够识别、评估创业机会；
- 能够掌握创业行业的选择策略和技巧。

素质目标

- 基本具备发现需求的敏感性与对机会进行分析的创业潜质。

案例导入

字节跳动：从信息流到全球影响

字节跳动的崛起归功于对创业机会的独到洞察和发掘。在信息化时代，人们需要更智能、更个性化的信息获取方式。基于这样的认知，字节跳动利用算法推荐技术创建了今日头条，通过捕捉用户兴趣来提供量身定制的新闻内容，这一模式迅速吸引了大量用户。随着移动互联网的发展，2016 年，字节跳动推出了抖音，并以其流畅的用户界面和先进的算法推荐迅速走红。2017 年，字节跳动推出 TikTok，迅速占领国际市场，尤其是在年轻用户群体中拥有极高的人气。

除了媒体产品，字节跳动还不断拓展业务版图，如投入教育科技领域，推出在线教育产品，并积极开发游戏、金融等其他新兴领域。同时，字节跳动重视人工智能研究与应用，将 AI 技术融入产品核心，增强竞争力。字节跳动的成功也要归功于其全球化战略。通过收购和投资，字节跳动深入亚洲、欧洲等多个国家和地区的市场，与当地文化融合，推广本地化内容，从而加速了公司在全球范围内的布局。

字节跳动的发展历程是互联网时代发掘创业机会的典范。公司不仅在信息聚合和短视频领域占据了优势地位，而且通过多元化战略和国际化布局，成功将影响力扩展到全球市场。字节跳动的案例表明，深刻理解市场需求，利用技术创新并勇于在全球化竞争中寻求机遇，是企业获得成功的关键。公司敏锐的市场洞察力和快速的产品迭代能力，使其能够持续适应并引领市场趋势，为创业者提供了宝贵的启示。

启示

在快速变化的互联网时代，只有不断探索和利用新的创业机会，才能保证持续的成功。字节跳动凭借对市场趋势的精准判断和对技术潜力的深入挖掘，成功在多个领域发掘出具有巨大潜力的创业机会。公司通过内部资源整合、外部市场调研和技术革新三方面的结合，形成了独特的竞争优势，从而在全球市场中崭露头角。

任务7 捕捉创业机会

问题导入

创业就是发现市场需求、寻找市场机会，并通过创办企业提供产品或服务满足这种需求的活动。创业必须寻找并抓住机会。在信息社会，各种机会无时不有、无处不在，它们总是留给那些有准备的人。要想寻找到合适的创业机会，需要创业者具备一定的素质并掌握发现市场机会和抓住市场机会的方法。请同学们思考以下问题：

(1) 如何才能更容易地识别出创业机会？

(2) 面对众多的创业机会，怎样评估它们的商业价值？

知识链接

一、创业机会概述

1. 创业机会的概念

创业是建立在机会基础之上的。创业机会是创业研究过程中的核心问题，发现创业机会是创业过程的基础。对创业机会进行深入了解是学习创业的必要一步。

熊彼特把机会定义为通过把资源创造性地结合起来，迎合市场需求（或兴趣、愿望）并传递价值的可能性。也有学者把机会定义为与现状不同的且被视为可行的、渴望的未来状态，是否可行与技术及经济因素有关，渴望则是主观的偏好。"创业研究之父"蒂蒙斯认为，机会是指尚不明确的市场需求，或者未被利用的资源和能力。

就语言文字的角度而言，机会是指恰好的时机，是一个时间的概念。本书所讨论的"机会"主要是指"市场机会""商业机会"或"创业机会"。其主要含义如下：一是指从事商业活动的时机；二是指市场主体平等、公平地参与市场竞争的资格；三是指通过某种具体的行为获得某种商业利润或达成某项交易的可能性。

创业机会，最简单的理解就是创业者可以利用的商业机会。对它的理解通常有两种不同的视角。

一种视角是从客观角度考察创业机会，认为创业过程中的机会就是未被满足的市场需求，是市场中产品或者服务所存在的潜在价值，是从市场中获取潜在利润的可能性。上述研究将创业机会看作客观存在的，而创业者的使命就是去发现市场中潜在的机会。

另一种视角则突出了创业者的主观性作用，强调创业者的个人主观因素在机会识别过程中至关重要。利用创业机会是将新的产品、服务和原材料等引入生产的过程中，进而将这些要素进行组合以满足外部需求，创造出价值。这一观点将创业机会看作一种新的产品或者服务，或者说是一种新的组织管理模式，创业者通过对这些要素进行销售以获取利润。因此，从主观视角看待创业机会，其实质是从动态的视角对创业机会进行剖析。这一视角的研究揭示了对于创业者来说，搜索创业机会的同时，也需要进一步评价和完善创业机会。

从以上不同角度，人们给创业机会下了不同的定义：

①创业机会是可以为购买者或使用者提供或增加价值的产品或服务，具有吸引力、持久性和适时性。

②创业机会是可以引入新产品、新服务、新材料和新组织方式，并能以高于成本价出售的情况。

③创业机会是一种新的"目的—手段"关系，能为经济活动引入新产品、新服务、新材料、新市场或新组织方式。

④创业机会主要是指具有较强吸引力的、较为持久的有利于创业的商业机会，创业者据此可以为客户提供有价值的产品或服务，并同时使创业者自身获益。

综上所述，可以得出较为全面的概念：创业机会也称市场机会，是指在市场经济条件下，社会的经济活动过程中形成的一种有利于企业经营成功的因素，是一种带有偶然性并能被经营者认识和利用的契机。

2. 创业机会的特征

创业机会对于创业来说非常重要。蒂蒙斯认为，创业过程始于商业机会，而不是资金、战略、网络、团队或商业计划。开始创业时，商业机会比资金、团队的才干和能力及适合的资源更重要。商业创意来自创业机会的丰富和逻辑化，并最终演变为商业模式。对于创业者而言，他只有在发现创业机会后，才会进一步考虑能否配置到必要的资源，以及能否利用这个创业机会最终创造利润。如果能够产生利润，这个机会对于这位创业者就成为创业机会，以此为基础，就可以决定是否可以进行创业。

创业机会通常由消费者未被满足的消费需求引起，这种未被满足的需求给创业者提供了为顾客提供更优产品和服务的机会。可是，一个好的想法未必就是一个好的创业机会。例如，你可能通过一项新技术发明了一个非常有创意的产品，但是市场可能并不需要它；或者，一个想法听起来不错，但是在市场上没有竞争力，或不具备必要的资源。而且，尽管有时市场有需求，但是需求的数量不足以收回成本，那也不值得考虑。事实上，在新产品开发中有超过80％都是失败的。很多发明家的想法听起来很好，但是经受不住市场的考验。由此可知，判断一个不错的想法或创意是否是一个创业机会的要诀——是否有市场需求、是否能够获得利润。这需要进一步地了解创业机会的特征。

具体来说，创业机会具有以下几种特征。

（1）普遍性

凡是有市场、有经营的地方，客观上就存在创业机会。创业机会普遍存在于各种经营活动过程中。某一个创业机会可能会消失，但一个机会消失，会再产生别的机会。对创业者而言，机会无处不有，永远存在。

（2）偶然性

对一个企业来说，创业机会的发现和捕捉带有很大的不确定性，任何创业机会的产生都有"意外"因素。

（3）消逝性

创业机会存在于一定的时空范围之内，随着产生创业机会的客观条件的变化，创业机会就会相应地消逝和流失。

（4）可被识别性

创业机会是可以被识别的，这也是研究创业机会的意义所在。创业者可以学习其中的规律，不断去寻找好的创业机会。

不是每个大胆的想法和新奇的点子都能转化为创业机会。现实中，许多创业者就是仅凭想法创业而失败了。好的创业机会常常满足以下4点：

①很能吸引顾客；

②能在你的商业环境中行得通；

③必须在"机会之窗"存在的期间被实施。（"机会之窗"是指商业想法推广到市场上去所花的时间，若竞争者已经有了同样的思想，并已把产品推向市场，那么"机会之窗"也就关闭了。）

④必须有资源（人、财、物、信息、时间）和技能才能创立业务。

在上述4点中，能吸引顾客是条件。只有对顾客有吸引力，才可能具有良好的市场预期或市场前景，才能有创造超额经济利润的潜力，从而对创业者产生强大的吸引力并引发其强烈的创业欲望。在商业环境中行得通是前提。只有"行得通"才表明这种创业机会是适合创业者的，这种条件下，创业者往往不需要太多起始投入。创业机会应当是创业者有条件加以利用的市场机会，且市场（或潜在市场）的成长性好。"机会之窗"存在的期间是指创业的时间期限。创业机会一般会持续一段时间，不至于转瞬即逝，但也不会长久存在，特定的创业机会仅存在于特定的时段内，创业者务必要把握好这个"黄金时间段"，正所谓"机不可失，时不再来"。最后，必须有必要的资源和技能，这是物质基础。有了必备的物质基础，创业者才可能有条件地加以利用，并经由重新组合资源来创造一种新的"目的—手段"关系，从而为消费者或终端用户创造或提供有价值的产品、服务或业务，创业才有可能成功。

案例分享

"专创融合"开启创业路

苏州经贸职业技术学院服装设计专业毕业生卜飞全曾获得第八届中国国际"互联网+"大学生创新创业大赛金奖，获评 2021 年度苏州市十大"青年创业标兵"。在校学习期间，他热爱所学专业，练就突出技能，综合表现优秀。他积极参加学校组织的创新创业课程和活动，逐渐表现出了对创业的兴趣。毕业前的岗位实习阶段，他选择在苏州虎丘婚纱城公司服装助理岗位实习，不断提升产品质量把控能力，熟悉了服装的生产与制造。毕业后，他选择到一家服装制造软件设备公司工作，始终瞄准纺织服装行业，拓展自己的专业知识，积累经验，不断寻找创业机会。他积极研发适合国内服装企业的智能设备，生产出了性价比极高的智能服装裁剪设备。2017 年，他创建了全锐智能科技发展（苏州）有限公司，集研发、生产、销售于一体，并装备了全自动智能裁剪柔性生产线。

案例点评

卜飞全在校期间通过参加校内活动培养自己结合专业开展创新创业的意识，初步具备了识别创新创业机会的能力，并在岗位实习期间和毕业后的工作中不断提高这种能力。他在毕业之后并没有急着创业，而是选择在自己熟悉的专业领域边工作边学习，同时观察产业结构的变化、行业发展的趋势，评估了商机、创意、资源、能力等要素后，才走上了成功创业的道路。

3. 创业机会的类别

（1）GEM 分类法

学者们出于研究的方便，常采用 GEM［基础（groundings）、企业（enterprises）、市场（markets）］的归类方法对创业机会进行分类。GEM 是全球创业观察项目的简称。该项目是由美国百森商学院和英国伦敦商学院于 1998 年联合发起的全球创业状况研究的项目。按这种方法，创业机会依据创业者不同的创业动机被分为两类：机会型创业者，创业者把创业作为一种职业生涯的选择；生存型创业者，创业被视为迫不得已的选择，创业者因生活所迫，必须依靠创业为自己的生存和发展谋求出路。

（2）依据机会来源的分类法

对于创业者来说，更重要的是创业机会的识别。从创业机会的来源进行分类将有助于更好地把握机会。用这种分类方法可将创业机会分为技术性机会、市场性机会和政策性机会。

①技术性机会。即技术变化带来的创业机会，主要源自新的科技突破和社会的科技进步。通常技术上的任何变化，或多种技术的组合，都可能给创业者带来某种商业机会。具体表现在三方面：第一，新技术替代旧技术。当在某一领域出现了新的科技突破，并且它们足以替代某些旧技术时，必将带来创业机会。第二，实现新功能、创造新产品的新技术的出现。这无疑会给创业者带来新的商机。比如随着计算机的诞生和互联网技术的发展，计算机维修、软件开发、计算机操作的培训、图文制作、信息服务、网上开店等创业机会随之而来。第三，新科技带来的新问题。技术在给人类带来新的利益的同时，也会带来某些新的问题。这就会迫使人们为了消除新技术的弊端而去开发新的技术并使其商业化，于是又创造出新的创业机会。

②市场性机会。即由于市场变化产生的创业机会。一般来看，主要有以下三类：第一，市场上出现了新需求。相应地，就需要有企业去满足这些新的需求，这同样是创业者可利用的商业机会。第二，市场供给出现缺陷。一般来说，市场是不可能一直保持供求平衡的，总会出现供求间的不平衡，或供大于求，或供不应求。因此，创业者如果能发现这些供给结构性缺陷，同样可以发现并利用这一创业机会。比如，一位创业者发现远在郊区的本校师生往返市区交通十分不便，创办了一家客运公司，就是把问题转化为创业机会的成功案例。第三，产业转移带来的市场机会。从历史上看，世界各国各地的发展进程是有快有慢的，即使在同一国家，不同区域的发展进程也不平衡。这样，在先进国家或地区与落后国家或地区之间就形成一个发展的"势差"。当这"势差"大到一定程度，由于国家或地区之间存在"成本差异"，再加上经济发展到一定程度时，环保问题往往会被先进国家或地区率先提到议事日程上，所以，先进国家或地区就会将某些产业向外转移，这就可能为落后国家或地区的创业者提供创业机会。通过与先进国家或地区比较，看看别人已有的哪些东西自己还没有，"没有的"就是差距，其中就可能蕴藏创业机会。

③政策性机会。即政府政策变化所给予创业者的创业机会。随着经济发展、科技变革等，政府必然也要不断调整自己的政策，而政府政策的某些变化，也可能给创业者带来新的商业机会。比如随着我国人口政策的变化，就可出现以下创业机会：为老人提供的健康保障用品，为独生子女服务的业务项目，为年轻女性和上班女性提供的用品，为家庭提供

的文化娱乐用品，等等。

（3）其他分类方法

创业者还应了解一些创业机会的其他分类方法，以更好地识别创业机会。

①根据创业机会的显性程度进行分类，创业机会可以分为显性的市场机会与潜在的市场机会。在市场上，明显的没有被满足的现实需求，就是显性的市场机会；现有的产品种类未能满足的或尚未完全为人们意识到的、隐而未见的需求，就是潜在的市场机会。显性市场机会由于明显，识别难度较低，因此抓住这一商业机会并利用这种机会的创业者较多，但难以取得机会效益——先于其他企业进入市场所取得的竞争优势和超额利润。潜在的市场机会虽然不易于为人们发现和识别，寻找和识别难度系数大，但由于抓住和利用这种机会的创业者少，因而机会效益比较高。因此，创业者应注意发现和利用潜在的市场机会，它的利用价值高。

②根据创业机会所处的市场位置进行分类，可以将创业机会分为行业性市场机会与边缘性市场机会。企业所处的行业或经营领域中出现的市场机会，称为行业性市场机会；在不同行业之间的交叉或结合部分出现的市场机会，称为边缘性市场机会。行业性市场机会一般会受到企业重视，并将其作为寻找和利用的重点，因为它能充分利用行业已有经验和资源，发现、寻找和识别的难度系数较低。但由于行业内部企业之间的激烈竞争，往往会使机会效益减弱甚至丧失。行业间的边缘地带一般是现有企业容易忽视的地方，在这些区域，消费者的需求不能得到充分满足，甚至还会产生一些新的消费需求。这类商业机会大都比较隐蔽，进入壁垒也比较小，因此带来机会效益的可能性也大。因此，创业者在行业之间的交叉或结合部分寻找市场机会是最为理想的，但寻找和识别边缘性市场机会的难度较大，需要创业者具有丰富的想象力、强烈的创新精神和开拓精神。

③根据创业机会出现的市场范围进行分类，创业机会可以分为全面市场机会与局部市场机会。在大范围市场上出现的未被满足的需要为全面市场机会，在小范围市场上出现的未满足的需要为局部市场机会。前者意味着整个市场环境变化的一种普遍趋势，后者则意味着局部市场环境的变化有别于其他市场部分的特殊发展趋势。区分这两种市场机会，对于创业者或企业具体测定市场规模、了解需求特点并有针对性地开展市场营销活动来说是必要的。

二、创业机会识别

创业机会的正确识别是成功创业者所需要具备的关键能力之一。创业机会的识别并不是一个静态的概念，而是一个动态的过程，是指创业者在主动创业的过程中敏锐地感知创业机会，通过对个人特性和创业机会所处环境的认知和把握，提出自己的创业构想，并在实施的过程中不断改进的过程。

1. 影响创业机会识别的因素

（1）创业者自身

影响创业机会识别的创业者自身因素主要包括创业者个人特质和创业者社会关系网等方面。

①创业者个人特质。对于机会识别来说，第一重要的因素是创业者的个人因素。这是因为从本质上说，机会识别是一种主观色彩相当浓厚的行为。即使某一创业机会有着较好的预期价值，也并非每个人都能从事这一机会的开发并坚持到最后的成功。因此，创业者人格特质，如警觉性、风险感知能力、乐观主义、自我效能、创造力、自信以及现有知识等，对创业机会识别有着重大影响。

②创业者社会关系网。社会网络也就是平时所说的人脉。首先，社会网络可以为创业者提供所需的信息。在创业过程中，信息会起至关重要的作用。创业者需要获取、吸收和利用与所在行业、市场和技术等方面相关的信息进行机会识别。作为创业者信息的关键来源——社会关系网络则在其中起了重要作用。有研究发现，拥有广泛社会关系网的创业者更能够有效地识别创业机会，这与单独行动的创业者在机会识别上形成了显著的差异。其次，社会关系网络也会给予创业者必要的资金和技术支持。

（2）创业机会的属性

机会的自然属性在一定程度上影响人们对之进行评价及识别。创业者在创业过程中之所以选择某一机会，很大程度上是因为相信这一机会在未来产生的价值会超过现有的投入。因此机会识别也会受自身的自然属性的影响。蒂蒙斯认为市场需求、市场机构和规模以及市场利润等指标，对创业机会的识别都有一定的帮助。

（3）企业的组织结构

当企业的组织结构表现有机特点时，组织内部信息的流动更加顺畅，使得组织成员更加容易识别出创业机会。正是通过这种组织管理流程、信息以及管理系统的有机化，组织更加容易识别外部信息与知识，同时也更加有利于这些信息知识在组织内部的流通，从而促进创业机会的识别。当组织结构表现出机械性特点时，会对信息和知识在部门间的流通造成阻碍，进而影响员工的探索以及试验活动的进行，就会对机会的识别过程造成阻碍。

（4）创业环境

除以上因素，创业环境对机会的识别同样起重要作用，包括政治环境、经济环境、人口需求、文化背景、行业发展等宏观因素。

2. 创业机会识别的过程

创业开始于创业者对创业机会的把握。创业者从成千上万繁杂的创意中选择他心目中的创业机会，随之持续不断开发这一机会，使之成为真正的企业直至最终成功。这一过程中，机会的潜在预期价值以及创业者的自身能力得到反复的权衡，创业者对创业机会的战略定位也越来越明确，这一过程称为机会的识别过程。机会识别过程实际上是一种广义的识别过程，因为它囊括了大部分研究中提到的机会发现、机会鉴别、机会评价等创业活动。

阶段一：机会的搜寻。这一阶段创业者对整个经济系统中可能的创意展开搜索，如果创业者意识到某一创意可能是潜在的商业机会，具有潜在的发展价值，就进入下一阶段。

阶段二：机会的识别。这里的机会识别主要是狭义上的理解，即从创意中筛选合适的机会。这一过程包括两个步骤，首先是从整体市场环境和行业的角度判断该机会是否在广泛意义上属于有利的商业机会；其次是从特定的创业者和投资者的角度考察这一机会是否有价值，也就是个性化的机会识别阶段。

阶段三：机会的评价。作为创业机会识别过程的结束阶段，这里的机会评价已经带有调查的含义。通常考察的内容包括各项财务指标、技术可行性和市场可行性，以及创业团队的构成等。通过考察作出评价，创业者依此决定是否实施创业。

事实上，在一些研究中，机会识别和机会评价是共同存在的，创业者在对创业机会识别时也有意无意地在进行评价活动。在他们的分析框架中，机会识别和机会评价并非完全割裂的两个概念，创业者在机会开发中的每一步，都需要进行评估，也就是说，机会评价伴随整个机会识别的过程。在机会识别的初始阶段，创业者可以非正式地调查市场的需求、所需的资源，直到断定这个机会值得考虑或是进一步深入开发。在机会开发的后期，这种评价变得较为规范，并且主要集中于考察这些资源的特定组合是否能够创造足够的商业价值。

3. 创业机会识别的途径

创业需要机会，在广阔的市场中如何才能发现并把握合适的创业机会？创业机会的发现需要满足两个必要条件：第一，个体获取承载创业机会的信息；第二，个体合理解读这些信息并识别其中蕴含的价值。这就揭示了创业机会识别的途径。

（1）广泛收集市场信息

在信息时代，信息的传递途径除了传统的报纸、电台、电视之外，互联网在人们的生活中也变得越来越重要。电子商务、网上交易在发达国家已相当普遍，人们的产品可以通过互联网销售到世界各地。

创业者创业离不开信息的收集，信息的来源有正式渠道和非正式渠道两种。报纸、电台和科技刊物、专利文献等是正式渠道，从中可获得大量的经济、科技和市场信息，为创业服务。非正式渠道的信息收集对经验不足的创业者显得尤为重要，这里要强调的是，通过自身的考察收集的信息。例如，观察周边社区的企业，了解他们在干什么、怎么干的，从而利用别人较为成熟的、现成的经验作为创业的出发点，这尤其适用于某些区域性的行业，如投资额较小的快餐业的经营、社区服务项目以及医疗卫生行业中同级其他医院的专科经验等。这种信息是通过实地考察取得的，更为可靠和实用，因为周边地区的社会环境、人文情况相近，成功的机会更大。

此外，要善于观察和收集其他行业的信息。看起来似乎不相关的行业，但在市场、服务、资源、客户等方面仍有很多相通的地方。例如，服务行业门类很多，但服务的方式方法有许多可相互借鉴。创业时要善于收集发达国家和地区的经验信息，作为前车之鉴，可避免犯类似的错误，大到城市规划、环保，小到一个企业的创建，都能使人们受益匪浅。成功的实用信息收集，往往可为创业者找到一个立脚点。因此，要善于在生活中寻找有用信息，这是创业者应当关心的问题。

要善于带着企业中的问题去收集信息。日本三浦工业公司原是一家生产精麦机的小型企业，只有 700 名员工，可是它却从日本 680 万家中小企业中脱颖而出，成为一家万众瞩目的著名工业公司。它在市场竞争中转产锅炉并战胜了日本锅炉专业生产大企业，占领了日本小型锅炉市场。当时，在日本锅炉行业中有许多大型企业，这些企业资金雄厚、技术先进而且已经占据了锅炉销售市场，小企业要跻身进去并占领并非易事。三浦工业公司转产前，首先做了广泛的市场调查与周密的形势分析，决定从节能型小型锅炉着手。在此基础上，公司又大量收集有关小型锅炉的先进技术情报，再对已掌握的各种先进技术情报进行综合、精选，最后投入生产。这些小型锅炉特别适合于用户，产销对路，深受用户欢迎。另外，该公司还自行设计、制造了各种附属设备与之配套，成为一组高效、自动、节能、无公害的锅炉。三浦工业公司的成功要归功于它善于带着企业的问题捕捉情报。

日本有一家在不锈钢餐具等产品上轧制凹凸花纹的企业，一直想在凹面上着色，以提高产品的利润，但是，涂料难以牢固地涂饰在不锈钢上。后来，该公司获悉专利企业一项在不锈钢餐具上着色的专利，立即通过咨询机构与专利企业进行了会谈。会谈中了解到这项专利的技术关键是把凹面的花纹加工成粗糙面，然后涂上釉药，放在几百摄氏度的高温中烧制，使之生成一层氧化层。然而此项工艺成本很高，只适用于制造高级品，对该公司在较薄的工件上用轧辊压机压制花纹并在其凹部着色而言，就显得成本太高了。该公司的经理从专利中将不锈钢的凹面加工成粗糙面从而增加黏附性这一点受到启示，改用化学腐蚀的方法使凹面变粗糙，终于成功地在凹面上着色，并取得专利。

要善于从不同的渠道收集有用的信息。随着信息时代的到来，信息的收集、加工和利用越来越受到人们的重视。创业活动也不例外，那些令人羡慕的创业精英往往都是信息收集利用的高手。

某铸锅厂原来主要生产农村烧柴草的大铁锅，随着农村生活水平的提高，使用电力和石油液化气做饭越来越普遍，农村烧柴草的土灶大铁锅逐渐被淘汰，大铁锅逐渐没有了市场，企业面临倒闭。一次偶然的机会，企业老板发现网络上某电磁炉厂求购电磁炉专用平底生铁锅的信息，他马上来了兴趣，立刻同该厂联系。经过一段时间的沟通，终于同电磁炉厂家达成协议，为该厂生产电磁炉配套的专用生铁平底锅。经过进一步开拓市场，该铸锅厂又与多家电磁炉生产厂达成生产配套铁锅的协议，铸锅厂也因此起死回生。可以说一条信息救活了一个厂。

要想成功创业，必须善于收集信息。信息收集可以通过多个渠道进行，要善于用眼睛、耳朵积极主动地多渠道收集信息，经常读书、看报、听新闻、上网、做客户调查等，同时要因人而异、因地制宜地使用手头的每一条信息。有时候单纯从一个角度出发收集的信息可能是片面的、不切实际的，但从多个渠道获取的信息可以互相验证，使所收集的信息更加准确无误。同时，要注意对所收集信息的记录和整理。当感到某些信息对市场、销售或资源整合有帮助时，就要把它们记录下来。"好记性不如烂笔头"，对获取的信息进行记录并加以整理，这样既便于查阅又不容易忘记，可使收集的信息发挥其应有的作用。

（2）紧盯目标市场行情

①货源情况调查。对于创业者来说，货源情况是必须了解和考虑的重要因素。只有具备充足的货源，才能保持正常的运转，获取合理收益，收回投资；反之，则商业投资项目很难取得预期收益。

对于创业者来说，不仅要树立"了解货源十分重要"的意识，还应掌握货源调查基本内容。一般来说，商业投资前的货源调查主要包括本行业、本地区该种产品的生产经营状况和国际上的生产经营状况；新产品开发情况；商品的种类、质量、成本、数量、盈利等。创业者在行动开始前，只有将这些情况了如指掌，才能理智地做出分析和判断，以防"把票子扔在水里"。

②需求调查。商业投资与其他领域投资的最大区别在于，除了少数批发企业外，绝大部分商业经营者都是直接与大众打交道的。因此，大众的需求状况，直接决定商业经营的好坏。没有需求的商业，不过是无源之水、无本之木。因此，创业者在决定投资某个商业项目之前，必须仔细研究项目建成之后的需求状况。对此，创业者须慎之又慎。需求调查可以从以下几方面展开。

需求总量调查：投资前要了解预期顾客的需求水平。创业者可以采用连锁比率法进行测算。例如，创业者打算兴建一家饮料店，首先应弄清预期顾客的总人数，其次要测算人均收入。

需求结构调查：要了解顾客购买力的流向，主要根据居民收入水平进行分类，测算出每类居民购买力的流向。

需求季节调查：主要是了解需求的季节性变化规律。

需求动机调查：主要是了解顾客购买商品时的购买动机，是求名心理、求新心理、求廉心理，还是求实心理等。创业者只有掌握了预期顾客的购买动机，在投资项目建成后才能开展有效经营。

③竞争状况调查。创业者对于准备投资于其中的某一行业的竞争对手的情况必须充分了解。这是创业者在开展投资活动前必不可少的一项准备工作。需要了解的情况包括竞争对手的数量、经营状况、劳动效率、优势和劣势、竞争策略以及潜在的竞争对手等。

投资前深入研究竞争状况对商业投资者来说至关重要。投资者应详细调查在准备投资的地段有多少竞争对手，竞争态势如何。如乙方加入战局，会使竞争态势发生于己有利还是不利的变化，乙方对不利变化有无能力采取应对措施。

④价格预测调查。在创业者进行的调查活动中，价格是需要考虑的重要因素之一。价格水平的高低及其变动情况不仅对创业者投资项目的造价具有重要影响，而且对创业者项目投入经营后的经济效益具有十分重要的意义。

创业者在投资前从事的价格调查内容不仅应包括建筑材料价格变动及其趋势，还应包括计划经营的商品价格变动及其趋势。通过对这些因素的分析，测算出价格变动对于拟投资项目总投资的影响程度，从而预先采取积极的应对措施，争取在剧烈的价格波动中始终占据主动地位。

⑤商品销路预测。对于创业者来说，预测商品销路，是非常关键的一环，是投资前一项必不可少的准备工作。因为商品总是先买后卖，为卖而买。商品销路如何，直接关系商业企业的经济效益。如果企业经营的商品销路不好甚至没有销路，则投入的资金别说增值，即使回收，其困难程度也是可想而知的。

4. 培养创业机会识别的能力

创业机会识别能力就是指创业者采用种种手段来识别市场机会的能力，也就是创业者通过对创业信息的搜寻，辨别出潜在机会，并选择适合的创业机会的能力，主要包括机会搜寻能力、机会识别能力及机会评价能力等。

在机会搜寻阶段，创业者的机会搜寻能力体现为通过对商业机会的"扫描"，寻找和收集外部事件、趋势和变化的信息以指导企业未来的行动。

机会识别是创业过程中的关键环节。这个过程中，机会识别能力会帮助创业者将搜寻到的信息综合起来，做出是否具有潜在市场价值的判断。

在机会评价阶段，创业者要在机会识别阶段进行初步判断的基础上进行更加深入的投资可行性分析。机会评价能力帮助创业者系统地评估本企业的资源，并根据机会与本企业资源的匹配程度，进一步决定是否着手创业。

作为创业者，要想提高自身创业机会识别能力，在将来创业过程中更多、更快地发现和把握创业机会，就要综合以上所学知识，结合自身在创业机会识别中存在的问题，着力提升机会识别能力。

具体来说，培养创业机会识别的能力可以从以下几个方面入手。

（1）学好知识，优化自身知识结构

首先，要学好专业课。有研究表明，创业者更愿意接触那些与自己所拥有的知识和信息相关的机会。青年创业的主要优势在于较强的学习能力，这使青年容易通过学习获得与所学专业相关行业最新的专业知识，先前在学校学习获得的知识与新知识的整合与积累，可以提高其识别创新机会的能力。其次，除了专业课程，还要对财务、金融、管理、市场营销以及与创业本身相关的其他知识有所涉猎。这要求青年具备相应的数据搜集、分析、评价能力；同时，还要注重积极培养统摄、想象、概括、综合及辩证分析等能力，以便更好地进行联想、类比或推演，从而能够整体把握创业过程所经历的各个阶段，在更高层次和水平上培养对创业机会的识别和评价能力。

（2）重视交往，组建自己的社会网络

青年要想成功创业，必须有丰富的创业信息来源渠道，这就需要青年具备很好的社会交往能力，构建自己的社会网络。通过社会网络，创业者会迅速接收社会环境变化的信号，从而为自己的创业提供正确的指导。社会网络的强度、密度、多样性等，都会对创业者识别创业机会产生重要的影响。社会网络不单是给创业者提供创业相关信息的渠道，同时也是创业者进行新产品开发和市场营销的社会资源。这就要求青年注重人际交往能力的培养，注重相关知识的学习，掌握人际沟通技巧，提高自身社交能力，尽快构建自己的社会人脉。

（3）学习创业，提高自身创业能力

创业者还应自觉地学习创业知识，提高自身对创业机会识别的敏感性。创业机会识别能力主要是一种认识能力。创业机会主要源于社会环境中技术、市场和政策的变化，创业者应该更加关注身边的变化，结合所学专业发掘创业机会。比如，自觉阅读与行业相关的报纸、杂志和网站，培养自身的信息意识和收集信息的能力；也可以通过参加相关专业技术前沿专题讲座、科技政策和产业政策报告会、相关产业界报告会等形式获取重点创业领域的信息，以此来增强自身识别创业机会的能力。

此外，创业者应该勇敢地把握创业机会，积极投身创业实践。由于青年创业项目往往具有规模小、风险低、与专业相结合等特点，因此创业项目的资金、技术等门槛不高，同一个机会面临的竞争会很大，相应的创业机会的时间窗口比较短。如果投入太多的时间去考察、观察、等待时机更成熟，其结果可能就会错失良机。同时，市场机遇的出现和捕捉，离不开对市场信息的把握和处理。每个人的知识、经验、思维以及对市场的了解不可能面面俱到，多看、多听、多想，能广泛获取信息，及时从他人的知识经验和想法中汲取有益的信息，从而增大发现机会的概率。发现创业机会的关键点是深入市场进行调研，要了解市场供求状况、变化趋势，考察顾客需求是否得到满足，注意观察竞争对手的长处与不足等。因此，创业者在准备创业的过程中，不要错过最佳创业时间窗口，要学会正确把握最佳创业时机，勇敢地在一次次创业实践中磨炼自己，提高自己的创业能力。

（4）敢为人先，调整自己的创业心态

机会往往是被少数人抓住的，要克服从众心理和传统的习惯思维模式，用积极的心态去发现创业机会，抓住被别人忽视或遗忘的机会。要以超前的意识把握机遇，要发扬敢闯敢试、敢为天下先的精神，只有这样才能及时认识和把握市场提供的良机。想要创业的青年，如果暂时还没有发现机会或抓住机会，先不要抱怨别人，怨天尤人，可以想一想自己的态度是否积极，思想观念、思维方式是否正确。

案例分享

腾讯的生态化战略：从即时通讯到生活必需品

1998年马化腾和他的团队创立了腾讯公司，早期主打产品为即时通讯软件QQ。那时，互联网在中国刚刚起步，马化腾敏锐地洞察到了即时通讯工具的巨大市场潜力，尤其是在年轻用户群体中。QQ以其人性化的设计和强大的功能迅速吸引了大量用户，意味着腾讯在创业初期就成功识别并抓住了一个重要的创业机会。

2010年后，随着移动互联网的兴起和智能手机的普及，腾讯再次凭借微信的成功，证明了其在识别和把握创业机会上的能力。微信不仅是一个即时通讯工具，它还整合了社交、支付、娱乐、商业推广等多种功能，成为了一个全新的社交平台。通过不断迭代更新，微信逐渐融入人们的日常生活，成为一种生活方式。

腾讯的成功不只在于其产品的创新，还在于其能够准确预见并把握互联网各个发展阶段的趋势。腾讯游戏、腾讯视频、腾讯音乐等子公司和产品线的建立，都是基于对市场需求的准确把握和及时的战略调整。此外，腾讯还通过投资和合作，如与京东、美团、滴滴等公司的合作，进一步扩大了业务范围，增强了腾讯生态圈的整体竞争力。

腾讯的这一系列战略布局，显示了公司在识别和利用创业机会方面的超凡能力。从一个简单的即时通讯软件起家，腾讯不仅创造了多元化的产品线，而且成功转型为一个涉及社交、支付、娱乐等多个领域的综合性生活服务平台。

腾讯公司从一个即时通讯软件提供商发展成为今日的互联网巨头，关键在于其对于创业机会的精准识别与把握。通过对内部产品开发的持续创新与对外战略合作的广泛拓展，腾讯成功地构建了一个涵盖多方面的生态系统，其每一个步骤都充分展示了对市场趋势的敏锐捕捉和深入理解。从 QQ 到微信，再到游戏、视频和音乐等内容产业的深耕，腾讯始终能够在适当的时机推出符合市场需求的产品。更重要的是，腾讯通过战略投资构建了一个强大的联盟网络，这一策略不仅扩大了公司的业务范围，也大大加强了其在互联网领域的整体竞争力。

 案例点评

　　持续的创新和对市场动态的敏感洞察是企业抓住和转化创业机会的关键。腾讯通过不断地探索和扩展其业务边界，以及战略投资与合作，成功地将自身打造成一个庞大的互联网综合性生活服务平台。

三、创业机会评估

　　创业机会评估，其实就是要回答目标市场是否存在、有多大规模，以及作为主体的企业或创业者是否适合这个市场的问题。一般来说，创业机会评估的第一步，是对市场的了解和把握。对市场需求的分析和了解，可以确保创业者不陷入盲目乐观情绪中，被虚幻的市场前景冲昏头脑。除了不可控的机遇因素，创业所需要具备的条件是否真实客观地存在，决定了创业项目是否可以成功。这就需要对创业机会进行客观评估。

1. 创业机会的评估标准

（1）产业和市场

　　①市场定位：一个好的创业机会，或一个具有较大潜力的企业，必然具有特定的市场定位，专注于满足特定客户的需要，同时也可以为顾客带来增值的效果，因此评估创业机会的时候，可以从以下四个方面着手：

　　第一，市场定位是否明确。别人不做的我做；别人没有的我有；别人做不到的，我做得到。

　　第二，顾客需求分析是否清晰。是否从顾客需求或需求变化趋势着手，发现市场产品问题、缺陷，寻找市场进入机会。

　　第三，顾客接触通道是否畅通。是否有效确立了与顾客沟通的途径和方法，能及时寻找和发现有价值的市场营销机会。

　　第四，产品是否持续延伸。产品能否从深度和广度上不断拓展，产品是否能有效进行各类组合。

　　从以上几个方面可以判断创业机会可能创造的市场价值。创业带给顾客的价值越高，创业成功的机会也就越大。一般来说，回报时间如果超过 3 年，而且又是低附加值和低增值的产品或服务，是缺乏吸引力的。

②市场结构：美国学者迈克尔·波特提出一种结构化的行业环境分析方法，即有5种基本力量决定了一个市场或细分市场长期的、内在的吸引力，较好地反映了创新企业的行业竞争因素，如图4-1所示。

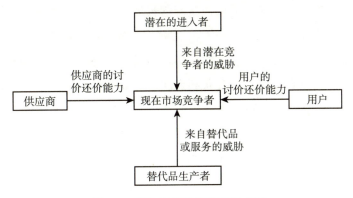

图 4-1　影响行业竞争的五种力量

针对创业机会的市场结构可以进行以下几项分析：

第一，进入障碍。潜在竞争者进入细分市场，就会给行业增加新的生产能力，并且从中争取一定的重要资源和市场份额，形成新的竞争力量，降低市场吸引力。如果潜在竞争者进入行业的障碍较大，比如规模经济要求、购买者的转换成本太高、政府政策限制等，潜在竞争者进入市场就比较困难。

第二，供应商。如果企业的供应商能够提价或者降低产品和服务的质量，或减少供应数量，那么企业所在的细分市场就没有吸引力，因此，与供应商建立良好的关系和开拓多种供货渠道，才是防御上策。

第三，用户。如果某个细分市场中，用户的讨价还价能力很强或正在加强，他们便会设法压低价格，对产品或服务提出更多要求，并且使竞争者相互竞争，导致销售商的利润受到损失，所以企业要提供用户无法拒绝的优质产品和服务。

第四，替代性竞争产品的威胁。如果替代产品数量多，质量好，或者用户的转换成本低，用户对价格的敏感性强，那么替代性产品生产者对本行业的压力就大，行业吸引力就会降低。

第五，市场内部竞争的激烈程度。如果某个细分市场已经有众多强大的竞争者，行业增长缓慢，或该市场处于稳定或衰退期，撤出市场的壁垒过高，转换成本高，产品差异性不大，竞争者投资很大，则创业企业要参与竞争就必须付出高昂的代价。

由以上分析，可以得知初创企业未来在市场中的地位，以及可能遭遇竞争对手反击的程度。对初创企业来说，将要进入的市场具有一个怎样的市场结构，市场竞争是否十分激烈，对于创业成果具有重要意义。一个分裂的、不完善的市场或正在形成的市场常常会产生未满足的市场空缺，这对于市场机会的潜力大小也就具有重要影响。例如，在可以获得资源所有权、成本优势这些好处的市场上，即使存在竞争，其盈利的可能性也是相当大的。

③市场规模：市场规模与成长速度也是影响初创企业成败的重要因素。一般而言，市场规模大者，进入障碍相对较低，市场竞争激烈程度也会下降。如果要进入的是一个成熟的市场，纵然市场规模很大，由于已经不再成长，利润空间也必然很小，因此初创企业就不值得再投入。反之，一个正在成长中的市场，通常也会是一个充满商机的市场，所谓水涨船高，只要进入时机正确，必然会有获利空间。一般来说，一个总销售额超过 7 亿元的市场是有吸引力的，在这样一个市场上，占有大约 5％甚至更少的份额，就可以获得很大的销售额，并且对竞争对手并不构成威胁，这样可以避免高度竞争下的低毛利和风险。

④市场渗透力：市场渗透力也就是增长率，对于一个具有较大市场潜力的创业机会，市场渗透力将会是一项非常重要的影响因素。聪明的创业者知道选择在最佳时机进入市场，也就是市场需求正要大幅度增长之际，做好准备等着接单。一个年增长率达到 30％～50％的市场，能为新的市场进入者提供新的位置。

⑤市场占有率：在创业机会中预期可获得的市场占有率，可以显示新创企业未来的市场竞争力。一般而言，成为市场的领导者，最少需要拥有 20％以上的市场占有率。如果市场占有率低于 15％，则这个初创企业的市场竞争力不高，自然也会影响未来企业上市的价值，尤其在高科技产业，初创企业必须拥有成为市场前几名的能力，才比较具有投资价值。

⑥产品的成本结构：如果市场中只有少量产品出售，而产品单位成本都很高时，那么销售成本较低的公司就可能面临有吸引力的市场机会。产品的成本结构，也可以反映新创企业的前景。例如，从物料与人工成本所占比重的高低、变动成本与固定成本的比重的高低，以及经济规模产量大小，可以判断新创企业创造附加值的幅度以及未来可能的获利空间。

（2）资本和获利能力

如果说产业和市场评估只是创业机会评估工作的一个方面，并且很多因素难以量化，那么效益评估就是更为全面的价值评估，它需要对企业未来的收益情况进行量化评估，无论对于创业者还是投资者，都是非常有益的参考依据。

①毛利：单位产品的毛利是指单位销售价格减去所有直接、可变的单位成本。对于创业机会来说，高额和持久地获取毛利的潜力是十分重要的。毛利率高的创业机会，相对风险较低，也比较容易取得损益平衡。反之，毛利率低的创业机会，相对风险则较高，遇到决策失误或市场产生较大变化的时候，企业很容易遭受损失。一般而言，理想的毛利率是40％，当毛利率低于 20％，这个创业机会就不值得考虑。

②税后利润：高而持久的毛利率通常转化为持久的税后利润。一般而言，具有吸引力的创业机会，至少需要能够创造 15% 以上的税后利润。如果创业预期的税后利润在 5% 以下，就不是一个好的创业机会。

③损益平衡所需的时间：损益平衡所需的时间就是取得盈亏相抵和现金流量的时间。合理的水平应该能在 2 年以内达到，但如果 3 年还没有达到，恐怕就不是一个值得投入的创业机会。不过有的创业机会确实需要比较长的耕耘时间，通过这些前期投入，创造进入障碍，保证后期的持续获利。比如保险行业，前期仅注册资金就需要数亿元，而一般投资回报周期 7~8 年，这样的行业一般来说不适用于第一次创业者。在这种情况下，将前期的投入视为一种投资，才能容忍较长的损益平衡时间。

④投资回报率：考虑创业者可能面临的各种风险，合理的投资回报率应该在 25% 以上。一般而言，15% 以下的投资回报率是不值得考虑的创业机会。

⑤资本需求量：资本需求量较低的创业机会，投资者一般会比较欢迎。事实上，许多案例显示，资本额过高其实并不利于创业成功，有时还会带来稀释投资回报的负面效果。通常，知识越密集的创业机会，对资金的需求量越低，投资回报反而会越高，因此在创业开始的时候，不要募集太多资金，最好通过盈余积累的方式创造资金。而比较低的资本额，将有利于提高每股盈余。

⑥策略性价值：是否创造新创企业在市场上的策略性价值，也是一项重要的评价指标。一般而言，策略性价值与产业网络规模、利益机制、竞争程度密切相关，而创业机会对产业价值链所能创造的价值效果，也与新创企业所采取的经营策略与经营模式密切相关。

⑦退出机制：所有投资目的最终都是在于获得更大的回报。从某种意义上看，投入就是为了退出。因此退出机制与策略就成为一项评估创业机会的重要指标。企业的价值一般也要由具有客观鉴价能力的交易市场决定。而这种交易机制的完善程度也会影响退出机制的弹性。由于退出的难度普遍高于进入，面对一个具有吸引力的创业机会，投资者应考虑退出机制以及退出的策略规划。

（3）竞争优势

①成本：成本优势是竞争优势的主要来源之一。成本可分为固定成本和可变成本，也可分为生产成本、营销成本和销售成本等。较低的成本能给企业带来较大的竞争优势，从而使相应的投资机会较有吸引力。如果不能取得和维持一个低成本生产者的地位，它的预期寿命就会大幅缩短。

②控制程度：如果能对价格、成本和销售渠道等实施较强或有力的控制，这样的机会就会比较有吸引力。这种控制的可能性与市场势力有关。例如，一个对其产品的原材料来源或者销售渠道拥有独占性控制的企业，即使在其他领域较为薄弱，他也仍能够取得较大的市场优势。占有市场份额 40%、50% 甚至 60% 的一个主要竞争者通常对供应商、客户

和价格都拥有足够的控制力，从而能够对一个初创企业形成重大的阻碍，在这样一个市场上创办的企业几乎没有自由。

③进入障碍：如果不能把其他竞争者阻挡在市场之外，新创企业就可能迅速死亡。这样的例子在硬盘驱动器制造业中很常见。在20世纪80年代早期到中期的美国，该行业未能建立起进入市场的障碍，到了1983年年底，就有约90家硬盘驱动器公司成立，激烈的价格竞争导致该行业剧烈的震荡。因此，如果一家企业不能阻止其他公司进入市场，或者它面临现有的进入市场的障碍，这个市场就没有吸引力。

（4）管理队伍

企业管理队伍的强大，对于创业机会来说是非常重要的，这支队伍一般应该具有互补性的专业技能，以及在同样的技术、市场和服务领域有赚钱和赔钱的经验或教训。如果没有一个称职的管理班子，或者根本没有管理班子，这种机会就没有吸引力。

2. 创业机会识别需要的素养

成功的机会识别是创业愿望、创业能力和创业环境等多种因素综合作用的结果。

①创业愿望是机会识别的前提。创业愿望是创业的原动力，它推动创业者去发现和识别市场机会。一个人若没有创业意愿，再好的创业机会也会与之失之交臂。

②创业能力是机会识别的基础。识别创业机会在很大程度上取决于创业者的个人（团队）能力。国内外研究和调查显示，与创业机会识别相关的能力主要有远见与洞察能力、信息获取能力、技术发展趋势预测能力、模仿与创新能力、建立各种关系的能力等。

③创业环境的支持是机会识别的关键。创业环境是创业过程中多种因素的组合，包括政府政策、社会经济条件、管理技能和创业资金支持等方面。一般来说，如果社会对创业失败比较宽容，有浓厚的创业氛围；国家鼓励个人创造财富，有各种渠道的金融支持和完善的创业服务体系；产业有公平、公正的竞争环境，就会有更多的人创业。

案例分享

美团：从团购网站到生活服务电商巨头

美团成立于2010年，创始人王兴在创业之初准确评估了中国O2O市场的巨大潜力。他认识到，随着智能手机和移动互联网的普及，以及中国中产阶级消费力的不断提升，本地生活服务领域将迎来快速发展期。

王兴通过美团这一平台，先是切入团购市场，随后逐步扩展到外卖、酒店旅游、电影票务、共享单车等多个生活服务领域。美团的快速发展得益于对市场趋势的准确把握，以及针对消费者习惯的持续创新和优化。美团不仅提供优惠的价格，更重视用户体验和服务质量，形成了强大的用户黏性。

美团能够在激烈的市场竞争中突围，还得益于其强大的技术和数据分析能力。通过对用户行为大数据的深入分析，美团能够精准推荐符合用户需求的服务，同时帮助商家提升效率和服务水平。此外，美团不断拓展新的业务线，例如推出美团打车、美团买菜等，进一步丰富其在生活服务领域的布局。

美团的成功也展示了王兴对创业机会评估的深刻理解。首先，他识别出中国市场在本地生活服务方面的巨大潜力，并顺应移动互联网的发展趋势进入市场。其次，他通过多元化的服务扩展，满足了不同用户群体的需求，增强了平台的竞争力。最后，他通过技术创新和数据运营，不断提高服务效率和质量，为用户和商家创造了更大价值。

美团的发展历程是一次出色的创业机会评估和资源整合的实践。王兴通过对市场需求的敏锐洞察，确立了以服务本地生活为核心的多元化发展战略，成功实现了从单一团购模式向综合生活服务平台的转型。

案例点评

创业机会评估不仅要看到市场的需求和发展潜力，更要结合时代背景和技术发展趋势，实现业务的持续创新和拓展。同时，对用户需求的细致把握和优质的服务供给，是获得市场认可的关键。美团利用强大的技术支撑和数据分析，有效地提升了用户体验和运营效率，成为生活服务领域的领军企业。

知识拓展

颠覆性创新：在变革中发现创业机遇

在飞速变化的商业世界里，潜在的创业机会层出不穷，但要将它们转化为现实，却需要独到的洞察力和精心策划的行动。以下是探索利用创业机会时不可忽视的核心要素：

（1）技术革新：不断进步的技术，尤其是信息技术、生物技术和新材料技术，为有志之士打开了创业的新天地。人工智能和大数据的运用正在不断地开拓新的市场领域，孕育着丰富的创业机遇。

（2）社会变迁：社会的演进和人们生活方式的转变不断催生新的市场需求。随着大众对健康与可持续生活方式的日益关注，有机产品、健康食品、绿色能源等领域的创业机遇正逐步增多。

（3）政策导向：政府的政策往往预示着某些领域的发展前景。如政府支持教育创新或新能源发展，相关行业的创业项目可能更容易得到资助和支持。

（4）人口学趋势：人口老龄化或者年轻一代消费习惯的更新，都会产生新的消费需求。针对特定年龄层的产品和服务，这些变化可提供精准的市场定位机会。

（5）全球视野：全球化带来了更广阔的市场和资源流动。创业者借助互联网的力量，不仅可以将业务拓展至世界各地，还能利用全球的资源，包括国外的资金、技术和人才。

（6）平台经济：在数字化时代，平台经济已成为一种强大的模式。创业者可建设连接需求与供应的平台，无论是服务还是产品，这都是充满潜力的创业方向。

（7）跨界融合：行业间的交叉融合亦是创造新商机的源泉。例如，把科技注入传统行业，可以创造出全新的产品或服务模式。

（8）问题解决：着眼于人们日常生活中的问题，提供解决方案。这些问题可能是生活中的小困扰，也可能是企业经营的大难题。解决问题的过程本身，就是挖掘创业机会的过程。

（9）资源利用：创业者应评估自己的资源，包括知识、技能、人脉、资金等，并思考如何运用这些资源创造价值。

（10）持续学习：在不断变化的创业环境中，持续学习新知识、新技能至关重要。它能帮助创业者发现并把握机遇，并在竞争激烈的市场中保持领先。

■ 素养园地

在生活中寻找创业创新的机会

人之需万千，不能尽由己足，方有商。人们的生活需求就是商机。发达国家之"发达"，往往意味着市场的饱和，人们生活所需的一切产品和服务都被开发和经营，有人用"城市的每一寸草坪都被人工修剪过"来形容这种饱和。市场饱和了，于是就有创新，苹果公司就是用自己研发的新产品创造出新的市场需求，也创造了发展奇迹。

我国作为发展中国家，市场离饱和还差得远，人们生活中的不如意还很多，差距和不如意就蕴含着商机。假冒伪劣商品从城市"转战"农村，"山寨货"大行其道，表明低价商品仍大有市场，等待价廉物美的正品去占领；农户分散养殖是食品质量监管的难点，也是食品安全问题时有发生的重要原因，同时也意味着工厂化养殖业发展的美好前景；入托难、打车难、找保姆难、找对象难等生活中的难题，蕴含着城市生活服务业发展的巨大空间；当许多产品和服务让人"信不过"时，诚信经营本身就有极高的市场价值……中国经济要迈向中高端水平，需要以人们生活消费水平的升级为基础。对正品、品牌、方便、舒适、优良品质等的追求，正孕育着大众创业、万众创新的无限商机。

现实生活中已有大量这样的实例。外卖盒饭，本来平常，可近来的网络订餐，盯准了没精力买菜做饭的都市白领，对接名店、提前点餐、线上支付，让上班族到家就能吃上热热乎乎的饭菜，既赢得了利润，又改变了生活。打车软件以及依托这种软件出现的"专车"服务，其实也是开发新商机的实例，虽然还不成熟、待规范，但思路是对的。

有些领域，人们以前可能想也不敢去想，如今却可能成为创业的"新蓝海"。比如市场监管，本是政府的职责，但市场经营活动量大面广，监管任务极其繁重，仅靠政府部门很难监管到位，而制售假冒伪劣商品、偷排污染物等现象又是久治不愈的顽症，为什么不能发动群众、依靠社会力量、打一场监督治理的"人民战争"？政府购买服务已纳入转变政府职能的改革事项。鼓励社会力量组成网络化组织，针对制假售假、违规排污等开展监测、监督、举报，从政府购买服务中获得收益，这对政府而言是一种监管创新，对有志者来说则是开辟了一个就业创业的新领域。谁敢说这里不会成长起以守护公共安全为己任、做政府监管执法的好助手、公正无私、专司监测监督的"金字招牌"？

创业可以模仿和移植，从发达国家经验中学习是一条路子，人家有的我们这里还没有，拿来试试，例如打车软件；但更需要创新，就如乔布斯的名言："一个企业的目标就是去创造那些消费者需要但无法形容和表达的需求。"创新的本质不仅在于创造人们没见过、没用过的实物，更包括那些未听过、未曾想见的未来，以此刺激新的消费热点，创造新的生活方式。相对竞争惨烈、渐入夕阳的传统产业和已知市场，未知的新业态、新市场必将超越陈旧的产业边界，打破落后的游戏规则，绽放后发优势，实现后来居上。

资料来源：《人民日报》

■ 任务训练

挖掘市场机会

活动内容：

运用发现市场机会的方法，学会挖掘市场机会。

活动要求：

1. 采用随机的方式进行分组，每组以 6～8 人为宜。

2. 各小组综合运用关于市场机会的来源、发现机会的原则和方法等的知识进行讨论，说出至少两个较为可行的且具有广阔前景的市场机会。

3. 小组讨论要包含以下方面：①发现的市场机会有哪些；②将要提供的产品或服务是什么；③目标顾客是谁；④发现的市场机会有哪些优势和劣势。

4. 小组派代表交流发言，老师进行点评总结。

任务8　选择创业项目

问题导入

　　如何正确地选择创业项目，是每个创业者都要认真思考的问题。合适的创业项目是创业成功重要的基础。每一位创业者都要以极其谨慎的态度，按照自身技能、技术、经验、资金实力等实际情况，对各类创业项目加以甄选。请同学们思考以下问题：

　　（1）选择创业项目的基本原则是什么？

　　（2）怎样在市场中寻找创业项目？

知识链接

一、创业项目选择的原则和标准

1. 创业项目选择的基本原则

（1）要选择国家政策鼓励和支持、有发展前景的行业

　　大学生想创业，首先必须知道哪些行业是国家政策鼓励和支持的，哪些是允许的，哪些是限制的，等等。要优先选择国家政策鼓励和支持、有发展前景的行业，这样创业项目实施起来会更加顺利。而且国家有时也会出台一些优惠政策，要学会"借力"。根据社会学家和经济学家的预测，随着中国经济的发展和经济结构的调整，各行业在社会发展中的地位和发展潜力也在发生深刻变化。某些产业将因社会需求的加大而蓬勃发展，并成为未来社会发展的主导产业。

（2）要认真进行市场调研，适应社会需求

　　有些创业者认为，办企业就是为了赚钱，这种想法是不准确的。大学生创业者必须树立这样一个观点，即"企业是为解决顾客的需求而存在的"。因此，项目的选择必须以市场为导向。也就是说做什么项目不能凭自己的想象和愿望，而要从社会需要出发。要想知道社会需求，就要进行市场调查，特别是第一次创业，大学生创业者更是要进行详细了解，了解市场需要什么、需要多少，你的顾客是谁，谁会来购买你的产品或服务，竞争对手究竟有哪些，等等。市场调研是进行正确决策的重要前提。

（3）要充分利用优势和长处，干自己感兴趣的、熟悉的事

　　每一个人都有自己的长处和优势。创业项目需要创业者发挥自己的长处，去做自己最擅长的事情。比如，有的人对某一行业、某一领域、某种产品比较熟悉，有的人在技术上

有专长，有的有某种兴趣爱好，有的善于公关和沟通，这些都是自己的长处。大学生创业者要充分发挥自己的长处和优势，千万不可人云亦云，盲目跟风。

（4）要量力而行，从小事干起，从小利做起

创业是一种有风险的投资，必须遵循量力而行的原则，大学生创业者应该尽量避免风险大的项目，而应该将为数不多的资金投到风险较小、规模也较小的项目中去，先赚小钱，再赚大钱，聚沙成塔，逐步发展。俗话说"集腋成裘"，创业也要从干小事、求小利做起，一步一个脚印。

（5）要坚持创新，做到"人无我有，人有我优，人新我特"

创新是企业的生命，管理专家汤姆•彼得斯认为，商业世界变幻无常，持续创新才是唯一的生存策略。创新也是创业成功的关键。对创业者来说，创新更具紧迫性、重要性。大学生创业者在选择创业项目时不仅要考虑创新性，也要考虑特色性。这是因为创业项目有特色是企业能持续发展的必要条件。这里所说的"特色"是指，别人没有的、先于别人发现的、与众不同的、强于他人的。只有选择有特色的项目，才有可能在激烈的市场竞争中占有一席之地。

2. 创业项目选择的标准

（1）自己感兴趣的

兴趣是最好的老师。大学生创业者可以从自己的兴趣出发，把最想做的创业项目挑选出来。因为只有对某项事物感兴趣，才会更容易做好，并且事半功倍。兴趣是一个人进行认识和实践的动力，影响着大学生创业者的能力和知识结构的形成。如果选择了自己感兴趣的创业项目，大学生创业者就会倾注全部心血，用坚韧的意志来督促自己不断努力。

（2）合法的

创业项目要选择国家允许进入的行业和领域。国家对于有些领域是明令禁止的，如制毒贩毒、军火的生产和经营、非法传销等；有些领域是有限制条件准入的，如制药、烟草等；有些行业是有资质限制准入的，如大型的建筑安装工程、矿山的开采等。而国家对生产普通民用商品的领域基本没有什么限制。大学生创业者自己所选择的项目及经营一定要符合法律的规定，否则创业会失败。

（3）现有条件下能够盈利的

创业的途径有很多，赚钱的门路更是不少。但是，并不是所有的创业项目都能够盈利。所以，作为一名大学生创业者，在选择创业项目时，一定要看准，根据自己的条件选择可以迅速收回投资成本的项目，这样即使遭遇创业风险，也可以及时退出，另寻出路，确保创业成功。

（4）具有可行性的

项目本身是否可行是创业成败的关键所在。如果一个项目非常好，但是在实际操作中不可行的话，那么即使你付出再大的努力最终可能还是会失败的。也就是说，在推进自己

的项目前，大学生创业者应该了解国家目前正在扶持、鼓励和限制的行业，顺势而为。若是选择了国家政策扶持、鼓励的行业，企业今后的发展也将更加顺利。所以，在选择创业项目的时候一定要进行调查分析，对项目的可行性进行评估，并仔细分析行业未来的发展前景，如该行业是否符合国家产业政策，是否符合人们的消费发展趋势，等等。

（5）具有广阔市场的

不少大学生创业者认为，哪个行业热门、利润高，创业时就应选择哪个行业。其实这种想法是错误的。大学生创业者必须树立"企业是为解决消费者需求而存在"的理念，这样才能确保企业稳定发展。大学生创业者对创业项目的选择要以市场为导向，从社会需求出发。要想明确社会需求，就一定要做好市场调查。尤其是对于首次创业的大学生创业者而言，对市场进行详细的调研则更是不可缺少的。

总之，大学生创业者不应该执着于竞争激烈的热门项目，而应该着重考虑有特色的新项目。需要注意的是，有些项目虽然很有特色，但是消费者不一定认可，所以大学生创业者应该选择既有特色又有市场需求的项目，这样才能提高创业成功率。

案例分享

飞科："山村娃"建立"剃须刀王国"

李丏腾出生在浙江小山村，20岁时考上大学，但没钱交学费。怀着一颗不肯向命运服输的心，他带着家里仅有的41元积蓄，踏上了外出谋生之路。正是因为幼年的贫穷与年轻时的艰苦生活，让李丏腾有了超越常人的坚强意志。到了城市，李丏腾找到了人生第一份工作，在一家鞋仓库当管理员，每月工资300元，吃住还不错。可他不甘心，就一边打工，一边摆地摊攒钱给家里。

摆地摊、修摩托、当焊工、给剃须刀厂打工。会干活能吃苦，自然受到老板赏识，不仅给他升成工厂主管，还经常带他去参加活动。当时，李丏腾敏锐地发现剃须刀市场价格两极分化严重，除了国外吉列、飞利浦占领着高端市场以外，低端市场一直被几家不成气候的国内厂家占据，不断压榨价格，靠打价格战互相竞争。李丏腾萌生了创业念头，他想要打造一个属于自己的品牌。

当时国内只能生产单头往复式的剃须刀，十多元一个，而国际品牌则高达几百元甚至几千元，一百来元的剃须刀市场成了一个空白点。李丏腾想，要做就做双头。他花了五个月做了9套模具，还去寻找齿轮组件技术。功夫不负有心人，他终于研发出了第一款国产双头电动剃须刀，取名"飞科"。

初尝成功滋味后的李丏腾决定开拓新的出货渠道，大型超市、商场是市民采购中高端日常用品的地方，飞科也必须进入这个空白市场，不能只一味靠经销商。为加大品牌的影响力，他耗费巨资在央视投放广告。在超市战略与广告战的强势带动下，企业在接下来的 10 多年里快速积累，迅速崛起。

之后，李丐腾又快速地在每个地方都设立了专门维修站，把产品质量的服务水平迅速提高。仅 2010 年至 2015 年六年时间里，飞科剃须刀累计销量达 2.7 亿个。

李丐腾还有着更大的梦想。他对飞科未来的期望，是一个提供全方位的"个人护理小家电"的时尚品牌企业。除了剃须刀外，飞科目前的产品线已经扩展到了电吹风、鼻毛修剪器、烫发器、电熨斗、电水壶等产品。李丐腾用了 19 年时间，将一个小公司发展为中国最大电动剃须刀企业，并推出一系列个人护理小家电。2023 年飞科实现营业收入 50.6 亿元，同比上涨 9.35%，净利润 10.2 亿元。

案例点评

创业者要善于发现市场的需求，提供有针对性的产品和服务。只有坚韧不拔，敢于创新，才能在市场上立于不败之地。李丐腾没有屈服于命运。他的成功之处在于利用本职岗位，对剃须系列产品拥有充分的理解和独特的分析。他注重挖掘自己的潜能，运用学到的创新创业知识敏锐地发现了剃须刀行业的细分市场空间，为创业找到了很好的切入口。

二、创业项目的可行性分析

创业机会有很多，但并非所有的创业机会都适用。作为大学生创业者，在创业初期掌握的资源往往不够多，也不够全面，因此，能够把握并利用的创业机会很有限。在这样的情况下，大学生往往对自己选定的创业项目有很多疑问，不确定自己千挑万选的项目是否能够获得市场青睐。因此，对创业项目进行可行性分析对创业者来说就尤其重要。

可行性分析是指对项目的主要内容以及配套条件进行分析和研究，并最终对项目的开展、运行和效益产出等情况做出预测。通过可行性分析，创业者可以对创业项目有更深入的认识。

1. SWOT 分析的定义

SWOT 分析的创始人是美国旧金山大学国际管理和行为科学教授海因茨·韦里克，该方法现在被广泛应用于战略制定领域。SWOT 分析也叫态势分析，即基于内外部竞争环境和竞争条件下的态势分析，就是将与研究对象密切相关的各种主要内部优势、劣势和外部的机会以及威胁等，通过调查列举出来，并依照矩阵形式排列，然后用系统分析的思想，把各种因素相互匹配起来加以分析，从中得出一系列相应的结论，而结论通常带有一定的决策意义。运用这种方法，可以对研究对象所处的情境进行全面、系统、准确的研究，从而根据研究结果制定相应的发展战略、计划以及对策等。

S（strengths）是优势，W（weaknesses）是劣势，O（opportunities）是机会，T（threats）是威胁。按照企业竞争战略的完整概念，战略应是一个企业"能够做的"（即组织的强项和弱项）和"可能做的"（即环境的机会和威胁）之间的有机组合。其中 S、W 为内部因素，O、T 为外部因素，所以通过 SWOT 分析能够很好地将企业内部资源和外部环境有机地结合起来。SWOT 分析方法如图 4-2 所示。

图 4-2 SWOT 分析（态势分析）

（1）优势

优势是指对创办企业有利的因素。如创办企业的资金充足、资源更丰富以及价格比同行更低、员工素质和技术更好等。

（2）劣势

劣势是指对创办企业不利的因素。如知名度不如竞争对手、没有其他创业者的丰富阅历、促销方式不佳、产品类型少等。

（3）机会

机会是指外部环境存在对创办企业有利的因素。如行业政策扶持力度加大、新市场、新需求、市场壁垒解除、竞争对手失误等。

（4）威胁

威胁是指外部环境存在对创办企业构成潜在威胁的因素。如周边有新的企业加入、原材料价格上涨、新的竞争对手、替代产品增多、行业政策变化、客户偏好改变等。

2. SWOT 矩阵分析

从整体上看，SWOT 可以分为两部分：第一部分为 SW，主要用来分析内部条件；第二部分为 OT，主要用来分析外部条件。利用这种方法可以从中找出对自己有利的、值得发挥的因素，以及对自己不利的、要避开的因素，发现存在的问题，找出解决办法，并明确以后的发展方向。根据这个分析，可以将问题按轻重缓急分类，明确哪些是急需解决的问题，哪些是可以稍微拖后一点的事情，哪些属于战略目标上的障碍，哪些属于战术上的问题，并将这些研究对象列举出来，依照矩阵形式排列，然后用系统分析的思想，把各种因素相互匹配起来加以分析，从中得出一系列相应的结论，而结论通常带有一定的决策意义，有利于领导者和管理者做出较正确的决策和规划，如图 4-3 所示。

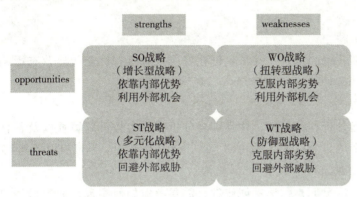

图 4-3　SWOT 矩阵分析

（1）优势—机会（SO 战略）

SO 战略是一种发展企业内部优势与利用外部机会的战略，是一种理想的战略模式。当企业具有特定优势，而外部环境又为发挥这种优势提供有利机会时，可以采取该战略。例如，良好的产品市场前景、供应商规模扩大和竞争对手有财务危机等外部条件，配合企业市场份额提高等内在优势，可成为企业收购竞争对手、扩大生产规模的有利条件。

（2）劣势—机会（WO 战略）

WO 战略是利用外部机会来弥补内部劣势，使企业改变劣势而获取优势的战略。但由于企业存在一些内部劣势而妨碍其利用机会，可采取措施先克服这些劣势。

（3）劣势—威胁（WT 战略）

WT 战略是一种旨在减少内部劣势、规避外部威胁的防御性战略。当企业存在内忧外患时，往往面临生存危机，要进行业务调整，设法避开威胁和消除劣势。

（4）优势—威胁（ST 战略）

ST 战略是指企业利用自身优势，规避或减轻外部威胁所造成的影响。如竞争对手利用新技术大幅度降低成本，就会给企业造成很大成本压力；材料供应紧张，其价格可能上涨；消费者要求企业大幅度提高产品质量；企业还要承担高额环保成本；等等。企业拥有充足的现金、熟练的技术工人和较强的产品开发能力，便可利用这些优势开发新工艺，简化生产工艺流程，提高原材料利用率，从而降低材料消耗和生产成本。另外，开发新技术产品也是企业可选择的战略。新技术、新材料和新工艺的开发与应用是最具潜力的成本降低措施，同时还可提高产品质量，从而规避外部威胁影响。

3. 运用 SWOT 法进行创业项目可行性分析

大学生创业者运用 SWOT 分析法可以对创业项目进行整体的分析，方法简单易行且结论很有参考价值，主要包括以下四个步骤。

（1）评估自身的优势和劣势

正确评估自身的优势和劣势是分析的基础，其完成度与准确度决定了分析结果的有效性。在进行优势和劣势评估时，大学生创业者一定要尽量全面而准确地列出所选项目的优缺点。

（2）找出面临的机会和威胁

找出机会和威胁是对外部环境的考量，大学生创业者应该对所有对企业经营有影响的因素都进行考量，并找出有利条件与不利条件。

（3）评估创业项目的潜力

评估创业项目的潜力是指分析各种条件，并且综合分析哪些劣势可以填补以及各种威胁的应对方法，最后评估这个项目的投入、成功率、产出等具体情况，判断其是否可行。

（4）根据项目制订工作计划

在评估创业项目为可行的情况下，大学生创业者就需要考虑如何实现创业项目，包括组织人员、调度资源、寻找投资等，优势越大、机会越多的创业项目越容易取得成功。

案例分享

智能健身器材创业项目

随着人们健康意识的增强和生活水平的提升，智能健身器材市场近年来十分火热。小李，一位拥有多年健身行业经验的创业者，决定依托自身专业知识，启动一项智能健身器材创业项目。

在项目启动初期，小李对市场进行了深入的可行性分析。首先，他识别到当前健身市场的几个关键趋势：一是健身方式的多样化和个性化需求日益增长；二是科技与健康生活的深度融合，智能健身设备受到越来越多消费者的青睐；三是随着工作压力的增大，家庭健身成为新趋势。

小李通过问卷调查、线上数据分析及线下访谈等方式，收集了大量用户反馈和市场数据。调查结果显示，超过 70% 的受访者表示对智能健身器材有兴趣，并愿意为此付费。特别是年轻一代消费者，他们更倾向于使用能够记录运动数据、提供个性化训练计划并能与其他健身爱好者互动的智能设备。

在进一步的市场细分中，小李发现中高端市场空白较大，且这部分消费者对价格容忍度和品牌忠诚度较高。同时，他也注意到了市场中的竞争态势，通过对比竞品的功能、价格、用户评价等，小李明确了自身产品的差异化定位：结合最新的 AI 技术，提供更加智能、个性化的健身体验，并强调产品的耐用性和用户体验。

在成本和盈利分析方面，小李制定了详细的成本预算和盈利模型。他计划通过直接面向消费者的电商平台和线下体验店进行销售，同时与健身房、企业等合作，拓展企业端市场。通过精准的市场定位和有效的营销策略，小李预计项目首年即可实现盈亏平衡，并在接下来的几年内实现快速增长。

案例点评

小李的智能健身器材创业项目充分展示了市场可行性分析的重要性。通过对市场趋势、用户需求、竞争格局的深入洞察，小李不仅明确了项目的市场定位，还制定了切实可行的市场进入策略和盈利模型。该项目不仅满足了消费者对健康生活的追求，也顺应了科技与健康融合发展的趋势。通过精准的市场细分和差异化定位，小李成功避免了与强大竞品的直接竞争，为项目的成功奠定了坚实基础。

三、规避选择创业项目的误区

选择一个好的创业项目是大学生创业者创业成功的关键。那么在选择创业项目时，究竟该如何避免陷入误区、有效降低创业风险呢？

1. 要有成熟的心态

工作需要专才，创业需要全才。即使凭借自己的专业创业的人，在创业过程中也一定会接触到很多非本专业的问题，因此，当下定创业决心时，创业者就要有成熟的心态，要有成为全才的准备。成为一个全才是创业成功的客观要求。这里所说的全才，是指大学生创业者身上肩负着多重责任，扮演着多重角色，这些角色分别是企业的代表者、目标的执行者、员工的培训者、问题的协调者、运营与管理业务的控制者、工作成果的分析者等。想要真正有所成就，就得眼观六路耳听八方，做个样样都能兼顾的全才；即使暂时不是全才，也要树立成为全才的志向。

2. 不要盲目跟风

每年都会出现一些风口行业，如近年来热门的人工智能、无人超市等。面对这些热门行业，许多大学生创业者会盲目跟风，而不考虑自身是否适合。创业是一门大学问，看似热门、赚钱的行业未必人人都做得来。创业项目本身并没有好坏之分，关键就在于适合不适合。大学生创业者在创业时一定要综合考虑各种情况，一心一意去做自己熟悉的行业，千万不要人云亦云，盲目跟风。

3. 用心分析用户

很多大学生创业者在创业时，没有去认真、仔细地分析用户和市场，所以无法判断自己的产品是否符合市场需求，是否是市场刚需。大学生创业者需要有目的地观察客户，并深入了解客户的需求，这样才能选择相应的创业项目来解决客户真实的痛点。因为需求是创业的导向，"现代营销之父"菲利普·科特勒曾说过："市场营销最简短的解释是，发现还没有被满足的需求并满足它。"大学生创业者需要用心去分析客户，只要用心去发现，商机无处不在。

4. 切忌贪大求全

对于大学生创业者来说，选择创业项目时切忌贪大求全。这里的"贪大"主要有两层含义：一是贪规模，即尽可能地将摊子铺大；二是贪大利，即尽可能地赚大钱。大学生创业者要根据自己的情况从小处入手，只要选择得当，小生意里也孕育着大商机。很多大学生创业者不顾自己的实际情况，一味地贪图大规模，但是自己又驾驭不了，陷入意想不到的困境，导致最终失败。须知小生意并不意味着没有发展潜力，很多知名的大集团都是从小生意做起来的。浙江省义乌市的小商品市场经营的都是跟人们日常生活息息相关的小物件，价格低廉，然而凭借鲜明的特色成为中国小商品重要的集散地。美国一家著名的自选连锁超市，最初也是从小镇上的一个"低价"自选商店起步的。因此，不要因为生意小就觉得没有发展前景，只要经营得当，小生意也能赚大钱。

案例分享

途虎养车：深耕细分市场的数字化转型

在众多创业者纷纷涌向新兴科技和互联网行业时，途虎养车选择了一条与众不同的道路——深耕汽车后市场服务这一细分市场。这一决策使途虎养车成功规避了创业项目选择的常见误区，成为行业内的佼佼者。

途虎养车于2011年成立，寻找到了汽车维保这一蓝海细分市场。公司没有盲目进入热门领域，而是凭借精准的市场定位，避免了与大型企业的直接竞争，减轻了创业初期的生存压力。通过线上平台整合资源，提供高效服务，途虎养车迅速在消费者中建立了良好的口碑。

随着数字化时代的到来，途虎养车及时进行数字化转型，推出智能分析系统，优化用户体验和供应链管理。它不仅注重服务质量，还建立严格的服务商准入机制和用户反馈系统，以确保服务的高标准。企业文化方面，途虎养车强调"客户至上"，鼓励创新和团队合作，构建了积极的企业氛围，为持续发展注入强大动力。

在国际化方面，途虎养车谨慎地探索国际市场，与海外企业合作，展现了其全球化的战略眼光。企业还积极参与创新创业大赛，提升品牌影响力，吸收新知识，增强创新能力，进一步巩固了市场地位。

> **案例点评**
>
> 　　途虎养车以深耕细分市场、坚持差异化竞争、拥抱数字化转型、注重服务质量、积极创新等方式成功规避了创业项目的常见误区。其成功经验证明，中小企业通过准确的市场定位、持续的技术与服务创新以及积极的企业文化，完全能够在激烈的市场竞争中突围，实现持续发展。对于创业者而言，理解市场需求、保持创新能力和坚持科学的发展战略是成功的关键。

四、适合大学生的创业项目

1. 满足大学生日常需求的产品和服务

　　大学生创业者对学生市场的需求应该是最为了解的，这是多数大学生开始创业时首先考虑的方向。创业者可以通过回顾自己在大学生活中遇到的问题或不满的地方，也可以通过调研在校大学生，了解大学生的各种重要需求，然后从中挑选出最适合自身的创业机会。做校园代理，是大学生常见的创业方式，如各类教育与培训（考研、专升本、考证、驾考等）是与大学生切身相关的，而且这些业务的成本和风险也都比较低。

2. 特色零售模式或服务

　　随着消费需求的持续变化，商业机会层出不穷，每年都会有新的模式和新的企业迅速崛起，适合多数大学生创业。零售和服务行业的进入门槛也不高，对资金、技术和团队的要求较低，服务的对象又非常广泛。零售和服务行业最需要的就是商业模式和服务的创新，大学生创业者把自己的独特创意融入其中，就有可能开创出新的零售模式或特色服务项目，例如校园 DIY、校园版"交换空间"等。

3. 电子商务或网络服务

　　"90 后""00 后"的大学生对互联网非常熟悉，互联网上的创业机会也非常丰富。最普通的网上创业就是开网店，在电商平台上注册账户销售自有产品或代销。网上开店主要可通过深入理解网上购物行为、合理规划产品的品类、高水平地展示产品、积极管理客户评价等方面来提高网店的利润。大学生还可以提供有特色的网络服务，以低成本创造客户价值。

4. 小产品的品牌化经营

　　成熟行业给大学生的创业机会比较少，毕竟行业格局已经形成，只有一些零散型的产业才有创业的机会，例如那些处于商品化阶段的小产品。这些小产品在行业内竞争层次很低，仅靠同质化的产品、相同的价格很难做大企业和打造品牌，企业的利润也很微薄。大学生创业者需要转换经营思路，进行品牌化运作，提升产品档次，甚至加入一些创意元素。这类创业进入门槛比较低，风险也不高，需要大学生创业者以个性化、高品质的品牌运作方式从小产品中开发出大市场。

5. 个性化的产品或服务

现代消费者对产品或服务的个性化程度要求越来越高，其原因是收入水平的提高和市场需求的多样化。"90后""00后"消费者对个性化产品或服务的需求更高、更敏感，而这类产品创业成功的关键在于准确和快速地掌握市场需求，这为大学生开展个性化产品或服务的创业提供了天然的土壤。大学生创业者不仅需要把握基于个性化需求的定位，还需要从商业模式上进行创新，在提供个性化服务的同时寻求规模化经营，从而保持较低的成本。个性化的创新机会有可能通过将其他行业的特点引入新行业中，来满足客户的多重需求，甚至开发出全新的市场，形成新的商业模式。

6. 具有技术含量的新产品

大学生创业者可以开发出新产品，或以创新技术作为创业的关键资源，组建团队、成立公司来生产和销售新产品（或提供技术服务）。新产品的开发是很难靠某个个人就成功的，它需要一个团队来协作开发，高校内一般以导师为核心的研究团队有可能开发出更高技术含量的新产品。创业者如果自身无法开发新产品，就要寻找可以合作创业的新产品开发者，这需要创业者与研发人员的能力互补。这种创业可以获得政府及相关机构的大力支持，与政府产业扶持政策相关的战略性新兴产业和其他重点产业，更是有可能成为政府关注与扶持的重点对象。

案例分享

梦想编织：从 0 到 1 的创业历程

沈宇，大学期间曾担任江苏航运职业技术学院新媒体中心社团的负责人，他与团队成员共同参与了"拾影天地"公益项目的实施。该项目以拍摄社会公益项目的活动风采为主，用镜头记录了南通志愿服务的美好，也折射出南通公益人的美。该项目得到了南通市崇川区民政局、南通开发区启航青年发展中心、江苏航运职业技术学院的政策和资金支持，这不仅保证了项目的顺利进行，也为沈宇种下了创业的种子，激发了他未来的创业灵感和动力。

2020 年 5 月，在学校的支持下，沈宇成立了南通清柠文化传媒有限公司。他对传统文化与现代传播方式有深入理解，发现南通地区虽文化底蕴深厚，却缺乏有效的文化传播与品牌包装。因此，他将公司定位为专注于江海文化交流、青年文化活动策划与品牌推广的文化传媒企业。

通过市场调研，清柠文化传媒确定了目标市场和潜在客户需求，决定提供定制化的文化传播服务。在产品开发阶段，公司致力于打造具有地方特色的文化项目，如江海文化节、青年音乐节等，并提供一站式的企业品牌建设、活动策划和媒体投放服务。这些产品一经推出，便受到市场欢迎，特别是吸引了年轻人的关注，它们成功地将传统文化与现代元素结合，创造了新的市场机会。清柠文化传媒通过社交媒体、线上广告和口碑营销等方式扩大了知名度，并与当地旅游局、文化馆等机构建立合作，共同推广南通的特色文化。公司注重内容质量和创新，不断优化服务流程，提高客户满意度。沈宇参加了多次创新创业大赛和投资路演，凭借清晰的商业模式和不俗的市场成绩，成功获得风险投资，使公司得以招聘更多专业人才，提升服务质量，扩大业务范围。

面对团队协作和内部管理的挑战，沈宇重视团队建设，定期组织员工培训，提升其专业能力和凝聚力。同时，引入先进的项目管理软件和内部沟通机制，提高工作效率。经过几年努力，清柠文化传媒已成为南通乃至江苏地区知名的文化传媒企业，成功承办多项大型文化活动，为当地文化传播和旅游推广作出积极贡献。

✍ 案例点评

南通清柠文化传媒有限公司的成功得益于对市场需求的准确把握、创新的产品开发和有效的品牌推广策略。沈宇结合传统文化与现代传播手段，打造有影响力的文化项目，并不断扩大业务范围和市场影响力，通过创新、专注及持续优化内部管理，有效地推动公司从初创企业成长为行业的佼佼者。

知识拓展

大学生创新创业的支持政策

《国务院办公厅关于进一步支持大学生创新创业的指导意见》指出，近年来，越来越多的大学生投身创新创业实践，但也面临融资难、经验少、服务不到位等问题。为提升大学生创新创业能力、增强创新活力，进一步支持大学生创新创业，要建强高校创新创业实践平台。充分发挥大学科技园、大学生创业园、大学生创客空间等校内创新创业实践平台作用，面向在校大学生免费开放，开展专业化孵化服务。结合学校学科专业特色优势，联合有关行业企业建设一批校外大学生双创实践教学基地，深入实施大学生创新创业训练计划。要便利化服务大学生创新创业。完善科技创新资源开放共享平台，强化对大学生的技术创新服务。各地区、各高校和科研院所的实验室以及科研仪器、设施等科技创新资源可以面向大学生开放共享，提供低价、优质的专业服务，支持大学生创新创业。支持行业企业面向大学生发布企业需求清单，引导大学生精准创新创业，鼓励国有大中型企业面向高校和大学生发布技术创新需求。

■ 素养园地

大学生创业价值观教育：创业意识与观念的双重引领

在知识经济时代背景下，大学生创业教育正日益显露其重要性。创业教育不仅旨在推动个体的全面发展，更致力于激发和培养学生的创业意识与观念，以适应新时期社会发展的需求。

1. 创业意识引领：唤醒内心的火种

创业意识引领的核心在于对大学生的思想意识和思维习惯进行有意识的塑造。这不仅是一个理性认知的过程，更是一种精神动力的激发。通过系列课程设计、案例分析、角色扮演等教育手段，可以有效培养学生的创业敏感性，使其能够在复杂多变的社会环境中发现并抓住机遇。在此过程中，教育者应注重培育学生的思想品质、社会责任感及使命感。这种精神引领和意识培养，有助于学生形成积极主动的创业态度，为未来的创业活动奠定坚实的基础。

2. 创业观念引领：确立正确的价值导向

创业观念引领关注的是如何帮助大学生树立积极健康的创业观念。这包括对创业目标的明确、对创业过程的认知、对价值取向的认同以及对现实途径的开拓。在这一过程中，要强调自我审视和自我批判的重要性。学生需要学会从客观角度评估创业环境，制订切实可行的创业计划。此外，创业观念引领还涉及心理健康教育。创业过程充满不确定性和挑战，有效的心理辅导和思想支持能帮助学生建立正确的应对机制，面对失败与挫折时能够保持韧性和积极性。

3. 融合与实践：创业教育的新路径

创业价值观教育应跳出传统课堂教育的框架，更多地采用项目实践、社会实践等方式。通过实际的创业项目操作，使学生在实践中体验创业全过程，从而深化对创业意识和观念的理解与应用。同时，高校可与社会各界，特别是企业界进行合作，为学生提供实习、实训机会，让学生在真实的商业环境中测试和修正自己的创业理论和计划。

大学生创业价值观教育应重视创业意识和创业观念的双重引领。通过系统的教育手段和丰富的实践活动，激发学生的创业激情，培养其正确的创业观念，最终达到人的自由而全面发展的教育目的。未来，这种教育将更加突出其思想政治教育功能，为社会培养出更多具有创新精神和实践能力的创业人才。

■ 任务训练

运用 SWOT 分析法分析创业项目

活动方法：

分小组活动，每个小组自行寻找一个创业项目并且使用 SWOT 分析法来分析项目。

活动要求：

1. 分组活动，每个小组 5～8 人为宜。

2. 每个小组在课下自行准备一个创业项目，然后在课堂上各小组交换创业项目，并使用 SWOT 分析法对自己的创业项目进行分析，通过 SWOT 矩阵分析，评估自己项目的优势和劣势，找出面临的机会和威胁，评估创业项目的潜力，并且根据项目制订出初步的工作计划。每个小组选一名代表对本小组的创业项目 SWOT 分析进行综合阐述。

注意事项：

1. 必须给出确切的分析结论，即该项目可行或不可行。

2. 准备的创业项目尽量详实，给出创业项目的用户、投资、技术要求、经营周期、资源需求、人力需求等要素。

3. 在 SWOT 分析时，除了依据创业项目提供的材料，还可以在网络上查找其他有关信息作为补充。

项目五
关注创新发明

要统筹推进科技创新和产业创新，加强科技成果转化应用，推动传统产业转型升级，发展战略性新兴产业，布局建设未来产业，加快建设现代化产业体系。

——习近平

创新是社会发展的不竭动力，也是创业者创业成功的核心。发明作为实现创新的主要手段，其重要程度不言而喻。通过合理利用发明，实现企业的创新，不仅能提高企业在市场上的竞争力，还能实现企业的长久发展。

学习目标 ✈

知识目标

- 了解发明创造的含义；
- 了解知识产权的保护。

能力目标

- 能够开发发明创造能力；
- 能够运用相关法律知识保护自己的发明创造成果。

素质目标

- 增强发明意识，主动在学习和生活中进行创新发明思考；
- 增强尊重和保护创新成果的意识。

案例导入

点亮未来的灯：LED 的发明与革新

在人类追求光明的历史中，无数发明创造不断推动着照明技术的进步。其中，发光二极管（LED）的发明无疑是一个里程碑式的事件，它以其高效、节能和环保的特性，彻底改变了我们的照明方式。

20 世纪 60 年代，科学家们在半导体材料的研究中发现，当电流通过某些半导体时，它们能够发出光线。这一现象迅速吸引了美国公司的工程师尼克·何伦亚克的注意。何伦亚克于 1962 年发明了第一个可见光 LED，并在随后的几年里不断完善这一技术。他的发明最初只能发出微弱的红光，但其背后的原理却开启了无限的可能性。随着时间的推移，科学家们通过对半导体材料的深入研究，成功制造出了能发出不同颜色光的 LED。到了 20 世纪 90 年代，随着技术的成熟和生产成本的降低，LED 开始广泛应用于各种场合，从指示灯、显示屏到交通信号灯，再到家庭和商业照明，LED 的应用范围不断扩大。

进入 21 世纪，LED 技术迎来了更大的飞跃。科学家们通过改进材料和设计，大大提高了 LED 的光效和寿命，同时降低了能耗。这使得 LED 成为节能减排的理想选择，被广泛应用于各个领域，包括医疗、农业、通信等。

如今，随着智能技术的发展，LED 照明系统可以实现远程控制、调光调色，甚至集成传感器等功能，为人们的生活带来更多便利。LED 的发明不仅是一项技术创新，更是一场照明革命，它关系着人类的生活质量，同时也关系着地球的未来。

启示

LED 的发明展示了科技创新如何深刻影响社会的发展。尼克·何伦亚克的初步发明虽然简单，但它激发了一系列的技术革新和产业变革。LED 的成功不仅在于其技术本身的突破，更在于它对人类生活方式的改善和对环境保护的贡献。这个案例告诉我们，一项小小的发明，只要坚持不懈地探索和完善，就能成就一番大事业，甚至照亮人类的未来。

任务9　了解发明创造

问题导入

回望人类历史，从石器时代到蒸汽时代，从电气时代再到互联网时代，人类的每一次进步都离不开发明创造。请同学们思考以下问题：

（1）什么是发明创造？

（2）影响发明创造能力的因素有哪些？

知识链接

一、发明创造的含义

发明创造，是指运用现有的科学知识和科学技术，创造出满足某一实际需要的先进、新颖、独特且具有社会价值的事物及方法。科学上的发现、技术上的创新以及文学和艺术创作等，在广义上都属于发明创造活动。

发明创造成果通常以专利的形式呈现，《中华人民共和国专利法》界定的发明创造专利分为三种：发明、实用新型和外观设计。发明是指对产品、方法或者其改进所提出的新的技术方案；实用新型是指对产品的形状、构造或者其结合所提出的适于实用的新的技术方案；外观设计是指对产品的形状、图案或者其结合以及色彩与形状、图案的结合所作出的富有美感并适于工业应用的新设计。

案例分享

乔治·斯蒂芬森和蒸汽机车的创造

发明创造，是人类智慧火花的闪烁。它不仅仅关乎技术的更新换代，更关乎人类生活方式的革新。乔治·斯蒂芬森所设计的蒸汽机车，便是这样一次重要的创造，它不仅开启了交通领域的新纪元，更奠定了现代工业社会的重要基石。

十九世纪初，随着工业革命的深入发展，人们对交通运输的需求日益增长，但当时的运输方式已无法满足这种需求。在这一背景下，乔治·斯蒂芬森开始致力于蒸汽机车的研发。他并非首位尝试将蒸汽动力应用于运输的科学家，但他通过不懈的努力和创新，成功克服了以往设计中存在的缺陷。

斯蒂芬森的蒸汽机车采用了高压蒸汽引擎，解决了以往低压蒸汽机能量不足的问题。同时，他对机械结构进行了重新设计，使得蒸汽机车更加稳定、高效。1825年，斯蒂芬森的蒸汽机车"运动号"在世界上第一条公共铁路——达灵顿和斯特克顿铁路上成功运行，时速达到了惊人的24公里每小时，这在当时是前所未有的速度。

斯蒂芬森的成功并非偶然。在此之前，他进行了无数次的实验和改进。正是这些日复一日的积累，才最终带来了蒸汽机车技术的重大突破。斯蒂芬森的故事说明，发明创造不仅仅是一个闪光的想法，更多的是持之以恒的实践和不断的探索。

斯蒂芬森的蒸汽机车不仅极大地缩短了旅行时间，也极大地推动了煤炭、钢铁等产业的发展，进一步加速了工业革命的进程。它的出现，让人们看到了一种全新的生活方式，也为后来的科技进步奠定了基础。

案例点评

乔治·斯蒂芬森的蒸汽机车，作为发明创造的典范，展现了技术进步对于社会变革的巨大推动力。这一历史性的发明不仅标志着交通运输领域的一大飞跃，也象征着工业革命时期的代表性创造。斯蒂芬森的故事充分体现了发明创造过程中的困难与挑战，以及坚持和勇气对于最终成功的重要性。通过不断地试验、失败和优化，斯蒂芬森实现了从理念到现实的转变，造就了蒸汽时代的辉煌。

二、影响发明创造能力的因素

1. 自信心

强烈的自信心是发明创造的基础。发明创造往往都是以往没人做过或是没人发现、没人完成的事情。只有拥有强烈的自信心，才会真正地敢想、敢做。也只有如此，才有可能做出别人不敢想、不敢做或做不出来的成就。

2. 想象力

想象力的高低体现了一个人的思维品质，它包括想象的流畅性、变通性和独创性三个方面。只有运用合理的思维方式、思维技巧和思维方法，才能为思维插上翅膀，使想象力更加丰富。

从古巴比伦人的空中花园到阿基米德的"撬动地球的杠杆"，从嫦娥奔月到天宫一号，从茅草割手到锯子的发明，都体现了超乎常人的想象力。想象力用在文学艺术创作上，产生了像《春江花月夜》《二泉映月》《向日葵》这样的不朽作品；用在军事作战上，就出现了火烧连营、飞夺泸定桥这样的经典战例；用在日常生活中，就产生了曹冲称象、司马光砸缸的经典故事。

3. 毅力

在发明创造的过程中，发明者面临的困难和挑战有很多，包括知识、能力、资金、技术等。有毅力的人，在面对各种困难时，会想尽一切办法，达成最终目标。

无论是福耀玻璃的曹德旺、杭州万向的鲁冠球，还是老干妈的陶华碧，他们在从无到有创立品牌的过程中，都会面临来自外界的干扰、来自内部的困惑。但他们之所以能走向最后的成功，均离不开顽强惊人的毅力。

案例分享

保卫绿水青山：大学生发明太阳能净水系统

在全国上下大力推进生态文明建设之际，浙江金融职业学院大二学生胡文帅发明了一款以太阳能为动力的生态循环净水系统。

胡文帅出身于工程师家庭，他从小就有一个科技发明的梦想。在读高中时，他就对水污染治理非常感兴趣，还查阅了很多相关资料，但受限于繁重的课业压力，他只能将这个问题留到大学再研究。

考入浙江金融职业学院后，他与学院同学组建了研究团队，针对市面上传统净水产品存在的造价高、安装麻烦、维修不易、净水方式单一等问题，计划着手研发一款依靠太阳能供电的设备。然而，通往成功的道路并不是一帆风顺的。面对失败，他不得不与团队成员一稿又一稿地修改设计方案，一次又一次地深入工厂、记录数据。终于，他们成功研制出了一款集净水、美观于一体的净水系统。这个系统由四个净水处理系统集合而成，主系统与水生植物净化系统、水生动物净化系统、微生物填料净化系统相互补充，共同构建出了一个生态微循环，从而能够更高效、更便捷地净化水源。

目前，该设备已经在杭州市多处水域投放使用，净水成效显著。此外，该项目还获得了浙江省第十六届挑战杯一等奖、浙江省职业院校挑战杯特等奖等荣誉。

案例点评

案例主人公胡文帅从小有一个科技发明梦，在实现梦想的过程中，他用自信引领行动，一步一个脚印，创新性地研发出以太阳能为动力的生态循环净水系统。尽管通向成功的道路并不一帆风顺，但他最终还是凭借毅力坚持下来，克服困难，取得了成功。

三、开发发明创造能力的方法

开发发明创造能力是推动个人成长和技术进步的关键因素。以下是一些开发发明创造能力的具体方法。

1. 内化创造性思维

创造性思维具有独特的结构性特征，如非线性、发散性和跨领域性，能够帮助人们有意识地打破传统思维模式的束缚，从不同的视角和途径寻找解决问题的策略。系统地开发和提升个人的创造性思维能力，可以借助头脑风暴、思维导图等训练工具进行实践。然而，要真正提高创造性思维，持续练习和实际应用是必不可少的。只有这样，才能将这种思维模式内化为自身的习惯，从而在面对问题时能够自如地运用。

2. 掌握创造技法

掌握创造技法，能够推动发明创造能力的开发。头脑风暴法、模拟法、原型法等多种创造技法各具特色，适用于不同场景。通过深入学习和理解这些技法的核心原理和应用条件，可以更加精准地根据不同的需求和情况来选择和运用它们。例如，可以通过模拟法进行仿生设计，从自然界汲取灵感；或者利用原型法快速制作出新型产品的初步版本，以便进行快速迭代和优化。这样的应用实践，无疑会大幅提升发明创造的效率和质量，加快创新的步伐。

3. 学会专利申请与保护

学会专利申请与保护是开发发明创造能力不可或缺的环节。在深入了解专利的基本知识后，可以学习如何进行专利检索以及撰写专利申请文件，这对于保护自身发明成果、规避潜在的知识产权风险具有重要意义。同时，掌握专利的实施与应用同样关键，这需要将专利有效地转化为具有市场竞争力的产品或服务。此过程涵盖了技术商业化的多个方面，如进行市场调研以明确市场需求，筹集资金以推动项目的实施，以及制定有效的产品营销策略。通过这些环节，可以确保专利的商业价值得到最大化实现，并促进发明创造能力的持续发展。

4. 建设创新环境

从外部条件来看，创新环境建设是开发发明创造能力和实现技术突破的重要因素。在"硬件"支持方面，拥有可供实验和制造原型的工具和设备至关重要，例如现代设计软件、3D打印机等，它们为现代发明创造活动提供了有力的技术支撑。同时，"软件"环境同样不可忽视，一个开放和包容的文化氛围能够极大地鼓励风险承担和实验精神。例如，公司或学校可以通过推出鼓励创新的政策和激励机制，为创新提供强大的精神动力。这样，在"硬件"和"软件"环境的双重支持下，创新活动将得以蓬勃发展。

5. 实施创新教育与人才培养

实施创新教育与人才培养是推动社会创新发展的关键一环。通过参加由资深专家主讲的创新和发明创造培训课程，个体能够获得实用的指导和即时反馈，进而提升自身的发明创造能力。同时，鉴于科技和艺术领域的日新月异，持续学习显得至关重要。发明者必须不断学习新知识，掌握新技术，以确保其创新创造能力的时代性和竞争力，从而在创新创造领域中保持领先地位。这一过程不仅有助于个体的职业发展，也对整个社会的创新进步具有积极的推动作用。

开发发明创造能力是一个涉及多方面的过程，不仅需要个人在思维方式、技术应用上的努力，也需要环境和文化的支持。通过上述方法的持续实践和改进，每个人都能在发明创造的道路上取得进步。

案例分享

绿色创新引领未来，专利创新致力环保

徐思远是江苏航运职业技术学院轮机工程技术专业毕业生。入校伊始，徐思远便对创新创业产生了浓厚的兴趣，并展现出卓越的专业研究能力，累计申请知识产权17项，其中以第一发明人身份申请的5项均已授权，并获得全国高职院校"发明杯"大学生专利创新大赛一等奖。徐思远积极响应国家"双碳"战略，将专业知识与实践紧密结合，致力于挥发性有机物的回收与治理设备的研发。他关注环境保护，投身于解决当前社会的重要问题，彰显了他的社会创新意识和责任感。他还积极参与创新创业活动，充分展现了他将专业知识应用于实践的能力，充分展示了青年学子的精神风貌。他在专业领域深耕细作的同时，也是新时代青年勇于创新、追

求卓越的典范。在校三年，他主持和参与的大学生创新创业项目，先后获中国国际大学生创新大赛金奖、"郑和杯"中国航海创新创业大赛一等奖、江苏省职业院校创新创业大赛一等奖，个人也获评江苏省最美职校生荣誉称号。

2024年6月12日，徐思远受邀参加了中国国际大学生创新大赛（2024）"青年红色筑梦之旅"活动全国启动仪式。作为全国职教生代表，他围绕"我的岗位在车间"，讲述了他如何利用专业知识投身于技术改造，展现了新时代青年勇于创新、追求卓越的精神，央视新闻联播、教育部、人民网、新华网等多家媒体均给予其高度评价（图5-1）。

图 5-1　徐思远同学接受媒体采访

✏ 案例点评

徐思远同学不仅在专业领域深耕细作，积极申请专利，还深入参与创新实践，其项目在多个大赛中获奖，充分展现了新时代青年的创新能力和社会责任感。徐思远同学的创新创业经历将激励广大职业院校学生将所学知识应用于实际，关注社会与环境问题。

知识拓展

开发发明创造能力的步骤

发明创造不仅是应用自然规律解决技术领域中的问题、提出创新性解决方案的过程，也是人类进步的重要推动力。开发发明创造能力的步骤如下。

1. 自我教育

在开始发明创造之前，需要深入了解所在行业的环境，包括市场动态、竞争对手的状况以及行业规则等，从而为自己的发明提供明确的方向指引，并确定如何在竞争激烈的市场中立足。同时，还需要学习并掌握与发明密切相关的技术和方法论，如技术绘图、原型制作以及市场调研等，为后续的发明创造过程奠定坚实的基础。这些技能可以通过多种途径进行学习，如参加网络课程、工作坊或深入阅读相关书籍等。通过这样的准备，发明者能够更加有针对性地开展创新工作，提高发明的成功率和市场竞争力。

2. 信息组织

在发明创造过程中，由于会产生大量的信息和数据，因此，通过设立有效的档案系统来追踪想法的演进、变更历程以及各种实验结果显得尤为关键。这种档案系统可以采用物理档案夹或电子数据库的形式，但无论哪种方式，其核心都在于确保信息的易检索性和安全性。同时，合理管理时间和任务也是发明过程中的重要环节。借助项目管理工具或软件，可以更好地规划发明过程中的各项任务和关键节点，从而有效地监控项目进度，灵活调整实施策略，并确保所有任务能够如期完成。这样的做法不仅提高了工作效率，还为发明的顺利推进提供了有力保障。

3. 市场调查

第三步可以进行深入的市场调查。通过市场调查，不仅能够洞察竞争对手的动态，还能更全面地了解潜在用户的真实需求和偏好。为了实现这一点，可以采用问卷调查、一对一访谈或焦点小组讨论等多种方法，以确保符合用户的期望。同时，分析市场趋势也是不可或缺的一环，具体做法包括仔细分析市场报告、积极参与行业会议，以及密切关注行业领军人物的观点和见解等。这样的综合分析方法有助于我们更精准地把握市场动态，提升创造成果市场化的可行性。

4. 创造性思维训练

经过市场调查，可以积累丰富的数据，形成想法雏形。为了发明创造成果的实现，还需要对创造性思维加强训练，采用如头脑风暴、思维导图等创造技法拓宽思维边界，激发更多的创意火花。这些技法通过自由联想和非线性思考模式，有效地打破了常规思路的束缚，为发明提供了丰富的原料。同时，发明创造者应该学会对那些"理所当然"的事物保持质疑，不断提出"为什么"和"怎样能更好"的问题。结合使用创造技法与保持好奇心，可以更加高效地推动发明创造的进程。

5. 原型转化与反馈获取

通过将发明想法迅速转化为可视化的原型，能够更直观地展示其功能和外观设计。这种原型可以是一个简单的草图，也可以是精细的3D模型，关键在于它能够支持实际的操作和测试。随后，需要将这个原型展示给潜在用户，并积极收集他们的反馈意见。这可以通过多种渠道实现，如展览、在线调查或是现场测试等。用户的反馈是宝贵的资源，它能帮助我们针对性地调整和优化发明，从而提升其市场接受度。这一过程不仅提高了产品质量，也确保了发明能够符合用户需求，为市场的成功奠定坚实基础。

综上所述，开发发明创造能力是一个涉及多方面的综合过程，不仅需要深厚的专业知识和多元的技能，还需要良好的组织管理能力、市场敏感度以及创造性思维。通过遵循上述步骤的持续实践和改进，可以有效地提升个人或团队的发明创造能力，从而在不断变化的环境中保持竞争力。

■ 素养园地

激发创新潜能：构建大学生发明创造能力的培育体系

在当前知识迅速更新和技术频繁更迭的时代背景下，创新已成为推动经济增长与社会发展的核心力量。大学生群体，作为推动国家未来发展的重要力量，其创新能力的高低直接关系到国家的创新活力与竞争力。因此，如何激发大学生的创新热情并提升其发明创造能力，已经成为教育领域乃至整个社会关注的重点。

培养大学生的创新意识是关键步骤。这种意识使个体不仅能认识到创新的必要性，还会主动寻找创新机会。大学可以通过提供创新思维课程、邀请各领域创新领军人物举办讲座，以及组织创新创业竞赛等手段，来营造一个鼓励探索和容忍失败的文化氛围。在这样的环境中，大学生能够不断吸收新知识，扩展视野，并强化对新颖性和独特性的追求。

实践是锻炼发明创造能力的有效路径。大学应提供充足的实验资源，并鼓励学生参与科研项目，通过实际操作学习科研方法。同时，与企业合作开展产学研项目，让学生亲身体验从创意转化为产品的完整过程，这不仅能帮助学生理解市场需求，还能有效提升他们将理论应用于实践的能力。

跨学科跨专业学习对于培养发明创造能力同样重要。在科技迅速发展的今天，许多重大创新往往源于不同学科的交叉。因此，大学应该打破学科专业界限，鼓励学生跨专业选课，并组织多学科团队合作完成项目，以培养学生的综合知识体系和跨界创新能力。

良好的心理素质和团队合作精神对培养大学生的发明创造能力也至关重要。大学可以通过心理辅导和团队建设训练等方式，帮助学生建立自信，学会在团队中沟通和协作，从而在面对创新挑战时保持积极态度，充分展现团队智慧。

持续的激励和支持机制是提高大学生发明创造能力的关键环节。完善知识产权保护制度，为学生创新成果的运用和转化提供法律支持，不仅能激发学生的创新热情，还能推动创新成果的实际应用。

提升大学生的发明创造能力是一项系统工程，需要高校、社会和企业共同努力。通过培养创新意识，加强实践操作，鼓励跨学科学习，强化心理素质和团队精神，以及建立持续的激励与支持机制，能够点燃大学生的学习热情，为国家的创新发展培育出更多有能力和激情的年轻人才。

■ 任务训练

体验小发明

活动目的：

帮助学生培养发明意识，体验发明乐趣。

活动要求：

请同学们自备原料，大胆想象，完成一件小发明，如手工艺品、模型、科技小制作等。该作品要具有新颖性、科学性、创造性和实用性。

任务 10   保护创新成果

问题导入

在创意、创新想法转化为创新成果后，创造者就需要考虑如何运用法律武器对自己的创新成果加以保护。请同学们思考以下问题：

（1）知识产权保护的重要性有哪些？

（2）如果你发明了一个新产品，你应该采取哪些措施进行保护？

知识链接

一、知识产权的含义与特点

知识产权，英文为 intellectual property。知识产权指公民、法人或其他组织在科学技术和文化艺术方面，对创造性的劳动所完成的智力成果依法享有的专有权利。这种权利通常是国家赋予创造者对其智力成果在一定时期内享有的专有权或独占权。

从法律的角度看，知识产权具有以下三个特点：

①专有性。专有性也称独占性或垄断性。

②时间性。时间性指法律对知识产权的保护有一定的保护期限，过了有效保护期，这种专有权就终止了，这种智力成果就变成了人类社会的共同财富。

③地域性。地域性指依某一国法律而取得的某一专有权，只在该国境内有效，受该国的法律保护，在其他国家无效，其他国家没有保护的义务，除非有条约规定。

由于国际经济、文化交往的发展，知识产权的地域性目前已经受到空前的冲击，知识产权法律关系也日益国际化，主要表现在主体、客体和内容方面都含有大量的涉外因素。知识产权法律关系的主体是指依知识产权法确认享有权利和承担义务的人，包括个人、集体、法人、合伙等，从国际交往来看，既有本国人又有外国人。外国人在本国以及本国人在外国享有知识产权的现象已十分普遍。知识产权法律关系的客体是指知识产权关系主体权利和义务指向的对象。

案例分享

苹果公司与三星电子的知识产权之争

在科技领域，知识产权保护尤为重要，因为它关系到公司的核心竞争力。苹果公司与三星电子之间的知识产权争端就是一个典型案例，涉及专利、商标和版权等多个方面。

苹果公司一直以其创新的设计和技术领先市场，拥有大量关于其产品的知识产权，包括 iPhone 和 iPad 的外观设计、用户界面以及软件方面的专利。2011 年，苹果对三星提起诉讼，指控三星的智能手机和平板电脑在设计和操作系统方面侵犯了其多项专利权。三星则反驳称，苹果的主张无效，并反诉苹果侵犯了其技术专利。双方在全球范围内多个国家展开了诉讼战。这些诉讼不仅涉及实用专利和设计专利，还包括了商标和版权。

在美国的一起关键案件中，陪审团最终裁定三星侵犯了苹果的多项设计专利和实用专利，并须向苹果支付超过 10 亿美元的赔偿金。这一判决被视为对原创设计和创新的一种保护，同时也展示了美国法律对知识产权保护的严格态度。然而，三星并未放弃，并在其他国家取得了一些胜诉，其中一些案件的裁决认为苹果的主张不成立，甚至有些案件中苹果被判侵犯了三星的专利。这些不同的裁决反映了不同国家在知识产权保护法律和实践上的差异。

除了专利保护，苹果公司还积极维护其商标和版权。例如，苹果曾起诉亚马逊应用商店上的应用程序侵犯了其 App Store 的商标权，以及对其操作系统图标的版权侵权。

案例点评

苹果公司与三星电子的知识产权之争涵盖了专利、商标和版权等多个方面。这场诉讼不仅是两家公司之间的商业竞争，也是对全球知识产权保护法律体系的一次重要检验。由于知识产权保护在全球化背景下的复杂性，不同国家的法院对相似事实可能作出截然不同的裁决。这种差异反映了各国法律体系和知识产权保护理念的不同，也显示了国际知识产权保护协调的必要性。

二、知识产权的分类

国际上通常将知识产权分为工业产权和版权（即著作权）两大类。

工业产权包含专利权、商标权、反不正当竞争权。《保护工业产权巴黎公约》第一条第二款规定：工业产权的保护以发明专利、实用新型、工业品式样、商标、服务商标、商店名称、产地标记或原产地名称，以及制止不正当的竞争作为对象。第三款规定：工业产权应做广义的解释，不仅适用于工业和商业本身，也适用于农业和采掘业以及一切制造品或天然产品，例如酒类、谷物、烟叶、水果、牲畜、矿产品、矿泉水、啤酒、花卉和面粉。

版权（著作权）的内容包括作者权与著作邻接权（发表权、署名权、修改权、保护作品完整权、使用权和获得报酬权）。《世界版权公约》第一条规定：缔约各国承允对文学、科学、艺术作品（包括文字、音乐、戏剧和电影作品，以及绘画、雕刻和雕塑）的作者及其他版权所有者的权利，提供充分有效的保护。

除此以外，《世界知识产权组织公约》以及世界贸易组织《与贸易有关的知识产权协议》（简称 TRIPS 协议）均对知识产权进行了详细分类，这两个国际公约对知识产权划定的范围，是当今世界各国知识产权法律制度的通例。

按照《世界知识产权组织公约》第二条第八款规定的知识产权定义，知识产权分为下列权利：

①与文学、艺术及科学作品有关的权利，即版权或著作权；

②与表演艺术家的表演活动、与录音制品及广播有关的权利，即邻接权；

③与人类创造性活动的一切领域的发明有关的权利，即专利权（包括发明专利、实用新型和非专利发明的权利）；

④与科学发现有关的权利；

⑤与工业品外观设计有关的权利；

⑥与商品商标、服务商标、商号及其他商业标记有关的权利；

⑦与防止不正当竞争有关的权利；

⑧一切其他来自工业、科学及文学艺术领域的智力创作活动所产生的权利。

TRIPS 协议第一部分第一条第二项规定知识产权是指该协议第二部分第一至七节中包括的所有权利：

①版权与邻接权；

②商标权；

③地理标志权；

④工业品外观设计权；

⑤专利权；

⑥集成电路布图设计权；

⑦未披露过的信息权。

案例分享

智能感知：柴油机智能监测的开拓者

江苏航运职业技术学院船舶电子电气专业的霍钊麒同学，从小就喜欢动手拆解机械。进入大学后，他与参加技能大赛的同学们多次深入船厂与柴油机生产企业调研（图5-2），发现传统船用柴油机监测仪存在监测方式单一、监测效率低、无法智能调节等问题。他不断进行柴油机相关知识的学习，通过上千次的实验模拟，选取不同数据与算法模型，不断修改方案，不断推倒重来，以求达到模型数据库的最优效果，最终成功研发出一款可以实时监测柴油机健康状况的智能监测仪，有效实现了柴油机故障的识别预警、曲轴轴承的磨损检测、增压器的转速控制。

目前，团队共拥有14项知识产权，其中6项实用新型专利、3项外观专利、5项软件著作权，其研发产品柴油机监测仪获得了第三方权威机构检验与船级社认证，并在招商局重工与南京两江海运股份有限公司试用，获得一致好评。

图 5-2　"柴油机智能监测"项目团队深入企业调研

案例点评

"柴油机智能监测"项目团队在创造发明中敢想敢为，将研发柴油机监测仪的想法付诸行动，并为之努力拼搏，不断克服困难，运用基于数据驱动的物理模型来研发监测仪，实现了高效精确的故障预警。

知识拓展

专利的申请及流程

专利作为一种知识产权，是创新成果的法律保护形式。它不仅对发明者的智慧成果给予认可，同时鼓励科技创新和知识共享，对社会发展和经济增长起着至关重要的作用。了解专利的分类、申请条件以及申请流程，对于科研人员、发明者乃至企业都十分必要。

专利申请是保护创新成果的合法手段，它能够授予发明人对其发明的独占权，防止他人未经允许使用其技术。这一过程不仅对发明人至关重要，同时也对推动科技进步和知识产权保护制度的发展起到基础性作用。

专利申请的条件，通常包括几个核心要求：专利性、实用性和新颖性。专利性意味着发明必须是技术上的解决方案；实用性则指该发明能够被制造和使用；新颖性则要求在申请日前，该发明未被公开发表过，且不属于现有技术。满足这些条件的发明才能通过审查，获得专利权。

专利申请流程大致分为准备阶段、提交申请、审查阶段和授权公告四个主要步骤。在准备阶段，申请人需要准备详尽的技术文档和资料，这包括撰写专利说明书、权利要求书、摘要和图纸等。随后，将这些文件提交给相应的专利局。当提交完毕后，便进入审查阶段。专利局会对申请进行形式审查和实质审查，确保所提交的发明满足上述的专利性、实用性和新颖性要求。这一过程可能会持续数月甚至数年，期间可能需要申请人回应审查官提出的问题或异议。如果审查顺利通过，专利局会发布授权公告，宣布授予申请人专利权。此时，申请人需支付规定的费用，并定期缴纳维持费用以保持专利的有效性。至此，一项发明创造便正式获得了专利保护，任何未经允许的复制或使用行为都将构成侵权。下面将专利申请及其流程进行解析。

1. 提交申请

形式和文件：申请人需准备请求书、说明书、摘要和权利要求书等文件。

文档排列和缴费：所有文件应按规定格式排列，并附上规定的申请费用。

受理过程：专利局确认接收所有文件后，会进行初步的形式审查，确保所有必要文件均已齐全并且符合格式要求。

2. 初审与公布

初步审查：审查人员会检查申请是否符合专利法的规定，包括检查是否有重复申请，以及评估其符合"三性"（新颖性、创造性、实用性）标准。

公布阶段：发明专利在初审通过后会被公开，以供公众查阅和评论。

3. 实质审查

审查重点：对发明的"三性"进行深入审查，确定其是否真正符合授予专利的条件。

回应审查意见：申请人可能需要根据审查员的意见提供额外的解释或修改申请文件。

4. 授权与颁发

决策与通知：一旦实质审查结束，且审查员认为申请符合所有相关标准，专利局将决定是否授权专利。

颁发证书：申请人支付相应的费用后，专利局将颁发专利权证书，正式授予专利申请人对其发明的专有权利。

总结而言，了解专利的分类、申请条件及流程，对于保障发明创造的合法权益，推动科技进步与经济发展具有不可忽视的作用。

三、知识产权的保护途径

知识产权保护是指依照知识产权相关法律法规，对侵犯知识产权的行为进行制止和打击，具体表现为阻止和打击假冒伪劣产品以及阻止和打击商标侵权、专利侵权等。知识产权的保护途径有以下几种。

1. 立法保护

立法保护即国家通过立法赋予民事主体对其知识财产和相关的精神利益享有知识产权，并予以法律拘束力的保护。没有知识产权立法，就没有知识财产的法权形态，就没有其创造者和其他权利人的法律地位。其他财物（产）还可以通过储藏、占有等手段进行保护，但知识财产的特性决定其如果脱离、失去国家法律的保障，那么创造者或其他所有人就会一无所有。即使知识产权的权利人保有了知识财产的物质载体，但其知识财产并未因此而获得保护。假冒、盗版、未经许可使用等将会成为不受法律追究的行为，权利人的知识财产被彻底剥夺。有学者将知识产权称为"诉讼上的权利"，意指知识产权通常要通过诉讼等法律活动才能实现和保护。而实现诉讼上的权利，前提就要有立法对其保护。科学、先进、完备的知识产权立法，是知识产权保护的法律基础，是知识产权执法的前提和准绳。因此，建立和不断完善知识产权立法是知识产权保护的首要任务。

2. 行政保护

行政保护即指国家行政机关对当事人某些比较严重的违反知识产权法律的行为予以行政处罚，对某些知识产权向权利人予以授权等的行政行为。对知识产权的行政保护，是国内知识产权保护具有中国特色的"双轨制"的体现。西方国家对知识产权，主要通过司法途径保护。西方国家的行政执法职能主要是指海关的边境措施以及贸易委员会对他国和地区的盗版、假冒在双边贸易中的经济制裁等。很少有类似我国各个行政机关对侵权行为的罚款等行政处罚的情况。

对我国当前严重的盗版、假冒等侵犯知识产权的行为，运用行政处罚手段对知识产权给予保护仍不失为有效措施之一。从已有经验来看，在某些知识产权领域，如商标等，行政执法在其保护中占据重要地位。

3. 司法保护

对知识产权的司法保护是知识产权保护的中心和关键一环，是最重要的知识产权法律实施活动。对知识产权的司法保护，即由享有知识产权的权利人或国家公诉人向法院对侵权人提起刑事、民事诉讼，以追究侵权人的刑事、民事法律责任；通过不服知识产权行政机构处罚的当事人向法院提起行政诉讼，进行对行政执法的司法审查，以支持正确的行政处罚或纠正错误的处罚，使各方当事人的合法权益都得到切实保护。

4. 知识产权集体管理组织保护

知识产权集体管理组织是知识产权创造者或其他权利人对自身权利予以保护的社会组织。在知识产权保护机制形成的过程中，较弱小的知识产权权利人为维护自身的利益，往往要与势力强大的使用者如出版商、广播电视公司等相抗衡。知识产权集体管理组织为保护知识产权创造者或权利人的权利和利益，在其中起到很大的作用。各国法律一般赋予知识产权集体管理组织应有的法律地位，我国的音乐著作权协会就是类似组织。最高人民法院曾经发函承认其与成员间的信托法律关系，音乐著作权协会可以以协会的名义作为原告为其成员进行诉讼。知识产权集体管理组织可以协助政府做很多涉及知识产权保护的事情，可以自行处理涉及维护他们自身权益的事务以及发挥服务社会的功能性作用，如完成收转作品等权利使用费、授权许可和转让、侵权交涉等事务。

5. 知识产权人或其他利害关系人的自我救济

知识产权人与其他利害关系人对知识产权具有直接利害关系，对侵权、盗版往往有切肤之痛。他们本身的知识产权及法律意识有无或高低，对知识产权保护意义重大。很多大型公司、企业等都十分重视自身知识产权的保护，设有专门从事知识产权法律事务的部门，并采取了一系列保护知识产权、在开展业务中避免对他人侵权等的具体措施和手段，以保护自身的权利。小型企业相对来说知识产权保护意识淡薄，不懂得利用知识产权来保护和发展自己的知识财产，而屡屡发生权益被侵犯、域名被抢注、误将公知技术当"专有技术"而当"冤大头"等事件，有的将发明专利的专利号等仅用于包装装潢等。知识产权人的自我救济范围很广，在主张权利阶段，就包括向侵权人提出警告、交涉，各类请求权的行使，等等。

上述五个方面的知识产权保护措施是互相渗透、互相配合的，只有形成社会综合治理的立体防线，才能有效地对知识产权进行保护，才能保障科技创新的战略任务得以实现。此外，最为基础、最为重要、最为迫切、难度也最大的是树立和提高全社会、全民族的知识产权意识。

我国知识产权司法保护的范围包括对专利、商标、著作权（版权）、邻接权以及防止不正当竞争权等涉及人类智力成果的一切无形财产的财产权和人身权的保护。我国法律规定的保护范围和水平基本与知识产权国际条约规定的范围和水平相同，并且会受到《与贸易有关的知识产权协议》等国际公约的积极影响。此外，人民法院的知识产权审判庭还将有关技术转让、技术合作等各类技术合同纠纷案件作为自己的受案范围。

案例分享

盼盼食品的知识产权保卫战

福建盼盼食品集团有限公司（以下简称"盼盼食品"）不仅以其休闲食品在市场上取得了显著成功，更因其在知识产权保护方面的卓越表现而引人注目。自1996年成立以来，盼盼食品的法式小面包等产品深受消费者喜爱，然而随之而来的是仿冒产品的泛滥，严重侵害了公司的合法权益。

2017年，盼盼食品发现市场上多个商家模仿其小面包产品，这些仿冒品在商标和包装设计上与正版产品极为相似，构成了不正当竞争。这种行为不仅侵蚀了盼盼食品的市场份额，还严重损害了其品牌声誉。作为回应，盼盼食品迅速成立知识产权保护小组，对侵权证据进行搜集和整理，并通过法律途径提起诉讼。

经过一年多的调查与诉讼，盼盼食品在多数案件中胜诉，不仅获得了经济赔偿，更重要的是有效地遏制了侵权行为的发生。盼盼食品的这一维权行动不仅表明了公司对维护自身权益的决心，同时也反映了中国在加强知识产权保护方面的进步。作为中小企业的代表，盼盼食品的成功案例激励了更多的中小企业积极采取行动保护自己的知识产权，避免辛苦创造的成果遭受侵害。

在国内，中小企业特别是创新型企业，常面临知识产权被侵犯的问题，但很多企业由于缺乏维权意识和资源，选择忍受或放弃维权。盼盼食品的案例为这些企业提供了重要的参考和启示。学习盼盼食品的经验，其他中小企业可以更加有效地在激烈的市场竞争中保护自己的知识产权，确保可持续发展，同时推动整个行业的健康有序发展。

盼盼食品的知识产权保护案例不仅在国内产生了广泛影响，也为中国中小企业在全球化竞争中如何有效保护自有品牌提供了重要的经验和启示。推广和学习其经验，有助于提升中小企业自我保护能力，进而推动整个产业的健康有序发展。

案例点评

盼盼食品的知识产权保护案例是中小企业维权的一个典范。这不仅展示了企业对维护自身合法权益的决心，也体现了中国在知识产权保护方面的进步。此案例对其他中小企业具有重大启示意义，应积极采取措施保护自己的知识产权，避免辛苦取得的成果被侵犯。

四、知识产权的国际保护

知识产权国际保护是一系列法律规范和国际合作的集合，旨在全球化背景下保障各国知识产权的合理保护与应用。知识产权国际保护是一个涉及多国合作、法律协调及文化交流的复杂议题。

1. 知识产权的国际保护原则

知识产权的国际保护原则主要包括国民待遇原则、最惠国待遇原则、透明度原则、独立保护原则、自动保护原则及优先权原则。这些原则共同构成了知识产权国际保护的基本框架，指导着各国在知识产权领域的合作与交流。在全球化的背景下，这些原则显得尤为重要，它们不仅保障了知识产权持有者的合法权益，也促进了全球知识产权保护的标准化和规范化。

国民待遇原则确保了外国知识产权持有者在本国受到与本国公民同等的保护；最惠国待遇原则保证了一国提供给其他国家的优惠条件，所有成员国均应享有；透明度原则要求各成员国保持其知识产权法律、法规和措施的透明；独立保护原则指出各成员国对知识产权的保护应独立于其他成员国的法律；自动保护原则意味着作品在一国创作完成即自动在该国受到保护；优先权原则指在一国申请保护的作者，在特定时间内在其他国家也享有优先申请权。

①国民待遇原则：是国际知识产权保护中的重要原则之一，它要求各国在知识产权保护上给予外国国民与本国国民相同的待遇。这一原则的实施，不仅有助于减少贸易壁垒，促进国际贸易的自由化和便利化，还能够保障知识产权持有者在全球范围内的权益，推动国际间的科技和文化交流合作。

②最惠国待遇原则：在国际知识产权保护中扮演着关键角色，根据这一原则，签署国际协议的国家同意将协议中的优惠条件扩展到所有参与协议的国家。这意味着在知识产权保护方面，所有参与者都能享受到平等的待遇，无论其在个别双边关系中的具体地位如何。这一原则的有效实施，有助于构建一个更加公平、均衡的国际知识产权保护环境。

③透明度原则：对于维护一个公正、透明的知识产权保护体系至关重要。该原则要求各成员国在其知识产权法律、法规和政策措施上保持透明，以便所有利益相关者都能够充分了解并遵循。这种透明度不仅有利于提高政策的预见性和稳定性，还能够促进国际社会对各国知识产权保护状况的信任和理解。

④独立保护原则：强调了各国在知识产权保护上的自主权。根据这一原则，每项知识产权的保护完全依赖于该权利产生地的法律，而不受其他国家法律的约束。这一原则的适用有助于尊重各国法律体系的差异，同时也为跨国知识产权纠纷提供了解决问题的基础。

⑤自动保护原则：规定作品在一国创作完成即自动在该国受到保护，无需履行任何注册或申请手续。这一原则的实施，极大地简化了知识产权保护的程序，提高了效率，同时

也保障了作者权益的及时实现。

⑥优先权原则：指在一国申请保护的作者，在一定时间内在其他国家也享有优先申请权。这一原则的确立，有效地解决了因在不同国家申请知识产权保护而产生的时间差问题，确保了作者能够在不同国家平等地享有其创作成果的权利。

除此之外，还有一些其他的重要原则和规则，如国家主权原则、国际合作原则、公平正义原则等，这些原则共同构成了知识产权国际保护的框架。国家主权原则强调了各国对其知识产权制度的自主权；国际合作原则鼓励国家之间在知识产权保护方面进行交流与合作；公平正义原则则要求在知识产权保护中考虑到各方利益的平衡。

总的来说，知识产权的国际保护原则不仅为全球知识产权保护提供了统一的标准和指导，还促进了在知识产权领域的国际合作与交流。遵守这些原则，有助于构建一个更加公平、有效的国际知识产权保护体系，从而推动全球创新和文化的发展。

2. 知识产权的国际保护合作形式

①双边和多边合作：知识产权的国际保护不仅依赖于多边或双边国际公约，还依赖于各国政府间的紧密合作。通过缔结国际条约，参与国同意遵守特定的知识产权保护标准，并在各自国内实施相应法律。

②发挥国际组织的作用：不同的国际组织，如世界知识产权组织（WIPO）、世界贸易组织（WTO）等，在制定知识产权保护的国际规则和促进各国合作方面发挥着核心作用。

3. 知识产权的国际保护战略意义

①推动全球创新：有效的知识产权国际保护机制能够促进全球创新，因为创新者可以确信他们的成果将受到广泛认可和保护。

②促进国际贸易：知识产权的保护促进了技术和文化产品的国际贸易，增加了这些产品的商业价值。

③平衡发展差异：在设计国际保护机制时考虑到不同国家的发展水平，可以确保知识产权保护既不会过度阻碍技术传播，也不会让发展中国家处于不利地位。

知识产权国际保护是一个涵盖广泛、影响深远的全球议题。从保护原则到国际合作，从面临的挑战到未来的发展方向，每一环节都是构建公正、有效国际保护机制的关键。随着全球化的深入发展和技术的快速进步，这一领域将持续变化与发展，需要各国的共同努力和智慧以实现更好的全球治理。

案例分享

华为在全球知识产权保护中的坚守与智慧

在全球化浪潮中，华为作为中国高新技术企业的领军者，其在全球知识产权保护上的实践，不仅体现了企业对创新的尊重，更展示了其在维护自身权益上的智慧与坚持。其中，华为与三星公司的专利纠纷是其知识产权国际保护的典型案例。

2016年，华为在美国和中国对三星公司提起专利侵权诉讼，指控三星侵犯了华为多项通信技术专利，涉及4G LTE技术、智能手机功能及用户界面等。华为要求三星支付巨额赔偿并停止侵权行为。与此同时，三星也对华为提出反诉，双方随即展开了一场跨国法律斗争。

经过多轮的法律程序和证据交换，2017年底，两家公司宣布达成和解协议。根据协议内容，双方同意相互交叉许可对方的一部分专利，并就其他争议专利继续进行谈判。这一和解避免了可能更加漫长和成本更高的法律诉讼过程，也体现了双方在知识产权保护方面的务实态度和合作意愿。

这一案例为其他中国企业提供了一个如何在国际竞争中妥善处理知识产权问题的参考。随着全球经济一体化程度的加深，类似的跨国知识产权冲突将不可避免。遵守国际知识产权规则，加强自我保护，以及在必要时采取法律行动，是企业国际化发展不可或缺的策略，反映了中国企业在国际舞台上维护自身权益的决心与能力。华为与三星的和解不仅体现了对等的知识产权保护原则，也展示了企业之间通过协商解决争端的合作精神。

华为的这一维权行动不仅是为了保护自身利益，更是在国际社会中展现了中国企业对知识产权保护的重视和决心。随着越来越多的中国企业加入国际竞争，积极维护知识产权，不仅有助于企业自身的发展，也有利于全球市场的繁荣稳定。

✎ 案例点评

随着全球经济一体化程度的加深，类似的跨国知识产权冲突将不可避免。遵守国际知识产权规则，加强自我保护，以及在必要时采取法律行动，是企业国际化发展不可或缺的策略。同时，此案例也提醒国际社会，尊重和保护知识产权是促进技术创新和公平竞争的基础，这不仅适用于传统的科技强国，对于正在崛起的新兴经济体同样重要。

知识拓展

商标图样的有关规定

（1）每一件商标注册申请应当提交1份商标图样。以颜色组合或者着色图样申请商标注册的，应当提交着色图样；不指定颜色的，应当提交黑白图样。

（2）商标图样必须清晰，便于粘贴，用光洁耐用的纸张印制或者用照片代替，长和宽应当不大于10厘米，不小于5厘米。商标图样应粘贴在《商标注册申请书》的指定位置。

（3）以三维标志申请商标注册的，应当在申请书中予以声明，并应在《商标注册申请书》"商标说明"栏中说明商标的使用方式。申请人应当提交能够确定三维形状的图样，该商标图样应至少包含三面视图。

（4）以颜色组合申请商标注册的，应当在申请书中予以声明，并在《商标注册申请书》"商标说明"栏中用文字加以说明，说明色标和商标的使用方式。

（5）以声音标志申请商标注册的，应当在申请书中予以声明，并在商标图样框里对声音商标进行描述，同时报送符合要求的声音样本。

①声音商标的描述。应当以五线谱或者简谱对申请用作商标的声音加以描述并附加文字说明；无法以五线谱或者简谱描述的，应当使用文字进行描述。

②声音样本的要求。通过纸质方式提交声音商标注册申请的，声音样本的音频文件应当储存在只读光盘或 U 盘中，且该光盘或 U 盘内应当只有一个音频文件。通过数据电文方式提交声音商标注册申请的，应按照要求正确上传声音样本。

■ 素养园地

点燃创新的火种：培育大学生的知识产权意识

在当今知识经济迅猛发展的背景下，知识产权已成为衡量一个国家创新实力与竞争力的关键指标。对于正处于知识积累和创新探索关键阶段的大学生而言，增强知识产权保护的意识不仅是顺应时代潮流的需求，更是塑造其核心竞争力的关键途径。因此，强化大学生的知识产权教育，培育他们的保护意识，已经成为高等教育改革和发展的一个重要议题，不容忽视。

大学生，作为未来社会的中坚力量，其对知识产权保护的认知程度直接关系到国家创新能力的培育和社会文明水平的提升。然而，目前一些大学生对知识产权的理解尚浅，缺乏足够的认知和尊重，导致侵权行为时有发生。这种现象不仅侵害了原创者的合法权益，也阻碍了健康学术环境和创新氛围的构建。

有效增强大学生的知识产权保护意识，需做到以下几点：

（1）加强知识产权基础教育。高校应将知识产权课程纳入公共基础课程体系，通过课堂教学与案例分析等方法，让学生系统地掌握知识产权的基本知识和法律法规，认识到知识产权的重要性和侵权的严重性。

（2）营造尊重知识产权的校园文化。高校可以通过举办知识产权宣传周、创新竞赛等活动，增强学生对知识产权的尊重和保护意识。同时，鼓励学生参与知识产权的创造、申请与运用过程，在实践中学习和掌握知识产权保护的方法和技巧。

（3）加强师资队伍建设。提升教师的知识产权素养，定期组织知识产权相关的教学研讨和培训，提高教师的知识产权教学能力，使他们能够更好地指导学生。

（4）建立健全知识产权激励机制。高校应制定相应的激励政策，对于在知识产权创造、保护和运用方面表现突出的个人或团队给予表彰和奖励，激发大学生知识产权创造的热情。

（5）加强与司法行政机关的合作。高校可与法院、专利局等司法行政机关建立合作关系，定期邀请专家进校举办讲座，分享知识产权保护的案例，提高学生的法律意识和风险防范能力。

总的来说，提升大学生知识产权保护意识是一项系统工程，需要高校、社会、法律多方面的共同努力。只有形成了尊重知识、尊重创新的良好风尚，才能为大学生的全面发展和国家创新驱动发展战略的实施提供坚实的保障。

■ 任务训练

模拟专利申请

活动目的：

让学生熟悉专利申请的流程，深入理解保护创新成果的重要性。

活动要求：

1. 学生进行分组，每组 3～5 人，选出一名组长。

2. 组长组织小组成员进行讨论，设定申请专利的情景。

3. 设定好情景后，组内成员分成两方进行角色扮演，一方扮演专利申请人，另一方扮演专利行政部门的工作人员。

4. 课上进行表演，教师对每个学生的表现进行点评。

目　录

下　基础与实务

项目六
盘点创业资源

创业者在企业成长的各个阶段都会努力争取用尽量少的资源来推进企业的发展，他们需要的不是拥有资源，而是要控制这些资源。

——霍华德·史蒂文森

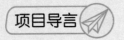

项目导言

　　创业资源是创业企业开办和发展的基础要素，正确识别、获取和利用创业所需的资源是创业成功的关键。充分、有效的创业资源，不仅能提高创业企业的竞争力，还能为企业的长期发展提供助力。

知识目标

- 了解创业资源的内涵和作用；
- 了解整合创业资源的途径与策略；
- 掌握创业融资的渠道与流程。

能力目标

- 能主动寻找并利用创业资源；
- 能编制融资计划书。

素质目标

- 具备寻找并整合创业资源的意识与能力。

案例导入

饿了么：从校园起步到餐饮界巨头

　　2008 年 4 月，张旭豪还是上海交大的在读研究生。一天晚上，他和同学康嘉回到宿舍已经晚上十点多，感觉肚子饿了，他们便给几个餐馆打电话订餐，但都没有订上。"这外卖，为什么不能在晚上送呢？不如我们卖外卖吧。"

　　一句话，把两个人的创业梦想激活了，他们决定开发一个网络订餐系统，把盒饭放到网上卖。12 万元的启动资金是他们东拼西凑来的。刚开始，他们一边承揽餐饮店的送餐服务，一边做市场调研。为扩大业务，两人在宿舍里安装了热线电话，既当接线员又当调度员。几个月下来，已有 17 家饭店愿意将外卖业务承包给他们。为了让这 17 家店入伙，张旭豪和康嘉费尽了苦心，第一家餐厅他们上门跑了 20 趟才谈妥。两人花费数万元，自行印制了一万本"饿了么"外送广告小册子，内容囊括了 17 家餐厅的菜单，在校园和街道上分发。在广告的推动下，"饿了么"业务猛增。

那段时间，他们每天要接 150～200 份订餐单。

2008 年 9 月，"饿了么"团队开始研发网络订餐平台。为了更专业，张旭豪先通过校园 BBS 招来软件学院的同学入伙。用了半年左右，他们开发出了首个网络订餐平台。网站订餐可按需实现个性化功能，比如顾客输入所在地址，平台便自动测算周边饭店的地理信息及外送范围，并给出饭店列表和可选菜单。

网络订餐系统初运营时，已有 30 家加盟店支持，日订单量达 500～600 单。为了给网站造势，张旭豪不停地参加各种创业大赛，以扩充创业本金。2009 年 10 月，"饿了么"网站在上海慈善基金会和觉群大学生创业基金联合主办的创业大赛中，获得最高额度 10 万元全额贴息贷款资助。12 月，"饿了么"网站在欧莱雅大学生就业创业大赛上，获得 10 万元冠军奖金…

获得资金的"饿了么"如鱼得水，到 2009 年底，订餐平台已有 50 家餐厅进驻，日均订餐交易额突破万元。为了网站的发展，张旭豪招来同校的电脑高手汪渊做网站技术总监。汪渊专门编写了一个小软件，可在校内 BBS 上给每个会员用户自动群发站内消息，其中规模最大的一次发了六万条。"饿了么"网站因此访问量大增。

靠线上和线下广告吸引学生订餐容易，但吸引更多饭店加盟绝非易事。多数店家保持半信半疑的态度："我在你的网上开个页面，放几份菜单，你凭什么就要抽成 8%？"对此，张旭豪的策略是："谈，不停地谈，谈到老板不想跟你再谈，也许就谈成了。"他们每天出门"扫街"，最忙时一天要"扫"100 多家饭店，最难谈的饭店，"谈"了 40 多个回合才成功。

2010 年 5 月，网站 2.0 版本成功上线。"饿了么"不仅攻下华东师大，连附近紫竹科学园区也被纳入自己的"势力范围"，顾客群从大学生拓展到企业白领。仅隔一个月，"饿了么"就推出了超时赔付体系和行业新标准。9 月，"饿了么"全上海版上线，合作餐厅超过千家，单月最高交易额达到了百万元。

2010 年 11 月，手机网页订餐平台上线，订餐业务不仅覆盖了全上海，目标还直指杭州、北京等大城市。2011 年 3 月，"饿了么"注册会员已超过两万人，日均订单3000 份。这一成绩，很快引起了美国硅谷一家顶级投资公司高度关注，接洽数次后，"饿了么"成功融得风险投资 100 万美元。

2011 年 7 月，"饿了么"相继成立北京和杭州等两大城市分公司。立志把盒饭生意做成餐饮业"淘宝网"的张旭豪，带领团队把"饿了么"打造成亿元"大餐"的梦想已经成为现实。

启示

这个案例展示了张旭豪和他的团队如何合理利用身边的资源，从一个小小的生活痛点出发，逐步打造出一个影响整个餐饮行业的巨头企业。他们的成功，不仅彰显了创业者的智慧和勇气，更体现了合理利用资源、抓住机遇的重要性。

任务 11　优化创业资源

问题导入

　　创业不是引"无源之水"、栽"无本之木"。创业需要资源，每个创业者都必须拥有一定的资源才能开始创业。但是，很多创业者在创业初期都会面临资源不足的问题。因此，如何获取资源就成为他们亟待解决的问题之一。请同学们思考以下问题：

　　（1）创业资源包括哪些？

　　（2）怎样获取创业资源？

知识链接

一、创业资源的内涵及分类

1. 创业资源的内涵

　　常言道"巧妇难为无米之炊"。创业不能打无准备之仗，更不能靠一时冲动，各种资源准备不到位，将大大降低创业成功的概率。资源是指某主体在一定范围内拥有的人力、物力、财力等各种要素及要素组合的总称。创业资源是指初创企业在创造价值的过程中需要的特定的资产，包括有形与无形的资产，它是初创企业创立和运营的必要条件，主要表现为创业人才、创业资本、创业机会、创业技术和创业管理等。简单地说，创业资源就是创业者所需具备的一些创业条件。

　　例如，有同学想利用自己的专业知识成立一家代理记账公司，要顺利启动这个创业项目，除了要具备相关资质外，还需要寻找一定的办公场所，购置办公设备，招聘办公人员，准备日常所需流动资金，提前熟悉税务局等相关外围资源。这些项目启动和运行所必需的环境与条件，就是创业资源。

　　资源与创业者的关系就如同颜料画笔与艺术家之间的关系。如果获取不到创业所需的资源，创业机会对创业者而言就毫无意义。对创业机会的把握，本质上是创业者能够发现其他人暂时没有发现的特定资源的价值。例如，同样的产品或盈利模式，一些人会付诸行动去创收，其他人却往往放任机会流失。对于后者来说，往往是缺乏必要的创业资源。因此，从这一角度来看，创业就是把创业机会的识别与创业资源的获取结合起来。

2. 创业资源的分类

（1）直接资源和间接资源

直接资源也称要素资源，是指直接参与创业企业经营活动的各类要素，比如场地资源、财务资源、人才资源、管理资源、市场资源。间接资源也称环境资源，是指不直接参与创业企业经营活动，但对创业企业造成影响的各类要素，比如政策资源、信息资源、科技资源、文化资源、品牌资源。直接资源和间接资源的分类见表 6-1。

表 6-1　直接资源和间接资源的分类

资源分类		资源内容
直接资源	场地资源	场地内部的基础设施建设，便捷的计算机通信系统，良好的物业管理和商务中心，周边方便的交通和生活配套设施，等等
	财务资源	及时的银行贷款和风险投资，各种政策性的低息或无偿扶持基金，企业独特的财务管理体制、财务分析与决策工具，等等
	人才资源	高级科技人才和管理人才的引进，高水平专家顾问队伍的建设，合格员工的聘用，等等
	管理资源	企业诊断、市场营销策划、制度化和正规化企业管理的咨询等
	市场资源	企业的经营许可权、产品品牌，顾客及他们对企业产品或服务的认可度，良好的供应商、中间商关系，等等
间接资源	政策资源	允许个人从事科技创业活动，允许技术入股，支持海外与国内的高科技合作，为留学生回国创业解决户口、子女入学等后顾之忧，简化政府的办事手续，等等
	信息资源	及时的展览会宣传和推介信息，丰富的中介合作信息，良好的采购和销售渠道信息，等等
	科技资源	对口的研究所和高校科研力量的帮助，与企业产品相关的科技成果及进行产品开发时所需要用到的专业化科技试验平台，等等
	文化资源	高科技企业之间相互学习和交流的文化氛围，相互合作和支持的文化氛围，相互追赶和超越的文化氛围，等等
	品牌资源	借助大学或优秀企业的品牌，借助科技园或孵化器的品牌，借助社会上有影响力的人士对企业的认可，等等

财务资源是指企业所拥有的资本，以及企业在筹集和使用资本的过程中所形成的独有的不易被模仿的财务专用性资产，包括企业独特的财务管理体制、财务分析与决策工具、健全的财务关系网络、拥有独特财务技能的财务人员等。财务资源与资本之间存在着密切联系，但又不完全等同于资本，财务资源比资本具有更丰富的内涵。

人才资源是指杰出的、优秀的人力资源。企业的人才资源体现在企业员工身上的才能，包括企业员工的专业技能、创造力、解决问题的能力、管理能力；在某些情况下，甚至还包括企业员工的心理承受能力，因为企业员工的心理素质在很大程度上将影响其才能的发挥。

管理资源是指企业组织管理的水平和能力。一家企业的正常经营离不开管理。管理水平的高低，决定着管理资源的开发和利用的程度，决定着企业未来的发展。管理人员需要能运用科学的方法来指导管理实践，对管理中的复杂问题看得准、细、深、透，有远见卓识，有创新精神，知识面广，有解决实际问题的能力；多谋善断、有决策能力，能选才、育才和用才，将正确的决策组织实施，从而实现管理目标。

市场资源是指企业所控制或拥有的与市场密切相关的资源要素，主要包括各种有利的经营许可权、产品品牌、销售渠道、顾客及他们对企业产品或服务的认可度，以及其他各种能为企业带来竞争优势的合同关系等。

政策资源是指政府发布的有利于创业者创业以及企业发展的政策，包括准入政策、鼓励政策、扶持或优惠政策。

科技资源是指企业拥有的技术资源。技术资源往往是一家企业的核心竞争力的体现。诸多知名企业的成功依靠的就是核心科技。

（2）自有资源和外部资源

根据资源的来源，创业资源可分为自有资源和外部资源。自有资源来自创业者内部的积累，是创业者自身所拥有的可用于创业的资源，如创业者的自有资金、自己拥有的技术、自己掌握的信息、自建的营销网络、自己控制的物质资源等。在极端情况下，创业者所发现的创业机会有可能是其所拥有的唯一创业资源。外部资源主要是指从其他人或机构处可以取得的资金，可以获得的原材料或关键技术、销售渠道、关键信息等。丰富的外部资源能够为创业者的自有资源添砖加瓦。

从自有资源和外部资源的关系来看，自有资源的拥有状况将在很大程度上影响甚至决定获取外部资源的结果。"打铁还需自身硬"，创业者首先要致力于扩大、提升自有资源。拥有核心资源能帮助创业者更容易获得和运用外部资源。

创业者在创业初期往往面临资源不足的问题。创业者只有利用创业机会，从外部获取到相应的创业资源，才能实现项目启动和运营，进而获得企业的快速成长。对创业者来说，运用外部资源，是一种非常重要的方法，在企业的创立和早期成长阶段尤其如此。

（3）核心资源与非核心资源

根据资源基础论，创业资源还可分为核心资源与非核心资源。了解企业的核心资源至关重要，识别核心资源，利用核心资源，发挥非核心资源的辐射作用，实现创业资源的最优组合，这就是创业资源运行机制的基本思路。

核心资源主要包括人才资源、管理资源和科技资源等。创业企业必须以这几类资源为基点，促进创业企业发展。人才资源对于企业来说，主要是一种知识财富，是企业创新的源泉。高素质人才的获取和开发是现代企业可持续发展的关键。管理资源又可理解为创业者资源。创业者自身素质对创业企业的成长有至关重要的作用。创业者的个性、对机遇的识别和把握、对其他资源的整合能力，都直接影响创业成败。科技资源是一种机会资源。对于初创企业来说，主动引进和寻找有商业价值的科技成果，是企业的立身之本和市场竞争之源。

非核心资源主要包括资金、场地和环境资源等。是否有效地吸收资金资源，并保持稳定的资金周转率，实现预期盈利目标，深刻影响创业成功与否。场地资源指的是企业用于研发、生产、经营的场所。良好的场地资源能够为企业大幅度降低运营成本，提供便利的生产经营环境，短期内累积更多的顾客或质优价廉的供应商。环境资源作为一种外围资源影响着创业企业的发展，例如信息资源可以提供给创业者优厚的场地、资金、管理团队等关键资源，文化资源可以促进管理资源的持续发展。

案例分享

"蓝手环"：无毒有梦，人生启航

禁毒工作事关人民身体健康、社会和谐稳定和国家长治久安。早在 2016 年，江苏航运职业技术学院就成立了南通市首个大学生禁毒教育宣传先锋队，通过举办禁毒讲座、禁毒展演和禁毒游艺活动等形式，帮助学生筑牢思想防线，增强拒毒的意识。为让禁毒教育宣传从学校走向社会，更多地参与社区治理，学校师生团队于 2017 年在卞华老师的带领下，注册成立了南通开发区启航青年发展中心，创立了"禁毒蓝手环"品牌，并联合南通大学、江苏工程职业技术学院、南通科技职业学院等全市 9 所高校，牵头成立了南通市高校禁毒公益联盟。

"禁毒蓝手环"独创"343"禁毒教育模式，链接了禁毒办、高校、社会组织三方资源、形成了科技产品、课程体系、展演活动、文创产品四大板块，走入家庭、学校、社区三大阵地，在增强公众禁毒意识、构建禁毒防线、创新禁毒宣传方式、促进禁毒资源整合、提升禁毒工作效果等方面取得了丰硕成果，同时也培养了一批有责任感、有法律意识的禁毒大使，为社会的持续健康发展奠定了坚实的基础。

"禁毒蓝手环"，将健康生活环环相扣；绿色人生，将青春的模样细细勾勒。"禁毒蓝手环"项目不仅是一个禁毒教育品牌，更是校园精神和价值观的体现。项目 3 次获得团中央青少年禁毒防艾专项立项，先后获中国青年志愿服务大赛铜奖、江苏省最具影响力慈善项目、江苏省十佳青年志愿服务项目、江苏省"互联网+"大学生创新创业大赛一等奖等荣誉。

图 6-1 所示为"禁毒蓝手环"项目团队成员。

图 6-1　"禁毒蓝手环"项目团队成员

📖 **案例点评**

　　"禁毒蓝手环"团队巧妙地整合已有资源，链接高校、禁毒办、社会组织三大资源，形成课程体系、展演活动、文创产品、科技产品四大板块，走进家、校、社三大阵地，为青少年打造健康良好的成长教育环境。在团队成员的共同努力下，"禁毒蓝手环"实现了学校社团向社会组织的转变，将禁毒理想的种子撒向了更广阔的天地。

知识拓展

"互联网＋"带来的创业机会

　　未来"互联网＋"的"＋"，不仅仅是技术上的"＋"，也是思维、理念、模式上的"＋"。"互联网＋"的发展趋势是大量"互联网＋"模式的涌现，以及传统企业的"破与立"。

1. 互联网＋工业

　　"互联网＋工业"即传统制造业企业采用移动互联网、云计算、大数据、物联网等信息通信技术，改进原有产品及研发生产方式，与"工业互联网""工业4.0"的内涵一致。"工业4.0"就是应用物联网、智能化等新技术提高制造业水平，促进制造业向智能化转型，通过决定生产制造过程等的网络技术，实现实时管理。这种"自下而上"的生产模式革命，不但有利于节约创新技术的成本与时间，还蕴含着培育新市场的潜力与机会。譬如，"移动互联网＋工业""云计算＋工业""物联网＋工业""网络众包＋工业"等新形式的出现。

　　"互联网＋工业"和正在演进的"工业4.0"，将颠覆传统制造方式，重构行业规则。例如小米等互联网公司就在工业和互联网融合的变革中，不断抢占传统制造企业的市场，通过价值链重构、轻资产、扁平化、快速响应市场来创造新的消费模式。而在"互联网＋"的驱动下，产品个性化、定制批量化、流程虚拟化、工厂智能化、物流智慧化等都将成为新的热点和趋势。

2. 互联网＋农业

　　互联网带来的新技术，不仅可改变农产品流通模式，催生农产品电子商务的繁荣，也可推动"新农人"群体的诞生。首先，数字技术可以提升农业生产效率。例如，利用信息技术对地块的土壤、肥力、气温等进行大数据分析，并提供种植、施肥相关的解决方案，从而提升农业生产效率。其次，农业信息的互联网化将有助于与需求市场的对接，互联网时代的"新农人"不仅可以利用互联网获取先进的技术信息，也可以通过大数据掌握最新的农产品价格走势，从而决定农业生产重点，以把握趋势。最后，农业互联网化可以吸引越来越多的年轻人积极投身于农业品牌的打造，具有互联网思维的"新农人"群体日趋壮大，将创造出模式更为多样的"新农业"。

3. 互联网＋金融

传统金融向互联网金融转型，金融服务普惠民生，已是大势所趋。"互联网＋金融"将掀起全民理财热潮，低门槛与便捷性让资金快速流动，大数据让征信更加容易，P2P和小额贷款发展也越加火热。这也将有助于中小微企业、工薪阶层、自由职业者、进城务工人员等普罗大众获得金融服务。在互联网金融模式下，金融服务边界被不断拓展，服务人群将包括3.6亿尚未被互联网金融覆盖的长尾互联网用户，以及数量迅速增长的农村手机上网用户。金融不再像工业时代那样以企业为中心、以生产为中心，而开始以普通消费者为中心，金融服务和产品深度融入人们的日常生活。

4. 互联网＋医疗

现实中存在看病难、看病贵等难题，"互联网＋医疗"有望改善医疗生态。具体来讲，互联网将优化传统的诊疗模式，为患者提供一条龙健康管理服务。传统的医疗普遍存在诊前缺乏预防、诊中体验差、诊后无服务的现象。而通过互联网医疗，患者有望从移动医疗数据端监测自身健康数据，做好诊前防范；在诊疗服务中，依靠移动医疗实现网上挂号、询诊、购买、支付，从而节约时间成本和经济成本，提升诊中体验；并依靠互联网在诊后与医生沟通。

未来的互联网医疗，将会向更加专业的移动医疗垂直化产品发展，可穿戴监测设备将会是其中最有可能取得突破的领域。大数据、移动互联网、健康数据管理未来有较大的机遇，甚至可能改变健康产品的营销模式。同时，随着互联网个人健康实时管理的兴起，未来传统的医疗模式或将迎来新的变革，以医院为中心的就诊模式或将演变为以医患实时问诊、互动为代表的新型医疗社群模式。

5. 互联网＋教育

一张"网"、一个移动终端，几百万学生，学校任你挑、老师由你选，这就是"互联网＋教育"。在教育领域，面向中小学、大学、职业教育、IT培训等多层次人群开放课程，可以使学习者足不出户在家上课。"互联网＋教育"的结果，将会使未来的一切教与学的活动都围绕互联网进行，老师在互联网上教，学生在互联网上学，信息在互联网上流动，知识在互联网上成型，线下活动成为线上活动的补充与拓展。

K12在线教育、在线外语培训、在线职业教育等细分领域成为中国在线教育市场规模增长的主要动力，很多传统教育机构，正在从线下向线上教育转型，而一些在移动互联网平台上拥有了高黏性人群的互联网公司，也在向在线教育转型，深度挖掘用户需求，通过大数据技术实现个性化推荐。基于移动终端的特性，用户可以用碎片化时间进行沉浸式学习，切中传统教育的一些痛点和盲区。

6. 互联网＋商贸

在零售、电子商务等领域，都可以看到和互联网的结合，特别是移动互联网对原有商贸行业起到了很大的升级换代作用。在全球网络企业 10 强中，有 4 家企业在中国，互联网经济已成为中国经济的最大增长点。此外，移动电子商务则正在改变整个市场营销的生态。智能手机和平板电脑的普及，大量移动电商平台的创建，为消费者提供了更多便利的购物选择。例如，社交媒体平台纷纷构建新的移动电商生态系统，移动电商将会成为很多新品牌借助社交网络走向市场的重要平台。

7. 互联网＋文化传媒

文化创意产业是以创意为核心，向大众提供文化、艺术、精神、心理、娱乐等产品的新兴产业。互联网与文化产业高度融合，推动了产业自身的整体转型和升级换代。互联网带来的多终端、多屏幕，将产生大量内容服务的市场。对于内容版权的衍生产品，互联网可以与电商平台一体化对接，无论是视频电商、TV 电商等都将迎来新机遇；一些区域性的特色文化产品，将可以通过互联网，借助创意走向全国，未来设计师品牌、族群文化品牌、小品类时尚品牌都将迎来机会；明星粉丝经济和基于兴趣细分的社群经济，也将拥有巨大的想象空间。

互联网对于媒体的影响，不只在于改变了传播渠道，在传播界面与形式上也有了极大改变。融入互联网后的媒体形态以双向、多渠道、跨屏等形式，进行内容的传播与扩散，用户参与到内容传播中，并且成为内容传播的介质。交互化、实时化、社交化、社群化、人格化、亲民化、个性化、精选化、融合化将是未来互联网媒体的几个重要方向。

8. 互联网＋生活服务

"互联网＋服务业"将会带动生活服务 O2O 大市场的发展，互联网与服务业的融合就是去中介化，让供给端直接对接消费者需求，并通过移动互联网进行实时链接。例如，家装公司、理发店、美甲店、洗车店、家政公司、洗衣店等，原本都是直接面对消费者的；而如河狸家、爱洗车等线上预订、线下服务的企业，不仅节省了固定员工成本，还节省了传统服务业最为头疼的店面成本，真正地实现了高效输出与转化的 O2O 服务市场，再加上在线评价机制、评分机制，会让服务提供方更加精益求精，自我完善。当下 O2O 成为投资热点，事实上，这个市场才刚刚起步，在扩大用户规模、改造传统垂直领域、形成固定的用户黏性、打造平台等方面都还有很大的探索空间。

此外，"互联网＋交通"不仅可以缓解道路拥堵，还可以为人们的出行提供便利，为交通领域的从业者创造财富。例如，实时公交应用软件，可以方便出行用户对公交车的到站情况进行实时查询，减少延误和久等的状况；打车软件不仅为用户出行带来便捷，对于出租车而言也减少了空载率。在旅游服务行业，旅游服务在线化、去中介化的趋势会越来越明显，自助游会成为主流，基于旅游的互联网体验、社会化分享还有很大空间。而类似爱彼迎和途家等共享模式可以让住房资源实现共享，旅游服务、旅游产品的互联网化也有较大的想象空间。

二、创业资源的作用

创业者获取创业资源的最终目的是运用资源开发创业机会，提高创业绩效，进而获得创业成功。无论是要素资源还是环境资源，无论它们是否直接参与经营活动，其存在都会对创业活动的结果产生积极影响。

1. 场地资源是创业的首要条件

任何创业都要有生产和经营的场所，这是首要条件之一。利用好场地资源的做法包括为科技创业项目提供必要的研究开发环境，为市场人员提供便捷的商务条件，为产品生产提供生产车间，等等。良好的场地资源，有助于创业活动更快更好地开展。

2. 财务资源是创业的必备条件

充足的资金有助于创业活动的开展和创业企业的成长。无论是进行产品研发，还是开展生产与销售，创业企业在各个环节都对资金有着迫切需求。然而，资金不足和融资难题常常成为制约创业企业高速发展的瓶颈。因此，有效筹措和运用资金，对于创业企业突破这一瓶颈、实现持续稳健的发展至关重要。

3. 人才资源是创业的关键要素

人是创业活动的第一能动要素，人才对于创业企业的成长和发展至关重要。高素质人才的获取和开发，已经成为现代企业可持续发展的关键。对于初创企业来说，人才资源则更为重要。初创企业往往需要在竞争激烈的市场中快速立足，而高素质人才则是其创新力的源泉、竞争力的基石，他们不仅能为初创企业带来新颖独特的创意和解决方案，还能通过高效的执行力将企业战略转化为实际行动，从而推动企业快速发展。

4. 管理资源是创业的宝贵资源

很多创业者具备技术能力或市场能力，但往往缺乏实战能力和企业管理知识。事实上，不少创业企业正是因为内部管理混乱、效率低下而走向衰败。因此，系统且高效的管理资源，对于创业企业来说，是一种难能可贵的资产。它不仅能够确保企业日常运营的井然有序，更能在关键时刻为企业指明方向，助力企业在复杂多变的市场环境中稳步前行。

5. 科技资源是创业的核心要素

创业企业主要是靠提供优质的产品和服务来赢得市场，而产品和服务的竞争力主要来自技术创新。因此，科技资源的重要性不言而喻。积极寻找引进有商业价值的科技成果，加强同高校科研院所的产学研合作，将有助于加快产品研制和成型的速度，缩短产品和服务进入市场的时间，为创业企业的市场竞争提供有力支持。

6. 政策资源能够为企业指明方向

从中国的创业环境来看，各级政府出台了很多扶持政策。在这些政策的推动下，创业企业可获得更多的人才和资金、具有明确产权关系的科技成果及场地优惠等。政策资源是公共资源，所有同类型的创业企业都可以享受，创业企业应重视政策资源的获取与利用。

7. 信息资源能够为企业提高效率

专业机构对于信息的搜集、处理和传递，可以为创业者作出研发、采购、生产和销售的决策提供参考。对于创业企业来说，由于市场竞争十分激烈，就更加需要丰富、及时、准确的信息，以争取到更多的要素资源。这种信息如果由创业者自身获取，成本可能过高，因此，其往往由专业机构提供。

8. 文化资源和品牌资源能够为企业保驾护航

对于创业企业来说，文化资源尤为珍贵。硅谷成功的一个重要原因是其具有浓厚的创业文化氛围，如鼓励冒险、容忍失败等。文化，对于创业者与企业员工有着极大的精神激励作用，促进创业企业以更强的动力和能力有效组合要素资源，创造更多价值。创业企业所置身的环境也往往具有一定的品牌效应。例如，优秀的孵化器能为创业企业提供品牌保证，可以提高政府、投资商和其他企业对在孵企业信誉度的评估，有助于创业企业获取资金、人才、科技、管理等资源。创业者要善于利用品牌资源，扩大创业企业和品牌之间的互动，以增强社会影响力。

三、利用现有创业资源

在创业过程中，往往面临这样的问题：如果自身资源欠缺，是否就要放弃创业机会呢？其实，创业者完全可以整合利用身边的各类资源，为自己的创业项目添砖加瓦。从大学生角度看，可以发现目前高校聚集了大量可以帮助大学生创业的资源。学校开设有创业课程、成立了创业者协会、构建了创业空间，定期或不定期开展各类创业沙龙、创业讲座等活动。多数学校还组织来自企业、高校、科研单位和政府职能部门的有关人士，成立了大学生创业导师团，通过创业讲座、政策咨询、业务指导等方式，为学生创业团队现身说法、答疑解惑，提供项目论证、业务咨询和决策参考等服务，甚至发掘有潜力的创业项目进行跟踪辅导。学校还会积极组织学生参加各类创新创业大赛，为青年创业者搭建平台，积极引导青年人创业。为了鼓励、帮扶大学生创业，国家出台了三年免息的资金优惠使用政策，各地政府出台了一系列支持计划或设置相应的创业基金。中央电视台《赢在中国》节目及各地电视台举办的类似节目也设置了创业基金。另外，还有一些企业或企业家在高校设置了大学生创业基金。有创业意愿的大学生应该留意这些身边的资源，加以充分利用，这样不但能更好地提高自己判断分析和把握机遇的能力，而且也可以挖掘出良好的创业机会。

其实许多创业者早期所能获取与利用的资源都相当匮乏，为了确保公司持续发展，创业者在项目发展的每个阶段都要问自己："怎样才能用有限的资源获得更多的价值创造？"一种较多采用的策略是"步步为营"，即创业者分多个阶段投入资源。使用"步步为营"策略要注意节俭，设法降低资源的使用量，降低管理成本。但要注意的是，过分强调降低成本，会影响产品和服务质量，甚至会制约企业发展。比如，为了求生存和发展，有的创业者不注重环境保护，或者盗用别人的知识产权，甚至以次充好。这样的创业活动尽管在短期内可能赚取利润，但从长期来看，发展潜力有限。所以，需要"有原则地保持节俭"。

案例分享

昂立：通过资源整合与行业合作实现跨越式发展

上海交大昂立股份有限公司是集现代生物和医药制品研制、生产、营销于一体的高科技股份制企业，2001 年 7 月成为国内保健品行业第一家上市企业。上市使企业打通了资本渠道，迅速扩大了企业的规模，实现了产业的多元化经营，组建了若干个产业组成的产业群。

从 1990 年以几十名员工、36 万元资本起家的校办企业，到注册资本 1.5 亿、连续 3 年居全国保健品市场销量榜首的行业巨人，昂立的业绩令人瞩目。昂立发展的一个转折点在于跟业内的三株（三株药业集团）合作，整合了行业内的资源。当时，昂立的做法是给他们多少，三株就销售多少。但三株提出了一个要求：你负责科研、生产，我负责销售，我们定的销售价双方各赚一半。这样一来，昂立受不了，因为以前采用的定价法不是市场定价，而是成本加利润，三株却采用市场定价。这是昂立的一次转折。昂立一步一步地把三株的新营销思路吸纳过来，在与他们合作中开始转变，由不懂到懂。

此后的 1992 年，昂立成立了天王公司，根据从三株学来的营销思路，重点抓销售，以己为主来实施产品营销，行业资源整合的效果非常明显。1992 年销售额才 400 多万元，而 1993 年就达到了 7000 多万元。所以 1992—1993 年昂立由产品到市场的转变是企业成长一个非常重要的环节。

资料来源：蔡松伯，王东晖，王小方．大学生创新创业指导［M］．成都：西南财经大学出版社，2016

案例点评

　　企业要想发展、壮大，就应该尽可能整合各种资源、采取各种合法手段积极务实地做好自己的这份事业。上海交大昂立这个案例告诉我们整合行业内竞争对手资源的重要性，要尝试"把竞争对手转变为合作伙伴"。市场竞争没有永远的对手，也没有永远的伙伴，更没有敌人。凡以为有敌人的竞争者，大多是竞争中的失败者。创业企业不可避免地存在诸多方面的不足。因此，同行间或者产业上、下游之间的创业企业应通过策略联盟或股权置换等种种方式整合资源，在人力资源、研发能力、市场渠道、客户资源等方面实现优势互补，对内相互支持，对外协同竞争。

四、获取创业资源的途径

针对不同的资源类型，需要采取不同手段来获取有效资源。

1. 获取技术资源的途径

①吸引技术持有者加入创业团队。

②购买他人的成熟技术，并进行技术市场寿命分析等。

③购买他人的前景型技术，通过后续的完善开发，达到商业化要求。

④购买技术和吸引技术持有者。

⑤自主研发。

创业者应该随时关注各高校实验室、老师或学生的研发成果，定期去国家专利局查阅各种申请专利，及时关注科技信息，浏览各种科技报道，留意科技成果，从中发现具有巨大商机的技术。

2. 获取人力资源的途径

（1）内部招聘

①员工推荐。鼓励现有员工推荐他们熟悉，且认为适合公司空缺职位的人选，这种方法可以利用员工的人脉资源，同时提高招聘效率和质量。

②公司布告。在公司内部发布空缺职位的公告，让全体员工了解并有机会申请。这种方法可以激发员工的积极性，同时也有助于发现内部潜力人才。

③查阅档案。通过查阅员工档案，了解员工的教育背景、工作经验、技能特长等信息，从而选拔出合适的人选，这种方法适用于那些需要特定技能或经验的职位。

（2）外部招聘

①发布广告。在报纸、杂志、网站等媒体上发布招聘广告，吸引求职者投递简历，这种方法可以扩大招聘范围，增加企业的曝光度。

②借助中介。与人才交流中心、招聘洽谈会、猎头公司等中介机构合作，委托他们为企业寻找合适的人才，这些中介机构通常具有丰富的招聘经验和资源，可以为企业提供专业的招聘服务。

③校园招聘。与高校等教育机构建立合作关系，通过校园招聘会、宣讲会等形式吸引优秀毕业生。加入企业校园招聘是获取高素质人才的重要途径之一。

④网络招聘。利用各类网络招聘平台发布招聘信息，筛选简历，进行在线面试等。网络招聘具有高效便捷、成本低廉等优点，已成为企业招聘的主要方式之一。

⑤社交媒体招聘。利用社交媒体平台，如微信、微博等进行品牌宣传，提高企业在潜在求职者中的知名度和吸引力。同时也可以通过社交媒体平台发布招聘信息，吸引更多求职者关注。

（3）其他途径

①参加行业会议和展览。通过参加行业会议和展览与同行交流，了解行业动态，同时也可以发现潜在的人才资源。

②建立人才库。建立企业自己的人才库，将符合企业需求的人才信息录入库中，以便在需要时能够快速找到合适的人选。

③内部晋升。鼓励员工在企业内部发展，通过内部晋升的方式选拔出优秀的人才。这种方法可以激发员工的积极性，提高员工的忠诚度，同时也有助于保持企业团队的稳定性。

3. 获取外部资金资源的途径

①依靠亲朋好友筹集资金，双方形成债权债务关系。

②抵押、银行贷款或企业贷款。

③争取政府某个计划的资金支持。

④进行所有权融资，包括吸引新的拥有资金的创业同盟者加入创业团队，吸引现有企业以股东身份向初创企业投资、参与创业活动，以及吸引企业孵化器或创业投资者的股权资金投入，等等。

⑤制订一份详尽可行的创业计划，以吸引一些大学生创业基金甚至风险投资基金的关注。

4. 获取市场与政策信息资源的途径

一般而言，获取市场与政策信息的途径主要有：政府机构、同行创业者或同行企业、专业信息机构、图书馆、大学研究机构、新闻媒体、会议及互联网等。创业者可以根据自己的实际情况与各种途径的特点，选择一种或多种途径，尽可能获取有效的、需要的信息。

云米科技：智能家居的领导者

云米科技是一家成立于2014年的高科技企业，总部位于广东省佛山市。公司专注于智能家电的研发与制造，致力于通过互联网技术改造传统家电，提供智能化解决方案。云米科技的产品包括智能厨房、智能卫浴、智能生活等多个系列，深受消费者喜爱。

在快速发展的智能家居市场中，云米科技面临着产品创新压力大、专业人才竞争激烈、研发投入资金需求高等挑战。为了保持其在行业内的竞争优势，公司需要不断获取最新的技术资源、吸引和培养优秀的人才，以及筹集足够的外部资金以支持研发和市场扩张。

云米科技通过建立开放的创新体系，与国内外多家知名科研机构和企业建立合作关系，引进先进的物联网和人工智能技术。同时，公司注重自主研发，每年将大额营收投入到研发中心，以确保技术的领先性和产品的创新性。

云米科技通过提供具有竞争力的薪酬福利、良好的工作环境和多元化的职业发展路径，吸引行业内外的优秀人才。公司还与多所高校合作，设立奖学金和实习基地，吸引优秀学生加入，为公司输送新鲜血液。

云米科技积极寻求资本市场的支持，通过多次成功的股票发行和债券融资，筹集到了大量的研发和扩张资金。公司透明的财务报告和稳健的发展策略，赢得了投资者的信任和支持。

通过上述策略的实施，云米科技成功获取了关键的技术资源、优秀的人才团队和充足的资金支持。公司的技术创新能力显著提升，产品线不断丰富，市场份额稳步扩大。同时，公司的品牌影响力也得到了显著提升，成为全球智能家居行业的重要领导者。

案例点评

云米科技是中小企业综合运用多种途径，获取技术资源、人力资源和外部资金资源的典型案例。公司在技术创新和自主研发上的坚持、在人才培养和激励机制上的投入、在资本市场上的良好表现，都为其他中小企业提供了宝贵的经验。云米科技的成功也说明了在全球化和信息化时代背景下，中小企业要想获得持续发展，必须全面考虑资源配置，不断创新和提升自身的竞争力。通过整合内外部资源，中小企业可以实现快速而可持续的发展，成为行业的领军者。

五、创业资源整合的策略

创业者能否成功地挖掘机会，推动创业活动向前发展，通常取决于他们能否掌握和整合资源。许多创业者早期所能获取与利用的资源都相当匮乏，而优秀的创业者在创业过程中所体现出的卓越创业技能之一，就是有策略地借助利益机制把直接或间接的资源提供者整合起来，借力发展。

1. 人脉整合，善用人际关系

《行销致富》一书的作者史坦利教授，深信他的成功秘诀藏身于他那厚厚的名片簿之中。这无疑突显了广泛建立人际关系在资源整合中的重要地位。想象一下，当面对一个关键的潜在客户，但关系尚处于微妙阶段，难以确保交易的达成时，通过朋友间的恰当引荐，就可以与这位客户建立起更为深厚的联系。这种关系的深化，往往能够铺平交易的道路，使其更为顺畅无阻。这正是人脉资源所蕴含的巨大价值。一个丰富的人脉网络，不仅能为创业者节省宝贵的时间和精力，更能为他们扫清障碍，助力他们顺利实现创业梦想。

2. 资金整合，快速启动项目

资金是企业运营的血液，没有资金，企业及管理团队就无法生存。对创业者来说，企业站稳脚跟的关键就是资金整合。资源整合专家周嵘说："缺钱的人缺的不是钱，而是缺少有钱的人脉和朋友，缺少好项目及把好项目运作成功的团队和能力。"在整合资金前，可以认真分析自己缺少的是什么。如果缺少的是有钱的人脉和朋友，则需要找到一个人或圈子愿意帮助你。而如果自身的项目不好，团队能力不行，到哪里都不会有人投资。资金整合的关键是展示信誉，因为个人或企业的信誉好坏，直接影响到向银行申贷及寻找投资人的成功与否。

3. 团队整合，发挥集体优势

比尔·盖茨曾说："永远不要靠自己一个人花100％的力量，而要靠100个人每个人花1％的力量。"现在的社会已经不再是靠单打独斗，而是靠团队制胜。只有依靠优秀的团队才能在激烈的竞争中获胜。要打造一个优秀的团队并非一件简单的事情，除了要找到人，还要找对人，找对人之后还要放对位置，放对位置之后还要做对事。只有这样，效果才会真正显现，如果找到的是不合适的人，反而会给公司带来很大麻烦。

4. 渠道整合，借势借力

通过有效整合渠道资源，各渠道成员能够获得更高的价值，并显著提升渠道运作效率。渠道整合可以从两方面入手：一方面是对企业内部资源的整合，另一方面是对企业外部营销体系的整合。如果自己有一个好产品却没有销售渠道，这时有两个方法：一是招聘一个渠道高手，让他负责训练一个团队，全国各地自建直销渠道；二是整合别人花时间和心血建成的渠道，通过他们的渠道销售，将赚的钱分一部分给他们。别人的销售团队、渠道一样可以帮自己卖产品。

5. 异业整合，获取更大收益

"异业"代表不同行业。所谓异业整合，简单来说就是取长补短和强强联合，通过分享各自的资源以及整合对方的资源，降低成本、提高效率、增强市场竞争力。如果有一类客户，在购买自己产品的同时还购买其他公司的产品，那就可以把产品卖给拥有同一类客户的公司，做最有效的客户资源整合。为了实施最有效的整合策略，可以采取以下逐步深入的方法：首先尝试与拥有共同客户群的公司进行全面整合，从而将这些公司的客户转化为自己的潜在客户；若无法实现公司层面的整合，则退而求其次，与负责客户管理的营销负责人进行合作；如仍不可行，再进一步与营销经理携手；若此路依然不通，可考虑与公司的业务员建立合作关系；最后，如果以上途径均无法实施，仍可努力整合一部分重叠的客户资源。

6. 淡旺季整合，互补互利

很多行业都存在淡季和旺季的问题。在进行淡旺季整合时，首先要问自己两个问题："当我忙时谁闲？""当谁忙时我闲？"这两个看似不起眼的问题，却道出了淡旺季整合的关键。比如，有一位来自哈尔滨做松花江游船的创业者，他的企业淡旺季很明显，因为他做游船生意，一年中只有半年的时间能运营，其他时间冰冻封江，运营团队很不稳定。他想到可以整合滑雪场，找了几家滑雪场的老板，其中一家对他的整合方案非常认同，双方一拍即合，彼此都省下了一大笔人员工资，并且团队也稳定了。

案例分享

把自己"种"在乡村："新农人"成"兴农人"

8月太阳火热，在闽侯林柄村荷美农场，"新农人"薛经茂和工人们为水果和蔬菜"喂"有机肥料，汗水顺着他黝黑的脸颊滑落。2023年是薛经茂返乡创业的第十年，他和合作伙伴符德政把自己"种"在乡村，探索有机农场的运营方式，寻找乡村与城市的连接点，从"新农人"成长为"兴农人"，让乡村焕发出新活力。

创业开头难

"90后"薛经茂在福建农林大学就读期间，就树立了一个目标：回到乡里做有机农业种植，为人们带来健康的果蔬产品。2015年，同样学农业专业的薛经茂和符德政在林柄村相遇，对有机农业的追求一拍即合，决定合伙创业，建立荷美农场。

创业初期，荷美农场面临技术不成熟的问题。薛经茂和符德政虚心向经验丰富的"老农人"请教，还向科技特派员求助，学习种植技术。

此外，荷美农场的启动经费也不足。"我们向朋友预售了一部分水稻，还在政府的帮助下贷了款，才让农场有序运营。"薛经茂难忘创业初期艰苦奋斗的岁月，

"当时我们经济拮据，吃住都在农场，能出去吃一顿快餐都觉得是无比美味的大餐。"

看着荷美农场由单一种植水稻的 30 亩小农场成长为拥有 100 多亩土地，种植百香果、柚子、绿叶菜，养殖土猪、土鸡、土鸭的综合性农场，薛经茂和符德政觉得付出是值得的。

探索产销路

返乡经营农场，如何产销两旺？薛经茂和符德政苦苦探索后发现，"有机农业不能用化肥和农药，作物遭病虫害后，我们只能眼睁睁看着它们死亡，什么都做不了"。回忆起玉米种植的多次失败，符德政仍心有余悸。

经过多次尝试，薛经茂和符德政逐渐摸索出天气和产量之间的关系，决定合理利用气候进行错峰种植，"我们春天种水果玉米，夏天以百香果和西瓜为主，冬天种草莓和番茄，降低病虫害的影响，增加产量"。

产量的问题解决了，销路也在不断打开。如今，荷美农场有着 200 人的固定客户群体，订购有机果蔬，每年的利润近 20 万元。"我们每周送货，当季蔬菜 6 斤起送，包邮到家，保证蔬果的新鲜。"薛经茂说，随着百姓对健康愈发重视，越来越多的人愿意为有机蔬果买单，给了他坚持下去的信心和勇气。

扶持政策多

薛经茂和符德政返乡创业，不仅盘活了林柄村的土地，也带动了村里的就业。"我们会给村民土地流转的租金，农忙时会雇村民干活，一天的工时费 150～200 元。"薛经茂说，果蔬收获的时候也会有市民前来采摘，带旺了村里的人气。

"政府欢迎、鼓励和扶持大学生返乡创业。"闽侯县人社局工作人员说，各级人社部门出台了大中专毕业生创业省级资助项目、"植根榕城"福州市优秀创业项目、创业担保贷款、一次性创业补贴、创业租用场地补贴、创业带动就业补贴等政策，为大学生返乡创业营造更好的环境。

"返乡创业是一个不错的选择，但开始很艰难，看不到成果，压力也大，需要不断扛压，度过最艰难的时期。"薛经茂说，他也无数次想要放弃，但咬牙坚持下来后，发现自己成长了很多，内心也更坚定、更强大。

"建议刚开始返乡创业时不要把摊子铺得太大，量力而行。"符德政说，创业需要不断实践，边做边总结经验，刚开始可以小范围尝试，然后根据市场需求扩大规模，这样才会降低风险，让创业更有可能成功。

案例点评

　　企业资源在未整合之前大多是零散的、低效的，要想让这些资源发挥其最大价值、产生最佳效益，就必须用科学的方法将它们有机地整合起来，这样才有可能形成"1＋1＞2"的局面。案例中的薛经茂和符德政就是通过整合现有的资源，才实现了共赢的局面。

知识拓展

管理企业员工

　　没有员工，任何一家企业都无法运营下去。在大多数情况下，企业需要数名员工才能成功运转。创业者、合伙人、员工都需要清楚企业内部部门和岗位的设置；了解部门和岗位之间的关系。为了更好地管理企业员工，可以遵循以下步骤。

1. 明确每个岗位的主要职责，编写岗位说明书

岗位说明书应该包括以下内容：

- 岗位的名称；
- 这个岗位所从事的具体工作；
- 岗位的上、下级；
- 该岗位员工所应具备的素质和技能。

雇佣员工时，让员工了解相关岗位的岗位说明书。这样做有如下好处：

- 员工将确切地知道企业需要他们做什么工作；
- 作为领导者，可用其衡量员工的工作绩效。

2. 招聘合适的员工

当企业需要招聘员工时，领导者需要明确以下问题：

- 哪些岗位需要招聘员工；
- 这些需要招聘的员工应具备什么技能，有什么其他要求；
- 需要招聘的具体人数；
- 向招聘的员工支付多少工资。

招聘时，应该向求职者了解以下问题：

- 你原来在哪儿工作？工作内容是什么？具备什么技能？
- 你为什么想来本企业工作？
- 你希望得到什么职位？有什么样的工作目标？
- 你认为自身有哪些优点和弱点？

- 你喜欢和别人一起工作吗？如果有人对你态度不好，你会做出什么样的反应？

在招聘过程中，应该全面了解求职者，以便找到求职目标和岗位职责更加一致的员工。同时，也可以利用专业的职业测评工具或技术，评价求职者的各种素质和应聘岗位的匹配程度。

招聘的大致流程：明确招聘岗位；发布招聘信息；接收求职信息；筛选面试人员；面试选拔；体格检查；录取；试用与转正。

3. 管理员工

管理好员工对企业的发展至关重要，可使工作团队发挥更大作用，为企业创造更大的效益，从而拥有更多成功的机会。

充分发挥员工的积极性，应从以下几方面入手：

- 让所有员工了解企业的发展和运营详细情况，并明确每一位员工的工作任务；
- 给员工与其工作效相匹配的工资和奖金；
- 尽可能让员工工作稳定，并创造良好的工作环境和条件；
- 让不同岗位的员工都融入团队中，产生归属感；
- 给员工提供培训、学习、外出考察的机会，为他们升职和发展提供机会；
- 注意调动员工的工作积极性，适当开展团队建设、职业技能培训、定期体检、员工活动等。

4. 寻找企业顾问

在企业运营过程中，可以考虑从一些企业、机构那里获得帮助、信息、咨询意见和培训，即寻找企业顾问。企业顾问就是为企业提供咨询的个人或机构，咨询通俗地说就是教企业怎么做，为企业运营提供建议。在聘请企业顾问前，应小心谨慎，从专业角度多方了解并验证其资质。

■ 素养园地

始于热爱，成于匠心

张明明，一位资深轮机长，2004年毕业于江苏航运职业技术学院轮机管理专业，深耕集装箱运输领域二十余年，在集运船队多艘船舶工作过。他所在的船舶多次被评为公司"先进船舶"，个人曾获评浦东海事局"最佳船员"。

在海边长大的张明明，看到大海就有亲切感，而且从小喜欢动手、动脑，对机械结构特别感兴趣，经常专注地摆弄模型玩具好几小时。兴趣驱动加之个人不懈努力，他如愿成为一名优秀的轮机工程师。张明明始终不忘心中所爱，逐步精进航海技艺，用心研究轮机设备独特的"语言"，培养自己与船上设备和人员间的默契，从实习生、三管轮一步步成长为轮机长。

多年历练让他具备丰富的航海经验和娴熟的业务技能，圆满完成各项安全运营任务，所履职的船舶在各项安全检查中成绩优秀，多次无缺陷通过 PSC 检查。作为轮机长，他曾在骄阳似火的盛夏带领轮机员冒高温、顶酷暑，完成"中外运海口"轮新船交接及上线运营系列工作。运营 CIE 印东航线的船舶航线长、跨度大，对机舱人员维护设备，保证其良好工况提出更高要求。在张明明的带领下，轮机部成员抓住短暂靠泊期，科学合理完成一系列机械设备检修工作，保证主、副机及附属设备正常运行，确保船舶安全运营。

时光赋予生命斑斓色彩，也赋予青年船员宝贵的成长与蜕变。张明明由一个航海"小白"成长为一名成熟稳重的轮机长，将无悔的青春奉献给了伟大的航运事业。在无垠汪洋间，他深藏热血勇敢；在狭窄机舱中，他撑起广阔天地。他是无数平凡岗位上的航运人，更是乘风破浪、扬帆远航的追梦人！

■ 任务训练

资源整合

活动目的：

使学生能够评估自身拥有的资源，发现并有效整合外部资源。

活动要求：

创业是一个评估自有资源、整合外部资源的过程。创造性地整合外部资源是一名优秀创业者应具备的关键技能之一。请同学们按下列步骤进行资源整合训练。

1. 根据表 6-2 对自身条件进行评估。请认真思考自己拥有的资源，如果要进行创业，还需要哪些资源？

2. 评估你的同学是否具有你所需要的资源。如果有，你将如何说服他和你一起创业或将资源借给你使用？

3. 除了同学外，你还有什么渠道获取创业资源？

4. 获得创业资源后，你将如何整合这些资源？

表 6-2　自身条件评估表

评估内容	具体要求	自我描述
你想做什么？	根据你的兴趣、爱好确定你的创业项目	
你拥有什么？	思考你的优势、强项是什么（如技术优势、人脉优势、知识优势等）	
你缺少什么？	思考你的劣势、缺点是什么（如技术劣势、人脉劣势、知识劣势等）	

任务 12　开展创业融资

问题导入

创业融资指的是创业企业寻求资金支持以完成创业项目的行为与过程。不仅是没有钱的企业才需要融资，有时候在合适的机会面前采用合适的方法融资，可以提高企业自有资金的利用效率，为创业者带来意想不到的收益。请同学们思考以下问题：

（1）创业资金可以从哪些渠道获得？

（2）如何选择适合创业企业的融资类型？

知识链接

一、创业融资的定义及分类

1. 创业融资的定义

创业融资是指创业企业获得项目所需资金的相关活动。不同的资金来源分别代表不同的资金属性，也会给企业带来不一样的作用。融资方式多种多样，主要有私人借款（民间借款）、银行借款、商业信用、发行债券、租赁筹资、典当贷款、吸收直接投资、发行股票等。

2. 创业融资的分类

（1）按资金来源分

①内源融资。是指公司经营活动结果产生的资金，即公司内部融通的资金，它主要由留存收益和折旧构成，是指企业不断将自己的储蓄（主要包括留存盈利、折旧和定额负债）转化为投资的过程。内源融资具有原始性、自主性、低成本和抗风险的特点，是企业生存与发展不可或缺的重要组成部分。事实上，在发达的市场经济国家，内源融资是企业首选的融资方式，是企业资金的重要来源。

②外源融资。是指企业通过一定方式向企业之外的其他经济主体筹集资金。外源融资方式包括银行贷款、股票、企业债券等。此外，企业之间的商业信用、融资租赁在一定意义上也属于外源融资的范围。

内源融资的能力代表企业造血的能力，完全依靠内源融资往往会限制企业发展的速度。随着技术的进步和生产规模的扩大，外源融资将逐渐成为企业获得资金的重要方式。

对于初创企业来说，既要保证内源融资的能力，也要具备外源融资的能力。

（2）按资金融通是否通过媒介分

①直接融资。是不经过金融机构等媒介，由政府、企事业单位及个人直接以借款人的身份向贷款人借款的融资活动。直接融资基本特点是，拥有暂时闲置资金的单位和需要资金的单位直接进行资金融通，不经过任何中介环节。直接融资拥有以下特点：

直接性。在直接融资中，需求者直接从资金的供应者获得资金，在资金的供应者和资金的需求者之间建立直接的债权债务关系或投资关系。

分散性。直接融资是在无数企业相互之间、政府与企业和个人之间、个人与个人之间，或者企业与个人之间进行的，因此融资活动分散于各种场合，具有一定的分散性。

差异性。不同的企业或个人，其信誉好坏有较大的差异，债权人往往难以全面、深入地了解债务人的信誉状况，从而带来融资信誉的较大差异和风险性。

自主性。直接融资中，在法律允许的范围内，融资者可以自己决定融资的对象和数量。例如在商业信用中，赊买者和赊卖者可以在双方自愿前提下，决定赊买或赊卖的品种、数量和对象；在股票融资中，股票投资者可以随时决定买卖股票的品种和数量等。

部分不可逆性。在直接融资中，通过发行股票所取得的资金，是不需要返还的。投资者无权中途要求退回股金，而只能到市场上出售股票。股票只能在不同的投资者之间互相转让。

直接融资的优点显而易见，可以使资金供求双方联系紧密，有利于资金快速合理配置和提高使用效益，由于没有中间费用，筹资的成本较低。直接融资的缺点主要表现在：直接融资双方在资金数量、期限、利率等方面受到的限制多；直接融资使用的金融工具其流通性较间接融资要弱，兑现能力较低；直接融资的风险较大。

②间接融资。是指资金盈余单位与资金短缺单位之间不发生直接关系，而是分别与金融机构发生独立的交易，即资金盈余单位通过存款，或者购买银行、信托、保险等金融机构发行的有价证券，将其暂时闲置的资金先行提供给这些金融中介机构，然后再由这些金融机构以贷款、贴现等形式，或者通过购买需要资金的单位发行的有价证券，把资金提供给这些单位使用，从而实现资金融通的过程。间接融资具有以下特点：

间接性。在间接融资中，资金需求者和资金初始供应者之间不发生直接借贷关系；资金需求者和初始供应者之间由金融中介发挥桥梁作用。资金初始供应者与资金需求者只与金融中介机构发生融资关系。

相对的集中性。间接融资通过金融中介机构进行。在多数情况下，金融中介并非某一个资金供应者与某一个资金需求者之间一对一的对应性中介，而是资金供应者群体与资金需求者群体的综合性中介，因此在间接融资中，金融机构具有融资中心的地位和作用。

信誉的差异性较小。由于间接融资相对集中于金融机构，因此世界各国对于金融机构的管理一般都较严格，金融机构自身的经营也多受到相应的稳健性经营管理原则的约束，加上一些国家还实行了存款保险制度，因此，相对于直接融资来说，间接融资的信誉程度较高，风险性也相对较小，融资的稳定性较强。

全部具有可逆性。通过金融中介的间接融资均属于借贷性融资，到期均必须返还，并支付利息，具有可逆性。

间接融资的优点在于金融机构网点多，吸收存款的起点低，能够广泛筹集社会各方面闲散资金，积少成多，形成巨额资金；由于金融机构的资产、负债是多样化的，融资风险便可由多样化的资产和负债结构分散承担，安全性较高；有利于降低融资成本，因为金融机构的出现是专业化分工协作的结果，它具有了解和掌握借款者有关信息的专长，而不需要每个资金使用者自己去搜集资金赤字者的有关信息，从而降低整个社会的融资成本；有助于解决由于信息不对称所引起的逆向选择和道德风险问题。间接融资的缺点主要表现为：由于资金供应者与需求者之间加入金融机构作为中介，这割断了资金供求双方的直接联系，在一定程度上减少了投资者对投资对象经营状况的关注和筹资者在资金使用方面的压力。同时，资金的筹集费用要大于直接融资，增加了资金的使用成本。

（3）按资金性质分

①债权融资。是指企业通过借钱的方式融资。债权融资获得的只是资金的使用权而非所有权，负债资金的使用是有成本的，企业必须支付利息，并且债务到期时须归还本金。债权融资的特点决定了其用途主要是解决企业运营资金短缺的问题，而不是用于资本项下的开支。债权融资能够提高企业所有权资金的资金回报率，具有财务杠杆作用，而且一般不会对企业产生控制权问题，但是固定的利息和到期日会给企业带来较大的压力。

②股权融资。是指企业的股东让出部分企业所有权，引进新的股东的融资方式。股权融资所筹措的资金具有永久性，无到期日，企业无需还本付息，但新股东将与老股东同样分享企业的盈利与增长。股权融资的特点决定了其用途的广泛性，既可以充实企业的营运资金，也可以用于企业的投资活动。股权融资具有不可逆性，投资人欲收回本金，需借助于流通市场。股权融资没有固定的股利负担，股利的支付与否和支付多少视公司的经营需要而定。股权融资的缺点主要是会分散原有股东的控制权和收益分配。

对于初创企业来说，其往往缺乏资金，面临较大风险，股权融资可以分散风险，又没有太大的还本付息压力，是比较合适的融资选择。等到企业相对成熟安全以后，可以适当调整资本结构，逐步增加债权融资的比例，以利用债务资本的杠杆作用，提高企业的利润率。

> **案例分享**
>
> ### 两次政府贴息贷款雪中送炭，大学生创业项目"起死回生"
>
> 2010 年，东南大学的冯宏星和四个小伙伴走上了创业之路，他们的目的只有一个：造出船舶通信导航设备，打破进口产品垄断。创业以来，冯宏星的团队遭遇了研发、推广、资金等重重困难，甚至一起奋斗的小伙伴也因对公司前景缺乏信心

而离开团队，"是政府的两次大学生创业贷款让我们'起死回生'，克服了初创期现金流缺乏的困难，也让团队的小伙伴重拾自信。"冯宏星说。

放弃读博，创业造国产船舶通信导航设备

冯宏星是一名东南大学通信专业硕博连读的学生。在他即将攻读博士时，与同学卓维平进行了一次对话，这次对话改变了他的想法。卓维平把海员亲戚给他的难题抛给了冯宏星："为什么目前国内商船上用的通信导航设备，绝大多数是从日本、韩国或欧洲进口的？"

冯宏星了解到，这是因为船舶通信导航行业的专业性非常强，通信、信息系统的专业人士很少触及。他决定，放弃继续读博的机会，同卓维平和另外三个东南大学的研究生一起，组成团队开始创业。

启动资金300万元，是五个小伙伴找家人和亲戚借来的。创业之初，他们租了一个10平方米的小屋作为研发场地。很不幸的是，南京的一场大暴雨把场地淹了，他们唯一一台电脑也被淹坏了。创业环境异常艰难，直到第二年，他们才拿出第一款产品。

30万元贴息贷款，支持首笔订单赚了100多万元

"几个大学生折腾出来的产品，市场上根本不认可。我们找了一家研究所进行海上测试。一年后，稳定的通信质量让对方心服口服，我们拿到了第一笔订单。"冯宏星说。

当时，整个团队正面临生死存亡的境地：300万元启动资金已经全部花光，如果要完成订单，还必须投入70万～80万元。团队中一位小伙伴决定放弃，因为当时他面临毕业，杭州一家公司以承诺给他一套房为条件将他挖走了。

小伙伴的离开，让整个团队的士气陷入低谷。在一次活动中，冯宏星听说有专门针对大学生的创业担保贷款贴息，就去市人社局咨询。很快，人社局工作人员就来创业现场考察了。"当时，我心里特别没底气，因为创业场地乱七八糟，仓库、研发、销售都挤在一个办公室里。"冯宏星说，让他没想到的是，通过交流，这位工作人员觉得他们是一个干实事的团队，决定批准通过这笔贷款，由政府贴息。冯宏星找了五个人做担保，有亲戚，也有东南大学的老师。

一个月后，30万元贴息贷款到账。冯宏星和小伙伴们又找亲戚朋友借了一些钱。在这笔资金的帮助下，他们赚了100多万元。

50万元"绿色通道"贷款，助力销售额翻番

对于初创期的企业来说，钱一直都是缺的。冯宏星说，2014年公司年销售额已经超过400万元。两年前申请的30万元担保贷款马上到期，急需现金流继续开拓

市场，他便再次提出贷款申请。这一次贷款申请非常顺利，市人社局将额度破格提升到 50 万元，还是由政府贴息，且走的是贷款"绿色通道"，不需要担保人，所有贷款风险由财政承担。

这笔资金让这个年轻的创业团队再次腾飞。2015 年，公司年销售额超过 800 万元；2016 年，年销售额飙升至 1500 万元。

冯宏星说，创业的成功，离不开政府的支持。尤其是第一笔贷款，让团队的小伙伴重拾了创业信心。无论今后走得多远，他都会记得创业初期政府雪中送炭的这笔资金。

资料来源：何雪利，王永祥．从零到卓越：创新创业导论［M］．上海：上海交通大学出版社，2022

 案例点评

创业者在创业过程中遇到资金难题的时候，不要只想着向亲友融资，还要善于利用政府的扶持政策，从政府方面得到融资支持。如果能够巧妙地利用这些政策和政府支持，可以达到事半功倍的效果。冯宏星就是遇到资金短缺的情况后，经由政府贴息进行贷款才解了燃眉之急。

二、企业融资的渠道与流程

1. 企业融资的渠道

融资渠道是指企业筹措资金的方向和通道，体现了资金的来源和流量。了解企业的融资类型和融资方式，对企业的生存和发展极其关键。常见的融资渠道有以下几种。

（1）私人资本融资

①个人积蓄。创业者在试图引入外部资金时，外部投资者一般都要求企业必须有创业者的个人资金投入其中。所以，个人积蓄是创业融资最根本的来源，几乎所有的创业者都向他们新创办的企业投入了个人积蓄。创业者可以通过转让部分股权的方式从合伙人那里取得创业资金。将个人合伙人或个人股东纳入自己的创业团队，利用团队成员的个人积蓄，是创业者最常用的融资方式之一。

②亲友资金。除了个人积蓄之外，身边亲朋好友的资金是最常见的资金来源。亲朋好友由于与创业者个人的关系而愿意向创业企业投入资金，因此，募集亲友资金是创业者经常采用的融资方式之一。在向亲友融资时，创业者必须用现代市场经济的交易规则、契约原则和法律形式来规范融资行为，保障各方利益，减少不必要的纠纷。创业者还要在向亲友融资之前，仔细考虑这一行为对亲友关系的影响，要将日后可能产生的有利和不利影响

告诉亲友，尤其是创业风险，以便把将来出现问题时对亲友的不利影响降到最低。

③天使投资。天使投资是指个人出资协助具有专门技术或独特概念但缺少自有资金的创业者进行创业，并承担创业中的高风险和享受创业成功后的高收益的一种方法。自由投资者或非正式风险投资机构对原创项目或小型初创企业进行的前期投资行为，是一种非组织化的创业投资形式。天使投资分为两类，一类是有行业背景的天使投资，另一类是没有行业背景的天使投资。这两类天使投资，从行为及预期到和创业团队的合作方式都不一样。从资本的角度来说，这两类投资人都是非常好的来源。倘若创业团队早期并非单纯缺乏资金，则寻找具有行业背景的天使投资会更好。

（2）机构融资

①银行贷款。比较适合创业者的银行贷款形式主要有抵押贷款和担保贷款两种。抵押贷款是指借款人以其所拥有的财产做抵押，作为获得银行贷款的担保。在抵押期间，借款人可以继续使用其用于抵押的财产。抵押贷款有以下几种：不动产抵押贷款、动产抵押贷款、无形资产抵押贷款。无形资产抵押贷款是一种创新的抵押贷款形式，适用于拥有专利技术、专利产品的创业者，创业者可以用专利权、著作权等无形资产向银行做抵押或质押获取贷款。担保贷款是指借款方向银行提供符合法定条件的第三方保证人作为还款保证的借款方式。其中较适合创业者的担保贷款形式有：自然人担保贷款、专业担保公司担保贷款和政府无偿担保贷款。

②非银行金融机构贷款。非银行金融机构贷款是指向除银行以外从事金融业务的机构借入用于企业自身经营的各项贷款。根据法律规定，非银行金融机构，包括银保监会批准设立的信托公司、企业集团财务公司、金融租赁公司、汽车金融公司、货币经纪公司、境外非银行金融机构驻华代表处、农村和城市信用合作社、典当行、保险公司、小额贷款公司等机构。

③交易信贷和租赁。交易信贷是指企业在正常的经营活动和商品交易中由于延期付款或预收货款所形成的企业间常见的信贷关系。企业在筹办期及生产经营过程中，均可以通过商业信用的方式筹集部分资金。如企业在购置设备或原材料、商品过程中，可以通过延期付款的方式，在一定期限内免费使用供应商提供的部分资金；在销售商品或服务时采用预收账款的方式，免费使用客户的资金。创业者也可以通过融资租赁的方式筹集购置设备等长期性资产所急需的资金。融资租赁是指实质上转移与资产所有权有关的全部或绝大部分风险和报酬的租赁。融资租赁是集融资与融物、贸易与技术更新于一体的新型金融业务。

④从其他企业融资。一些从事公用事业业务的企业，或者已经发展到成熟期的企业，现金流一般会比较充足，甚至会有大量资金需要通过对外投资的方式实现较高收益。对于有闲置资金的企业，创业者既可以吸收其资金作为股权资本，还可以向这些企业借款，形成债权资本。

（3）风险投资

根据美国风险投资协会的定义，风险投资是指由职业的金融家投入到新兴的、迅速发展的、有巨大竞争潜力的企业中的一种权益资本。在我国，对于风险投资比较普遍的观点是：风险投资是由专业机构提供的投资于极具增长潜力的创业企业并参与其管理的权益资本。获取风险投资需准备详尽的商业计划书，积极联系风险投资机构，通过路演、推荐等方式展示团队实力与市场潜力，吸引投资者。

（4）政府扶持基金

创业者可以利用政府扶持政策，从政府方面获得融资支持。政府的资金支持是中小企业资金来源的重要组成部分。政府的资金支持一般能占到中小企业外来资金的 10% 左右，资金支持方式主要包括税收优惠、财政补贴、贷款援助、风险投资和开拓直接融资渠道等。

2. 创业融资的具体流程

融资对于初创企业来说十分重要。企业在创业阶段风险较大，融资相对较难，如果不认真做好准备，成功的希望非常渺茫。对于一个初创企业，融资可以参考以下流程。

（1）撰写商业计划书

撰写商业计划书不仅是包装和表达的过程，也是厘清产品思路的过程。一份技术上完美的商业计划书如果逻辑怪诞、缺乏说服力，很有可能是产品本身就有问题。聪明的创业者会借由撰写商业计划书来发现不足，从而改善产品或商业模式。所以，千万不要轻视用心撰写商业计划书的意义。

（2）找到投资人

创业者可以利用网络平台发布自己的项目，也可以通过到投资平台所在地申请、微博发私信或广告、特定拜访、拜托别人引荐等方式寻找投资人。一般情况下，如果项目足够吸引人，最大的可能还是通过股权众筹平台接触到投资人。不要试图欺骗投资人和平台的投资经理，不好的项目是没机会见到投资人的。

（3）路演

路演是一个讲究技术的行为，路演技巧和包装思维很重要。参与有组织的路演有机会一次接触许多投资人，可以节省大量成本，同时，路演活动也可以接触到其他创业者。很多路演会注明细分领域，应该有的放矢，选择适合自己创业领域的路演专场。

（4）与投资人单独约谈

如果路演已经给投资人留下好印象，就有机会展开私密约谈了。约谈也有一些规则和技巧，对于不同的项目及不同的投资人需要根据情况斟酌把握。

（5）交易价格谈判

价格谈判是让投资人了解你的项目和团队，至于具体投不投还要看细节，如项目估值、出让比例、附带权利（优先股是否具有投票权、是否配备反稀释条款）等。令投资人追捧的好项目具有更强的议价能力，做好产品永远比谈判技巧更有用。

（6）签订投资意向书

签订投资意向书之前一定要仔细检查条款并三思而行。由于参与签订投资意向书的创业者一方往往仅有创始人（也是 CEO）一人，创始人不仅要考虑自己的利益，也要考虑团队的利益，不能坑害合伙人。建议有能力的创业者聘请律师。

所谓"知己知彼，百战不殆"，融资准备工作也必须从"内外"两大方向入手：做好内部建设，对企业现状和发展前景有清晰的认识；同时逐步了解外部融资环境，通过聘请专业融资顾问获得帮助，为成功融资创造条件。

案例分享

跟随政策导向，新能源汽车行业这样获取融资

来自江苏航运职业技术学院的庞天赐同学从小就有一个创业梦。在校期间，他便把握时代动向，整合已有资源，尝试投身了新能源汽车行业。

创业初期无疑是艰难的。庞天赐面临了资金紧张、市场拓展困难等诸多挑战。为了解决资金问题，他积极寻找投资者，向投资者们阐述自己的商业计划和愿景。经过多次沟通和谈判，庞天赐终于获得了一笔初始投资，这为他的创业之路提供了重要的支持。

2022 年 11 月 3 日，庞天赐持股的艾维希开特精密科技（南通）有限公司成立，主营业务有新能源汽车动力系统固定，线束固定，氢燃料电池固定，储氢罐固定，涡轮蜗杆卡箍制造，以及提供车辆排气系统方案、技术服务等。公司入选 2023 年南通市科创项目、2023 年南通市江海英才（海安英才）项目，获得 2023 年度南通海安高新区科创先锋企业等奖项，打响了知名度。

为了公司的进一步发展，庞天赐积极开展融资行动。通过探索，他发现政府对于新能源、科技创新等领域的企业有相应的扶持政策，包括提供政府融资支持等。他的公司主要从以下几个方面获得政府融资。

1. 获得地方政府政策支持

地方政府通过各种财政补贴、税收优惠、贷款贴息等，支持艾维希开特的创新发展。公司作为海安市的企业，受益于地方政府的相关政策优惠。

2. 对接机构

公司还与南通市海安市的产业研究院等机构对接，通过这些机构的指导，获得政府融资支持。

3. 项目申报

公司主要通过参与项目申报、高新技术企业认定等，利用项目的创新点以及实际价值获取政府支持，从而得到政府的直接资金支持或贷款优惠。

案例点评

　　在企业进行融资时要考虑到融资需求、融资成本，谨慎选择融资渠道以及融资结构，在融资过程中特别要注意法律法规，一定要遵纪守法，不逾越红线。在融资风险方面，需要注意信用风险、市场风险、利率风险、流动性风险，也要特别注意法律风险。

知识拓展

经营性租赁与融资性租赁的区别

　　租赁方式主要有两种，经营性租赁和融资性租赁。经营性租赁是传统的租赁方式，出租方具有出租物的所有权，承租方只有使用权，租赁期间支付租金，租赁期满后，租赁物归出租方，这种租赁期限较短。融资性租赁期限长，租赁期满后，租赁物归承租方或支付一定费用后归承租方。二者具有以下显著的区别。

1. 租赁程序上的区别

　　融资性租赁要由承租方向出租方提出正式申请，由出租方融通资金引进承租方所需的设备，然后租给承租方使用；经营性租赁承租方可随时向出租方提出租赁资产的要求。

2. 租赁期限上的区别

　　融资性租赁的租赁期一般为租赁资产寿命的一半以上；经营性租赁的租赁期短，不涉及长期而固定的义务。

3. 合同约束上的区别

　　融资性租赁合同稳定，在租赁期内承租方必须连续支付租金，非经双方同意，中途不得退租；经营性租赁合同灵活，在合理的范围内可以解除租赁合同。

4. 租赁期满资产处置上的区别

　　融资性租赁的租赁期满后，租赁资产的处置有转让、退租、续租三种方法可供选择；经营性租赁的租赁期满后，租赁资产一般要归还给出租方。

5. 租赁资产维修与保养上的区别

　　融资性租赁在租赁期内，出租方一般不提供维修和保养设备方面的服务；经营性租赁在租赁期内由出租方提供设备的保养维修、保险等服务。

三、创业启动资金的测算

　　对于创业项目来说，融资多少是"技术活"。融资少了，可能会影响项目的正常开展；

融资多了，也会给企业带来负担。因此，创业企业需要根据项目的具体内容对创业启动资金进行测算。

1. 启动资金的类型

启动资金是用来支付场地（土地和建筑）、办公家具和设备、机器、原材料和商品库存、营业执照和许可证、开业前广告和促销、工资及水电费和电话费等的费用。这些支出可以归为如下两类：

①投资（固定资产）。是指企业购买的价值较高、使用寿命长的东西。有的企业用很少的投资就能开办，而有的需要大量投资才能启动。明智的做法是把必要的投资降到最低限度，让企业少担风险。

②流动资金。是指企业日常运转所需要支出的资金。

2. 投资（固定资产）预测

（1）企业用地和建筑

办企业或开公司都需要有适用的场地和建筑，有些需要整座建筑，有些只需要一个小工作间或一个铺面。如果能在家开展工作，就更能降低投资风险。

明确需要什么样的场地和建筑后，就要在以下选项中做出选择：

一是造房。如果企业对场地和建筑有特殊要求，最好自己建造，但这需要大量的资金和时间。

二是买房。如果能在优越的地段找到合适的建筑，则购买现成建筑既简单又快捷。但现成的房子往往需要经过改造才能适合企业的需要，而且也要创业者花费大量的资金。

三是租房。租房比造房和买房所需的启动资金要少，也更灵活。当企业的地点可能改变时，租房就会合适得多。不过租房不像自己拥有房产那么安稳。

四是在家开业。在家开业最便宜，但即使这样也少不了要做些调整。在不确定创业是否成功时，在家开业是起步的好办法，待企业成功后再租房或买房也不晚。但在家工作，业务和生活难免互相干扰。

（2）设备

设备是指企业生产经营需要的所有机器、工具、车辆、办公家具等。对于制造商和一些服务行业，最大的需要往往是设备。一些企业需要在设备上大量投资，因此了解清楚需要什么设备，以及选择正确的设备类型就显得非常重要。

3. 流动资金预测

企业开张后要运转一段时间才能有销售收入。制造商在销售之前必须把产品生产出来，服务企业在开始提供服务之前要买材料和用品，零售商和批发商在卖货之前必须先买货。所有企业在招揽顾客之前必须先花时间和费用促销。有的企业需要足够的流动资金来支付 6 个月的全部费用，也有的企业只需要支付 3 个月的费用。创业者必须预测，在获得销售收入之前，自己的企业能够支撑多久。一般而言，刚开始的时候销售不会特别顺利，因此，流动资金要尽可能宽裕些。

总之，创业者需要流动资金支付购买并储存原材料和成品、促销、工资、租金等方面的开销。

（1）购买并储存原材料和成品

制造商生产产品需要原材料，服务行业的经营者也需要材料，零售商和批发商需要储存商品来出售。库存越多，需要用于采购的流动资金就越多，因此应将库存降到最低限度。如果允许赊账，资金回收的时间就更长，就需要动用流动资金再次充实库存。

（2）促销

初创企业开张，需要促销自己的产品或服务。而促销活动需要流动资金。创业者需要制订促销计划并做预算。

（3）工资

如果需要雇用员工，在起步阶段就得付工资。此外，创业者还要以工资方式支付自己家庭的生活费用。计算流动资金时，要注意用于发工资的钱，用每月工资总额乘以还没到达收支平衡的月数就可以计算出来。

（4）租金

正常情况下，企业一开始运转就要支付企业用地、用房的租金。计算流动资金里用于房租的金额，要考虑到一般租金一次缴纳就是 3 个月或 6 个月，会占用一定的资金。

（5）其他费用

在企业起步阶段，还要支付其他费用，例如电费、文具用品费、交通费等。一般来说，在销售收入能够收回成本之前，企业事先至少要准备 3 个月的流动资金。为使预算更加准确，可制订现金流量计划。

4. 盈利能力预测

通过盈利能力预测，创业者可以判断企业的内源融资是否能够达到预期，以及企业未来的盈亏平衡点会在什么时间出现，以此进一步明确需要准备多少创业启动资金。利润是企业收入与费用的差额，因此盈利能力的预测主要就集中在营业收入和营业成本及费用的预测上。盈利能力预测的具体方法如下。

（1）为产品和服务制定合理的销售价格

价格制定的过程实际上就是创业者预测营业成本、费用以及收入的过程。在确定产品价格之前，先要计算出企业为顾客提供产品或服务所产生的成本。创业者必须详细了解企业经营的成本，一旦成本大于收入，企业就会陷入财务困境。制定价格主要有以下两种方法：

一是成本加价法。将制作产品或提供服务的全部费用加起来，就是成本价格。在成本价格上加一个利润百分比就是销售价格。如果企业经营有效，成本不高，用这种方法制定的销售价格在当地应该是具有竞争力的。但是，如果企业经营不好，成本比竞争者的高，那么使用成本加价法制定的价格会高于同行，不具有竞争力。

二是竞争价格法。在定价时，除了考虑成本外，还要了解当地同类产品或服务的价格，以保证自己的定价具有竞争力。如果自身定价比竞争者的高，就要保证自己的产品和服务能更好地满足顾客的需要。

需要补充的是，对于一个初创企业来说，预测成本绝对不是容易的事。一方面，成本并非固定不变。成本分为固定成本和可变成本。其中固定成本是指成本总额在一定时期和一定业务量范围内，不受业务量增减变动影响而能保持不变的成本。比如，房租、保险费等。可变成本则会随着生产或销售的起伏而变化，如材料成本、销售费用等。另一方面，预测成本既要计算总成本又要预测产品的单位成本。产品或服务的单位成本价格是指一个月的总成本再除以当月的产品数量。

对于初创企业来讲，产品的定价往往会引起竞争对手的激烈反应。他们也许会压低价格，使初创企业难以立足。

（2）准确预测销售收入

在做市场分析时，通常需要对销售额进行合理的预测。一旦完成了销售额的预测，便可以据此计算出相应的销售收入。为了准确预测销售收入，可以列出企业推出的所有产品及服务项目，思考第一年里每个月期望销售的产品及服务数量，用销售价格乘以月销售量来计算每个产品及服务的月销售额。在对销售收入的估计中，切忌过高估计自己的销售量，在开办企业的头几个月里，销售收入往往不会太高。

（3）制订现金流量计划

现金被称为企业的血液，企业缺乏对现金的管理往往会导致企业经营中途抛锚。现金流量是指企业某一期间内的现金流入和流出的数量。例如，销售商品、提供劳务、出售固定资产、收回投资、借入资金等，形成企业的现金流入；购买商品、接受劳务、购建固定资产、现金投资、偿还债务等，形成企业的现金流出。衡量企业经营状况是否良好，是否有足够的现金偿还债务，以及资产的变现能力等，现金流量是非常重要的指标。制订现金流量计划将帮助创业者明晰企业盈利能力，帮助企业避免现金短缺的威胁。

影响或不影响现金流量的因素主要包括以下内容：

一是现金各项目之间的增减变动不会影响现金流量净额的变动。例如，从银行提取现金、将现金存入银行、用现金购买两个月到期的债券等，均属于各项目之间的内部资金转换，不会使现金流量增加或减少。

二是非现金各项目之间的增减变动也不会影响现金流量净额的变动。例如，用固定资产清偿债务、用原材料对外投资、用存货清偿债务、用固定资产对外投资等，均属于非现金各项目之间的增减变动，不涉及现金的收支，不会使现金流量增加或减少。

三是现金各项目与非现金各项目之间的增减变动会影响现金流量净额的变动。例如，用现金支付原材料、用现金对外投资、收回长期债券等，均涉及现金各项目与非现金各项目之间的增减变动，这些变动会引起现金流入或现金流出。

现金流量管理是现代企业理财活动的一项重要职能，建立完善的现金流量管理体系，是确保企业的生存与发展、提高企业市场竞争力的重要保障。

知识拓展

创业寻找资金的六大方案

1. 风险投资：创业者的"维生素 C"

在英语中，风险投资的简称是 VC。广义的风险投资泛指一切具有高风险、高潜在收益的投资；狭义的风险投资是指以高新技术为基础的生产与经营技术密集型产业的投资。如重庆江北通用机械厂从 1995 年开始研制生产大型氟利昂机组新产品，其具有兼容功能，并可以用其他冷冻液代替。银行对新产品一般不予贷款，但重庆风险投资公司提供了 100 万元贷款。两年后，江北通用机械厂新产品销售额达 7000 万元。

2. 天使投资：创业者的"婴儿奶粉"

天使投资是一种非组织化的创业投资形式，其资金来源大多是民间资本；天使投资的门槛较低，有时即便是一个创业构思，只要有发展潜力，就能获得资金。"天使"指的是企业家的第一批投资人，这些投资人在公司产品和业务成型之前就把资金投入进来。对很多刚起步的创业者来说，既吃不了银行贷款的"大米饭"，又沾不了风险投资"维生素"的光，这种情况下，只能靠天使投资的"婴儿奶粉"来吸收营养并茁壮成长。

3. 创新基金：创业者的"营养餐"

近年来，我国科技型中小企业的发展势头迅猛，已经成为国家经济发展新的重要增长点。同时，这些处于创业初期的企业在融资方面所面临的迫切要求和融资困难的矛盾，也成为政府致力解决的重要问题。鉴于此，科学技术部、财政部联合设立并启动了以政府支持为主的科技型中小企业技术创新基金，以帮助中小企业走出融资困境。创新基金已经成为越来越多科技型中小企业融资可口的"营养餐"。

4. 中小企业担保贷款：创业者的"安神汤"

一方面，中小企业融资难，大量企业"嗷嗷待哺"；另一方面，银行资金四处出击，却不愿意贷给中小企业。究其原因，是银行认为对中小企业发放贷款，风险难以防范。然而，随着国家政策和有关部门的大力支持及担保贷款数量的激增，中小企业担保贷款必将成为中小企业另一条有效的融资之路，为创业者"安神补脑"。

5. 政府基金：创业者的"免费皇粮"

近年来，政府充分意识到中小企业在国民经济中的重要地位，尤其是各地方政府，为了增强自己地区的竞争力，不断扶持科技含量高的产业或优势产业。为此，各级政府相继设立了政府基金予以支持。这对于拥有一技之长又有志于创业的科技人员，特别是归国留学人员来说，是一个很好地吃"免费皇粮"的机会。

6. 典当融资：创业者的"速泡面"

风险投资虽是"天上掉馅饼"的美事，但只是一小部分精英型创业者的"特权"；银行的大门虽然敞开，但也有一定的门槛。"急事告贷，典当最快"，典当的主要作用就是救急。与作为主流融资渠道的银行贷款相比，典当融资虽只起着拾遗补缺、调余济需的作用，但由于能在短时间内为融资者争取到更多的资金，因而被形象地比喻为"速泡面"。

■ 素养园地

营造鼓励创新创业创造的社会氛围

"要坚持问题导向，解放思想，通过全面深化改革开放，给创新创业创造以更好的环境，着力解决影响创新创业创造的突出体制机制问题，营造鼓励创新创业创造的社会氛围，特别是要为中小企业、年轻人发展提供有利条件，为高技术企业成长建立加速机制。"这段话出自2019年3月10日习近平总书记参加十三届全国人大二次会议福建代表团审议时的讲话。

创新创业创造，就是以发展为根本动力，以破除制约发展瓶颈的体制机制障碍为突破口，通过优化和制定实施一系列有效和可持续发展的政策和机制，最大限度激活包括企业家、创业者、企事业和地区在内的巨大发展潜能。在全社会大力营造创新创业创造的社会氛围，势必会推动我们整个社会发展思维方式、行为方式的转变，进一步夯实了高质量发展的微观基础，有效推动经济转型升级、提质增效。充分释放全社会创新创业创造动能，已成为我国应对错综复杂国际环境，抢抓新一轮科技革命和产业变革机遇，增强国际竞争力、实现高质量发展的必然选择。

党的十八大以来，我国创新创业创造生态环境日益优化，市场主体活力不断增强，创新创业创造成果不断涌现。我国全面实施市场准入负面清单制度，清理废除妨碍统一市场和公平竞争的各种规定和做法，健全以公平为核心原则的产权保护制度，完善社会信用体系建设，营商环境得到持续优化。我国营商环境全球排名从 2012 年的第 91 位大幅跃升至第 31 位，全球创新指数排名由第 34 位上升至第 11 位，连续 10 年稳步提升。随着市场准入、准营、退出等相关体制机制改革持续深入推进，行政审批事项大幅减少，创新环境不断优化，各种新业态新模式层出不穷。根据最新统计数据，2022 年，全国日均新登记企业 2.4 万户，市场主体总数达到 1.69 亿户。

党的二十大报告指出，要提升国家创新体系整体效能。新征程上，我们要进一步在全社会营造有利于创新创业创造的良好发展环境，激发创新创业创造活力。首先，要持续深化体制机制改革，为创新人才松绑，替初创企业减负，加快建设世界重要人才中心和创新高地，不断增强我国在世界大变局中的影响力和竞争力。其次，要始终坚持问题导向，着力解决创新创业创造面临的突出矛盾和问题，持续打造市场化、法治化、国际化营商环境，不断完善各类所有制企业发展环境，让企业和个人有更多活力和更大空间去发展经济、创造财富。我们还要大力弘扬企业家精神和工匠精神，在全社会营造尊重劳动、尊重知识、尊重人才、尊重创造的环境和氛围，让创新创业创造在全社会蔚然成风。

资料来源：央广网《每日一习话》

■ 任务训练

制订融资计划

活动目的：

帮助学生学会创业资金测算，尝试编写融资计划书。

活动要求：

假如你想成立一所培训学校，请确定公司的启动资金。具体实施步骤如下：

1. 教师对学生进行分组，每组 4～6 人，同时选出一个小组负责人。

2. 上网查找培训学校的实际业务情况和投资情况。

3. 小组讨论并解决以下问题：

（1）创业需要多少资金？具体包括哪些支出？（填写表 6-3）

（2）获得这笔资金的融资方案有哪些？

（3）该融资方案符合企业目前的发展规划吗？

（4）在融资前，应做好哪些准备工作？

表 6-3 资金测算表

序号	项目	数量	金额	序号	项目	数量	金额
1	房屋租金			9	通信费		
2	购买机器设备费			10	保险费		
3	购买办公用品费			11	设备维护费		
4	员工工资			12	相关税费		
5	业务开拓费			13	开办费		
6	购买交通工具费			14	……		
7	广告费				合计		
8	水电费						

4. 正式拟定融资计划。

5. 将融资计划制作成 PPT，由小组负责人上台路演。

6. 教师对各小组的活动完成情况进行点评。

项目七
理清创业思路

当今企业之间的竞争，不是产品之间的竞争，而是商业模式之间的竞争。

——彼得·德鲁克

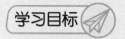

做企业从来没有固定的模式，纵观企业发展史，企图找到固定模式、一劳永逸是不会成功的；面对其他人的成功方法，简单机械地学习和模仿也是不会成功的。优秀的企业家一定是创造者，是最具创造精神的一批人。

学习目标

知识目标

- 了解商业模式的定义、构成要素与类型；
- 了解商业模式的构建与设计；
- 了解创业风险的特点以及创业风险的识别。

能力目标

- 掌握设计商业模式的思路，具备检验与评价商业模式的能力；
- 掌握创业风险识别的方法。

素质目标

- 具有分析商业模式要素、梳理商业模式流程的素养；
- 具备敏锐的创业风险洞察力，并能主动对潜在风险进行深入分析。

案例导入

盒马鲜生的新零售商业模式

"新零售"是指企业以互联网为依托，通过运用大数据、人工智能等先进技术手段，对商品的生产、流通与销售过程进行升级改造，进而重塑业态结构与生态圈，并对线上服务、线下体验及现代物流进行深度融合的零售新模式。

盒马鲜生是阿里巴巴依托支付宝向线下超市渗透的新零售，致力于打造"生鲜超市＋餐饮"新业态模式，为消费者提供线上下单、线下配送的一站式服务。盒马以线下门店为核心，秉持"有货、相邻、鲜"三大理念，搭建了实体门店和数字化平台的双重结构。在门店中，消费者可以通过手机扫码购物，选择线下实体购物和线上配送两种方式。与此同时，盒马还通过自建物流团队、自建冷链仓储等方式，实现从仓储到配送的全链条闭环。

盒马重视用户体验，坚持直接采购的原则，通过"买手制"将商品的消费需求与供应链体系进行整合，对传统的供应商与零售商的关系进行重构。为方便生鲜产品的加工或储存，盒马建立区域产品"加工检查中心"，除常温、低温仓库外，"加工检查中心"还具备商品质量检验、包装、标准化功能，负责为各地的盒马门店集中供货。

盒马改变了传统零售，也对物流进行数据化提效，构建了全国性的销售网络，其分散在各个城市的盒马门店承担销售和储藏的双重功能。每家门店既可以提供线下的销售和餐饮等服务，同时又是一个中小型的仓储配送中心，这种靠近消费者的"前置仓"模式，不管是订单响应的速度还是配送的成本，都具有很大的竞争优势。盒马依靠销售和存储的一体化，以及阿里巴巴的信息技术和数字化管理能力，保证了门店运营与配送的效率。

资料来源：周莲洁. 数字经济背景下新零售商业模式分析——以盒马鲜生为例[J]. 中国物流与采购，2022（5）

启示

盒马鲜生重构了商品结构，打破了传统零售售卖商品单一化的模式，即强化现场体验，根据消费场景需求，实施"零售＋外卖＋堂食＋加工服务"的全新服务组合。显然，盒马鲜生不仅仅是为用户提供商品，更是为用户提供多样化的生活方式，这样才能拉近品牌与用户的距离，提升用户黏性。盒马鲜生新零售致力于开拓新的业务场景，并提升用户的消费体验。

任务 13　设计商业模式

问题导入

被誉为"现代管理学之父"的彼得·德鲁克曾说过："当今企业之间的竞争，是基于商业模式的竞争。"商业模式的好坏在很大程度上决定着一个企业的成败，商业模式的创新更是企业创新的重要一环。如今，越来越多的企业通过新型商业模式取得了显著成功。请同学们思考以下问题：

（1）为什么一些企业能够获得成功？这些企业的商业模式有何特点？

（2）一些企业的商业模式创新以失败告终，它们失败的根源在哪里？

一、商业模式概述

"商业模式"一词的兴起，源于 20 世纪末的网络经济，之后很长一段时间，"商业模式"似乎成为网络经济的专有名词。事实上，在关于创业的一系列话题中，"商业模式"这个词也是被提到最多的一个。作为企业存在的最基本要素，"商业模式"已经成为创业者和风险投资者最常挂在嘴边的一个名词。所有人都确信，好的商业模式是企业成功的保障，那么到底什么是商业模式？商业模式的类型、要素都有哪些？

1. 商业模式的定义

"商业模式"是一个比较新的名词。尽管它第一次出现在 20 世纪 50 年代，但直到 20 世纪 90 年代才开始被广泛使用和传播。今天，虽然这一名词出现的频率极高，但关于它的定义仍然没有一个权威的版本。

目前相对比较贴切的说法是：商业模式是一种包含了一系列要素及其关系的概念性工具，用以阐明某个特定实体的商业逻辑。它详细描绘了企业如何向客户提供独特的价值，同时通过优化内部结构、构建强大的合作伙伴网络以及维护深厚的关系资本，有效地创造、推广和交付这一价值，从而确保稳定且可持续的盈利增长。

很多对于商业模式的讨论往往模糊了两种不同的含义：方法和概念。一种简单地用它来指公司从事商业的具体方法和途径；另一种则更强调模型方面的意义。这两者实质上是有所不同的。前者泛指一个公司从事商业的方法，而后者指的是这种方式的概念化；持后一观点的学者们提出了一些由要素及其之间关系构成的参考模型，用以描述公司的商业模式。

企业经营者比较倾向于将商业模式的讨论定位于方法，而研究者比较倾向于将商业模式描述为一种模型。总体上看，商业模式是一个非常宽泛的概念，与其有关的说法很多，包括运营模式、盈利模式、B2B 模式、B2C 模式、"鼠标加水泥"模式、广告收益模式等，不一而足。

结合以上观点，我们可以对商业模式作出这样的定义：商业模式是为实现客户价值最大化，把能使企业运行的内外各要素整合起来，形成一个完整的、高效率的、具有独特核心竞争力的运行系统，并通过最优实现形式满足客户需求、实现客户价值，同时使系统达成持续盈利目标的整体解决方案。

2. 商业模式的构成要素

商业模式包括"整合""高效率""系统""盈利""实现形式""核心竞争力""整体解

决""客户价值最大化"等要素。其中"整合"是指协调、组织和融合，有机整合企业内外部与企业的经营管理系统，使之形成一个整体；"高效率"是指将系统内外的各要素通过整合方式，使之高效率地运行运作，其目的就是使系统形成核心竞争力；"系统"既是指企业内的小系统，也指所属整个产业价值链的大系统，是最佳整体的意思，也就是个体的最佳组合；"盈利"是指企业为"客户实现价值最大化"的客观结果；"实现客户价值最大化"是企业主观的追求。"整合""高效率""系统"是基础或先决条件，"核心竞争力"是手段，"客户价值最大化"是主观追求目标，"盈利"是客观结果。

现在已不是靠单一产品或者技术就能打天下的时代，也不是靠一两个小点子或者一两次投机就能取得成功的时代了。企业要想有生存空间并能持续盈利，必须依靠系统的安排、整体的力量，即商业模式设计。未来企业的竞争将是商业模式的竞争。商业模式的竞争将是企业最高形态的竞争。

3. 商业模式的特征

由于不同行业的差异以及宏观和微观经济环境的共同影响，没有一个单一的商业模式能够保证在各种条件下都能产生优异的财务回报。尽管如此，我们仍然需要对商业模式的内在属性进行探索，找寻商业模式的属性框架，分析现实商业模式以及构建创新商业模式。成功的商业模式通常具有以下三个较为明显的特征。

（1）全面性

商业模式是对企业整体经营模式的归纳和总结。在企业经营层面，创业者需要制定必要的方案来引导基层员工的操作。创业者必须关注企业的整体发展目标和发展方案，在各个不同的管理职能分类上，设想可行的经营方案。因此，商业模式的全面性反映出创业者是否对创业发展中所遇到的各类问题进行了全面的思考，准备了相应的应对策略。缺乏全面性的商业模式很可能在某一方面很有优势，但是由于缺少支持其内在盈利性的某些要素，这种商业模式经常无法实现。当然，全面性并不意味着商业模式需要涵盖所有经营管理中琐碎的事务。它需要提炼归纳，提取更为重要的要素，这样对企业的整体发展才具备更强的指导意义。

（2）独特性

成功的商业模式要能提供独特价值。创业者通过确立自己的独特性，来保证市场占有率。这一独特价值表现在创业者能够向客户提供的额外价值，或者使得客户能用更低的价格获得同等价值，或者是用同样的价格获得更多的价值。

商业模式独特价值的根本来源是创业者所拥有的独特资源以及基于资源独特性所构建的发展战略，这一战略包括了未来可行的公司层面发展战略，同时也包括了市场经营层面的竞争策略，比如独特的营销方案或分销渠道等。

（3）难以模仿性

成功的商业模式必须是难以被模仿的。一个易于被他人模仿的商业模式，即使其再独特、再全面，也难以维系，迅速跟进的追随者很快就会使得企业的盈利能力大大下降。因此，难以模仿的商业模式首先意味着企业的经营模式是可持续的，创业者至少可以通过有效的手段在一定时间内维持企业的成长速度，而不用太早陷入行业竞争的漩涡中。

难以模仿的要旨首先在于企业的商业模式要充分发挥先行者的优势，让后进入者的获利尽可能降至最低，这样追随者对模仿现有的商业模式的兴趣就不会很大。同时，为了实现商业模式的难以模仿性，创业者也需要注重细节。只有执行到位，注重每一个细节，这一特定的商业模式才是竞争对手难以模仿的。当然，如果有可能，创业者也需要及时利用知识产权保护的有力武器来防止别人的模仿。

全面性、独特性、难以模仿性构成了商业模式的基本属性特征。对于成功的商业模式来说，这三个特征之间的关系类似于通常意义上的木桶效应，任何一个层面存在短板都会对商业模式造成重大伤害。因此，创业者在准备创业的时候，尤其需要警惕那些在其他层面特别突出，但在某一个层面上存在缺憾的商业模式。

4. 商业模式的类型

（1）运营性商业模式

运营性商业模式重点解决企业与环境的互动关系，包括与产业价值链环节的互动关系。运营性商业模式创造企业的核心优势、能力、关系和知识，主要包含以下内容：

①产业价值链定位。企业处于什么样的产业链条中，在这个链条中处于何种地位，企业结合自身的资源条件和发展战略应如何定位。

②盈利模式设计。企业从哪里获得收入，获得收入的形式有哪几种，这些收入以何种形式和比例在产业链中分配，企业是否对这种分配有话语权。

（2）策略性商业模式

策略性商业模式对运营性商业模式加以扩展和利用，涉及企业生产经营的方方面面，主要包含以下内容：

①业务模式。企业向客户提供什么样的价值和利益，包括品牌、产品等。

②渠道模式。企业如何向客户传递业务和价值，包括渠道倍增、渠道集中等。

③组织模式。企业如何建立先进的管理控制模型，比如建立面向客户的组织结构、通过企业信息系统构建数字化组织等。

每一种新的商业模式的出现，都意味着一种创新、一个新的商业机会的出现，谁能率先把握住这种商业机会，谁就能在商业竞争中抢占先机。

案例分享

"90后"大学生创业6年，打造出估值130亿元独角兽

2021年1月1日，国内运动科技公司Keep宣布完成3.6亿美元新一轮融资，投后估值（获得融资后的估值）达20亿美元（约合人民币130亿元），进一步巩固了其在运动科技领域的独角兽地位。

健身行业看起来单一，实则包罗万象，涵盖吃、穿、练、用四大领域，鲜少有企业敢说自己的业务范围全面覆盖健身领域。成立于2014年底的Keep，经过六年的发展成了一家具备社交属性的健身平台，拥有超过3亿的用户，会员数量也超过了1000万。目前，Keep的业务除了线上健身应用程序，还包括运动品牌消费品和线下运动空间等，为用户提供了精细化的运动体验和多元化的健身场景。提起Keep，就不得不提及其创始人王宁。

王宁是一位"90后"创业者，属于伴随互联网成长的一代。王宁大学时身材比较胖，当时还面临毕业找工作，他害怕因此被嫌弃，于是立志要瘦下来。就这样，王宁开始了他的减肥之路。他的方法很简单，就是绕着操场跑步，从一次跑3圈到一次跑30圈。坚持了2个月后他瘦了20斤，但是很快就遭遇了瓶颈。于是，他又去各大网站搜索了大量关于减肥的资料和视频，经过不断地学习，他掌握了一套健身和减肥的方法。他按照这种方法进行锻炼，很快就从160斤瘦到了130斤。这次减肥给他的人生带来了很大的改变，让他自信大增，几乎每个人见到他都会问他是如何减肥的，王宁也成为了众人追捧的"顾问"。后来王宁的朋友建议他把健身视频聚合在一个App里，这样就可以让更多的人看到。于是Keep就此诞生，同时也有了那句经典的口号——"自律给我自由"。

最初Keep里面的视频内容大都是从网上录制下来，然后通过剪辑软件拼接在一起的。虽然视频是拼接的，但是视频内容及质量还是很不错的，而且非常适合健身新手们。因此，在App上线后没多久就获取了千万名用户，并获得了一笔300万元的投资。拿到这笔钱后，王宁立刻请了一男一女两位模特，花了三天的时间，用一个单反相机录了一套动作视频。从一开始Keep就选择健身作为切入口，没有与咕咚、悦跑圈等竞争跑步用户。站稳脚跟后，王宁决定扩充品类，增加了跑步和瑜伽这两个大类目。此举成功吸引大批女性用户，实现了新一轮的用户增长，并且超过之前的老大哥咕咚和悦跑圈。如今，Keep为了满足用户多元化的运动需求，持续巩固线上内容，除了自主研发了1200多套课程外，还邀请了很多具有影响力的运动达人加入。此外，Keep还开通了健身直播课，进一步丰富了运动内容的多样性。

从商业模式来看，Keep 采用了类似全球最大的健身平台 Peloton 的模式，以优质内容吸引用户，然后通过付费会员、健身课程和健身类消费品销售等方式进行变现。2020 年，公司整体实现盈利，消费业务的营收年销售额达到 10 亿元。推出的智能动感单车更是在"双十一"期间成为同类产品中的成交额第一。随着国民收入水平不断提升、健康意识的不断增强和全民运动的普及，中国健身行业进入了快速发展的阶段。尤其是在疫情期间，大众的健身需求被迅速激发，线上健身用户活跃度显著提升。于是，Keep 不断扩充和丰富线上的内容服务，同时持续优化围绕运动场景的"吃、穿、练、用"产品体验。

案例点评

一个企业要想在市场中占有一席之地，必须明确企业能够为用户提供什么样的产品和服务。Keep 之所以能够在短短的六年内积累很多用户，并且成为行业的独角兽，无疑是因为它开发的产品能够满足用户多元化的需求。此外，这同时还说明了王宁在设计 Keep 的商业模式时对该产品的定位比较准确。

知识拓展

分析商业模式的有效工具

商业模式是一种简化的商业逻辑，但也需要用一些工具来描述这种逻辑。

（1）价值主张。即公司通过其产品和服务，所能向消费者提供的价值。价值主张明确公司对消费者的实用意义。

（2）消费者目标群体。即公司所瞄准的消费者群体。群体中的个体具有某些共性，从而使公司能够针对这些共性创造价值。定义消费者群体的过程，也被称为市场细分。

（3）分销渠道。即公司用来接触消费者的各种途径。阐述了公司如何开拓市场，涉及公司的市场和分销策略。

（4）客户关系。即公司同其消费者群体之间所建立的联系。通常所说的客户关系管理即与此相关。

（5）价值配置。即资源和活动的配置。

（6）核心能力。即公司执行其商业模式所需的能力和资格。

（7）合作伙伴网络。即公司同其他伙伴为有效地提供价值并实现其商业化，而形成的合作关系网络。这也描述了公司的商业联盟范围。

（8）成本结构。即公司所使用的工具和方法的货币描述。

（9）收入模型。即公司通过各种收入流来创造财富的途径。

（10）资本增值。伴随用户规模、品牌价值、市场份额方面的成长，公司本身估值也不断增加。

二、商业模式的构建

商业模式的构建是一个复杂而细致的过程，它远远超越了产品或服务的简单设计与提供，而是深入到企业如何识别市场需求、创造独特价值主张、精准定位目标客户群体、设计高效传递价值的渠道与策略等方面，并最终通过创新的盈利模式实现价值的创造与持续增长。这一过程要求企业具备敏锐的市场洞察力、灵活的战略调整能力以及强大的资源整合与执行能力。同时，随着市场环境的变化和客户需求的演变，商业模式的动态优化变得至关重要，需要企业不断审视现有模式的有效性，勇于打破常规，抓住新兴机遇，避免陷入盲目模仿、过度复杂、忽视客户体验或缺乏灵活性的误区。成功的商业模式与盈利模式相辅相成，共同推动企业实现可持续发展，巩固竞争优势。

1. 商业模式的构建过程

商业模式的构建是创业者在创业前的必要准备，商业模式的构建主要分为四个阶段。

（1）定位自身

对于自身的定位是商业模式构建中需要回答的第一个问题。创业者只有对自身的状况有切实的了解，才可能对企业的发展和价值创造进行更深入的构思。企业的现状是商业模式的出发点。"知己知彼，百战不殆"，自身的资源和能力是创业者战略规划的基础。如果所必备的能力不够，即使商业模式再诱人，也无法推行下去。如果企业尚未创立，创业者也可以对创业者本身以及创业团队的构成现状进行恰当的评价。除了可以从创业机会、创业团队以及创业资源等几个方面定位自身之外，创业者也可以从如下角度思考自身的定位：

①企业现在的战略能力如何，能否有效应对市场环境变化并且及时作出反应；

②企业现在的营销能力如何，能否根据客户的需求制订行之有效的营销计划；

③企业现在的技术研发能力如何，能否应对企业未来的技术发展需要；

④企业现在的生产能力如何，所生产的产品是否满足预先设定的功能和特征；

⑤企业现在的财务能力如何，能否正确评估财产风险，制订适宜的财务规划；

⑥企业现在的组织架构和人员配置如何，能否满足企业各方面的需要；

⑦企业是否拥有什么独特之处，诸如特定的专利技术或者特定的企业文化。

（2）定位客户

对于客户的定位是商业模式构建中需要回答的第二个问题。创业者实施创业活动归根结底是为了赢得客户，如果无法赢得实际客户的认可，即使创业者自身定位再精确也没有实际意义。为了赢得客户，商业模式需要定位企业的目标客户群体。定位客户时需要注意的是，企业所定位的客户是不是真实的客户——也就是切切实实能够为企业的发展带来现金收益的消费群体。在很多情况下，创业者所事先设想的客户往往是无效的，比如创业者设想的客户群体可能太大，那就无法从更多角度进一步提供更详细的用户画像，诸如购买特征、消费心理等，不利于创业者有针对性地进行营销规划。若创业者所设想的客户群体太小，那会因为客户消费不足而无法获利。若客户定位错误，就会直接导致企业的战略规划失败。因此，准确、清晰的客户定位是商业模式构建的重点。在定位客户时，不妨从以下四个方面进行分析：

①企业所提供的产品或服务适用于哪些人群；

②哪些群体会愿意为企业的产品或服务付费；

③这些群体对于企业的产品或服务最为关心的地方是什么，是价格、功能、技术、服务还是别的什么；

④除了提供产品或服务，企业还能够为这些群体提供什么方面的价值。

（3）传递价值

如何传递价值是商业模式构建中需要回答的第三个重要问题。创业者识别了自身的状况和客户的基本情况之后，需要在这两者之间搭建起价值传递的桥梁。一些创业者可能对自身定位非常清晰，也清楚地知道自己的客户是哪些消费群体，但是由于渠道不完善或者是营销不到位，客户对企业的产品没有足够的认同感，价值无法在企业和客户之间流动起来。这种情况下，企业很快便会陷入现金流枯竭的危机。因此，创业者必须清晰地设想价值传递过程。为了实现价值的传递，创业者可以从以下四个方面进行考虑：

①为了接触企业的有效客户，企业将设计怎样的销售渠道，是自建渠道还是通过现有的分销商和代理商；

②为了建立良好的客户关系，企业将在哪些方面实施一些具体的措施；

③企业可能的收入模式是什么，即企业可能的现金来源包括哪些形式；

④为了实现价值传递，企业可能与哪些合作伙伴形成有效的联盟关系。

（4）规划未来

基于企业现状、客户状况以及价值传递模式的分析，创业者还需要对企业未来的发展状况进行设想：未来一年内希望能够实现怎样的短期目标？在未来的三至五年内企业的发展目标又是怎样的？同时，创业者也需要展望未来，明确企业在自身定位、客户定位、价值传递这三个方面是如何发展变化的。企业的未来展望体现了创业者以及创业团队的创业目的，也反映了创业者对于企业未来发展的长远规划。如果创业者选择进入的是一个高度动荡多变的市场，企业的发展规划就更为重要，这一发展规划将会成为团队意义上的行动指南。创业者对于未来的规划可以从以下四个方面进行：

①企业拥有怎样的发展目标（财务目标、成长目标等）；

②企业未来应当设想怎样的能力发展，企业未来如何定位；

③企业未来的客户构成和消费倾向是否会发生变动；

④为了适应这些变动，企业未来的价值传递模式是怎样的。

基于以上四个方面，我们可以形成一个系统性的商业模式构建过程。在创业之初，创业者应当借助商业模式的概念，有效地整合相关资源，形成一个系统化的商业模式。这是创业活动能够良好、迅速推进的必要准备。在融资的时候，这种经过充分论证分析的商业模式是一个非常有效的融资依据。

2. 商业模式的动态优化

商业模式是创业者对自己所创办的事业的整体设想。在创业之初，由于资源等条件的匮乏，这一设想通常较为模糊，商业模式的构成方面也不尽完善。随着创业活动的深入，创业者必须把商业模式加以清晰化和细节化，这样才能使商业模式真正用于指导创业实践。同时，创业者如果希望能够获取风险投资，对商业模式的清晰构想是必需的。

商业模式构建过程中一个常见的问题是，即使创业者所涉及的商业模式非常清晰而且有诱惑力，在创业过程中，创业者还是会发现初始设定的商业模式与现实存在较大的差距。尤其是随着市场环境的不断变化，竞争对手的不断加入，商业模式难以很快适应新的市场条件。事实上，设计再好的商业模式也不可能永久有效。商业模式必须根据客户需求的变化、融资方式的变化以及市场竞争形势的演变等多方面因素及时调整，对原有内容进行不断的优化。

商业模式本身是企业发展的整体性概括，从这个意义上来讲，商业模式的任何部分，其细节上的调整都不足以适应动态的环境变化。商业模式构建过程中，创业者需要从如何定位自身、如何定位客户、如何传递价值、如何规划未来四个方面依次思考，在商业模式的优化上，依然需要遵循这一顺序。

不管出于什么目的，对于商业模式的调整必须从定位自身开始。我们需要重新分析创业资源是否发生变化？创业团队成员是否有调整？创业机会的市场特征和产品特征是否发生变化？

在重新认识自身之后，需要重新定位目标客户和目标市场。我们需要重新分析：需求状况是否发生变动？目标客户对于产品的购买动力是否下降？客户群体的特征（年龄、心态、收入水平、消费水平）是否发生了变化？

为了使得价值仍能够在企业和客户之间有效流动，创业者需要考察价值在传递的过程中是否发生变化。我们需要重新分析：企业的战略方向是否能够适应新的变化？是否需要调整战略模式？产品的销售渠道是否发生变动？是否需要开辟新的营销渠道？

基于以上三个方面的分析，创业者可以进一步对企业未来的发展制订规划：在未来数年内，上述设定是否变化？是否需要重新规划企业的战略目标和战略行动方案？

3. 商业模式的误区

商业模式的误区主要来源于商业模式和一些通行的管理法则之间的矛盾。后者在一般的管理学教科书上都被作为重点内容讲授，比如波特的竞争战略理论、哈默尔的资源基础理论等。这些理论之所以流行、经典，主要是因为它们能够切实地解决很多企业发展实践中所遇到的一些问题，具备较为广泛的适用性。

相对而言，商业模式则是一个比较新的管理概念，虽然很多学者和创业者在使用这一概念，但是其被认可程度以及灵活应用程度距离通行的管理法则尚有一定的距离。因此，把握商业模式和已有的管理法则之间的关系，这一过程需要权衡取舍。很多情况下，创业者很容易走进以下两类误区。

（1）误区一：背离通行法则的商业模式

在这一误区中，创业者过于追求新颖漂亮的商业模式，却漠视了一些相对传统的管理法则。在构建商业模式的时候，为了使商业模式创新性更强、更吸引眼球，他们往往会在商业模式的独特性上下更多的功夫。很多创业者谈起他们的商业模式往往眉飞色舞，而这些商业模式也确实给人耳目一新的感觉，对于投资者也非常具有吸引力。然而，对于企业是否具备充分资源作为后盾、所进入的产业是否具备很大的成长空间、价值获取方式能否长久等却语焉不详——这些问题却是通行的管理法则所更加关注的。因此，在这一误区中，商业模式的构建和发展背离了通行的管理法则。如果不能及时纠正，创业者会在错误的道路上越走越远，进而导致巨大的资源耗费，挫伤企业成长能力。

（2）误区二：通行法则对商业模式的冲击

在这一误区中，对于传统管理法则的强调反而使创业者忽视了自身的特殊性以及基于这一特殊性所构建的商业模式。很多创业者创立企业之后，随着企业的发展，往往会对自身的商业模式产生怀疑。特别是当商业模式具备较强的独特性，并且与一些通行的管理法则貌似矛盾的时候，创业者就会怀疑——这些管理法则非常深入人心，那么商业模式是否需要迎合它们？在很多情况下，创业者如果不能坚持自己独特的商业模式，而只是根据一些通行的管理法则进行修改的话，就会破坏自己的竞争优势。

商业模式是企业经营规划的内在逻辑，一个定位准确清晰的商业模式应当成为创业者在一定时期内的决策依据和行为模式，除非市场环境发生较大变化，创业不应当随意改动自身的商业模式。因为，通行的管理法则所针对的是大多数的情况，而创业者由于自身的独特性则不一定适用这些法则，盲目地迎合现有的管理法则同样会导致企业经营的失误。

为了走出这两个误区，首先，创业者必须在商业模式构建方面倾注更多的精力，在创业之前就完成更多的准备工作。商业模式并非简单的商业概念，也不是几句煽动性的标语或口号。成功的商业模式是脚踏实地的，需要务实的日常管理和高远的战略眼光的融合。

只要创业者打好基本功，那么不论商业模式和现行通行的管理法则之间存在怎样的矛盾，都不至于影响创业者的竞争优势。其次，创业者也应熟悉这些通行的管理法则。这些理论的发展经过了很多实践的验证，对于创业者的企业经营有较强的借鉴意义。因此，创业者应当通过学习，增进自己的知识储备，进而提升创业能力。同时，创业者应当积极评价自身的特有经营环境和独特的资源禀赋，识别哪些通行的管理法则对自己有借鉴意义和指导作用，而哪些则不适用。最后，创业者还应当认识到，商业模式本身与通行的管理法则之间没有本质上的矛盾，二者的存在都是为了更好地帮助创业企业的成长，实现企业的盈利目标。所谓矛盾，或者认识上的误区，源自创业者对于商业模式的表面化理解。因此，在商业模式构建中，应当始终以企业的盈利目标为核心，在面对可能存在的商业模式与通行法则之间的矛盾时，也应关注它们与企业盈利方面的联系，实施盈利导向的商业模式调整，而不是简单地厚此薄彼。

4. 商业模式与盈利模式

顾名思义，盈利模式直接回答了企业如何获取利润这一问题。在商业模式的概念中，同样包含了对于企业盈利模式的回答。但是，商业模式所包含的概念内涵比盈利模式更为宽泛，商业模式所包含的机会识别和评价、战略规划与执行等问题，在盈利模式中是回答不了的。因此，如果创业者把商业模式构建完毕，企业的盈利模式也随之清晰。相反，创业者如果仅仅知道企业的盈利模式，商业模式却依然有可能存在较大的含糊和不确定性，特别是企业在如何制定长远的战略规划方面，仍可能毫无头绪。

事实上，盈利模式是企业商业模式的一种表现形式，企业的商业模式到底有没有可行性，最终必须落实到企业的盈利能力方面。对投资者来说，当创业者对他讲述自己的商业模式的时候，投资者也会更为关注企业的最后盈利性。但是，正是作为一种表现形式，盈利模式本身缺乏内在的支撑力量，一旦深究这种盈利模式的背后作用机制时，如果创业者未做好充分准备的话，就无法抓住要点深入探讨这一问题。

在关注企业的盈利模式时，创业者最需要讨论的是企业的成本、费用、营业收入、财务利润等方面的内容。通过对这些项目的解答，创业者的利润构成和实现方式也就随之清晰。但是盈利模式的讨论范围也就到此为止，进一步的探讨已经超出了盈利模式的范畴，更深层次的问题需要创业者从商业模式、企业战略、资源整合等方面进行思考。

因此，在谈到商业模式的时候，首要的一点就是不要将商业模式看作盈利模式。成功的商业模式一定能够带来成功的盈利模式，而反之不然。当然也不要将盈利模式看作商业模式。盈利模式本身回答的是赚不赚钱的问题，商业模式回答的则是怎么赚钱的问题，这两者不可混为一谈。

案例分享

商业模式的构建：宁德时代的创新与领导

在当今迅速变革的商业环境中，企业的成败往往取决于其商业模式的创新与实施能力。宁德时代新能源科技股份有限公司（以下简称"宁德时代"）凭借其独特的商业模式，在短短几年内成为全球领先的动力电池制造商，为行业树立了新的标杆。

宁德时代成立于 2011 年，起初仅是一家专注于电池材料研发和生产的小企业。随着新能源汽车行业的崛起，宁德时代抓住了市场的先机，通过技术创新与市场精准定位，迅速发展成为行业的领头羊。宁德时代的成功主要归因于其独到的商业模式，这一模式有三大核心要素：产品创新、全球供应链管理、深度合作与垂直整合。

宁德时代始终坚持将技术创新作为企业发展的首要驱动力。公司投入大量资金用于研发，特别是在提高电池能量密度和降低成本上不断取得突破。这不仅满足了新能源车企对高性能电池的需求，也加强了宁德时代在市场中的竞争力。

随着业务的快速扩展，宁德时代建立了全球化的供应链体系，有效降低了生产成本，提高了运营效率。通过与全球各地的原材料供应商建立稳固的合作关系，宁德时代确保了材料的稳定供应和成本优势，这直接决定了最终产品的竞争力。

宁德时代通过与主要汽车制造商的深度合作，实行垂直整合策略，从而优化产品并快速响应市场变化。这种模式不仅提升了公司的行业地位，还形成了有效的市场竞争壁垒。

借助这一商业模式，宁德时代已经发展成为全球最大的电动车电池制造商之一。公司在中国市场占有超过 50% 的份额，同时在全球市场也拥有约 30% 的市场份额。此外，公司股价自上市以来持续上涨，市值已达千亿美元规模。尽管取得了显著成就，宁德时代面临的挑战依然存在。一方面，动力电池领域市场竞争不断加剧，国内外多家企业正试图进入或扩展在动力电池领域的业务。另一方面，技术的快速迭代要求公司持续加大研发投入，维持技术领先地位。

案例点评

宁德时代的案例充分展示了在高新技术领域，如何通过构建与执行有效的商业模式使企业迅速成长并稳固其市场领导地位，体现了创新、全球化视野及深度合作的重要性，为其他企业寻求快速发展提供了宝贵的参考。

知识拓展

围绕七个问题评估创业项目商业模式

可通过以下七个问题，分析评估创业项目商业模式存在的问题与风险，并在此基础上进行商业模式的完善。

问题一：客户的"转移成本"有多高？

"转移成本"是指客户从一个产品（或服务）转移到另一个产品（或服务）上所需的时间、精力或金钱。"转移成本"越高，客户就越忠实于某个产品（或服务），不会轻易离开去选择竞争对手的产品（或服务）。

将"转移成本"融入商业模式中一个很成功的例子是苹果的iPod。这是一个专注于存储的产品创新，也是一个商业模式策略，让消费者将音乐拷贝进iTunes（苹果的数字媒体播放应用程序）和iPod，这种方式会让用户一旦用了这个产品就很难再用其他竞争对手的数字音乐播放器。仅仅是用户的这一点选择偏好，就为苹果后来强大的音乐应用和产品创新打下了坚实基础。

问题二：商业模式的扩展性怎样？

扩展性是指在没有增加基本成本的情况下，能很容易地拓展商业模式，获得利润。基于软件和互联网的商业模式比基于砖头和水泥的商业模式天然有更强的扩展性。

问题三：能否产生可循环的经济价值？

循环价值有两个主要优势：第一，对于重复销售，成本只产生一次；第二，可以催生更多更好的想法来构想未来怎样赚更多的钱。

还有另外一种循环价值形式：从之前的销售中获取增值收入。例如，人们买一台打印机，需要持续购买墨盒；或者人们购买一部苹果手机，苹果在从硬件销售中赚得利润的同时，还可以获得来自内容和App的稳定增长收益。

问题四：是否可以在你投入之前就赚钱？

毫无疑问，每个创业者都希望在投入之前就获得收入。戴尔就把这种模式运用到电脑硬件设备制造的市场上。通过直销获取的装配订单，避免了硬件的库存积压。戴尔取得的成功充分显示了其在投入之前就具有赚钱的能力。

问题五：怎样让用户为你工作？

这可能是商业模式设计上最强大的武器。如宜家就让顾客自己组装在店里购买的家具；Facebook让顾客上传照片、参加对话、"喜欢"某样东西，这正是Facebook的真正价值——公司只提供平台，内容全部由用户创造，而公司却挣得利润。

问题六：是否具有高壁垒以防止竞争对手模仿？

一个优秀的商业模式不仅能够为顾客提供优秀的产品，还可以使企业保持长期的竞争优势。例如，苹果的主要竞争优势来自其商业模式而不是单纯的产品创新。对其他手机厂商来说，模仿苹果的产品比构建一个像苹果那样的应用商店生态系统要容易得多。所以，其他手机厂商无论产品做得多么好，仍然很难撼动苹果的地位。

问题七：是否建立在改变成本结构的基础上？

降低成本是创业者的长期追求，有的商业模式不仅可以降低成本，更能够创造出一个与以往完全不同的成本结构。例如，巴帝电信——印度最大的移动运营商，通过摆脱网络束缚的方式来完善它的成本结构。该公司通过与网络装备制造商爱立信和 IBM 合作，通过购买宽带容量来降低成本。如今，巴帝电信能够提供全球价格最低的移动电话服务。

当然，没有哪个商业模式设计能一一对应以上七个问题并且得到满分。但是对创业者而言，时刻用这七个问题提醒自己，有助于企业保持长久的竞争力。

资料来源：奥斯特瓦尔德. 七问商业模式的稳固性 [J]. 谢康利，译. 商界（评论），2013（3）

三、商业模式的设计

商学教授加里·哈默尔认为，有效的商业模式包括四个关键要素，即核心战略、战略资源、价值网络和顾客界面，如图 7-1 所示。只有充分掌握这些要素的重点以及彼此间的整合和搭配关系，才能设计出独特的商业模式。

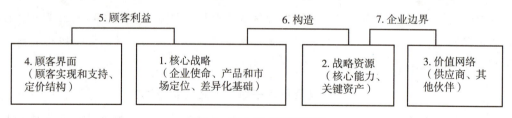

图 7-1　商业模式设计框架

1. 核心战略

核心战略是商业模式设计需要考虑的第一要素。核心战略描述了企业如何与竞争对手进行竞争，主要包括企业使命、产品和市场定位、差异化基础等基本要素。

企业使命表达了企业优先考虑的事项以及衡量企业绩效的标准，描述了企业为什么存在及其商业模式预期实现的目标。

产品和市场范围的选择直接影响到企业赚钱的方式。产品和市场定位是否明确，是判断一个核心战略和商业模式成功与否的重要因素之一。

差异化基础可以通过以下两条途径来实现：第一，对现有价值活动的优化。这种优化越多，其竞争对手的模仿能力就越低，企业的市场和利益就更大。此外，初创企业还可以改变规则以创造差异性。创业者必须时刻关注消费者的消费心理和消费倾向，拥有超凡的预见力，在竞争对手之前提供符合消费者需求发展趋势的产品，创造差异性。第二，以全新的方式重构独特价值链。初创企业可以通过重构一种全新的价值链来获得差异化竞争优势。设计一条新的价值链是一个创造的过程，需要企业多方面进行协调研究。从宏观视角来看，企业一般可以选择成本领先战略或是差异化战略。采用成本领先战略的企业，努力在产业内获取更低的成本，以此来吸引顾客；相反，采用差异化战略的企业，提供独特而差异化的产品，以质量、服务、时间或其他方面为竞争基础。在大多数情况下，初创企业采取成本领先战略会比较困难，因为成本领先要求规模经济，这是需要花费时间的。而差异化战略对初创企业却十分重要，因为这是取得顾客认可的很好的方式。

2. 战略资源

战略资源，指企业拥有的核心能力和关键资产，既是企业实现目标的保障，也是建立差异化竞争优势的基础。企业的商业模式如何反映自己的核心能力和关键资产，并综合起来创造竞争优势，同样是创业投资者评价企业时给予最多关注的因素。

核心能力是初创企业创造新产品或市场的独特能力，是企业战胜竞争对手的优势来源。它对顾客的可感知利益有巨大贡献，并且难以模仿。核心能力一般具有如下特征：独特性、创造顾客价值、难以模仿、可向新机会转移。企业的核心能力在短期和长期内都很重要。短期内，正是核心能力使得企业能够将自己差异化，并创造独特价值；从长期来看，通过核心能力获得成长以及在互补市场上建立优势地位也很重要。大量的事实表明，企业在一个或两个业务上做好，比在许多业务上保持平均水平要好得多。因此，初创企业应着力发展核心能力，将精力集中于核心业务，集中于产品或服务价值链中更小的环节，并成为所服务市场的专家。例如，同样是开餐馆，高档餐厅、连锁快餐和送餐的核心能力肯定是不同的。高档餐厅以环境和质量等取胜，连锁快餐追求标准化和快速复制。

关键资产是企业拥有的稀缺、有价值的事物，包括工厂和设备、位置、品牌、专利、顾客数据信息、高素质员工和独特的合作关系。作为初创企业，应该注重如何创新性地构建这些资产，为顾客创造更高的价值。

3. 价值网络

企业的价值网络包括供应商和其他为企业提供零部件或服务的企业。价值网络整合是指从开放协同和价值分享的理念出发，以超越自身的视野，以产业效率提升和价值优化思维，通过实现企业在资源、产业、价值链以及价值网等层面的整合进行全面的价值创新，从而发现和寻找企业商业模式的思维路径。

在实践中，不管是大企业还是小企业，在投资立项时，大多数企业以某一个产业里的单一业务作为基本投资对象。实际上，企业是否专注于某一个业务并不重要，关键在于能否通过商业模式的创新，将企业自己所拥有的资源发挥出最大效用。反过来，任何一个企业都有着不同的资源，他们要想将这部分资源的价值最大化，常常需要考虑两个方面：一方面要突破产业边界，进行不同的业务组合，因为所有的资源要在各自特定的业务上才能发挥相对更大的价值和作用；另一方面，构建不同业务之间相辅相成的逻辑机理，将平凡的业务构建成业务间能够相辅相成的不平凡的业务组合，最终也能创造不平凡的业绩。

当然，商业模式应兼顾产业链上下游的盈利模式，只有产业链的上下游全部都盈利，才是一个好的商业模式，这就是商业模式不同于其他模式的一个重要标志，它不但要考虑自己盈利，还要考虑上下游的盈利。如果下游企业不能盈利，或者是运营商的投资回报周期太长，或者是运营商采用企业的产品没有提高其在市场上的竞争力，即使企业自身能够盈利，其盈利时间也不会长久。

企业一般不具有完成所有任务所需要的资源。因此，要与其他合作伙伴一起才能完成整个价值链中的各项活动，对于初创企业尤其如此。而且，在很多时候，企业独自做所有的事情并不明智，因为一项产品的完成所需要做的工作，对构成竞争优势并不太重要。

大企业与初创企业在进行供应链管理方面面临不同的资源和能力条件。大企业先期良好的经营往往给新事业开发积累了财务资源以及信誉资本，这为与优秀企业展开合作提供了有力保障。而初创企业由于较大的资源约束，往往只有较小的抗风险能力，因而在寻求优秀企业加入和合作的过程中面临较大的障碍。在这种情况下，创业者的一些物质和能力条件以及商业模式本身的市场潜力就显得尤为重要，比如创业者的洞察力、应变能力等。当然，最为根本的是商业模式本身所具有的市场潜力。

4. 顾客界面

初创企业针对特定的目标市场，构建友好的顾客界面是影响商业模式的重要因素。顾客界面是指企业如何适当地与顾客相互作用，主要涉及顾客实现和支持与定价结构两个方面。

顾客实现和支持描述的是企业产品或服务进入市场的方式，或送达顾客的方法，也指企业利用的渠道和提供的顾客支持水平。所有这些都影响到企业商业模式的形式与特征。企业愿意提供的顾客支持水平，也影响它的商业模式。有些企业会将自己的产品和服务差异化，通过高水平的服务和支持向顾客提供附加价值。顾客服务包括送货和安装、财务安排、顾客培训、担保和维修、商品保留计划、便利的经营时间、方便停车、通过免费电话和网站提供信息服务等。

价格往往是顾客接受产品的首要因素之一，创业者对创新产品或服务的定价直接影响到顾客对产品的评价。因此，创业者必须使用合理的定价方法制定有效的价格。初创企业也可以通过市场定位、品牌以及其他营销要素影响顾客对价值的认知。

5. 顾客利益

顾客利益是连接企业核心战略与顾客界面的桥梁，代表着企业的战略实际能够为顾客创造的利益。首先，企业的核心战略要充分显示为顾客服务的意图。比如，企业的产品和市场定位必须集中在未得到充分满足的顾客需求层面，企业使命必须是在特定市场提供卓越的顾客服务；同时还要注重提供与众不同的产品和服务，这样顾客才能转而购买你的产品，等等。其次，在构建顾客服务与支持系统以及产品定价的时候，也一定要考虑这些是否与企业核心战略一致。比如一味追求产品低价的恶性竞争策略，显然没有真正从顾客收益的角度来考虑问题，同时不具有长期的战略意义；相反，如果企业提供了切实满足顾客需要的新奇产品和服务，索要远远高于产品生产成本的价格也是合理的竞争策略。因此，顾客利益是企业制定核心战略以及购买顾客服务体系时必须遵守的原则，它涉及企业存在的根本。

6. 构造

构造是连接企业核心战略与战略资源的界面要素，主要指两者间的有效搭配关系。首先，战略资源是核心战略的基础，企业缺乏资源就难以制定和实施战略目标。如果企业根据自身的核心能力，将资源集中于价值链中较小的环节，就较容易成为特定市场的专家，能够提供更高品质的产品和服务，为企业创造更高的利润。其次，核心战略要充分挖掘企业战略资源的优势，一方面这是创造更多企业价值的需要，另一方面也是有效构建竞争障碍的途径。企业通过关键资源的杠杆作用对已有模式的不断创新，将会使跟进者的模仿变得更加困难。

7. 企业边界

企业边界是连接企业战略资源与价值网络的界面，其内涵在于企业根据所掌握的核心能力和关键资源来确定自身在整个价值链中的角色，直观表现为企业在与市场的相互作用过程中形成的经营范围和经营规模。传统的企业边界观点是建立在成本收益原则基础上的。一种产品，是企业自己生产还是从市场购买，取决于产品的边际成本，产品的边际成本等于交易成本之外的盈利，这种产品边际成本决定着企业的边界。而随着市场竞争的日益激烈，现代企业边界观点产生了，它把企业为什么存在以及企业应该有多大规模的基础问题归为企业边界的问题，其中企业的核心能力与关键资源决定了企业应该做什么。企业只有围绕其核心能力与关键资源开展业务才可能建立起竞争优势。尤其是初创企业，创建之初往往面临较大的资源与能力的约束，集中于自己所长是竞争成功的关键。

案例分享

染设——非遗时尚纺织花型研发设计

江苏南通是全国规模最大、市场占有率最高的家用纺织品生产、销售、出口基地。2023 年南通叠石桥和志浩两大家纺市场年产值超 2400 亿元，占全国床品市场的 85％以上，是中国纺织品花型画稿最大交易市场。

江苏航运职业技术学院"染设"团队依托学校扎染技能大师研发中心及地方非遗工坊，收集手工印染花型原胚，利用现代设计技术进行创新研发，完成花型作品版权登记。项目通过与知名纺织面料供应商、家纺及服装企业建立长期战略性研发合作关系，提供原创非遗纺织花型设计、版权登记等服务，打造了"地方支柱产业＋高校＋非遗工坊＋企业"产学研新模式，形成了"以染为媒的非遗时尚，以设为美的活态传承"新格局。

项目线上通过云展会、社群营销等数字赋能，实现原创花型画稿的全链互动、交易、共享等综合性服务；线下通过与企业合作，实现共赢。"染设"围绕品牌、产品及市场进行升级，对接产业输出端口；继续丰富纹样库藏，扩大非遗时尚纺织花型的传播力，提升中国传统文化的世界话语权。目前"染设"项目团队已与罗莱家纺、江苏华艺集团等 6 家家纺、服装及面料生产企业达成合作意向，总订购花型数量达 68 幅，金额约 247 万元。项目先后获得江苏省职业院校创新创业大赛二等奖、长三角高职院校大学生创新创业大赛三等奖等荣誉。

图 7-2 所示为"染设"创新团队与海外学生进行文化交流。

图 7-2 "染设"创新设计团队与海外学生进行文化交流

案例点评

　　"染设——非遗时尚纺织花型研发设计"的商业模式展现了一种融合传统非遗与现代设计、线上与线下联动的创新模式，具有显著的市场潜力和社会价值。该模式将非遗技艺与现代纺织花型设计相结合，不仅保护了传统文化，也通过市场化运作实现了非遗技艺的经济价值，有助于非遗技艺的传承和发展。通过版权登记保护设计师的权益，既激发了设计师的创造力和积极性，同时也提升了产品的独特性和市场竞争力。

■ 素养园地

制造业的核心就是创新

　　"制造业的核心就是创新，就是掌握关键核心技术，必须靠自力更生奋斗，靠自主创新争取，希望所有企业都朝着这个方向去奋斗。"这段话出自2018年10月22日习近平总书记在广东珠海考察时的讲话。

　　高质量发展是全面建设社会主义现代化国家的首要任务。我国经济要实现高质量发展，必须有高质量的制造业作为支撑。制造业是我国实体经济的基础，也是科技创新的主战场，制造业的高质量发展更是提高人民群众生活水平的重要保障。

　　经过多年发展，我们已经打造出全球产业门类最齐全、产业体系最完整的制造业，规模居全球首位。在500种主要工业产品中，我国有四成以上产品的产量位居世界第一；制造业增加值从2012年的16.98万亿元增加到2022年的33.5万亿元。从国产最大直径盾构机到时速600公里高速磁浮列车，从大型飞机到载人航天飞船……一批重大标志性创新成果引领中国制造业不断攀上新高度，中国制造向中国创造迈进的步伐明显加快。我国自主研制的无人联合收割机、无人施肥播种一体机等智能农机具，大幅提高了农业生产效率。工业机器人应用已经覆盖了国民经济60个行业大类、168个行业中类，服务机器人、特种机器人在教育、医疗、物流等多个领域的产业转型升级中发挥了重要作用。同时，新能源汽车、智能家电、智能家居、智能穿戴等新产品、新应用越来越多地走进寻常百姓家，不断满足人民群众对美好生活的需要。

　　我国制造业产业结构持续优化，不断向高端化、智能化、绿色化转型升级，靠的是不断加强技术研发，持续提高自主创新能力。我国制造业研发投入强度从2012年的0.85%增加到2021年的1.54%，规模以上工业企业研发经费总额投入强度成倍提升。我们布局建设了24个国家级制造业创新中心、2个国家地方共建的制造业创新中心、200多个省级制造业创新中心、125个产业技术基础公共服务平台，稳步提升共性技术供给能力，为制造业创新提供了系统化平台和有力支撑。一批优质的制造业企业随之产生，成为中国制造迈向中国创造的生力军。

当前，我国制造业正处于加快推动高质量发展的关键阶段。我们要把握新一轮科技革命和产业变革的历史机遇，加强关键核心技术攻关，提高自主创新能力，构建良好创新生态，积极通过科技创新赋能制造业转型升级，在巩固传统优势产业地位和加快补齐短板的同时，要努力在新一代信息技术、生物技术、新能源、高端装备、绿色环保等领域构建新的增长引擎，大力推动制造业高端化、智能化、绿色化发展，加快建设制造强国。

资料来源：央广网《每日一习话》

■ 任务训练

企业的商业模式分析

活动目的：

能准确分析不同企业的商业模式，并从中获得启发。

背景资料：

竞争是商业活动中的永恒话题。二十年前比产品，谁有好的产品，谁就能成功；十年前比品牌和渠道，谁的品牌影响力大、谁的渠道终端广而有力，谁就能成功；那么今天的企业比拼的是什么呢？

现在是一个产品、价格、渠道、促销（营销4P）竞争激烈的时代，产品同质化、广告同质化、品牌同质化、促销同质化、渠道同质化、执行同质化等现象比比皆是，企业已经很难在营销4P中的某一项中脱颖而出，企业之间的竞争已经超越营销这一层级，进入到更高层面——商业活动的全系统。

活动要求：

1. 请对表7-1中的企业的商业模式进行分析。

表7-1　部分企业及其商业模式

企业名称	商业模式
京东	网上购物
淘宝	网上购物
前程无忧	人才招聘网站
途牛网	在线旅游服务
唯品会	特卖网站
小肥羊	火锅店

2. 这些企业的商业模式对你有什么启发？

任务 14　应对创业风险

问题导入

　　创业风险是企业风险的一种阶段性的特殊形态。创业环境的不确定性、创业者或创业团队自身能力的局限性、创业机会的时效性、创业企业本身具有的复杂性，这些都是创业风险的来源。创业往往是将某项技术或某种构想转变为现实的产品或服务，并推向市场。在这个过程中存在许多衔接问题，如资本与技术的衔接、技术与产品的衔接、产品与市场的衔接等，每个环节都是重要的风险因素节点，外部环境因素的变化也会增加初创企业的风险。请同学们思考以下问题：

　　（1）创业有什么风险？

　　（2）如何才能识别创业风险？

知识链接

一、创业风险概述

　　在创业这一充满挑战与机遇的领域中，对创业风险的深入探讨不仅是理论建构的必要环节，更是指导创业实践、助力企业稳健成长的关键所在。

1. 创业风险的概念

　　创业风险是指由于创业环境的不确定性，创业机会与创业企业的复杂性，创业者、创业团队与创业投资者的能力与实力的有限性，而导致创业活动偏离预期目标的可能性及其后果。

2. 创业风险的特点

　　创业是企业整个成长过程的孕育期，这一时期企业可塑性强，变化多，投入大，对其未来发展的影响很大。创业风险主要有以下六个特点。

　　（1）客观性

　　创业风险的客观性是指创业风险的存在是客观的，是不以人的意志为转移的。在创业过程中，由于内外部事物发展不确定性的客观存在，创业风险是必然存在的。客观性要求我们采取正确的态度承认创业风险，认识创业成长发展规律，并积极对待创业风险。

　　（2）不确定性

　　创业的过程往往是将创业者的某一个"奇思妙想"或创新技术变为现实的产品或服务

的过程。在这一过程中，创业者面临各种各样的不确定因素，如可能遭受已有市场竞争对手的排斥、进入新市场面临着不确定的需求、新技术难以转化为生产力、投入以后没有产出等。也就是说，影响创业的各种因素是不断变化且难以预知的，这种难以预知造成了创业风险的不确定性。

（3）损益双重性

风险带来的影响不仅包括损失，而且还包括收益。风险越高，收益可能越大。所以，回避风险同样意味着回避收益，如某些海外投资项目、部分理财产品等。创业风险对于创业收益不是仅有负面影响，如果能正确认识并且充分利用创业风险，反而会使收益大幅度增加。

（4）相关性

创业风险的相关性是指创业者面临的风险与其创业行为及决策是紧密相关的。同一创业者由于其决策或采取的策略的不同，会面临不同的风险结果。如技术标准提高这种技术类风险事件，对大学生创业者可能是低风险，对农民创业者可能是高风险。

（5）可变性

创业风险的可变性是指当创业的内部与外部条件发生变化时，必然会引起创业风险的变化。如投资方因负责人变动，不再对其进行投资。创业风险的可变性包括创业过程中风险性质的变化、风险后果的变化、出现新的创业风险这三个方面。

（6）可测性与测不准性

创业风险的可测性是指可以通过定性或定量的方法对创业风险进行估计。创业风险的测不准性是指对创业风险的预测与实际结果常常会出现偏离误差范围的状况。如创业产品周期的测不准与创业产品市场的测不准。

3. 创业风险的类型

（1）按照风险的性质划分

①纯粹风险。纯粹风险是指只有损失可能性而无获利可能性的风险。纯粹风险所导致的结果只有两种：有损失与无损失。例如，地震、火灾、水灾、车祸、坠机、死亡、疾病和战争等均属于纯粹风险。

②机会风险。机会风险是指既存在损失可能性，也存在获利可能性的风险。机会风险导致的结果可能有三种：有损失、无损失、获利。例如，股市波动、商品价格变动、风险投资等均属于机会风险。

（2）按照风险的状态划分

①静态风险。静态风险是指在社会政治、经济环境稳定的情况下，由于自然力的不规则变动和人们的错误行为所导致的风险。静态风险造成的后果主要是经济上的损失，而不会因此获得意外的收益，一般属于不可回避风险。例如，地震、洪水、飓风等自然灾害，交通事故、火灾、工业伤害等意外事故均属于静态风险。

②动态风险。动态风险是指与社会变动有关的风险,主要是因社会经济、政治和技术、组织机构发生变动而产生的风险。动态风险造成的后果是难以估计的,但通常是可以回避的。例如,通货膨胀、汇率风险、罢工、消费偏好的改变、国家政策的变动等均属于动态风险。

（3）按照风险的来源划分

①主观风险。主观风险是指在创业阶段,由于创业者的思想意识、心理素质等主观方面的因素导致创业失败的可能性。例如,认知偏见带来的风险属于主观风险。

②客观风险。客观风险是指在创业阶段,由于客观因素导致创业失败的可能性。例如,市场的变动、政策的变化、竞争对手的出现、创业资金缺乏等均属于客观风险。

（4）按照风险的影响范围划分

①系统风险。系统风险是指外部经济社会的整体变化,这些变化包括社会、经济、政治等创业者和企业难以控制的事实或事件。这类风险对企业影响的程度不一,但所有的企业都要面对。例如,商品市场风险、资本市场风险等属于系统风险。

②非系统风险。非系统风险是指由企业内部因素导致的风险,是创业者、创业企业本身的商业活动和财务活动引发的风险。这种风险只造成企业自身的不确定性,对其他企业不发生影响。这类风险可以通过一定的手段进行预防和分散。例如,团队风险、技术风险和财务风险等属于非系统风险。

（5）按照风险在创业过程中出现的环节划分

①机会的识别与评估风险。该风险是指在机会识别和评估过程中,受信息缺失、推理偏误、处理不当等各种主客观因素影响,使得创业面临方向选择和决策失误的风险。例如,在高校附近开服装店,未充分了解高校学生在服装消费上喜欢追求隐蔽性的心理。

②团队组建风险。该风险是指在团队组建过程中,由于团队成员选择不当或缺少合适的团队成员所导致的风险。例如,团队中缺乏管理人才或技术专家。

③获取创业资源风险。该风险是指由于存在资源缺口,无法获得所需资源,或者获得资源成本较高给创业活动带来的风险。例如,高科技公司所需核心生产资料会面临缺货或成本上升的风险。

④创业计划风险。该风险是指创业计划制订过程中未排除一些不确定因素的存在,或者由于制订者自身能力的限制导致的创业风险。例如,对市场需求规模缺乏调查分析,单凭估计。

⑤企业管理风险。该风险是指企业文化、管理模式、细节管理等方面因处理不当引发的风险。例如,粗暴管理或拖欠员工工资可能引发的破坏性事件。

（6）按照风险的表现形式划分

①机会选择风险。机会选择风险是指创业者由于选择创业而放弃自己原先从事的职业,所丧失的潜在晋升或发展机会的风险。例如,辞职开办个体餐饮店,影响自己的职称评聘、职位晋升和专业上的建树。

②环境风险。环境风险是指由于创业活动所处的社会、政治、经济环境等变化或由于意外灾害导致创业者或企业蒙受损失的可能性。例如，战争、国际关系变化或有关国家政权更迭、政策改变，宏观经济发生大幅度波动或调整，法律法规的修改，或者创业相关事项得不到政府许可，合作者违反契约等给创业活动带来的风险。

③人力资源风险。人力资源风险是指由于人的因素对创业活动的开展产生不良影响或偏离经营目标的潜在可能性。例如，创业者自身的素质和能力有限，创业团队成员的知识和技能水平不匹配，管理过程中用人不当，关键员工离职等是人力资源风险的主要诱因。

④技术风险。技术风险是指创业过程中技术研发或应用失败而导致创业失败的可能性。例如，技术成功的不确定性、技术前景的不确定性、技术寿命的不确定性、技术效果的不确定性、技术成果转化的不确定性等。

⑤市场风险。市场风险是指由于市场情况的不确定性导致创业者或创业企业损失的可能性。市场风险包括产品市场风险和资本市场风险两大类。例如，市场供给和需求的变化、市场接受时间的不确定、市场价格的变化、市场战略失误等。

⑥管理风险。管理风险是指管理运作过程中因信息不对称、管理不善、判断失误等影响管理科学性而带来的风险。例如，管理者素质低下、缺乏诚信、权力分配不合理、管理不规范、随意决策等导致管理风险。

⑦财务风险。财务风险是指创业者或创业企业在理财活动中存在的风险。例如，对创业所需资金估计不足、难以及时筹措创业资金、创业企业财务结构不合理、融资不当、现金流管理不力等可能会使创业企业丧失偿债能力，导致预期收益下降，形成一定财务风险。

知识拓展

大学生创业的十大风险

大学生创业者要认真分析自己在创业过程中可能会遇到哪些风险，这些风险中哪些是可以控制的，哪些是不可控制的，哪些是需要极力避免的，哪些是致命的或不可管理的，一旦这些风险出现应该如何应对和化解。特别需要注意的是，一定要明白最大的风险是什么，最大的损失可能有多少，自己是否有能力承担风险并渡过难关。大学生创业的风险主要有以下十个方面。

风险一：项目选择风险

大学生创业时如果缺乏前期市场调研和论证，只是凭自己的兴趣和想象来决定创业方向，甚至仅凭一时心血来潮做决定，一定会碰壁。大学生创业者在创业初期一定要做好市场调研，在了解市场的基础上创业。一般来说，大学生创业者资金实力较弱，适宜选择启动资金要求不多、人手配备要求不高的项目，从小本经营做起。

风险二：缺乏创业技能

很多大学生创业者眼高手低，当将创业计划转变为实际操作时，才发现自己根本不具备解决问题的能力，这样的创业无异于纸上谈兵。一方面，大学生应去企业实习，积累相关的管理和营销经验；另一方面，还应积极参加创业培训，积累创业知识，接受专业指导，提高创业成功率。

风险三：资金风险

资金风险在创业初期会一直伴随着创业者。是否有足够的资金创办企业是创业者遇到的第一个问题。企业创办后，就必须考虑是否有足够的资金支持企业的日常运作。对于初创企业来说，如果连续几个月入不敷出或其他原因导致企业的现金流中断，都会给企业带来极大的威胁。相当多的企业会在创办初期因资金紧缺而严重影响业务的拓展，甚至错失商机。

另外，如果没有广阔的融资渠道，创业计划只能是一纸空谈。除了银行贷款、自筹资金、民间借贷等传统融资方式外，还可以充分利用风险投资、创业基金等融资渠道。

风险四：缺乏社会资源

企业创建、市场开拓、产品推介等工作都需要调动社会资源，大学生在这方面往往会感到非常吃力。平时应多参加各种社会实践活动，扩大自己人际交往的范围。创业前，可以先到相关行业领域工作一段时间，为自己日后的创业积累人脉。

风险五：管理风险

一些大学生创业者虽然技术能力出类拔萃，但理财、营销、沟通、管理等方面的能力普遍不足。要想创业成功，大学生创业者必须技术、经营两手抓，可从合伙创业、家庭创业或从虚拟店铺开始，锻炼创业能力，也可以聘用职业经理人负责企业的日常运作。

创业失败者，很多都是管理方面出现问题，包括：决策随意、信息不通、理念不清、患得患失、用人不当、忽视创新、急功近利、盲目跟风、意志薄弱等。特别是大学生知识单一、经验不足、资金实力和心理素质较弱，更会增加管理上的风险。

风险六：竞争风险

寻找"蓝海"是创业的良好开端，但并非所有的初创企业都能找到"蓝海"。更何况，"蓝海"也只是暂时的，所以竞争是必然的。如何面对竞争是每个企业都要随时考虑的事情，而对初创企业来说更是如此。如果创业者选择的行业是一个竞争非常激烈的领域，那么在创业之初极有可能受到同行的强烈排挤。一些大企业为了把小企业吞并或挤垮，常会采用低价销售的手段。对于大企业来说，由于规模效应或实力雄厚，短时间的降价并不会对它造成致命的伤害，而对初创企业则可能意味着彻底失败的危险。因此，考虑好如何应对来自同行的激烈竞争是创业企业生存的必要准备。

风险七：团队分歧

现代企业越来越重视团队的力量。创业企业在诞生或成长过程中最主要的力量来源一般都是创业团队，一个优秀的创业团队能使创业企业迅速地发展起来。但与此同时，风险也就蕴含在其中。团队的力量越大，产生的风险也就越大。一旦创业团队的核心成员在某些问题上产生分歧不能达成一致，极有可能会对企业造成强烈的冲击。事实上，做好团队的协作并非易事。特别是与股权、利益相关联时，很多企业初创时关系很好的伙伴最终都闹得不欢而散。

风险八：缺乏核心竞争力

对于具有长远发展目标的创业者来说，他们的目标是不断发展壮大企业，因此，企业缺乏自己的核心竞争力就是最主要的风险。一个依赖别人的产品或市场来打天下的企业是永远不会成长为优秀企业的。核心竞争力在创业之初可能不是最重要的问题，但要谋求长远的发展，核心竞争力是不可忽视的。没有核心竞争力的企业终究会被淘汰出局。

风险九：人力资源流失

大量的高素质专业人才或业务骨干是企业成长的重要基础。防止专业人才及业务骨干流失是创业者应当时刻注意的问题，在那些依靠某种技术或专利创业的企业中，拥有或掌握这一关键技术的业务骨干的流失是创业失败的最主要风险源。

风险十：意识上的风险

意识上的风险是创业团队最内在的风险。这种风险看上去无形，却有强大的破坏力。风险性较大的意识包括投机心态、侥幸心理、试试看的心态、过分依赖他人的心理等。

大学生创业过程中可能遇到的阻碍不只上述这些，在企业发展过程中，随时都可能面临风险。保持积极的心态，多学习、多汲取优秀经验，结合大学生的特长优势，大学生创业就更有可能取得成功。

二、创业风险识别

市场环境瞬息万变，竞争日趋激烈，创业企业会出现风险，遭遇各种困境。创业风险管理已成为一项具有现实性和迫切性的基础管理工作，从而也必须逐渐走上经常化、规范化的道路。一般风险管理理论包括风险识别、风险分析与评价、风险管理。创业企业风险程度与其所掌握的信息多少、真伪有关。创业过程中掌握的信息越多、越准确，便越能做出正确的、有把握的决策，创业风险也就相对减少；反之，创业风险便会加大。因此，要减少创业风险，就必须重视信息获取工作。

1. 创业风险识别的含义

创业风险识别就是创业者在创业过程中依据创业活动的迹象，在各类风险事件发生之前运用各种方法对风险进行辨认与鉴别，是系统地、连续地发现风险的过程。由于创业的特殊性，创业过程中除了要识别国家经济政策的调整、市场需求的变化等显性因素，还要识别某种变化的连锁反应可能带来的半显性风险，同时还要识别遭遇突发事件的隐性因素。

2. 创业风险识别的特点

（1）系统性

风险识别是一项复杂的系统工程。系统性是指风险识别不能局限于某一部门和环节，而应对整个企业各个方面的风险进行识别和分析，不仅包括识别实物资产风险、金融资产风险，还包括识别客户资产、雇员、供应商资产和组织资产的风险。

（2）连续性

风险识别是一项连续性的工作。连续性强调风险识别不可能是一成不变、一劳永逸的。随着企业及其经营环境的不断变化，风险管理者必须时刻关注新出现的风险和各种潜在的风险。

（3）制度性

风险识别是一项制度性的工作。制度性是指风险管理作为一项科学的管理活动，本身需要有组织上和制度上的保障，否则就难以保证此项工作的系统性、连续性。

3. 创业风险识别的程序

风险识别是风险管理的基础，没有风险识别的风险管理是盲目的。风险识别，可以使理论联系实际，把风险管理的注意力集中到具体的风险因素上来。识别创业风险是一项复杂而细致的工作，需要科学的程序、步骤，采用适当的方法系统性辨别出对创业成功具有决定性的风险因素，分层次地分析各种现象，并实事求是地做出评估。识别创业风险的过程包括对所有可能的风险事件来源和结果进行实事求是的调查、访问，对案例进行研究，识别创业风险必须系统、持续、严格并恰如其分地评估其严重程度。创业风险的识别可以通过以下几个步骤展开。

（1）确定导致创业风险的不确定性的客观存在

在创业领域，导致风险的不确定性是客观存在的。这要求我们在识别与评估创业要素时，首要任务是辨别这些要素是否蕴含不确定性。若某要素表现为确定性，则它不应被归类为风险因素。进一步地，我们必须确认这些不确定性是真实且客观存在的，它们根植于现实环境之中，不依赖于任何人的主观臆断或想象，是独立且不以人的意志为转移的客观事实。只有基于这样的认识，我们才能准确捕捉创业过程中的真正风险，并据此制定有效的风险管理策略，以应对不断变化的市场挑战。

（2）建立创业风险因素清单

建立创业风险因素清单是识别创业风险的基础工作和前提条件。创业风险因素清单可以在创业风险机理研究的基础上构建起来。清单中应明确列出客观存在的和潜在的各种风险，包括各种影响创业研究、制订、实施、控制，以及影响创业过程的各种因素，这可以通过理论研究和实际经验进行判断。

（3）确定重要的风险事件并对其可能的结果进行测算

在风险管理的过程中，我们首先需要明确并锁定那些可能对组织运营、财务状况、声誉或合规性产生重大影响的关键风险事件。随后，利用科学的评估方法和工具，详细测算这些风险事件可能引发的各种后果，包括其发生的概率、潜在的损失规模以及长期影响。接着，基于这些分析结果，制定出针对性强、切实可行的风险应对策略，从而最大程度地减轻或避免潜在风险带来的负面影响。同时，为确保风险管理措施的有效性和适应性，我们还需建立严格的监控与评审机制，持续跟踪风险动态，及时调整风险管理策略，为组织的稳健发展提供坚实保障。

（4）进行创业风险因素的分类

对创业风险因素进行分类的目的是更加深入地理解创业风险的性质、特征和构成，在此基础上制定更好的管理对策。对创业风险因素进行分类必须结合创业风险的性质和可能性结果及彼此之间的关联程度，这样有利于更加确切地理解风险、预测结果。

（5）进行风险排序

在创业过程中，我们需根据风险的不同分类及其可能的多样化影响结果，运用科学方法评估并确定其轻重缓急，进而排序形成一套动态的创业风险图。这幅风险图不仅反映了当前环境下各风险要素的相对重要性，而且强调其位置并非固定不变，而是应当随着市场、政策、技术等外部环境的变化而灵活调整，确保风险管理的策略能够紧跟时代步伐，保持高度的适应性和前瞻性。通过这种柔性的风险管理方式，创业者能够更有效地识别、评估并应对潜在风险，为企业的稳健前行保驾护航。

案例分享

华兴科技：中小企业创业风险识别与管控

华兴科技是一家成立于2010年的中小企业，专注于智能家居产品的研发与销售。公司由几位技术爱好者创立，初期凭借一款智能插座迅速在行业内获得了知名度。然而，随着企业规模的扩大和市场竞争的加剧，华兴科技面临着多方面的创业风险。

随着智能家居市场的逐渐饱和，市场竞争愈发激烈，新进入者与国际品牌的涌入不断侵蚀着华兴科技的市场份额。技术领域的快速迭代要求企业必须具备持续创新能力，否则极易在激烈的市场竞争中失去立足之地。在扩张过程中，资金链的紧绷与高额的研发投入共同加剧了企业的现金流压力。同时，随着团队规模的扩大，管理复杂度显著增加，内部沟通效率面临挑战，可能影响整体运营效率。此外，知识产权保护的疏忽可能造成技术泄露风险，损害企业核心竞争力。而对于不熟悉国际贸易规则的企业而言，还可能面临额外的法律风险，进一步增加了经营的不确定性。

针对市场风险，华兴科技加大了市场调研力度，及时调整产品线和营销策略，同时开拓海外市场以分散风险。面对技术风险，公司设立了专门的研发基金，鼓励技术创新，并与高校及研究机构建立合作，保持技术领先地位。为缓解财务风险，华兴科技优化了成本结构，控制不必要的开支，并通过多轮融资增强资金实力。在管理风险方面，公司引入了专业的管理咨询团队，优化内部管理体系，提升沟通效率。对于法律风险，华兴科技聘请了专业的法律顾问，加强知识产权申请和保护工作，并学习国际贸易规则，避免潜在的法律问题。

案例点评

　　企业不仅要关注外部环境的变化，还要注重内部管理的优化和技术的持续创新。通过这些措施，华兴科技成功地将风险降到最低，为企业的稳定发展奠定了基础。可见，风险管理在企业成长中的核心作用，要学会在实际工作中运用相应的策略来规避风险，确保企业的健康发展。

三、创业风险控制

1. 创业风险控制的方法

　　创业风险控制就是在风险识别的基础上，针对企业存在的风险因素，采取各种控制技术，尽量减少企业的风险暴露，降低损失频率和减少损失幅度。

　　创业风险控制的方法主要包括风险回避、风险防范、损失抑制。

　　(1) 风险回避

　　风险回避是指考虑到影响预定目标达成的诸多因素，结合决策者自身的风险偏好和风险承受能力，从而做出的中止、放弃或调整、改变某种决策方案的风险处理方式。

　　①剥离。剥离是指通过退出某市场或地域，出售、清算或分离某产品类别或业务等措施剥离资产。

　　②禁止。禁止是指企业通过适宜的企业政策、风险限额架构及标准禁止企业从事风险性大的或产生财务损失与资产缺口的活动和交易。

　　③终止。终止是指企业通过重新确立目标、调整战略和政策或改变资源配置方向，终止某些已进行的活动和交易。

　　④锁定。锁定是指企业提高业务发展和市场扩张的针对性，避免追逐偏离企业战略的机会。

　　⑤筛选。筛选是指通过对企业的资本项目和投资活动进行筛选，回避低收益、偏离企业战略重点或高风险的行动计划。

　　⑥消除。消除是指通过规划和实施内部预防流程，从源头上消除风险，使风险事件的发生概率降低为零。

（2）风险防范

风险防范是在风险发生之前调整或重组企业经营过程中的某些方面，通过一定的手段预防和分散风险，以降低风险发生的概率并减少带来的损失。

①机会选择风险的防范。创业者在创业准备之初就应该对创业的风险和收益进行全面权衡，将创业目标和目前的职业收益进行比较，结合当下的创业环境、自己的生涯规划进行权衡分析，如先就业再创业、与人合作。

②人力资源风险的防范。创业者应不断充实自己，持续提高个人素质，使自己的知识和能力与创业活动相匹配。通过沟通、协调、激励、奖惩、评价、目标设定等多种手段管理团队，并在创业团队发展的不同阶段确定相应的管理内容，科学合理地对成员进行绩效评价。招聘那些具有良好职业道德和团队合作意识、拥有与岗位相匹配技能的员工，在合同中明确权利义务关系并适当授权。

③技术风险的防范。加强对技术创新方案的可行性论证，减小技术开发与技术选择的盲目性，并通过建立灵敏的技术信息预警系统，及时预防技术风险。可通过组建技术联合开发体或建立创新联盟等方式来分散技术创新的风险。也可通过增强企业技术系统的活力，降低技术风险发生的可能性。还要高度重视专利申请、技术标准申请等保护性措施的采用，通过法律手段减小损失出现的可能性。

④管理风险的防范。提高核心创业成员的素质，树立其诚信意识和市场经济观念，并以此为基础做好领导层的自身建设，建立能够适应企业不同发展阶段变革的组织机构。实行民主决策与集权管理的统一，将企业的执行权合理分配，避免不规范的家族式管理影响创业企业发展。要防范管理风险，需要明确决策目标，完善决策机制，减少决策失误。

⑤财务风险的防范。要对创业所需资金进行合理估计，避免筹资不足影响企业健康成长和后续发展。学会建立与经营创业者自身和创业企业的信用，提高获得资金的概率。学会在企业的长远发展和当前利益之间进行权衡，设置合理的财务结构，从恰当的渠道获得资金。要管好企业的现金流，避免现金断流带来的财务拮据甚至破产清算的局面。

（3）损失抑制

损失抑制是指采取措施使事故发生时或发生后，能减小损失发生的范围或减轻损失的严重程度。在实际生活中，完全避免和预防损失是不可能的，企业必须考虑一旦风险事故发生所能采取的损失抑制措施，重点是降低损失幅度。损失抑制通常适用于外部事件，因为企业往往难以驾驭外部事件是否发生及其发生频率。

①应急计划。应急计划是指针对可能造成企业经营中断的小概率事件，事先进行必要的安排（相当于第二方案），确保企业在事故发生后、恢复正常运作前保持生产的连续性，从而降低中断经营、客户关系、商誉等方面的损失。如突发事件应急预案。

②危机管理。危机管理是指危机管理者通过危机信息分析，执行危机应对计划、组织、控制、领导等职能来最大限度地降低企业和各个利益相关者可能遭受的各种损害，最

终保障企业整体安全、健康和持久运行。如遭遇地震灾害后企业的抢救工作、恢复生产工作。

③风险隔离。风险隔离是将一风险单位分割成许多独立的、较小的单位，通过限制每一可能的最大损失来实现减少损失的目的。隔离法不但可以减少直接损失，而且风险单位的增加可以提高企业对未来损失预测的准确程度，使得实际损失程度和估测程度大致相当，从而达到控制损失的目的。如禽流感暴发后，对感染者、疑似感染者的隔离。

④风险组合。风险组合是指通过兼并、扩张、联营，集合多个原来各自独立的风险单位于同一企业之下，增加同类风险单位的数目来提高未来损失的可预测性，以达到降低风险的目的，属于一种简洁的损失抑制措施。如企业的兼并与重组。

2. 创业不同阶段的风险防范

创业风险贯穿于整个创业过程，各个阶段的创业风险既有共同的特征，也有独有的特征。创业风险在各个阶段的表现形式也不尽相同，所以应对与化解风险的方法和手段也不尽相同。有些类型的风险虽然始终存在，但是风险防范与控制措施也需要随着时间、环境的变化而对症下药。

（1）创业前期风险防范

创业前期是指在计划创业到创业初期的这个阶段。万事开头难，对于一个第一次创业的人来说，低估创业风险可能使创业计划和事业夭折。在创业前期，创业者要防范以下风险。

①资源风险。创业需要资源，这是常识。创业资源包括人才、资金、市场等。

人才是企业发展的关键，创业初期，人才流失是初创企业最担心的问题。特别是一些专业人才和业务骨干的突然流失，会给初创企业带来重创。为了防范这种风险，企业要做好两件事情，一方面要稳定核心的创业团队，另一方面要通过良好的激励机制和企业文化留住这些优秀的人才。

缺少资金也会使很多创业者遭受挫折，事实上，只有企业在经营到一定程度以后，才会有资金的回流。资金不足是创业者创业初期都会面临的问题，如果连续几个月入不敷出，或者没有稳定的现金流支撑，企业随时都存在"关门"风险。所以创业者必须充分估计资金的需求量，而且一定要有相当的资金余地。

有人说找到"蓝海"是抵御风险的良策，但并不是每个创业者都能找到市场的蓝海，何况市场瞬息万变，因此要着重考虑市场环境的动荡和竞争加剧带来的风险，不断增强自己的核心竞争力，谋求长远、持续的优势。错误估计市场使很多初创企业面临巨大的风险，如果一家企业的主打产品没有足够的市场，其失败几乎是必然的。

但是风险也意味着机会。很多商人出身寒微，起初也是一穷二白，"无资金、无技术、无市场"，但最终"草根"成林。例如，浙江曾是人均资源综合指数居全国倒数的"资源小省"，但现在却成了中国最大的"内资"（主要是民间资本）输出省份。市场上流传一句话："哪里有市场，哪里就有浙商。"也有人说："哪里有浙商，哪里就有市场。"这说明作为一名创业者不仅要善于追逐市场，而且要善于创造市场。

②项目风险。初次创业者的创业激情高，但创业选择往往比较盲目，多数没有进行前期调查及绩效分析，看到别人干什么自己也跟着模仿，缺乏针对自己特长及条件的调查分析。如加盟连锁经营型创业模式虽可以直接享受品牌的影响力，复制他人的成功经验，并能获得资源支持，降低经营成本，但也存在着虚假宣传、缴纳大量加盟费甚至以合法形式掩盖非法目的等不良现象。很多创业者容易被天花乱坠的宣传语所迷惑，既不去收集资料，也不进行实地考察和市场分析，盲目选择加盟连锁，由于不适宜自己的实际情况，给企业发展带来较大风险，影响创业成功。

所以，大学生创业者在创业初期一定要做好市场调研，在了解市场的基础上创业。一般来说，大学生创业者资金实力较弱，选择启动资金不多、人手配备要求不高的项目，从小本经营做起比较适宜。创业如同其他经济活动，其本质是以最小的费用取得最大的效用。创业问题不仅涉及技术，还牵涉天时、地利、人和等诸多因素。创业项目需要依据时间与市场的变化而作出相应调整和改变。

③心态风险。眼高手低、纸上谈兵是很多初次创业者最常见的创业风险，他们对社会缺乏了解，更缺少创业经验，其创业思想往往是因一时创业激情而起，把创业问题简单化、理想化，对创业过于自信和自负，对困难却估计不足。还有一些人过分夸大创业困难，过高估计创业压力，过低估计自身价值，妄自菲薄，没有信心和勇气面对创业，不愿动手尝试。另外，初次创业者没有经受过创业挫折的考验，心理承受能力和自我调节能力较差，在创业受挫后易产生强烈的挫折感，忧心忡忡，胆怯心虚，不能正确认识自己的创业优势，甚至把自身的长处看成短处，在创业竞争中信心不足，自我设限，错失许多机会，严重影响了创业的成功。

意识风险是创业团队最内在的风险。这种风险看上去无形，却有强大的破坏力。风险性较大的意识有投机、侥幸、"试试看"、过分依赖他人、急于回本、消极的心态等。其实大部分创业者在创业过程中都会遇到大大小小的挫折，真正一帆风顺的创业者很少。在失败和挫折面前，采取消极的态度还是积极的态度直接决定了创业者未来的命运。向挫折和失败投降的人，永远失去了成功的可能性。对创业者来说，以乐观态度面对挫折是至关重要的，跌倒了，可以重新站起来。

④目标风险。机遇从来都是垂青有明确目标的人，同样的，失败也很少放过那些没有明确目标的人。创业的道路上充满荆棘和艰辛，不能光凭满腔热情和雄心壮志，还需要明确的目标和实现这些目标的周详计划。

计划不明，意味着行动是盲目的。如果一个盲目的人成功了，那么只能说是歪打正着，是一种偶然的幸运，而绝不能作为成功的经验尊奉。计划是创业过程中指导性、方向性的东西，计划如果是错误的，或者是不明确的，尤其是关键的地方、关键的步骤不明确，那么失败几乎是不可避免的。

（2）创业中期风险防范

①定位风险。进行创业，一定要坚持不懈，绝不可朝三暮四、见异思迁。比如，做大还是做强，这是每个创业者都会遇到的两难问题。当你刚开始经商或创业的时候，并不一定要做大，但是一定要做强，而做强就需要专心做一件事情，不要盲目地做一些看似有发展的项目，从而分散精力，废弃主业。在创业阶段，要使企业发展，要把生意做大，必须安心做好一件事情。每个行业都有强劲的对手，都面临着激烈的竞争。如果不抓住自己的主业，盲目涉足一个自己不熟悉的领域，势必分散精力、资金，在新的行业难有建树。

②个人风险。俗话说："一个好汉三个帮。"在现代社会，人与人之间的联系是非常紧密的，一个创业者需要和客户打交道，和政府部门打交道，和合作伙伴打交道。一个人单打独斗是不可能取得创业上的成功的。所以，创业的时候最好有良好的合作伙伴，集思广益，避免愚蠢的举动，在遇到挫折时互相鼓励。在创业的过程中你可能会遇到难以承受的低谷，这时创业伙伴彼此信念上的支撑具有重要作用。每个人都暗暗给自己打气："我绝不能让我的伙伴失望。"这是一个人坚持下去最强大的动力之一。

③团队风险。现代企业越来越重视团队的力量。创业企业在诞生和成长过程中最主要的力量来源一般是创业团队，一个优秀的创业团队能使创业企业迅速发展起来。但与此同时，风险也蕴含在其中，团队的力量越大，风险也就越大。一旦创业团队的核心成员在某些问题上产生分歧而不能达成一致时，就有可能会对企业造成强烈的冲击。创业伙伴之间发生争斗的现象比较普遍。但是如果创业者能够更加谨慎地选择他们的创业伙伴，那么大多数的争斗都可以避免。多数的争斗并不是因事而起，而是因人而起。大多数因为争斗而一怒之下离开的创始人，可能从一开始就信心不足。不要掩饰你的疑虑，而要在公司成立初期把问题解决。

（3）创业后期风险防范

当创业者把创业构想变成现实，并使企业开始盈利或具备盈利前景的时候，创业就获得了初步的成功。俗话说，创业容易守业难。创业成功以后，不管创业者选择让渡所有权或经营权，还是继续发展和开拓事业，保留企业的所有者和经营者的双重身份，企业都要经历一个休整期，这是不可逾越的阶段。创业成功以后，创业者和企业仍然面临着各种各样的风险，有的风险甚至会导致创业者功败垂成。在创业后期，创业者要防范以下风险：

①盲目扩张。管理层内部如果没有精准定位，对企业进行盲目扩张，拔苗助长，将导致企业的短命。发展过程缺乏长远战略规划，让原本青睐企业的资本在投资的关键时刻出现犹豫，给这些企业的发展带来了致命一击。新时代有新挑战和新机遇，企业在利好的发展环境下，要有切实可行的发展定位及对市场的精准分析，在巩固好企业核心业务的条件下，才能有针对性地扩大企业规模。

②心理失衡。做企业要保持一个良好的心态，因为思想支配行动。心态不对，行动就容易错误，最后毁人毁己。但是企业家要保持一个良好的心态不容易，尤其是涉及利益格局和利益分配的时候。有不少靠创业致富的人，在短短几年里就失去了辛苦积累而来的财富。创业者创业成功后的心理失衡主要表现在以下几点：

一是不切实际。创业者在初创期往往怀揣梦想，但有时过于理想化，制订不切实际的目标和计划。这种不切实际可能导致资源浪费、目标落空，甚至企业倒闭。如某光伏公司决策者，由于一心追求产业规模，几乎将公司的所有资金全部押注在光伏产业的原材料采购环节，在 2008 年国际金融危机爆发的大背景下，仍然逆势投资，与国外多晶硅巨头签订了长达十年的巨额采购合约，最终拖垮了公司。因此，创业者应立足实际，理性评估市场与自身能力，制定可行的发展策略。

二是迷失自我。创业者在追求商业成功的过程中，有时可能会迷失自我，过于关注利润和市场份额，而忽略了创业的初心和价值追求。迷失自我可能导致决策失误，损害长期利益。因此，创业者需时刻提醒自己，不忘初心，保持原则。

三是违法经营。创业者违法经营是严重问题，不仅损害企业声誉，还可能面临法律制裁，导致创业失败。创业者应严格遵守法律法规，坚持合法经营，以确保企业稳健发展，赢得市场和消费者的信任，为企业的长远成功奠定坚实基础。

四是挥霍浪费。在创业初期，大多数创业者都能注意控制成本，节约开支，艰苦奋斗。但是在创业获得初步成功以后，创业者手里掌握着越来越多的资金和资源，容易忽视成本控制。如果创业者在经营过程中挥霍浪费，将严重影响企业的财务状况和长远发展。无节制的开销不仅会削弱企业的资金储备，还可能导致资金链断裂。因此，创业者应精打细算，合理利用资源，以确保企业的稳健运营和可持续发展。

③不思进取。创业者在取得初步成功后，有时可能会产生满足现状、不思进取的心态。然而，停滞不前即意味着倒退。不思进取会让创业者错失发展良机，甚至被竞争对手超越。因此，保持进取心，不断探索和创新，才是创业成功的关键。

创业时，准确预测和推算行业及市场前景至关重要。然而，许多预测常基于竞争对手的当前状况而做出主观臆断，缺乏科学依据。当创业者所处的原行业逐渐衰退，需转向陌生但具潜力的新领域时，挑战便随之而来。由于创业者可能对新市场的需求、分销渠道及消费者行为知之甚少，因此必须重新学习、深入了解和亲身实践，方能准确把握新市场脉动。此外，若创业者对新行业缺乏热情，其消极态度将可能转化为实际经营中的不利因素，最终导致创业失败。

④缺乏创新。创新包括产品创新、技术创新和制度创新。缺乏创新，只会模仿自己或别人过去成功的经验，是不可能取得创业成功的。有的创业者急功近利，只顾追求市场和产量，不主动要求创新，管理工作流于形式，自然没有创新成果。这种只顾眼前利益、"管理放松"的做法导致的最终结果就是技术落后，技术创新能力慢慢衰竭，核心竞争力

无法形成。

⑤管理危机。创业者应该认真避免和解决创业成功后企业的管理危机问题。成功管理危机的关键不在于排除所有的问题，而在于把注意力集中到企业当前阶段所存在的主要问题上，这样企业才能逐渐成长、成熟并壮大起来。在创业成功后，企业面临的主要管理问题是管理危机问题，具体表现为以下几点：

一是管理分权不足。在创业成功后，人员增多，业务繁忙，企业面临的问题越来越复杂。然而，创业者不愿意或不懂得分权，习惯于发号施令，事必躬亲，唱独角戏；员工也习惯于接受命令，对创业者有依赖心理，从而导致创业者日常事务过多，工作量剧增。结果便是创业者感到力不从心，不堪重负，但又没有抓住重点。

二是管理效果失控。创业成功后，随着企业开始实现现金流入和盈利，公司进入快速发展阶段，各项运营活动如招聘、迁址、设备更新和员工培训等紧锣密鼓地展开，这些举措将导致管理费用迅速攀升。同时，随着企业经营范围和地域的不断扩张，管理层面临事务的复杂性日益增加，各种问题层出不穷。尽管创业者仍保持创业初期的果断决策风格，员工也一如既往地执行决策，但创业者难以全面监督和评估决策的实施效果。若企业缺乏健全的监督机制和配套政策，决策执行的效果会大打折扣。

三是创新机制缺乏。创业成功后，老员工容易陶醉于曾经取得的成功，向他人讲述传奇的创业历程。创业者考虑的是企业的未来，而不是如何奖赏、如何分配胜利成果，以及如何在企业保持相应的权力与地位。一些老员工不愿继续艰辛地奋斗，而是变得安于现状，于是小富即安的思想在企业蔓延，甚至会影响创业者本人。长此以往，若无创新激励机制，企业很容易失去继续创新的动力。

案例分享

60 岁再出发，归来仍是少年

2021 年 11 月 7 日，俞敏洪直播宣布新东方关停 K9（一至九年级的学科培训）业务，退租 1500 多个教学点，并为农村孩子捐献出所有教学点的 8 万套课桌椅。一辆辆货车载着崭新的桌椅，载着新东方的悲壮和无奈，坦然离去。一位新东方的校长说："我当时立马想到一句话，因为我们淋过雨，所以不能忘记给别人撑伞。"历经风雨的俞敏洪和新东方，选择"体面商人，优雅落幕"。在此艰难关头，俞敏洪说，"新东方账上的钱必须充足，如果有天新东方突然倒闭，或者说突然不做了，能够同时退还所有学生学费，并且能够支付所有员工的离职工资。"这句话火遍全网，俞敏洪获得了网友的尊敬。

俞敏洪和新东方，不仅优雅，不仅体面，还更勇敢。他和新东方勇敢地自救，几百名新东方老师走进直播间，进行农产品销售。有人劝说"老俞小心点啊，这个水很深，别把'前世英明'搭进去了"。俞敏洪只是尴尬笑笑，义无反顾地投身于互联网直播创业的浪潮。网友问他为啥卖农产品，俞敏洪笑笑说："为什么我的眼里常含泪水，因为我对这土地爱得深沉。"

12月28日，新东方推出"东方甄选"，正式从教育培训转战电商。直播间人数最少的时候只有5、6个人。第三方研究机构透镜公司创始人况玉清曾直言："新东方转型做直播已经错过了最佳入局的红利期。"然而，被网友诟病为"低价搅局"的"东方甄选"，惨淡经营了半年多之后，终于获得了消费者的青睐。取消"坑位费"，用英语卖牛排，用历史售玉米，用哲学销售大米……新东方为直播界带来一股清流。

资料来源：澎湃新闻

 案例点评

一个公司如果没有应对"黑天鹅"的准备，那么黯然离场将是大概率发生的事。"双减"政策的实施，给了新东方转战直播电商的契机，俞敏洪也体面地转身，给创业者留下了一个教科书式的转型案例。

知识拓展

防范大学生创业风险

1. 提升大学生创业心理资本

帮助大学生创业者对他们自身的创业能力进行正确的认知，从而树立起创业信心；创建积极的归因模式，克服创业过程中的各种困难和挫折，始终保持积极的情绪；树立清晰的创业目标，坚定创业的决心。进行挫折教育，在实践当中让大学生创业者对创业中的困难有更加清晰明确的了解。大学生创业者需要通过积极心态的锤炼来提升自身的创业心理资本。同时，高校也需要通过系统的心理健康教育和立体式的创业挫折教育来帮助大学生提升自己的创业心理资本。

2. 打通大学生创业融资的渠道

政府和高校需要通力合作来解决大学生创业者的融资难问题。首先，需要继续加大对大学生创业的政策扶持，注重政策的连续性和导向性。积极引导社会投资对大学生创业的支持，引导银行业金融机构针对创业企业经营特点和融资需求，创新产品和服务。其次，需加大对大学生创业融资的相应指导。高校应该邀请专业人士，围绕大学生创业融资中出现的问题，进行专业化和系统化的指导。最后，需要拓展大学生创业的融资渠道。除了原有的融资渠道和政府的创业支持基金外，还可拓展新的融资渠道。比如，在新形势下出现的众筹创业平台，为大学生创业提供了新的融资途径。

3. 加强对大学生创业能力的培育

高校可以组织和指导大学生参加创新创业大赛、电商大赛等各类创业比赛；与企业合作建立创业实践基地，指导学生参与校企合作项目；与各级政府合作创建创新创业孵化基地，比如众创空间、大学科技园等。

4. 加强对大学生创业的服务和指导

高校应在创业项目的开发和市场可行性论证、市场信息搜集、政策咨询、融资申请指导、企业成立、团队组建、企业经营和管理、法律咨询等方面，对大学生创业者进行有效指导。此外，可以借助各种网络工具建立与大学生创业者直接沟通和指导的平台，比如微信公众号、App 软件、官方网站等，更好地为大学生创业助力。

■ 素养园地

为各类所有制企业创造公平竞争、竞相发展的环境

"要依法规范和引导各类资本健康发展，有效防范化解系统性金融风险，为各类所有制企业创造公平竞争、竞相发展的环境。"这段话出自 2023 年 3 月 6 日习近平总书记在看望参加全国政协十四届一次会议的民建、工商联界委员时发表的讲话。

公平竞争是市场经济的内在要求，是创新创造的源泉，也是国际经贸合作的基础。为各类所有制企业创造公平竞争、竞相发展的环境，是我国加快构建新发展格局、实现高质量发展和高水平开放的必然要求。

从深化"放管服"改革到分批设立国家级自由贸易试验区，近年来，我国在健全法律法规、政策先行先试、优化营商环境等方面持续发力，不断激发市场主体创新发展活力。2022 年，我国利用外资创下 1891 亿美元的历史新高，民营经济贡献了 50% 以上的税收、60% 以上的 GDP、70% 以上的技术创新成果、80% 以上的城镇劳动就业和 90% 以上的企业数量。同时，面对数以亿计的市场主体，我们一直致力于综合施策，努力为各类企业创造公平竞争、竞相发展的环境。譬如，自 2017 年以来，我国连续 5 年修订外资准入负面清单，2021 年版全国和自贸试验区外资准入负面清单已分别压减至 31 条和 27 条。在今年 10 月第三届"一带一路"国际合作高峰论坛上，习近平主席宣布中国"全面取消制造业外资准入限制"，在 11 月 APEC 第三十次领导人非正式会议上，重申"中国打造市场化、法治化、国际化营商环境的决心不会变，一视同仁为外商投资提供优质服务的政策不会变"。2023 年下半年，以国务院发布《关于促进民营经济发展壮大的意见》、国家发改委设立民营经济发展局为标志，一系列促进民营经济发展壮大的举措密集出台。近日，中国人民银行等八部门联合印发通知，提出"金融25条"，明确了金融服务民营企业发展的目标和重点。

中国改革开放四十余年来，尤其是党的十八大以来全面深化改革实践证明，公有制经济和非公有制经济都是社会主义市场经济的重要组成部分，都是我国经济社会发展的重要基础。新征程上，我们要瞄准市场化、法治化、国际化一流营商环境的建设目标，持续依法规范和引导各类资本健康发展，有效防范化解系统性金融风险，为各类经营主体投资创业营造公平竞争、竞相发展的良好环境。

资料来源：央广网《每日一习话》

■ 任务训练

加盟户外运动品牌的风险分析

活动目的：

学生通过风险分析活动，掌握风险评估方法，并能针对企业存在的风险找出有效的应对方法。

活动要求：

随着户外运动的兴起，新兴户外运动品牌如雨后春笋般涌现，许多传统运动服装企业也嗅到了商机，纷纷开发出户外系列服装。选择一个你喜欢的户外运动品牌，主要对加盟前、加盟过程中和加盟后的风险进行评估。想一想：如果通过加盟该品牌的方式进行创业，需要注意哪些风险？应采取哪些防范措施？

活动的具体操作步骤如下：

1. 教师对学生进行分组，3～5人为一组，选出一个小组负责人。

2. 小组成员就上述资料中提出的问题进行讨论，然后写一份约500字的分析报告。

3. 小组负责人上台汇报讨论的结果。

项目八

开办管理企业

青年人是全社会最富有活力、最具有创造性的群体，也是推动创科发展的生力军。要为青年铺路搭桥，提供更大发展空间，支持青年在创新创业的奋斗人生中出彩圆梦。

——习近平

"我想创业，我应该注册一家什么类型的公司？""我想和同学一起创业，我们应该采取什么样的组织形式？"这些问题都是大学生创业者在创业之初会遇到的问题。初创企业有多种组织形式，不同的创业者和不同的创业项目适用于不同的组织形式。只有对初创企业的概念、组织形式有深入了解后，创业者才能做出正确的选择，找到适合自己的企业组织形式，使初创企业得以生存和发展。

学习目标 ✈

知识目标

- 了解初创企业相关概念与衡量标准；
- 了解创办企业的相关法律；
- 掌握创办企业的前提条件；
- 熟悉企业的生命周期和成长驱动因素，掌握企业成长的管理策略。

能力目标

- 具备创办企业前的内外条件分析能力；
- 能够根据实际情况制定企业成长的管理策略。

素质目标

- 养成进行初创企业战略规划和战略分析的创业素质；
- 培养创办企业所需的坚定意志和吃苦耐劳品质。

案例导入

三个创业失败案例的深度剖析

ofo小黄车：ofo小黄车是中国共享单车的先驱者之一，它曾凭借便捷、环保的出行方式迅速走红，吸引了大量用户。然而，随着市场竞争的加剧，ofo小黄车逐渐暴露出一些问题。首先，公司过度扩张，盲目增加单车投放量，导致市场饱和，同时增加了维护和管理成本。其次，ofo小黄车在管理上存在诸多问题，如单车损坏严重、乱停乱放现象普遍等，严重影响了用户体验。此外，ofo小黄车还面临着资金链断裂的困境，无法持续投入资金进行运营和维护。这些问题最终导致ofo小黄车用户流失严重，市场份额逐渐下滑。在多次尝试自救无果后，ofo小黄车最终走向了失败。

锤子科技：锤子科技由罗永浩创办，是一家专注于智能手机等智能设备研发的公司。锤子科技的产品在设计上颇具创新性，但其在创业过程中也遇到了诸多挑战。首先，锤子科技的市场定位不够明确，其产品在市场上缺乏明确的竞争优势。其次，锤子科技的产品定价过高，导致消费者对其产品的接受度不高。此外，锤子科技在营销策略上也存在问题，其过度依赖社交媒体进行宣传，但效果并不理想。这些问题导致锤子科技在市场上的销量一直不佳，无法维持正常的运营。随着资金链的紧张，锤子科技最终陷入了困境，不得不进行裁员和资产出售。

乐视网：乐视网曾是中国互联网视频行业的领军企业之一，其业务范围涵盖了视频、电视、手机等多个领域。然而，乐视网的快速扩张和多元化战略也为其带来了诸多风险。首先，乐视网在多个领域进行布局，需要大量的资金投入，这导致公司资金链紧张。其次，乐视网在版权购买、内容制作等方面的投入巨大，但未能获得足够的回报，进一步加剧了其财务困境。此外，乐视网在内部管理上也存在问题，如人员频繁变动、决策失误等，导致公司运营效率下降。这些问题最终导致乐视网无法维持正常的运营，市场份额逐渐下滑。在多次尝试自救无果后，乐视网最终走向了失败。

启示

这些案例都揭示了创业过程中可能遇到的问题和挑战。创业者需要认真分析市场需求、明确产品定位、制定合理的营销策略、加强内部管理等，才能避免类似的失败。同时，这些案例也提醒我们，创业成功需要付出巨大的努力和耐心，不断学习和调整策略。

任务 15　筹办公司企业

问题导入

创业者通过市场分析找到创业机会、组建创业团队并获得创业资金后，就可以着手创办一家企业。请同学们思考以下问题：

（1）企业的组织形式有哪些？创业者该如何选择？

（2）设立登记企业的流程是怎样的？

一、企业的组织形式

企业的组织形式作为构建企业架构和运营体系的基石，重要性不言而喻。它不仅在微观层面上深刻影响着企业的日常运营流程、管理效率以及内部决策机制，还在宏观层面上直接关系到企业的法律责任承担、融资能力拓展、税务筹划优化以及长期发展战略的制定与执行。在选择企业的组织形式时，企业主或创始人需要站在全局的高度，综合考量多方面因素，以确保所选形式能够精准对接企业的当前需求，并为未来的成长与发展奠定坚实基础。

1. 企业组织形式的选择

企业是指依法设立的以营利为目的，从事商品的生产经营和服务活动的独立核算经济组织。现代企业的组织形式按照财产的组织形式和所承担的法律责任不同，通常划分为不设立公司的企业和设立公司的企业。不设立公司的企业形式有个体工商户、个人独资企业、合伙企业。设立公司的企业通常称为"公司"，包括有限责任公司和股份有限公司两种。下面分别对各种组织形式进行介绍。

（1）个体工商户

个体工商户是我国特有的一种公民参与生产经营活动的形式，也是个体经济的一种法律形式。依照相关法律规定，个体工商户是指经依法核准登记、从事工商业经营的公民。个体工商户有以下特点：

①经营主体灵活：可以由自然人或家庭经营，形式灵活多样。

②依法登记注册：需向工商行政管理部门申请登记并获得营业执照，方可合法经营。

③经营范围受限：经营范围需符合法律、政策规定，不得涉足禁止或限制的行业。

④民事权利与责任：在核准登记范围内享有民事权利，同时需承担民事责任和其他法律责任。

⑤经营自主：在合法范围内，个体工商户有权自主决定经营方式、价格等。

⑥经济贡献：作为市场经济的重要参与者，对经济发展、就业创造有积极贡献。

（2）个人独资企业

个人独资企业是指由一个自然人投资，财产为投资人个人所有，投资人以其个人财产对企业债务承担无限责任的经营实体。个人独资企业有以下特点：

①个人独资企业的出资人是一个自然人。

②个人独资企业的财产归投资人个人所有。该企业财产不仅包括企业成立时投资人投入的初始资产，而且包括企业存续期间积累的资产。投资人是个人独资企业财产的唯一合法所有者。

③个人独资企业不具有法人资格。投资人以其个人财产对企业债务承担无限责任，这是个人独资企业的重要特征。也就是说，当投资人申报登记的出资不足以清偿个人独资企

业经营所负的债务时，投资人就必须以其个人财产甚至是家庭财产来清偿债务。

（3）合伙企业

合伙企业是指由各合伙人订立合伙协议，共同出资、共同经营、共享收益、共担风险，并对合伙企业债务承担无限连带责任的营利性组织。合伙企业有以下特点：

①合伙协议是合伙企业成立的基础。合伙人之间是平等的，合伙企业的利润和亏损，由合伙人依照合伙协议约定的比例分配和分担。

②合伙企业不具有法人资格。

③合伙企业的合伙人对企业债务承担无限连带责任。所谓无限连带责任，是指合伙企业财产不足以抵偿企业债务时，合伙人应以其个人甚至家庭财产清偿债务，而且债权人可以就合伙企业财产不足清偿的那部分债务，向任何一个合伙人要求全部偿还。

（4）有限责任公司

有限责任公司是指依法设立的、有独立的法人财产、以其全部财产对其债务承担有限责任的、以营利为目的的企业法人。有限责任公司有以下特点：

①公司须依法成立。须依照公司法规定的设立条件和设立程序取得法人资格。

②公司具有法人资格。公司财产独立于股东个人财产；公司责任独立于股东个人责任。公司以其全部财产对公司的债务承担责任，股东以其认缴的出资或认购的股份为限对公司承担责任。

③公司以营利为目的。公司设立的最终目的是获得利益并且将所得利益分配给股东。

（5）股份有限公司

股份有限公司是指将公司的资本折为股份所组建的公司，股东以所持有的股份为限对公司负责，享受收益或者承担债务，具有合资的特点。股份有限公司有以下特点：

①公司的资本划分为金额相等的股份。

②公司股份可以自由转让，股份公开，具有自由性。

③可以向社会公开发行股票筹集资金。只要购买了股票，就可以成为该公司的股东，哪怕只购买了一股；股东具有广泛性，任何人均可成为公司的股东。

④设立条件和解散条件均较复杂，手续烦琐。

2. 选择企业组织形式需考虑的因素

在选择企业组织形式时，要多咨询、多比较、多考虑。组织形式多种多样，有的组织形式对别人来说是一种优势，但对自己来说就是劣势。创业者要从自身的实际情况出发，选择适合自己的组织形式，争取以最小的投资获取最大的收益。

企业组织形式各有利弊，我们不能简单地说某种形式最好或最差，但总体而言，选择企业组织形式应当考虑以下因素：①资本和信用的需求程度；②投资者的责任；③开办程序的繁简与费用；④拟创办企业的规模；⑤企业的控制和管理方式；⑥组织正式化程度与运营成本；⑦利润和亏损的承担方式；⑧税负；⑨企业的行业性质；⑩法律的限制。

在市场经济条件下，企业是法律上和经济上独立的经济实体。任何一个企业都要依法建立。创业者在创建一个企业时，都面临企业的法律形态选择问题。企业的组织形式，也就是企业的法律形态，成立初创企业只能选择法律规定的企业组织形式，不能随心所欲任意塑造企业形态。如何选择一种合理合法的企业组织形式是一个复杂的问题，如果创业者最初选择的企业组织形式不再适合企业的发展，也可以在企业经营过程中适时变更企业的组织形式。

案例分享

小米科技的创业融资之路

小米科技有限责任公司成立于 2010 年，由雷军等七位联合创始人共同创办。自成立以来，小米通过多轮融资，快速成长为全球知名的智能硬件和互联网服务公司。其融资过程可以分为以下几个阶段。

1. 种子轮与天使轮融资

在创业最初的阶段，小米获得了来自创始人及早期投资者的种子资金，主要用于产品研发和市场调研。随后，小米完成了天使轮融资，吸引了更多个人投资者的关注，为后续发展奠定了基础。

2. A 轮融资

随着产品原型的成功开发和市场的初步验证，小米进行了 A 轮融资，吸引了包括 IDG 资本、启明创投等知名风险投资机构的参与。此轮融资帮助小米扩大了生产规模，增强了研发能力，并开始形成品牌影响力。

3. B 轮融资

在 A 轮融资后，小米迅速推出了多款智能手机，并在市场上取得了显著的成功。这促使小米进行了更大规模的 B 轮融资，吸引了淡马锡、DST Global 等国际投资者的加入。随着业务的不断扩张和产品线的丰富，小米还完成了多轮后续融资，以支持其全球化战略和生态链建设。

4. IPO

2018 年 7 月 9 日小米在香港联交所主板上市，成为全球科技行业的一大盛事。通过 IPO，小米筹集了大量资金，这不仅为其提供了更多的运营资本，也提高了公司的国际知名度和品牌价值。

小米的融资之路展示了一个初创企业如何通过不同阶段的融资活动，逐步成长为行业巨头的过程。从最初的种子资金到天使投资，再到风险投资和最终的公开上市，每一步融资都为小米的快速发展提供了关键的资金支持和战略资源。

案例点评

小米通过灵活运用各种融资渠道，有效整合资源，加速了技术创新和市场扩张，最终实现了从初创企业到上市公司的华丽转变。其融资过程展现了企业在不同发展阶段对资金的不同需求和融资策略调整，为其他创业公司提供了宝贵的经验和启示。

知识拓展

公司法

拿出一元钱，便可轻松创办一个属于自己的公司。这样的"妄想"从 2014 年 3 月 1 日起，就已成真。新修订的《中华人民共和国公司法》（以下简称《公司法》）正式实施，注册资本实缴登记制度改革也将随《公司法》的修订和国务院《注册资本登记制度改革方案》的出台，同期正式执行。

根据原《公司法》规定，有限责任公司的最低注册资本为 3 万元，股份有限公司的最低注册资本为 500 万元。而根据新修订的《公司法》，一元钱也可以创办公司。另外，首期出资额取消了 20% 的限制，改为由股东自主约定，也就是说，零首付也可以创办公司。新修订的《公司法》还取消了货币出资 30% 的限制，改为由股东自主约定。从理论上说，没有现金也可以创办公司。同时，公司注册时可以自主约定出资方式和货币出资比例，高科技、文化创意、现代服务等创新型企业可以灵活出资，提高知识产权、实物、土地使用权等财产形式的出资比例，克服货币资金不足的困难。

法人

法人是具有民事权利能力和民事行为能力，依法独立享有民事权利和承担民事义务的组织。法人制度使多数的人及一定财产成为权利义务主体，便于从事法律交易；同时法人制度也将法律的责任限定于法人的财产，避免个人的财产受到影响。

■ 素养园地

高质量发展要靠创新

"高质量发展要靠创新，我们国家再往前发展也要靠自主创新。怎么能使中国人的创新积极性调动起来？党和政府都在研究各种政策，创造良好氛围，营造优质环境。"这段话出自 2019 年 1 月 17 日习近平总书记在天津考察时的讲话。

高质量发展的根本目的是更好地满足人民群众日益增长的对美好生活的需要，是我们完整、准确、全面贯彻新发展理念的必然要求。习近平总书记强调高质量发展要靠创新，深刻揭示了创新是引领发展的第一动力这一关系。从人类发展历史进程看，创新始终是一个民族、一个国家进步的灵魂，只有创新才能把握时代、引领时代。今天，我们强调要加快实现高水平科技自立自强，就是要增强我们国家的自主创新能力和实力，这是推动高质量发展的必由之路。

党的十八大以来，以习近平同志为核心的党中央紧盯全球新一轮科技革命和产业变革，深入实施创新驱动发展战略，不断夯实创新驱动的政策和制度环境。《国家创新驱动发展战略纲要》《关于新时期支持科技型中小企业加快创新发展的若干政策措施》《"十四五"国家高新技术产业开发区发展规划》《企业技术创新能力提升行动方案（2022—2023年）》等一系列政策措施相继出台，为推动科技自立自强和经济高质量发展提供了制度保障。我们不断强化国家战略科技力量，加强基础研究，加快攻克重要领域"卡脖子"技术，科技创新实力从量的积累迈向质的飞跃，在载人航天、探月探火、深海深地探测、超级计算机、卫星导航、生物医药等领域不断取得新突破，自主创新整体实力显著提升。据世界知识产权组织发布的《2022年全球创新指数报告》，中国在全球排名连续十年稳步提升，位列第11名，比2012年提高了23名；截至去年年底，我国正在运行的国家重点实验室达到533个，纳入新序列管理的国家工程研究中心191个，国家企业技术中心1601家，各类创新基地布局进一步优化提升。

党的二十大报告指出，高质量发展是全面建设社会主义现代化国家的首要任务。今年3月5日，习近平总书记在参加十四届全国人大一次会议江苏代表团审议时再次强调，牢牢把握高质量发展这个首要任务。

新征程上，我们要全面贯彻落实党的二十大精神，坚持科技是第一生产力、人才是第一资源、创新是第一动力。不断深化科技创新体制机制改革，加大对科研人员的激励力度，完善科技成果评价机制，构建有利于科技进步与创新的市场环境、政策环境和公共服务体系，持续稳步推动高质量发展，为全面建成社会主义现代化强国、实现中华民族伟大复兴的中国梦提供强大支撑。

资料来源：央广网《每日一习话》

二、设立企业的流程

设立企业是为了实现商业构想、创造价值并追求盈利。它的重要性在于为个人或团队提供一个明确的法律实体，使创业者能够系统地整合资源、组织生产与服务、开拓市场、管理风险，并享受国家政策的支持与保护。企业作为经济发展的基石，不仅能够促进就业、增加税收、推动技术创新，还能提升国家竞争力，促进社会经济的繁荣与发展。设立企业的流程通常包括工商注册、印章刻制与管理、开立企业银行账户、办理税务登记等步骤，以确保企业合法合规地启动运营。

1. 工商注册

2016年6月30日，国务院办公厅发布了《关于加快推进"五证合一、一照一码"登记制度改革的通知》，宣布从 2016 年 10 月 1 日起在全国正式实施"五证合一、一照一码"登记制度。

"五证合一"指工商部门的营业执照、质监部门的组织机构代码证、税务部门的税务登记证、社保部门的社会保险登记证、统计部门的统计登记证，合并为一个加载有统一社会信用代码的工商营业执照，实现"一照一码"的最终目的。其中，"一照"指"五证"合为一张营业执照；"一码"指营业执照上加载的工商部门直接核发的统一社会信用代码。

随着"五证合一"制度的推行，初创企业的工商注册变得更加简单。对于被整合的证照，企业无须再办理，只需到工商部门办理"一照一码"营业执照即可。与以前的办证流程相比，"五证合一"减少了企业在不同部门来回奔走提交资料的烦琐，为企业节省了大量的时间和精力。"五证合一"的办理流程也相对简单，下面进行详细介绍。

（1）"五证合一"办证材料

初创企业要想顺利地完成"五证合一"的办理流程，需要准备以下几种材料：

①法定代表人身份证原件，全体股东身份证复印件；

②各股东间股权分配情况；

③"企业名称预先核准通知书"原件；

④工商部门审核通过的公司经营范围资料；

⑤企业住所的租赁合同（租期一年以上）一式二份及相关产权证明（非住宅）；

⑥如果企业为生产型企业，还要有公安局消防科的消防验收许可证。

（2）企业名称预先核准

首先，需要进行企业核名操作，核名时首先要选择企业的形式，企业形式包括有限责任公司、股份有限公司、合伙企业、个人独资企业等。

公司名称一般由四部分组成：行政区划、字号、行业（非必填项）、组织形式。如重庆（行政区划）＋零距离（字号）＋信息技术（行业）＋有限责任公司（组织形式）。

要取一个市场上没有出现过的公司名，一般来说很难一个名字就能通过，一般至少需要准备四个或者十几个名字供工商部门备选，且一旦工商部门选中就无法再变更（如果对工商部门选中的备选名字不满意，可以重新提交验名申请）。因此为节约时间，建议团队一起商量多取一些名字供工商部门备选。

完成公司命名的准备工作后，到工商部门领取"企业名称预先核准申请书"，在其中填写准备申请的公司名称、注册资本、公司主体类型、住所地、投资人等信息，由工商部门上网检索是否有重名，如果没有重名，便会核发"企业名称预先核准通知书"。在进行企业名称核准后，如果办理注册申请的申请人没有厂房或办公室，则需完成租房环节。办理租房手续要签订房屋租赁合同，签订合同后应到税务局办理印花税缴纳手续。

（3）提交材料

可选择线上和线下两种方式进行材料提交，线下提交前可提前在工商网上进行预约，需 5 个工作日左右（多数城市不需要提前预约）。申请人可以通过互联网登记系统填写联合申请书，大大节省了现场办理需要花费的时间成本。需要准备相关材料提交商事登记部门，由商事登记部门统一受理，真正实现"一表申请""一门受理"。所需时间为 3～5 个工作日。

（4）部门审核

市场监管登记窗口在承诺时间（内资 2 个工作日，外资 3 个工作日）内完成营业执照审批手续后，将申请资料和营业执照信息传至平台。质监窗口收到平台推送的申请资料和营业执照信息后，要在 0.5 个工作日内办理组织机构代码登记手续，并将组织机构代码发送至平台。

国税、地税、统计和人力社保等部门窗口收到平台推送的申请资料、营业执照和组织机构代码信息后，要在 0.5 个工作日内分别办理税务登记证、统计登记证和社会保险登记证相关手续，并分别将税务登记证号、统计登记证号、社会保险登记证号发送至平台。

（5）现场领证

经商事登记部门审核通过后，商事主体申请人即可携带准予设立登记通知书、本人身份证原件，到工商部门领取营业执照，即营业执照、组织机构代码证、税务登记证、社会保险登记证和统计登记证，"五证同发"（其实就一张证件）。一般需要 3～5 个工作日的时间。

2. 印章刻制与管理

印章具有法律效力，其刻制、补办、挂失等都有专门的规范。新成立的企业申请刻制企业相应的印章时，须持营业执照复印件、法定代表人和经办人身份证复印件各一份，以及由企业出具的刻章证明、法人代表授权委托书到公安局指定的机构进行刻章。

（1）公章类型

一般来说，企业常用的具有法律效力的印章包括公章、合同专用章、法人章、财务专用章、发票专用章 5 种类型。

①公章。公章代表企业的最高效力。它对内对外都代表了企业法人的意志，使用公章可以代表企业对外签订合同、收发信函、开具企业证明。

②合同专用章。合同专用章在企业对外签订合同时使用，相关合同的签订在企业经营签约范围内必须盖上合同专用章才能最后生效，因此它代表着企业需承受由此产生的权利和义务。一般情况下，公章可以代表合同专用章使用。

③法人章。法人章指企业法人的个人用章，它对外具备一定的法律效力，可以用来签订合同、出示委托书文件等。

④财务专用章。财务专用章的用途比较专业化，一般供企业会计核算和银行结算业务使用。

⑤发票专用章。发票专用章指企业在经营活动中开具发票时需加盖的印章。当然，在发票专用章缺少时，可以用财务专用章代替，反之不可以。

（2）公章遗失

公章代表了企业的效力，一旦出现遗失、被盗等情况会产生巨大的法律风险，影响公司的经营。凡是企业遭遇公章遗失或被盗的，应该立即采取相应措施控制风险，减少损失，具体流程如下：

①报案。公章遗失，企业应该主动报案，法人需持身份证原件及复印件、工商营业执照副本原件及复印件到丢失地点所辖的派出所报案，领取报案证明。

②登报声明。公司可遣人持报案证明原件及复印件、工商营业执照副本原件及复印件在市级以上每日公开发行的报纸上做登报声明，声明公章作废。报纸会在第二天刊登声明。

③补办公章。自登报起公示3天后，法人需持整张挂失报纸，工商营业执照副本原件、复印件，法人身份证原件及复印件（身份证需正反面复印），法定代表人拟写并签名的丢失公章说明材料（需详细写明公章丢失的原因时间地点、报案的时间地点、登报声明的时间和登报所在的版面），到公安局治安科办理新刻印章备案。

④刻章。原公章作废，新刻公章大概3～7个工作日完成。

3. 开立企业银行账户

创办企业就必然需要通过银行进行资金周转和结算，这就不可避免地要和银行打交道，因此，创业者有必要了解银行开户、销户等手续的相关知识和办理流程。

（1）银行账户的种类

按照我国现行的现金管理和结算制度，每个企业都要在银行开立结算账户（即结算户），用来办理存款、取款和转账结算。银行存款结算账户分为以下四种：

①基本存款账户。基本存款账户是企业的主要存款账户，主要用于办理日常转账结算和现金收付，以及存款企业的工资、奖金等现金的支取。该账户的开立需报当地人民银行审批并核发开户许可证，开户许可证正本由存款单位留存，副本交开户行留存。一个企业只能在一家商业银行的一个营业机构开立一个基本存款账户。

②一般存款账户。一般存款账户是企业在开立基本存款账户之外的银行开立的账户。该账户只能办理转账结算和现金的缴存，不能办理现金的支取业务。

③临时存款账户。临时存款账户是企业的外来临时机构或个体工商户因临时开展经营活动需要开立的账户。该账户可办理转账结算及符合国家现金管理规定的现金业务。

④专用存款账户。专用存款账户是企业因基本建设、更新改造或办理信托、政策性房地产开发、信用卡等特定用途开立的账户。该账户支取现金时，必须报当地人民银行审批。

（2）银行开户手续的办理

在办理银行开户手续时，需要填写开户申请书并提供有关证明文件。开立不同的账户，所需材料也不同，具体材料如下：

①基本存款账户。当地工商行政管理机关核发的企业法人执照或营业执照正本。

②一般存款账户。基本存款账户的开户人同意其独立核算单位开户的证明。

③临时存款账户。当地工商行政管理机关核发的临时执照。

④专用存款账户。有关部门批准的文件。

（3）银行销户手续的办理

开户人可以根据需要撤销在银行开立的存款账户。开户人撤销存款账户时，应与银行核对账户余额，经银行审查同意后，办理销户手续。销户时，企业应交回剩余的重要空白凭证和开户许可证副本。办理银行销户手续时应遵循以下规定：

①一般存款账户。一般存款账户余额不得超过企业在开户银行的借款余额，超过部分开户行将通知开户单位 5 日内将款项划转至基本存款账户，逾期未划转的，银行将主动代为划转。一般存款账户借款清偿后要办理销户。

②临时存款账户。临时存款账户的使用期限不得超过一年，超过一年的将予以销户。

③改变账户名称。开户人改变账户名称的应先撤销原账户，再开立新账户。

④非活跃账户。开户行对一年内未发生收付活动的单位账户，将对开户人发出销户通知，开户人应当自收到通知之日起 30 日内（以邮戳日为准）到开户行办理销户手续，逾期不办理将视为自愿销户。

4. 办理税务登记

初创企业领取由工商行政管理部门核发的加载法人和其他组织统一社会信用代码的营业执照（即"五证合一"营业执照）后，虽然无须再次进行税务登记，办理税务登记证，但仍需要前往税务机关办理相应的后续事项，才能进行正常缴税。

新办企业纳税人需要办理"国地税一户通"。"国地税一户通"实际上是企业、银行与税务机关三方签订的扣款协议，用于企业网上申报税款。"国地税一户通"办理方法比较简单，纳税人到税务机关的办公点（行政服务中心地方税务局登记窗口、各属地主管税务机关）取得"委托银行划缴税（费）款三方协议书"（一式三份），加盖本企业公章后，到银行开设缴税（费）专用账号（一般就是企业的基本存款账户），银行在协议书上盖章并退回两联。纳税人将银行盖章的协议书送到主管税务机关办理划缴税（费）登记手续。初创企业在办完首次税业务后，在之后的经营中要特别注意按时、按期、持续申报税费，以免因延误纳税而影响企业的正常经营。

知识拓展

创办企业的基本流程

1. 基本流程

（1）商号注册与核名：首先，需要确定并注册公司的商号，确保它符合法律规定并在相关机构进行注册。在核名之前，需要准备好几个备选名字，以免与已有的公司名重复。

（2）确定经营范围并提交资料：明确公司的经营范围，并准备相关的开业资料，如房屋租赁合同、房产证复印件、房产信息单、公司章程、股东会决议、指定委托人、名称核准信息单等。

（3）领取营业执照：当核名通过且资料审核通过后，就可以领取营业执照了。这是公司合法运营的重要凭证。

（4）公司备案刻章：在公安局指定的定点刻章单位进行备案刻章，通常包括公章、财务章、法人章、合同章等。

（5）银行开户：携带相关证件（如营业执照、公章、法人章、财务章等）到银行开设公司基本账户。开户完成后，会获得开户许可证。

（6）税务登记与税种核定：根据公司的行业和所在地规定，向税务机关注册纳税人身份，并按照规定缴纳相关税费。同时，在领取营业执照后的30天内，需要进行纳税申报并核定税种，确定公司是一般纳税人还是小规模纳税人。

2. 注意事项

此外，还有一些其他步骤和注意事项需要考虑。

（1）完善公司结构：制定公司章程，并确定公司的股东、董事、高管等。

（2）注册劳动合同：根据劳动法规定，与员工签订劳动合同，并按照法定程序缴纳员工的社会保险和住房公积金。

（3）资源整合和战略联盟：注重企业内外部的资源整合和战略联盟，实现资源共享和协同发展。

（4）人才引进和团队建设：建立强大的核心团队和人才队伍，为企业的扩张和发展提供有力支持。

（5）制定管理和竞争策略：制定科学有效的管理制度和流程，确保企业运营和发展的高效规范。同时，要关注市场竞争状况，制定合适的竞争策略。

请注意，以上流程可能因地区和具体行业而有所不同。在创办企业前，建议咨询当地相关部门或专业机构以获取更详细和准确的信息。

■ 素养园地

只有创新才能自强、才能争先

"高质量发展，创新很重要，只有创新才能自强、才能争先，在自主创新的道路上要坚定不移、再接再厉、更上层楼。"这段话出自 2021 年 4 月 26 日习近平总书记在广西考察时的讲话。

高质量发展是全面建设社会主义现代化国家的首要任务。科技创新是高质量发展的核心驱动力。只有坚持科技创新，依靠科技创新，我们才能不断开辟发展新领域新赛道、塑造发展新动能新优势。

党的十八大以来，以习近平同志为核心的党中央高度重视科技创新工作，坚持把创新作为引领发展的第一动力。过去十多年间，从中央到地方，一系列鼓励创新、支持创新的政策陆续出台、落地，有效激发全社会参与创新、推动创新的热情。全社会研发经费支出由2012年的1.03万亿元逐年增加到2022年的突破3万亿元，位居世界第二；我国高新技术企业从2012年的3.9万家增长至2022年的40万家。中国在世界知识产权组织《全球创新指数报告》中排名由2012年全球第34位跃升至2022年的第11位，进入创新型国家行列，自主创新具备了坚实科技根基和良好发展条件。

今天，随着我国科技创新成果加快转化，各领域产业转型升级加速进行，科技含量高的新产品、新服务不断涌现。以新能源汽车、锂电池、光伏产品"新三样"为例，2023年，"新三样"产品出口总额突破万亿元，同比增长29.9%。其中，全年新能源汽车产销量均达到950万辆左右，同比分别增长35.8%和37.9%，连续9年位居世界第一位。越来越多的科技创新成果被运用到百姓生活中衣食住行等方方面面，使我们的生活更智能、更便捷、更舒适。

当前，新一轮科技革命和产业变革正在深度发展，数字经济、人工智能、量子计算等新兴前沿领域为我国科技创新提供着广阔空间，也为我们实现从后发技术追赶到超前技术引领提供了可能。站在新的起点上，一方面，我们要继续支持创新、鼓励创新、参与创新，以科技创新推动产业创新，特别是以颠覆性技术和前沿技术催生新产业、新模式、新动能，发展新质生产力；另一方面，也要加强国际科技合作，在开放学习、交流互鉴基础上，夯实基础研究、应用基础研究的底座，着力突破关键核心技术，加快实现高水平科技自立自强。

资料来源：央广网《每日一习话》

■ 任务训练

创新创业展报

活动方法：

全班同学分组完成一期关于创新创业的展报，同学们需要相互配合、合理分工，贡献自己的力量，展报的最终呈现效果体现全班同学的创新能力、组织能力、合作能力、管理能力。

活动要求：

1.分组活动，一组5~8人为宜。

2.活动场地为教室，道具为展板、展布、画笔、颜料、图片、别针、胶水等。

3.全班召开会议，确定展报的主题、规模、分工等，然后相互合作，完成展报的整体制作。要求展报的主要内容为本书中的知识以及前面任务训练的内容；要求每一位同学都要参与到展报的设计、制作工作中。

注意事项：

1. 每组可以推选出一位组织者或领导者，有利于快速完成讨论。

2. 教师在该活动中不用提供任何帮助，但可以对展报进行评价。

3. 整个活动应该限时完成。

任务 16　谋划企业战略

问题导入

企业成立后，尤其是处于创业初期和发展时期，企业的经营与管理至关重要，关系到企业能否长久发展。请同学们思考以下问题：

（1）初创企业成长的驱动因素有哪些？

（2）创业者应如何进行企业成长管理？

知识链接

一、企业的生命周期

企业的生命周期是指一个企业从创立之初的萌芽状态，历经成长、成熟，直至最终可能面临的衰退，或是通过创新与转型实现再生的完整演变过程。这个过程犹如生物体的成长轨迹，充满了变化与不确定性，但同样遵循着一定的规律，可以被划分为以下几个具有鲜明特征的关键时期。

1. 初创期

初创期是企业不断摸索、学习和求得生存的阶段。在这一时期，企业刚刚成立，创始人的素质和管理风格成为一切管理的核心。由于创始人在初期可能缺乏经验且对经营方针的把握不够准确，因此往往难以制定出规范的规章制度。这会导致企业管理状态相对不稳定，缺乏明确的战略规划和成熟的企业文化，容易受到各种未预见危机的冲击。然而，正是因为这一阶段的管理尚未定型，企业可能展现出极强的创新能力。

随着企业的不断发展，当富有创造力的企业创始人被琐碎事务和具体经营问题所牵绊，无法再有效管理企业时，变革便势在必行。通过调整企业组织结构，构建一个专业化的领导团队，可以帮助企业平稳过渡到成长期，实现更为高效和规范的管理。

2. 成长期

成长期是企业快速发展的阶段。在这一阶段，企业的销售能力不断增强，产品开始被客户接受，市场份额不断扩大，虽然发展速度可能会有所波动，但总体上能够保持较高水平。不过，成长期的企业也会面临许多问题，如企业管理水平低下、运行效率不高、销售额虽在持续增长但利润却没有起色等。

其中，人力资源管理是成长期企业面临的一个重要问题。例如，企业引进的职业经理人所奉行的管理模式可能会与创始人的管理模式存在矛盾，导致企业内部管理出现一定的混乱；员工可能缺乏对企业发展方向的理解，导致人员流动性过高；等等。总之，在这一阶段，创始人应当努力完善企业的规章制度，使企业的组织形式真正发挥作用，逐步走上规范的发展轨道。

3. 成熟期

成熟期是指企业扩张到一定程度，市场占有率和收益达到最大化，企业声誉卓著的时期。进入成熟期后，企业的主要业务份额已经稳定下来，产品销售额能够保持在较高和较稳定的水平。同时，这一时期企业的灵活性和可控性较高，组织形式与职能能够达到平衡。此外，企业的业务经验已比较丰富，能根据需求变化及时开发新产品，产品标准化水平也有所提高，并已经通过各种媒体渠道在公众中树立了良好的形象。在这一阶段，企业管理人员的管理水平已有明显提高，各项管理制度也更为完善和专业，因此，因管理失误带来的风险大量减少。

但是，稳定的经营状况持续一段时间之后，企业的管理就开始变得僵化。各种极具约束力的规章制度也会使这一时期的企业逐渐丧失活力，趋向保守，使企业的创新能力受到极大限制。

4. 衰退期

衰退期是企业生命周期中的最后一个阶段，具有以下几个特征：一是资金越来越多地花在控制系统、软件和一般设备上；二是企业越来越强调做事的方式，而不问行事的原因、内容和结果；三是企业内部越来越缺乏创新机制。在衰退期，企业内部冲突不断、谣言四起，各部门的注意力越来越集中到内部地位争夺上，官僚主义盛行，员工更多地强调是谁造成了问题，而很少考虑如何解决问题。

对于任何企业来说，不论其规模多么庞大、业绩如何辉煌，都会经历衰退期。衰退的原因可能是企业文化缺乏创新，也可能是激烈竞争带来的市场饱和，还可能是管理方式的落后。

案例分享

铸盾先锋：技术创新引领企业崛起

随着国家对船舶建造维修等技术服务能力的日益重视，江苏航运职业技术学院"铸盾先锋"项目团队专注于开发一种新型的高端防护涂层。该涂层主要应用于大型动力装备零件的防护，以提高其耐高温、耐腐蚀、耐磨损性能。"铸盾先锋"项目创办企业的过程如下。

1. 项目调研与定位

在项目运行初期，项目团队通过深入的市场调研发现，市场上现有的防护涂层解决方案存在诸多不足，如核心配方材料的缺失、涂层结合力低易脱落以及防护工艺落后等问题。这些问题严重制约了我国高端防护涂层市场的发展，也是"铸盾先锋"项目致力于解决的问题。

2. 技术研发与突破

在省自然科学基金的支持下，"铸盾先锋"团队开始了艰苦的技术研发工作。经过50余次实验的不断尝试和优化，团队终于成功研制出一种多元稀有金属复合材料，并开发了智能熔覆辅助装置和复合工艺。该技术突破大幅提升了涂层的耐高温、耐腐蚀、耐磨损性能，为项目的商业化运作奠定了坚实的基础。

3. 商业模式与市场策略制定

随着技术研发取得突破性进展，"铸盾先锋"团队开始思考如何将该技术成果转化为商业价值。2024年5月，团队正式注册成立了公司，明确了股权结构和企业发展方向。公司制定了详细的商业计划和市场推广策略，计划以销售新材料配方和工艺包为主营业务，同时为客户提供高效防护解决方案，以满足市场对高端防护涂层的需求。

4. 团队建设与资源整合

在创办企业的过程中，团队建设和资源整合是至关重要的一环。"铸盾先锋"团队积极招募了一批具有专业知识和丰富经验的人才加入，涉及技术研发、市场营销、财务管理等多个领域。同时，团队还积极寻求与产业链上下游企业合作，整合各方资源，共同推动项目的商业化进程。

5. 市场营销与推广

为了让更多人了解"铸盾先锋"项目的产品和技术优势，团队制定了详细的市场营销和推广计划。通过参加行业展会、举办技术研讨会、发布产品宣传资料等多种方式，团队成功吸引了众多潜在客户的关注。同时，团队还积极与行业协会、媒体等建立合作关系，扩大项目的知名度和影响力。

6. 持续发展与创新

随着企业的不断发展壮大，"铸盾先锋"团队继续保持创新精神和技术研发能力。团队密切关注市场动态和技术发展趋势，不断优化产品配方和工艺流程，提升产品的性能和竞争力。同时，团队还积极探索新的市场机会和商业模式，为企业的持续发展注入新的动力。

图 8-1 所示为"铸盾先锋"团队成员进行透射电镜实验。

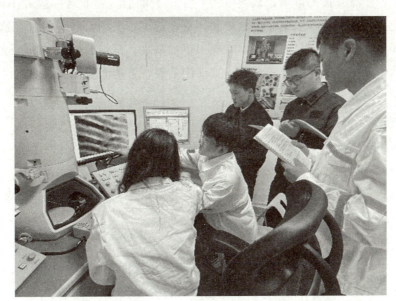

图 8-1 "铸盾先锋"团队成员进行透射电镜实验

案例点评

从技术研发到成立企业进行商业化运作，"铸盾先锋"项目团队凭借其在高端防护涂层领域的创新研发，成功开发出高性能材料，显著提升了产品的防护性能，填补了市场空白，展现了强大的技术实力和市场竞争力。在技术创新的基础上，企业明确了发展目标，制定了有效的商业计划和市场策略，通过资源整合和团队协作，成功将技术成果转化为商业价值，展现了创业团队的执行力和市场洞察力。

二、企业成长的驱动因素

1. 创业者

创业者是初创企业的决策者和领导者，对企业的成长具有重要的作用。具体来说，初创企业能否快速成长取决于创业者的两项素质——创新能力和成长欲望。

（1）创业者的创新能力

创业者勇于挑战，具备识别和把握机会的能力，能把各种资源从生产率较低、产量较小的领域转到生产率较高、产量较大的领域，从而使初创企业具有创新优势，并赢得快速成长的机会。

（2）创业者的成长欲望

在企业生产产品并投入市场，最终获得一定的利润后，创业者一般并不满足于现状，而是将利润进行再投资，以使企业快速成长，更多地占领市场份额。创业者这种勇往直前的激情，使其在实现企业目标的过程中表现得更加坚决、乐观和持之以恒。这种高成就动机不仅能使消费者、资源提供者及企业员工深深信服，更能激发团队成员的工作热情，进而实现企业的快速发展。

2. 创业团队

（1）创业团队的创业精神

创业精神表现为创业欲望、决心和干劲等，也彰显着团队的创业价值观。创业价值观作为创业精神的核心，对初创企业的价值取向起着引领和支配作用，并能在企业成长过程中形成创业战略与创业文化。

（2）创业团队的专业水平

专业水平主要是指创业团队在技术、营销、管理方面的专业素质和能力水平，它属于技术层面的特征。专业水平作为创业团队推动企业成长的实践动力，在很大程度上体现了创业团队的价值。创业团队的专业水平越高，企业的成长之路会越顺利，也越容易取得成功。

（3）创业团队的组织方式

组织方式主要体现为创业团队的组织形式和治理结构，属于运作机制和制度范畴层面的特征，对创业团队起着激发创业热情、管理创业活动、提高创业能力的保障作用。实践表明，创业团队的组织方式能在初创企业战略制定、经营管理、人才吸引和技术创新等方面起到强大的促进作用。

3. 市场

在市场经济的背景下，市场是企业生存的根本。企业进入成长期后，面临着更加激烈的市场竞争，其成长与发展有可能受阻。但是，企业在供应商的竞价力、消费者的满意度、新进入企业的威胁、替代品的冲击等因素的驱动下，也会快速成长。

（1）供应商的竞价力

供应商主要通过提高原材料价格与降低原材料质量来影响企业的产品竞争力与盈利能力。而供应商力量的强弱主要取决于他们所提供给企业的原材料的稀缺程度、不可替代程度等。为削弱或消除供应商竞价力的影响，企业必须寻找多家供应商，以保证供应渠道的畅通、稳定，进而长期降低原材料购买成本，从而促进自身的成长。

（2）消费者的满意度

消费者通过议价或要求更优质的产品和服务来对企业产品竞争力和盈利能力施加影响。消费者偏好的变化、产品需求数量、替代产品成本和购买目标，都是推动企业成长的关键因素。因此，企业必须致力于提供符合消费者期望的产品或服务，并持续提升消费者满意度，以推动自身不断发展壮大。

（3）新进入企业的威胁

新进入竞争企业可能会与企业发生原材料和市场份额的竞争，从而影响企业的盈利水平，甚至可能危及企业的生存。这种威胁会迫使企业调整经营策略，如扩大批量生产、降低生产成本、改变营销方式等，从而增强市场竞争力、促进自身的成长。

（4）替代品的冲击

当有替代品进入市场时，一方面，企业可能会因替代品的出现而盈利能力降低，成长受到制约；另一方面，由于替代品生产企业的侵入，企业必须提高产品质量、进行产品改良、实现产品创新、逐步实现产品的多元化和系列化，以提高产品的价值空间，不断提高消费者的满意度，进而促进自身的快速成长。

4. 组织资源

组织资源涵盖企业的各类管理系统，如组织结构、作业流程、工作规范、信息沟通、决策体系及质量系统等。这些资源的完备性直接关系到企业的市场占有率、销售量和现金流量。初创企业若能高效掌控并合理利用这些资源，同时注重各要素间的协调与契合，便能借助优化的组织结构、重整的作业流程、科学的工作规范和精准的信息沟通，构建出独特的竞争优势，进而提高市场占有率和销售业绩，推动企业持续成长与发展。

案例分享

港口起重机械节能创新之路

在"双碳"目标引领下，我国作为能源大国和能耗大国，正面临着能源转型和节能减排的双重挑战。党的二十大报告强调"实现碳达峰碳中和"的重要性，这不仅具有重大的现实意义，更意味着伟大的历史使命。"重器引擎——绿色起重机械多能源集成控制领跑者"项目就在这一背景下应运而生，并凭借出色的创新成果，荣获中国国际"互联网＋"大学生创新创业大赛国赛铜奖。

战略洞察：港口能耗现状与挑战

随着港口经济的蓬勃发展，我国港口能源消耗持续上升。以南通港口集团为例，经过深入调研，"重器引擎"项目团队发现起重机械能耗占据港口设备总能耗的显著比例，高达 58% 左右。这一数据凸显了港口节能的紧迫性和重要性。

技术突破：研发多能源控制系统

面对传统起重机在能源转换率、综合节能效率及作业周期方面的痛点，"重器引擎"项目团队深入调研，集思广益。经过 37 次实验和测试反馈，团队攻克了 19 个技术难点，研发出了适用于港口的起重机多能源控制系统。该创新技术显著提高了能源利用率，经测试证实能源利用率提升超过30%。

商业体系构建：全方位立体化布局

在商业模式上，"重器引擎"项目团队构建了全方位立体化的商业体系。通过基础零件购买、代工厂委托加工及核心技术自持，项目确保了产品的高效生产和质量把控。同时，"重器引擎"项目团队积极向各大起重机制造公司和港口集团推广销售这一创新产品，以实现广泛的市场覆盖。

战略实施："三步走"计划

为确保战略目标的顺利实现，"重器引擎"项目团队制定了详细的"三步走"计划。第一步，以江浙沪港口为试点，验证产品性能和市场接受度。第二步，向内河港口推广成熟设备，进一步扩大市场份额。第三步，瞄准大型港口节能设备市场，实现产品的高端化、规模化应用。

展望未来：持续创新，引领行业

未来，"重器引擎"项目团队将继续致力于起重机械节能技术的研发与创新，不断提升产品性能和市场竞争力。同时，也将积极响应国家"双碳"战略，为推动港口绿色、低碳发展贡献更多力量。

图8-2为"重器引擎"项目团队在企业实践调研。

图 8-2　"重器引擎"项目团队在企业实践调研

案例点评

"重器引擎"创业团队在创业初期就紧跟国家"双碳"政策导向，明确了节能减排的战略目标。通过深入的市场调研，精准识别行业痛点，团队以技术创新为核心，成功研发出多能源控制系统，项目实现了显著的节能效果。在商业模式上，企业构建了全方位的商业体系，有效推广了创新产品。团队制定了分步实施的战略计划，逐步扩大市场份额，展现了对未来市场的长远规划，充分展现了在战略规划、技术创新和市场推广方面的卓越能力。

三、初创企业成长管理

初创企业具有一定的特殊性，它不同于现有企业在激烈的市场竞争中已经建立了一定的竞争优势，包括品牌、服务、渠道等。因此，为了促进初创企业管理水平的提高，增强初创企业的竞争力和发展力，初创企业创业者应该分析初创企业的特殊性，学习基本的管理原则以及管理策略，并能够运用这些管理知识和方法来解决企业管理中的实际问题。

1. 初创企业管理的特殊性

（1）初创企业具有高成长性和高风险性

初创企业区别于成熟企业的重要特点之一，就在于成熟企业已经进入常规发展阶段，不再具有高成长性，而初创企业则处于超常规发展阶段，极具成长潜力。初创企业通常经营机制灵活，同时在产品、技术或业务的某些方面具有一定的独特性和领先性，对区域市场和细分行业的竞争能够保持良好的适应和应对状态，因而成长性较好。但与高成长性相对应的是，初创企业的成长具有很大的不确定性和高风险性。由于技术环境的变化、商业模式的变革、竞争对手的打压、内部管理的瓶颈等，初创企业的业绩波动也高于成熟企业，呈现出"易变""不稳定""高死亡率""充满风险"等特点。也就是说，初创企业的成长呈现出非线性的特征，可能爆发式增长，也可能突然衰退，甚至彻底失败。

（2）初创企业管理要以生存为首要目标

初创企业在创立初期的首要任务是在市场竞争中生存下来，让消费者认识和接受自己的产品或服务。在这个阶段，生存是第一位的，一切要围绕生存而运作，应避免一切危及生存的做法。因此，初创企业只有尽快找到客户，把自己的产品或服务卖出去，才能在市场上找到立足点，建立生存基础。

（3）初创企业管理具有灵活性和创新性

活力是创新之源，是企业快速发展的核心动力。与大企业相比，初创企业的突出优势就在于高层管理者更贴近客户，更容易感受到市场发生的变化，能够比大企业更迅速地做出反应，能够用小企业的反应速度来抗击大企业的规模经济。初创企业一般能够以目标为导向，淡化分工、强化协作，老板与员工形成一体，形成较灵活的管理机制，使得公司充满活力。与此同时，初创企业管理通常也需要有较强的创新性。因为初创企业会面临许多新问题，这些问题很多是管理者之前没有遇到过的，在书本和前人的经验中也找不到答案，只有敢于创新、善于创新，才能有效地解决这些问题。

2. 初创企业的管理原则

新入行的企业，只有打破原有竞争格局才能够扭转不利局面。在核心竞争能力尚未形成的时候，初创企业应该采用以下管理原则与对手周旋，争取生存机会，然后不断积累，加强自身的实力。

（1）"生存为先"原则

企业在创业初期的首要任务就是在市场中生存下来，让消费者认识和接受自己的产品。也就是说创业之初，企业最根本的目标就是生存，企业的一切活动都应围绕生存来进行，一切危及企业生存的做法都应避免。"生存为先"原则要求创业者把满足顾客的需求放在第一位，把盈利作为公司管理绩效的唯一考核指标。企业应有明确的生存理念，指导员工要时刻心系企业的生存安危，不断奋斗，确保企业稳定、持续发展。

（2）"现金为王"原则

现金流对于企业而言，如同血液对于人一样重要。资金链断裂，往往会使刚刚成立的企业遭遇挫折甚至破产。"现金为王"原则要求：第一，创业者要周期性地评估企业的财务能力，要对当前现金流的状况做到心中有数；第二，创业者一定要节约用钱，要有"有多少钱、办多少事"的观念，每一分钱都应该用在最需要的地方，要千方百计增收节支、加速资金周转、把握好发展节奏；第三，采用"早收账，迟付款"的方法来实现正现金流。

（3）"分工协作"原则

处于初创期的企业，虽然形成了初步的分工，建立了一套组织结构，但在遇到紧急情况和重要任务时，往往需要大家齐心协力、团结一致去应对。也就是说，初创企业的人员职责分工相对大企业而言更模糊，企业员工之间处于一种"既分工，又协作"的状态。

（4）"事必躬亲"原则

处于初创期的企业由于人手少、缺乏资源，一切都处于萌芽阶段，所以创业者必须亲自去做很多事情，如直接向客户推销产品、参与商业谈判、处理财务报表、制订薪酬计划、从事广告宣传。这个阶段的创业者切忌把自己当成"大老板"而目空一切、眼高手低，要有事必躬亲的精神。这样创业者才能对企业经营过程中的每个细节做到心中有数，使企业平稳成长，并越做越大。

3. 初创企业面临的挑战

初创企业的数量很多，但能够实现成长的企业却并不多，其中实现快速成长的企业则更少，其原因在于初创企业的成长会遇到各种限制和障碍，会面临各种发展陷阱和挑战。

（1）内部管理复杂性的增加

初创企业的快速成长体现为市场的快速扩张、顾客数量的规模化增加、职工人数的大幅增长等，会吸引各种组织（包括竞争对手、潜在投资者、管理机构、新闻媒体等）的注意力，同时也需要获取更多的资源以支撑其快速成长，这就使得企业内部的管理工作会在短时期内快速增加。尽管这时创业者开始在组织内部设立职能部门和管理组织，制定各种必要的规章制度和流程，试图强化职责分工和协调配合，逐步进行管理授权和分权，然而由于企业规模的急剧扩张、创业团队管理技能的不足、缺少有管理经验的员工、部门分工不够科学合理等，企业内部管理往往显得杂乱无章，问题常常容易演变为危机。创业者需要花费大量的时间用于"救火"，部门间的协调配合和"救火式"的管理方式融合在一起，增加了企业内部管理的复杂性。

（2）外部环境不确定性的增加

企业的快速成长吸引了众多竞争对手进入，改变了行业的竞争状况，让初创企业的市场环境变得更加不确定。行业内的大企业开始注意初创企业所在的细分市场时，会凭借其资金、技术、品牌和销售网络等种种优势，向成长中的中小企业发起挑战或进行打压。行业内众多"跟风"创业的小企业则"搭便车"，对产品既不进行创新，也不进行广告投入，只是一味地模仿，利用低成本、低价格和地域性优势抢占市场。众多竞争对手的加入，使得消费者有了更多的选择，竞争变得越来越激烈，"蓝海"逐渐变为"红海"，产品价格可能迅速降低。这就迫使初创企业不得不加大产品创新力度，调整市场战略，进行地域扩张，进入新的细分市场，或开始尝试多元化，等等。但这些情况无一例外增加了企业活动所面临的不确定性，使其经营环境变得更加复杂。

（3）制度政策不健全

创业初期，企业要不断面对意外出现的各种问题，如顾客投诉、供货商令人不满、银行不愿贷款、工人"磨洋工"等。由于没有先例、规章或经验可以借鉴，企业就产生了行动导向和机会驱动的情况，也意味着给规章制度和企业政策所留的空间很小。这一阶段制定规章制度和政策有可能扼杀满足顾客需求的机会。但如果缺乏规章和政策，为了获取现金而过于灵活、采取权宜之计，又会使企业养成"坏习惯"，而且习惯成自然，这种习惯会持续到未来，阻碍企业的发展。

（4）人力资源和资金的约束

初创企业的成长还面临极大的资源约束，尤其是人力资源和财务资源的缺口较大。伴随着业务快速发展，初创企业迫切需要吸引大批人才加入，虽然初创企业良好的创业氛围和广阔的发展前景也能打动一部分人，企业也有充分的用人自主权，但总体而言，由于初创企业发展的不确定和高风险性、能够提供的薪酬竞争力有限、管理不够规范、办公环境较差、企业的社会声望不高等，多数初创企业对优秀人才的吸引力不足，导致较大的人力资源缺口。同样，为了支撑企业快速成长，初创企业需要不断增加固定资产投资，招聘更多员工，建立销售网络和强化营销推广等，需要的资金投入成本增加，同时日常管理运营费用也大幅增加。因此，在创立初期和成长期，多数初创企业的自由现金流入不足，而且不够稳定，无法满足企业快速成长的需要，出现较大的资金缺口。

低估对现金和经营资金的需要是初创企业中较为普遍的现象，这源于创业者典型的热情心态。这种倾向实际上就是把成功的目标定得很高，而低估了对资金的需求。创业者应该重视企业的现金流量、贷款结构和融资成本等，要有符合实际的经营计划，而且要以"周"为单位来监控现金流量。记账的重点是现金流量，权责发生制会计虽有利于纳税和盈利分析，但对于及时监控企业生存却不见得有利。严格监控应收账款周转率和存贷周转率也是防止经营资金不必要增加的基本手段。

4. 初创企业成长管理策略

一方面，初创企业通常缺乏制订计划的能力，也没有大量数据资料作为决策的参考依据。因此，小企业往往没有像大公司一样的长远计划。但小企业经营者为了提高企业生命力，可能更加关注市场变化，更加贴近顾客，更加注重短期的快速反应和适应外部动荡不定的商业环境。由此看来，小企业并不是规模小的大企业，所以不能简单地把大企业成功的管理经验应用于小企业。

另一方面，企业成长是一个动态的过程，是通过创新、变革和强化管理等手段整合资源，并促使资源增值进而追求持续发展的过程，创业管理者除了需要为成长做好准备外，还需要结合初创企业的管理特性，遵循企业成长规律，抓住成长管理的重点。

（1）初创企业价值观的树立

企业的愿景、使命和核心价值观是引领企业发展的灵魂，虽然无形，但渗透在企业发展的方方面面。企业愿景，又称企业宗旨，是指企业长期发展的方向、目标和自我设定的社会责任与义务等，其描述了企业在未来社会里是什么样子。企业使命是指企业在社会经济发展中所应担当的角色和责任，是指企业的根本性质和存在的理由。企业核心价值观是指在企业生产经营活动过程中逐渐形成的，由组织成员共同遵守和分享的价值观念、价值判断和行为准则。

对于初创企业而言，企业核心价值观一般是创业团队，尤其是创业领导人自身价值取向的体现，这种价值取向直接而又深远地影响着企业成长和发展。有共同愿景、明确使命和核心价值观的企业，在成长过程中如果遇到挫折，创业团队能够团结一致，患难与共，求新求变。相反，没有愿景、使命和核心价值观的企业，遭受挫折打击时就会涣散、消沉，直至分崩离析。因此，在初创企业成长过程中，创业者必须适时提出一套能够凝聚人心的愿景、使命和核心价值观，从而在成长中凝心聚力，创造强大的组织力量。

（2）初创企业的营销管理

创业初期，销售是最重要的任务。创业初期的销售有时甚至是不赚钱的，为了吸引顾客从消费其他企业的产品和服务转移到消费自己的产品和服务上，有时候赔钱的买卖也要做。对于初创企业来说，要想迅速地获得客户、开拓市场，就需要采取各种营销手段。但是初创企业的资金、知名度和营销手段都较为薄弱，因此尤其需要施行科学的营销管理。

（3）初创企业的人力资源管理

人才是支持企业成长的关键要素，是企业的核心资产。从根本上说，企业的成长基于人力资源的成长，企业的发展基于人力资源的发展。快速成长的企业的一个共同特点，就是有强有力的人力资源管理。因此，企业持续竞争力的重要来源之一是其良好的人力资源管理机制。初创企业通常规模较小，因而在人力资源管理上不必像大企业那样面面俱到，而是应该根据自身特点，充分发挥自身的优势。

（4）初创企业的其他职能管理

初创企业的系统通常较为集权，这可能导致子系统间出现严重失衡，且在缺乏灵活计划和控制系统的情况下，可能显得过于僵化或随机。若没有专业化的管理环境，部门间的协调问题可能会降低整体工作效率。在计划层面，创业初期的企业应侧重于发掘和把握市场机遇，根据当前可利用的市场机会来明确经营方向，进而规划实现 1 至 3 年的远景战略目标。在领导层面，创业者需通过与各类合作伙伴及支持者进行广泛且深入的沟通，结合有效的激励措施，引领团队共同迈向既定目标。在控制层面，初创企业应致力于减少计划执行过程中的偏差，确保关键绩效指标得以顺利达成。

总之，关于创业初期的职能管理，初创企业没有规范化的管理方式，只有经过大量的实践后，才能结合企业的实际情况，形成符合自身特点的管理风格。用人来定制度，然后用制度来管理人。

案例分享

特斯拉的崛起与创新管理

特斯拉的发展历程和管理模式为许多初创企业提供了宝贵的经验和启示。特斯拉由伊隆·马斯克于 2003 年创立，起初主要专注于高端电动汽车的研发和生产。如今，特斯拉已成为全球电动汽车市场的领军企业，其产品线涵盖电动汽车、太阳能产品和储能设备等。

特斯拉的创新管理主要体现在以下几个方面：

（1）创新驱动的产品策略：特斯拉始终坚持创新驱动的产品策略，不断推出具有颠覆性的电动汽车产品。特斯拉注重研发投入，拥有强大的研发团队和先进的研发设施，能够不断推出具有竞争力的新产品。同时，特斯拉还通过不断的技术创新，提高了产品的性能和品质，满足了消费者对高品质电动汽车的需求。

（2）垂直整合的生产模式：特斯拉采用垂直整合的生产模式，将电动汽车的零部件制造、整车组装、销售和售后服务等环节全部纳入自己的控制范围。这种生产模式使得特斯拉能够更好地掌握产品的质量和性能，提高生产效率和降低成本。同时，特斯拉还通过不断优化生产流程和提高自动化水平，进一步提高了生产效率和产品质量。

（3）直营销售模式：特斯拉采用直营销售模式，通过官方网站和直营店向消费者直接销售产品。这种销售模式避免了传统汽车经销商的加价和捆绑销售等问题，使得消费者能够以更加优惠的价格购买到特斯拉的产品。同时，直营销售模式也使得特斯拉能够更好地掌握市场动态和消费者需求，及时调整产品策略和服务。

（4）强调品牌建设和文化塑造：特斯拉注重品牌建设和文化塑造，通过不断推出具有创新性和科技感的产品和服务，树立了高端、科技、环保的品牌形象。同时，特斯拉还积极倡导可持续能源和环保理念，通过实际行动推动可持续发展和环保事业的发展。这种品牌建设和文化塑造使得特斯拉在消费者心中具有独特的地位和价值观念。

 案例点评

通过创新驱动的产品策略、垂直整合的生产模式、直营销售模式和强调品牌建设和文化塑造等方面的实践，特斯拉成功地在电动汽车市场取得了领先地位，并成为全球电动汽车行业的领军企业，为初创企业提供了宝贵的经验和启示。

■ 任务训练

最强大脑

活动目的：

考查学生对创新创业相关法律的记忆。

活动内容：

请学生说出知道的创新创业相关的法律名称。

活动要求：

邀请 3 位学生到台前，不能借助书本和电子设备，轮流说出一部跟创新创业相关的法律，说错或者不知道的学生淘汰，坚持到最后的学生获胜。

项目九
学会营销财务

中小企业和个体工商户是创业致富的重要群体，要改善营商环境，减轻税费负担，提供更多市场化的金融服务，帮助他们稳定经营、持续增收。

——习近平

项目导言

营销是关于企业如何发现、创造和交付价值以满足一定目标市场的需求，从而获取利润的科学和艺术。一个企业所做的每一个决定都有其财务上的意义，而任何一个对企业财务状况产生影响的决定都是该企业的财务决策。因此，从广义上讲，一个企业所做的任何事情都属于企业理财的范畴。

学习目标

知识目标

* 了解并掌握企业的营销管理知识；
* 了解并掌握企业的财务管理知识。

能力目标

* 能够根据企业的实际经营情况制定营销策略；
* 能够根据企业的实际经营情况制定财务管理制度。

素质目标

* 自觉树立企业管理意识。

案例导入

滴滴打车：打破传统，开启出行新篇章

在移动互联网迅猛发展的背景下，滴滴打车应运而生，成为中国互联网出行市场上的一大现象级产品。其成功不仅在于满足了出行市场的巨大需求，更得益于独特而高效的营销策略。

滴滴打车通过深入的市场调研，准确把握了目标客户群的核心需求——便捷出行。它利用先进的互联网技术，实现了乘客与司机之间的快速匹配，极大地缩短了等车时间，提高了出行效率。同时，友好的界面设计和简洁的操作流程也大大降低了用户的使用门槛，使得各年龄层的用户都能轻松上手。

在品牌建设方面，滴滴打车注重塑造可信赖的品牌形象。通过与平安保险合作，为每次行程提供保险服务，滴滴增强了用户对品牌的信任感。同时，滴滴还通过公益活动和公关事件，不断强化其社会责任形象，进一步提升了品牌美誉度。

用户体验是滴滴打车非常重视的部分。从客服体系的完善到应急响应机制的建立，滴滴打车致力于提供全方位的用户服务。例如，乘客在遇到问题时，可以通过App快速联系到客服获得帮助，在确保了用户权益的同时，也增加了用户对平台的依赖度。

在用户激励方面，滴滴打车采取了多种营销手段。通过发放优惠券、打折、积分奖励等激励措施，有效提高了用户的使用频次和粘性。特别是在新用户吸引方面，滴滴打车通过推荐奖励机制，鼓励老用户邀请新用户，实现了用户群的快速扩张。

滴滴打车通过构建线上社区，鼓励用户分享出行体验，形成了良好的社区氛围。同时，通过定期举办线上线下活动，如司机表彰大会、乘车安全知识普及讲座等，滴滴打车加强了与用户的情感联系，提升了用户的归属感和忠诚度。

案例点评

深刻理解用户需求，不断创新服务方式，强化品牌信任，并通过社区化运营促进用户群体的建立与维护，是滴滴打车赢得市场的关键所在。滴滴打车的营销策略体现了深刻的市场洞察力和用户导向思维。通过精准定位，滴滴有效地满足了市场需求，赢得了大量用户的青睐。品牌建设方面，滴滴打车通过多管齐下的方式，成功地树立了可信赖的品牌形象。在提升用户体验、建立激励机制以及社区化运营方面，滴滴打车更是将用户至上的理念贯彻始终，通过增强用户粘性和忠诚度，形成了稳固的市场地位。

任务 17　　做好市场营销

问题导入

企业要做大做强，只靠推销是不行的，更要靠营销。营销的目的就在于深刻地认识和了解顾客，从而使产品或服务完全适合顾客的需要，形成企业产品或服务的自我销售。请同学们思考以下问题：

（1）企业营销管理过程是怎样的？

（2）怎样进行市场定位？

一、营销管理过程

企业营销管理的目的在于使企业的营销活动与复杂多变的营销环境相适应，是企业经营成败的关键。企业营销管理的过程就是识别、分析、选择和发掘营销机会，以实现企业的战略任务和目标的管理过程，亦即企业与其最佳的市场机会相适应的过程，这个过程包括 4 个主要步骤。

1. 分析和评估市场机会

市场机会是指市场上未被满足的需求。哪里有未被满足的需求，哪里就有企业的市场机会。企业营销人员不仅应善于发现和识别市场机会，而且更应善于对其进行分析和评估。企业要分清哪些市场机会仅仅只是环境机会，哪些市场机会才是适合于本企业发展的营销机会。市场上一切尚未满足的需求都可以被认为是企业的市场机会，但并非任何市场机会都可能成为特定企业的营销机会。

营销机会是指对企业具有吸引力的、企业能享有竞争优势的市场机会。某一市场机会能否成为特定企业的营销机会，主要取决于该市场机会是否与特定企业的战略目标和资源状况相适应，是否能够使特定企业扬长避短、发挥优势，比竞争者和潜在竞争者获得更多的超额利润。通常，市场机会和市场威胁并存，因此，企业不仅要注意寻找市场机会，抓住营销机会，还要注意发现市场威胁，并尽可能采取有效措施来避免或者减少各种市场威胁可能给企业带来的危害。

2. 研究和选择目标市场

①测量和预测市场需求，即对企业所选的特定营销机会，不但要仔细测量其现有的市场容量，而且要预测其未来的市场规模，为企业是否进入特定市场以及如何进入特定市场提供客观依据。

②进行市场细分，即把一个整体市场（规模很大并且市场需求差异明显）依据顾客需求的差异性特征将其划分成若干个具有共同需求特征的子市场的过程。需要注意的是，虽然每一个整体市场都可能被划分成若干个子市场，但并不是每一个市场细分过程都具有实际意义。

③选择目标市场，即企业选择一个、多个子市场或者整体市场作为自己的服务对象的过程。通常大多数企业都不大可能为需求差异显著的所有子市场提供最佳的服务，因而应在对经过市场细分的各个子市场进行分析和评估的基础上，选择并确定自己的目标市场，集中力量为一个或者多个子市场服务。

④进行市场定位，即企业在选定的目标市场上树立企业所特有的产品形象和企业形象，以区别于竞争对手，并制定相应的目标市场竞争战略的过程。

3. 制定营销组合策略

营销组合策略是指企业根据选定的特定目标市场的需求和企业在特定目标市场上制定的竞争性定位战略，对企业可以控制的各种营销因素进行优化组合和综合运用，以实现企业的战略目标及其营销目标。

企业可以控制的营销因素涉及很多方面。E. J. 麦卡锡将企业可以控制的营销因素概括为 4 大类，人们习惯将其称为"4P"。它们都是企业可以控制的营销因素，即企业根据目标市场的需求，可以决定自己的产品结构、确定产品价格、选择分销渠道和进行促销组合。

企业营销管理活动不仅受企业自身资源和目标的制约，而且受企业外部的各种微观和宏观环境因素的影响与制约。影响企业营销活动的各种外部因素是企业不可控制的变量，即企业不可控制的因素。所以，企业营销管理者的任务是要适当安排营销组合策略，并使之与外部的不可控制的环境因素相适应。

营销组合策略是一个动态的组合策略，但这并不是说任何营销组合策略都能随时调整。一般来说，企业在短期内可以比较容易地调整价格、扩大销售区域和增加促销费用等，而如果企业要开发新产品、改进分销渠道等就需要较长时间。营销组合策略也是一个多层次的复合组合策略，即每个"P"还是由若干个子因素构成的次级组合。因此，企业在制定营销组合策略时，不仅要使"4P"之间的搭配适当，而且要注意每个"P"内部的各因素之间的合理配合，从而使各层次所有营销组合因素都能实现灵活运用和有效安排。

4. 管理市场营销活动

企业进行营销活动时，不但需要按产品（或者品牌）制订出具体的营销计划，更需要实施和控制营销计划。营销计划实施过程包括：制定详细行动方案，建立合理有效的组织结构，设计相应的决策和报酬制度，开发并合理调配人力资源，培育适当的企业文化，形成合适的管理风格，等等。在实施营销计划的过程中，营销管理者可能会遇到某些意想不到的情况，因而需要建立一个保证营销计划实施的控制系统来实现营销目标。通过营销计划实施的控制系统可以及时发现营销计划本身和营销计划实施中的问题，及时找出产生问题的原因并反馈给管理者和决策者，以便及时改进。为了保证营销计划的顺利实施，营销管理部门的组织架构还应该与企业的规模和营销管理的任务相适应。

二、市场营销调研

市场营销调研是指针对企业特定的营销问题或市场机会，采用科学的研究方法，系统、客观地收集、整理、分析、解释和沟通有关市场营销各方面的信息，为营销管理者制定、评估和改进营销决策提供依据。企业要想盈利，首先必须为顾客提供满意的产品或服务。企业对目标顾客越了解，提供的产品或服务就越能满足顾客需求。从确定创业的第一天开始，创业者就必须不停思考以下问题："谁是我的顾客？我要进入哪一个细分市场？

我的市场由哪些顾客组成？我通过什么方式吸引顾客？竞争对手是谁？顾客为什么选择我的产品而不是竞争对手的产品？怎样才能使竞争更有成效？"市场营销人员所采取的第一个步骤，就是市场营销调研。

1. 了解顾客

顾客购买产品或服务是为了满足需求。如果你解决了顾客的问题，满足了顾客的需要，你的企业就有可能成功。企业与顾客是鱼和水的关系，没有顾客，企业就无法生存。只有了解顾客，才能满足顾客的需要，留住顾客。

一般需要了解的顾客信息如下：

①顾客是谁？

②顾客需要什么产品或服务？

③顾客最看重产品或服务的什么方面？

④顾客愿意为产品或服务付多少钱？

⑤顾客在哪里？一般在何时何地购买？

⑥顾客的购买频率是怎样的？

⑦顾客的数量在增加吗？能保持稳定吗？

⑧顾客是否在寻找有特色的产品或服务？

2. 了解竞争对手

《孙子兵法》有云："知彼知己，百战不殆；不知彼而知己，一胜一负；不知彼不知己，每战必殆。"了解竞争对手的重要性毋庸置疑。

一般需要了解的竞争对手信息如下：

①竞争对手名称是什么？规模有多大？涉及领域是什么？

②竞争对手提供的产品或服务和你的有什么不同？

③竞争对手的产品或服务的价格、质量是怎样的？

④竞争对手给顾客提供哪些额外服务？

⑤竞争对手拥有怎样的销售渠道？有哪些优、缺点？

⑥竞争对手采用何种营销策略？推广手段是什么？

⑦竞争对手的设备先进吗？

⑧竞争对手的组织结构如何？人力资源配置是否合理？

⑨竞争对手的员工素质怎么样？受过培训吗？待遇好吗？

⑩竞争对手目前占有的市场份额是多少？

⑪顾客对竞争对手的评价如何？

⑫竞争对手有哪些固定的大客户？

案例分享

王老吉的成功"卖点"

王老吉是如何从少数人喝的凉茶，到成为"接地气儿"的大众消费品的？

市场调查发现，很大一部分消费者选择王老吉的原因是看中了其具有"预防上火"的功效。

王老吉如何丰富"预防上火"的概念？

根据分析总结，王老吉认为，上火的原因，大概有五方面：季节、饮食、户外、熬夜、负面情绪。王老吉针对每个方面进行情境化概念输出。

以季节为例，针对不同季节构建场景，引导消费者使用王老吉。比如"春暖乍寒，怕上火，喝王老吉""炎夏消暑，怕上火，喝王老吉""秋高气躁，怕上火，喝王老吉""干冷冬季，怕上火，喝王老吉"。

案例点评

要写好产品的服务和卖点，首先我们得尝试用一句话把卖点总结出来，如：

"这个世界有一群这样的人……需要另一个……"

"我们只做好一件事情……"

"我们通过移动互联网卖……解决物流环节的关键问题是……"

"这是一个全新的行业……"

知识拓展

诚信管理

管理学专家彼得·德鲁克指出："大量而广泛的实践证明，在企业的不同发展阶段，企业文化再造是推动企业前进的原动力，但是企业诚信作为企业核心价值观是万古长存的。它是企业文化与企业核心竞争力的基石。"企业诚信作为企业文化的重要组成部分，它孕育于企业文化，扎根于企业文化，渗透于企业文化，是企业文化不可或缺的重要组成部分。

在现代经济社会中，诚信不仅仅是一种道德规范，也是能够为企业带来经济效益的重要资源，在一定程度上甚至比物质资源和人力资源更为重要。通用电气公司在给其股东的一封信中首先讲的就是企业诚信问题，"诚信是我们价值观中最重要的一点。诚信意味着永远遵循法律的精神。但是，诚信也不只是个法律问题，它是我们一切关系的核心。"塑造和坚持诚信作为企业文化的核心价值观，对形成支撑企业健康发展的独特文化特征、推动企业从优秀迈向卓越具有巨大的促进作用。

1. 诚信是推动企业生产力提高的精神动力

马克思主义认识论认为，人是生产力中最积极、最活跃的因素，也是生产力中唯一具有能动性、创造性的主体因素，再好的管理、再好的制度也需要人来执行和运作。因此，企业的诚信建设，在根本上决定于员工个体的诚信，决定于员工的素质。建设一流的队伍是推动企业诚信体系建设的保证。塑造企业诚信作为核心价值观就是高度重视生产力中人的因素，通过精神层面的感召力，使得企业内部真诚相待，从而充分调动广大员工的积极性、主动性、创造性，使其高度认同和支持企业的经营政策和方针，使企业生产力得到进一步释放和发展。

2. 诚信是促进企业内外有效沟通的桥梁

对企业管理来说，管理的主体是人。人是企业成功的关键因素。所有的管理问题归根结底都是沟通的问题。一个企业有了易于沟通的诚信文化环境，人与人之间相互尊重就多，友情就多，心气就顺，人气就旺，就有利于克服部门之间的本位主义，培养和激发员工的主人翁精神，增强企业的凝聚力和向心力。有诚信才有沟通，有沟通才有活水，有活水才有活力。"鸡犬之声相闻，老死不相往来"，只能是死水一潭，不会有充满活力的和谐局面出现。

3. 诚信是企业生存和发展的基石

企业凝聚力是企业生命力和企业活力的重要标志，而企业诚信则是企业凝聚力的源泉。一方面，诚信作为企业文化的核心价值观，能够把企业在长期奋斗中形成的优良品质、顽强作风挖掘和提炼出来，成为大家认同和遵从的价值规范。有助于把各级员工对企业的朴素情感升华为强烈的责任心和自豪感，把敬业爱岗的自发意识转化为员工的自觉行动，使每位个体的积极性凝聚为一个整体，从而增强企业的生命力和活力。另一方面，企业对外诚实守信，就能形成巨大的吸引力，从而不断赢得创业和发展的机遇，其信誉度就会不断提高。只有坚持做到"内诚外信"的企业才能拥有更多的合作客户，并与其建立"共生共赢"的合作关系。而一个失信的企业如同搬起石头砸自己的脚，最终在未来市场竞争中被淘汰出局。

三、市场细分

1. 为何要进行市场细分

任何企业（尤其是初创企业）都没有足够的人力资源和资金满足整个市场或追求过大的目标，也不是所有的子市场对本企业都有吸引力。所以，当企业不能满足所有顾客需要时，就必须进行市场细分，然后选择那些你能在最大限度上满足其需要的顾客，即确定哪些顾客对你最重要、哪些顾客应成为你推销产品的目标人群。这样才能扬长避短，找到有利于发挥本企业现有的人、财、物等资源优势的目标市场，才不至于在庞大的市场上瞎撞乱碰。

2. 什么是市场细分

市场细分就是指按照细分标准，把一个产品的整个市场划分为若干个具有不同需求标准的顾客群体的过程。市场细分是对需求不同的消费者进行分类，不是对产品分类。一个消费者群就是一个细分市场（子市场）。例如，服装市场可细分为传统、时尚、经济和豪华4个子市场。一般来说市场可划分为以下两种：

同质市场：消费者对某一产品的要求基本相同或极为相似，如火柴、白糖等。

异质市场：消费者对某一产品的要求不尽相同。

绝大多数的产品市场都是异质市场。市场细分是对异质市场进行细分，并将其分为若干个同质子市场。

3. 市场细分标准

市场细分标准指的是以消费者所具有的明显不同的特征为分类依据而确定的各个细分要素。常见市场细分标准如表9-1所示。

表 9-1　市场细分标准表

细分标准	具体变量
地理环境	国别、城乡、气候、交通、地理位置等
人口因素	年龄、性别、职业、收入、教育程度等
心理因素	个性、兴趣、爱好、社会阶层、生活方式等
购买行为	购买动机、追求利益、使用频率、品牌与商标的信赖程度等

四、选择目标市场

目标市场是企业营销活动所要满足的市场，是企业为实现预期目标要进入的市场。一旦公司确定了市场细分方案，就必须评估各种细分市场和决定为多少个细分市场服务。企业进行目标市场选择的营销策略一般有以下3种。

1. 无差异化营销

实行这种策略的企业将整体市场视为一个大的目标市场，不进行细分，用同一种产品、统一的市场营销组合对待整个市场。例如，可口可乐公司早期曾采用无差异化营销，推出价格单一和口味单一的饮料，来满足所有顾客的需要。运用这种策略，可以节省大量的成本——产品种类少，有利于降低生产、库存和运输成本；广告计划之间的无差异，可以降低广告成本；无须进行细分市场的调研工作和筹划工作，可以降低市场营销调研和生产管理成本。但是，实践证明，用一种产品或品牌同时满足所有顾客的全部需要，几乎是不可能的。无差异化营销的最大优点是成本的经济性；最大缺点是顾客的满意度低，适用范围有限。

2. 差异化营销

差异化营销是指企业同时在几个细分市场上经营业务，并分别为每一个细分市场制订不同的营销计划。例如，某服装公司为不同性别、不同年龄段、不同收入水平、不同生活方式的消费者，提供不同颜色、不同规格、不同款式、不同档次的服装，并运用不同的传播策略进行广告宣传，这就是差异化营销策略。差异化营销的最大优点是可以有针对性地满足不同顾客群体的需求，提高产品的竞争能力，并能够树立起良好的市场形象，吸引更多的购买者；最大缺点是市场营销费用大幅度增加。由于产品品种、销售渠道、广告宣传的多样化，市场营销费用会大大增加，但效益不一定会同步上升。因此，企业要防止把市场分得过细。如果分得过细，要进行"反细分"或扩大顾客的基数。

3. 集中性营销

集中性营销是指将目标市场细分为若干市场后，只选择其中某一市场作为目标市场。其指导思想是把企业的人、财、物等资源集中于一个细分市场，不求在较多的细分市场上都获得份额，而谋求在较少的市场上得到较大的市场份额。这种策略特别适用于势单力薄的初创企业。

案例分享

万向集团创业初期的集中性营销

浙江万向集团创业初期，创始人鲁冠球在北京进行市场调查的过程中，从中国汽车工业总公司了解到国产汽车万向节已供过于求，而进口汽车的万向节尚无人生产，原因是进口汽车型号多、批量小、工艺复杂、利润不高，国家只得花大量外汇去进口。于是，鲁冠球做出了"别人下马我上马"的决策，果断地将已有70万元产值的其他产品停下来，集中力量生产市场紧缺的进口汽车万向节。万向集团以此带动了大批量国产汽车万向节的销售，一举占领了国内市场。

万向集团在创业初期的集中性营销策略主要体现在以下几个方面：

（1）市场调查。鲁冠球在北京进行市场调查，了解到国产汽车万向节已供过于求，而进口汽车的万向节尚无人生产。这一发现为万向集团找到了市场的切入点。

（2）决策果断。鲁冠球做出了"别人下马我上马"的决策，果断地将已有70万元产值的其他产品停下来，集中力量生产市场紧缺的进口汽车万向节。

（3）专注生产。万向集团专注于生产进口汽车万向节，通过提高生产效率和产品质量，满足了市场的需求。

（4）带动销售。万向集团通过集中性营销带动了大批量国产汽车万向节的销售，一举占领了国内市场。

（5）创新思维。鲁冠球的创新思维和敢于挑战的精神，使得万向集团在众多竞争对手中脱颖而出，成为行业的领导者。

万向集团在创业初期的集中性营销策略，是通过深入的市场调查，找准市场定位，果断决策，专注生产，从而成功占领市场，实现企业的快速发展。

✒ 案例点评

如果初创企业能够避开大企业竞争激烈的"红海"市场，选择一两个能发挥自己技术、资源优势的小市场，就更容易成功。由于目标集中，企业可以大大节省营销费用，增加盈利。由于生产、销售渠道的专业化，企业也能够更好地满足这部分特定消费者的需求，易于取得竞争优势。但采用这一策略风险较大，如果目标市场的需求发生变化，目标消费者的兴趣发生转移，或是有了更强劲的竞争对手，企业就可能陷入困境。

五、进行市场定位

1. 市场定位的概念

市场定位是根据竞争者现有产品在市场上所处的地位和顾客对产品某些属性的重视程度，描绘与传递本企业产品、形象的活动过程。市场定位的实质就是差异化，就是有计划地树立本企业产品某种与竞争者产品不同的理想形象，以便目标市场了解和赏识本企业所宣称的与竞争对手不同的特点。简而言之，就是将品牌植入用户心中，成为潜在顾客心中某一品类的代表。

2. 市场定位的原则

企业的产品不同，面对的顾客也不同，所处的竞争环境也不同，因而市场定位所依据的原则也不同。总的来讲，市场定位所依据的原则有以下 4 点。

（1）根据具体的产品特点定位

构成产品内在特色的许多因素都可以作为市场定位所依据的原则，如所含成分、材料、质量等。例如："王老吉"饮料的定位是"一种有预防上火功能的凉茶饮料"，强调它具有预防上火的功能，与其他类饮料不同。"泰宁诺"止痛药的定位是"非阿司匹林的止痛药"，显示药物成分与以往的止痛药有本质差异。一件仿皮皮衣与一件真正的水貂皮衣的市场定位自然不会一样。同样，不锈钢餐具若与纯银餐具定位相同，也是令人难以置信的。

（2）根据特定的使用场合及用途定位

为老产品找到一种新用途，是为该产品创造新的市场定位的好方法。例如："小苏打"曾一度被广泛用来作为家庭的刷牙剂、除臭剂和烘焙配料，现在已有不少新产品代替了"小苏打"的上述一些功能。后来，"小苏打"又有了新的定位。另外还有一家公司把它当成调味汁和卤肉的配料，更有一家公司发现它可以作为冬季流行性感冒患者的饮料。我国曾有一家生产曲奇饼干的厂家最初将其产品定位为家庭休闲食品，后来又发现不少顾客购买是为了馈赠，又将其定位为礼品。

（3）根据顾客得到的利益定位

产品提供给顾客的利益是顾客最能切实体验到的，也可以用来作为定位的依据。2005年，蒙牛推出了一款低脂、低糖的"酸酸乳"，并将其定位为"喝了不上火的乳饮料"。这一定位迎合了那些喜欢饮料但又担心上火、体重增加的消费者。通过强调其低脂、低糖和健康的特点，蒙牛成功吸引了健康意识强的消费者，尤其是年轻女性和注重健康的白领群体。

（4）根据使用者类型定位

企业常常试图将其产品指向某一类特定的使用者，以便根据这些顾客的看法塑造恰当的形象。起初，蒙牛将纯牛奶定位为一种适合家庭饮用的营养饮品，主要针对家庭主妇和儿童群体。然而，通过市场调研，蒙牛发现，经常进行户外活动和运动的年轻人群体对牛奶的需求量巨大。于是，蒙牛在广告中展示了运动员在比赛后饮用纯牛奶补充营养的镜头，以及年轻人在户外活动后畅饮纯牛奶的场景，塑造了一个充满活力、健康向上的品牌形象。蒙牛在广告中提出了"有活力就喝蒙牛"的口号，进一步强化了其产品在年轻人和运动爱好者中的定位。通过这一定位策略，蒙牛成功吸引了大量年轻消费者，其纯牛奶的市场份额大幅提升。充满活力的品牌形象不仅增强了蒙牛的市场竞争力，还使其在年轻消费者心目中树立了健康、积极的品牌形象。

事实上，许多企业市场定位依据的原则往往不止一个，而是多个原则同时使用。因为要体现企业及其产品的形象，市场定位必须是多维度、多侧面的。

3. 市场定位的策略

（1）避强定位

避强定位策略是指企业力图避免与实力最强或较强的其他企业直接发生竞争，而将自己的产品定位于另一市场区域内，使自己的产品在某些特征或属性方面与最强或较强的对手有比较显著的区别，如"充电五分钟，通话两小时"的 OPPO 手机。

优点：避强定位策略能使企业较快地在市场上站稳脚跟，并能在消费者或用户中树立形象，风险小。

缺点：避强往往意味着企业必须放弃某个最佳的市场位置，很可能使企业处于较差的市场位置。

（2）迎头定位

迎头定位策略是指企业根据自身的实力，为占据较佳的市场位置，不惜与市场上占支配地位的、实力最强或较强的竞争对手发生正面竞争，而使自己的产品进入与对手相同的市场位置。

优点：竞争过程往往相当惹人注目，甚至会产生所谓的轰动效应，企业及其产品可以较快地为消费者或用户所了解，易于达到树立市场形象的目的。

缺点：具有较大的风险性。

（3）重新定位

公司在选定了市场定位目标后，如定位不准确或虽然开始定位得当，但竞争者定位与本公司接近，侵占了本公司部分市场，或消费者或用户的偏好发生变化而转移到竞争者方面时，就应考虑重新定位。重新定位是一种以退为进的策略，目的是实施更有效的定位。

（4）创新定位

创新定位是指寻找新的尚未被占领但有潜在市场需求的位置，填补市场上的空缺，生产市场上没有的、具备某种特色的产品。例如，小米在 5G 技术、AIoT（人工智能物联网）、快充技术等方面持续创新，提升产品的竞争力和市场吸引力。通过 MIUI 系统和小米智能家居平台，将各类智能设备互联互通，实现统一控制和数据共享，提升用户体验，实现从单一产品线到智能生态的跨越。采用这种定位方式时，公司应明确创新定位，判断产品在技术上、经济上是否可行，有无足够的市场容量，能否为公司带来合理且持续的盈利。

市场定位是设计企业产品和形象的行为，以使企业明确在目标市场中自己相对于竞争对手的位置。企业在市场定位时，要通过反复比较和调查研究，找出最合理的突破口，避免出现定位混乱、定位过度、定位过宽或定位过窄的情况。而一旦确立了理想的定位，企业必须通过一致的表现来维持此定位，并应经常加以监测以随时适应目标顾客和竞争者策略的改变。

4. 市场定位的步骤

市场定位的关键是企业要设法在自己的产品上找出比竞争者更具有竞争优势的特性。竞争优势一般有两种基本类型：一是价格竞争优势，就是在同样的条件下比竞争者定出更低的价格，这就要求企业采取行动来降低单位成本；二是偏好竞争优势，即能提供确定的特色来满足顾客的特定偏好，这就要求企业采取行动在产品特色上下功夫。因此，企业市场定位的全过程可以通过以下 3 个步骤来完成。

（1）分析目标市场的现状，确认本企业潜在的竞争优势

其中心任务是要回答以下 3 个问题：

① 竞争对手的产品定位是怎样的？

② 目标市场上顾客的需求满足程度如何？还有哪些未被满足的需求？

③ 针对竞争者的市场定位和潜在顾客真正的利益要求，企业应该以及能够做什么？

要回答这 3 个问题，企业市场营销人员就必须通过一切调研手段，系统地设计、搜

索、分析并报告有关上述问题的资料和研究结果。通过回答上述 3 个问题，企业就可以从中把握和确定自己的潜在竞争优势所在。

（2）准确选择竞争优势，对目标市场进行初步定位

竞争优势表明企业能够胜过竞争对手的能力。这种能力既可以是现有的，也可以是潜在的。选择竞争优势实际上就是企业将自己与竞争者的各方面实力进行比较的过程。比较的指标应是一个完整的体系，只有这样，才能准确地选择相对竞争优势。通常的方法是分析、比较企业与竞争者在经营管理、技术开发、采购、生产、市场营销、财务和产品等方面究竟哪些是强项，哪些是弱项，借此选出最适合本企业的优势项目，以初步确定企业在目标市场上的位置。

（3）显示独特的竞争优势和重新定位

这一步骤的主要任务是企业通过一系列促销活动，将其独特的竞争优势准确地传递给潜在顾客，并在顾客心目中留下深刻印象。为此，企业首先应使目标顾客了解、知道、熟悉、认同、喜欢和偏爱本企业的市场定位，在顾客心目中树立与该定位相一致的形象。其次，企业要通过各种努力以增进对目标顾客的了解、稳定目标顾客的态度和加深目标顾客的感情来巩固与市场相一致的形象。最后，企业应注意目标顾客对其市场定位理解出现的偏差或由于企业市场定位宣传上的失误而造成目标顾客的模糊、混乱和误会，及时纠正与市场定位不一致的形象。

案例分享

精准定位成就突破：小象科技的市场战略

在竞争激烈的商业环境中，中小企业通过精准的市场定位脱颖而出至关重要。小象科技，一家专注于智能软件开发的中国企业，通过其独特的市场定位战略成功在行业中占据了一席之地。

成立初期，小象科技面临着品牌知名度低和市场竞争大的双重挑战。如何在众多竞争者中突出自身的优势并吸引目标客户群体，成为公司需要解决的首要问题。小象科技对市场进行了深入分析，确定了其主要的目标市场为中小型企业，因为该目标市场通常需要定制化软件开发服务来满足其特定的运营需求，而且对成本效益比敏感度高。因此，小象科技将自身定位为高性价比的定制软件解决方案供应商，力求为用户提供既符合个性化需求又具有成本优势的服务。为了实施这一定位策略，小象科技采取了以下措施。

1. 强化技术研发

投入资源进行核心技术的研发，确保产品技术先进而稳定，以满足中小企业对于软件安全性和可靠性的高要求。

2. 优化客户服务

建立高效的客户反馈机制，确保能够快速响应客户需求，提供定制化的解决方案，增强客户满意度和忠诚度。

3. 调整营销策略

通过线上线下相结合的方式进行营销推广，利用社交媒体、行业博览会等平台增加品牌曝光度，特别是强化在目标客户群体中的营销活动。

4. 建立合作伙伴关系

与其他行业内的企业建立伙伴关系，通过合作共赢的方式拓展市场渠道、务实客户基础。

经过一系列的策略调整，小象科技成功地在目标市场中建立了高性价比和服务高效的品牌形象。公司的客户基础得到了显著扩展，市场占有率和营业收入均实现了稳步增长。

✐ **案例点评**

准确的市场定位加上切实可行的执行策略是赢得市场的关键。小象科技通过精准的市场定位，有效区分自己与竞争对手，从而在激烈的市场竞争中取得了成功。通过深入分析市场需求并结合自身优势，小象科技不仅增强了自己在目标市场中的竞争力，也为企业的持续成长奠定了坚实的基础。

六、产品的生命周期与定价策略

1. 产品的生命周期

产品生命周期是产品的市场寿命，即一种新产品从开始进入市场到被市场淘汰所经历的市场生命循环过程，进入和退出市场标志着周期的开始和结束。产品生命周期理论是美国哈佛大学教授费农提出的。费农认为，产品生命是指市场上的营销生命，产品的生命和人一样，要经历形成、成长、成熟、衰退这样的周期。产品在各个时期的特点如下。

（1）开发期

开发期即从开发产品的设想产生到产品制造成功的时期。期间该产品销售额为零，公司投资不断增加。

（2）引进期

新产品投入市场，便进入了引进期。此时，顾客对产品还不了解，除了少数追求新奇的顾客外，几乎没有人实际购买该产品。在此阶段，产品生产批量小，制造成本高，广告费用大，销售价格偏高，销售量极为有限，企业通常不能获利。

（3）成长期

当产品经过引进期，销售取得成功之后，便进入了成长期。这是需求增长阶段，需求量和销售额迅速上升，生产成本大幅度下降，利润也显著增加。但由于利润增长较快，容易吸引更多的竞争者。

（4）成熟期

经过成长期之后，随着购买产品的人数增多，市场需求趋于饱和，产品便进入了成熟期。此时，销售增长速度缓慢。由于竞争加剧，企业为保持产品地位需投入大量营销费用，导致广告费用大大增加，利润逐渐下滑。

（5）衰退期

随着科技的发展、新产品和替代品的出现以及消费习惯的改变等，产品销售量显著衰退，利润也大幅度滑落，产品进入衰退期。优胜劣汰，市场竞争者也越来越少。

2. 产品的定价策略

不管企业生产的产品质量有多好，产品价格最终还得由市场说了算。具体来说，一个产品在它的生命周期的不同阶段，定价也有所不同。

（1）开发期/引进期

产品进入市场，定价较高，但利润较低，因为营销成本高。

（2）成长期

产品逐渐得到市场认可，定价较高，利润开始增长。

（3）成熟期

因为大多数潜在顾客已经购买了企业的产品，新顾客很少，产品价格降低或打折销售，企业盈利减少，营销费用加大。企业应在此时开发新产品并迅速引进市场。

（4）衰退期

原有产品销售额和利润开始下降，宣告退出市场，新产品开始盈利。

案例分享

创新与时机的完美结合：水下清洗技术领跑者

在竞争日益激烈的商业环境中，新产品的市场进入时机对于企业研发投资的回报率具有决定性影响。江苏航运职业技术学院"一扫无余"创新团队通过其创新的技术突破和精准的市场时机把握，展示了如何有效管理产品的生命周期。该团队不仅关注产品设计和开发，而且高度重视产品上市的时机。团队通过深入分析市场需求，成功抓住了产品上市的关键时机。

"一扫无余"创新团队通过访问船舶维修厂，深入了解行业需求，将脉冲空化技术应用于船舶清洗领域。他们开发的"舾涤号"水下清洗设备采用自激振荡复合式脉冲空化装置，显著提高了清洗效率。该团队在技术和销售战略上追求卓越，通过精确把握市场需求的时效性，确保了产品在高需求时期进入市场。这种对市场需求敏感度的把控，使得"舾涤号"在技术创新与市场机遇之间找到了完美平衡。

该团队的成功并非偶然，而是基于对产品生命周期全面理解。他们敢于探索新技术，勇于挑战传统，用自动化机械替代手工劳动，为智能制造领域注入了新的活力。

✍ 案例点评

"一扫无余"创新团队通过深入了解行业需求并基于前沿技术，成功研发了市场需求强烈的"舾涤号"水下清洗设备。团队通过精确的市场分析和时机把握，成功将符合市场需求的产品推向市场。这一过程不仅提升了产品的市场竞争力，也实现了经济效益的最大化。

七、产品的分销渠道和促销策略

1. 产品分销渠道

分销渠道是指某种产品或服务在从生产者向消费者转移的过程中，取得这种产品或服务的所有权，或帮助所有权转移的所有企业和个人。分销渠道包括商人中间商（他们取得所有权）和代理中间商（他们帮助转移所有权），此外，还包括处于渠道起点的生产者和终点的最终消费者或用户，但不包括供应商和辅助商。营销专家菲利普·科特勒认为："企业应当全力以赴地发现分销渠道，分销渠道越多，企业离市场越近。"因此，企业必须清楚谁来负责销售，以及采用什么样的具体渠道，是采用直接销售方式，还是使用分销商、批发商；是通过同行联合，还是使用其他渠道。

2. 产品促销策略

促销是指利用各种方式向顾客传递信息并吸引他们来购买企业的产品或服务。促销策略是企业所用来支持销售和提升总体品牌形象的具体策略。企业最常用的促销策略有广告、销售促进、公共关系和人员销售等。

①广告。这种方式即向市场发布信息，使大家对企业的产品或服务产生（更大的）购买兴趣，如电视广告、报纸广告、杂志广告、出租车广告、网络广告等。

②销售促进。销售促进又叫营业推广，是指尽一切努力使光顾企业的顾客购买更多的产品，如免费品尝、免费试用、买赠、抽奖、积分换购等。

③公共关系。即借助媒体发布利好信息为企业做宣传来影响顾客。公共关系可以增加企业的信誉度，为很多初创企业所青睐。新闻发布、媒体报道、微博发布、微信推文等是常用的建立公共关系的方式。

④人员销售。即业务人员与顾客进行面对面的沟通，以促成交易。

知识拓展

营业推广的时机选择

（1）结合季节开展活动，如春日踏青、夏日清凉等。

（2）结合节日开展活动，如元旦、春节、中秋、国庆等传统节日；情人节、父亲节、母亲节等非传统节日。

（3）配合近期的热门话题，如围绕大受欢迎的纪录片《舌尖上的中国》来策划活动。

（4）企业纪念日，如企业成立纪念日、年中庆等。

不管选择何种活动契机，最重要的是合情合理。

营业推广活动费用是一项较大的支出，必须事先进行认真筹划预算。营业推广费用预算既可以采取自下而上的方式，按照全年营业推广的各种方式及相应的成本来预算全年的支出；也可以按照历年各项营业推广预算占总预算的比例来确定全年费用支出。

■ 素养园地

中国广阔的内需市场将继续激发源源不断的创新潜能

2020年11月4日习近平主席在第三届中国国际进口博览会开幕式上的主旨演讲中强调，中国有14亿人口，中等收入群体超过4亿，是全球最具潜力的大市场。预计未来10年累计商品进口额有望超过22万亿美元。中国制造已经成为全球产业链供应链的重要组成部分，作出了积极贡献。中国广阔的内需市场将继续激发源源不断的创新潜能。

扩大内需是我们构建新发展格局的重要战略基点，有利于使生产、分配、流通、消费更多依托国内市场，形成国民经济良性循环。党的十八大以来，我们坚持实施扩大内需战略，使发展更多依靠内需特别是消费需求拉动。未来一个时期，我国国内市场主导经济循环的特征会更加明显，经济增长的内需潜力会不断释放。从需求上看，我国拥有14亿人口，人均国内生产总值已经突破1万美元，是全球最大和最有潜力的消费市场，具有巨大增长空间。从供给上看，我们拥有基于国内大市场形成的强大生产能力，能够促进全球要素资源整合，使规模效应和集聚效应得到充分发挥。

以汽车行业为例，2022 年全国机动车保有量达 4.17 亿辆，已成为世界最大的汽车及新能源车生产国和消费国，也是全球重要的汽车零部件原材料生产贸易大国。伴随我国居民生活水平稳步提高，消费品质化、智能化、个性化的趋势更为突出，对中高端商品和服务的需求更加迫切，汽车消费升级趋势明显，广阔的内需市场将继续激发我们的技术创新。

新一轮信息技术革命催生的线上消费创新发展，是过去十年支撑和推动我国消费市场成长壮大的重要动力。2021 年，我国实物商品网上零售额达到 10.8 万亿元，是 2015 年的 3.3 倍，年均增速达到 22.4％，占社会消费品零售总额的比重从 2015 年的 11.3％ 快速上升到 2020 年的 24.9％，规模和渗透率均已达到全球领先水平。内需市场的扩大也将持续推动线上消费创新发展，不断催生新的线上消费模式。根据最新统计，2022 年上半年，实物商品网上零售额占社会消费品零售总额的比重达到了 25.9％。

扩大内需是我国保持平稳较快发展的必由之路，广阔的内需市场也必将激发产品创新潜能，又进一步扩大内需。强大的创新能力将推动产业迈向中高端，实现高质量就业和劳动者收入提升，最终实现整体消费能力和水平的提高。同时，创新将带来更多的新产品和新服务，也将激发巨大的消费潜力，进一步扩大内需，推动形成供需良性循环的新发展格局。

资料来源：央广网《每日一习话》

■ 任务训练

做一次新创企业顾问

实训内容：

新创企业设立登记面临诸多风险。假如你是新创企业的法律顾问，请你依据所学知识和经验，查阅相关资料，为新创企业做一次风险防范分析，并提出建议方案。

企业设立时存在很多风险：

1. 虚假出资或股东出资不足。

2. 虚报注册资本。

3. 提交虚假材料，隐瞒重要事实。

4. 抽逃出资。

5. 企业注册文件存在瑕疵。

6. 企业在设立时随意套用固定格式的公司章程。

7. 由企业代办机构代替制作并签署各类设立文书和股东会决议。

8. 随意安排选择企业法定代表人、董事或监事。

9. 为规避法律而设置隐名股东。

10. 为享受税收等优惠而向工商管理机关或税务机关虚假陈述企业注册地址。

这些都将为企业后续经营埋下风险和隐患。

问题：

假设你是某新创企业的法律顾问，请撰写风险防范的建议方案。

任务 18　　**清楚财税知识**

问题导入

　　财务管理是在一定整体目标下，对资产的购置（投资）、资本的融通（筹资）和经营中现金流量（营运资金）以及利润分配的管理。财务管理是企业管理的一个重要组成部分，它是根据财务法规制度，按照财务管理原则，组织企业财务活动，处理企业财务关系的一项经济管理工作。简单地说，财务管理是组织企业财务活动、处理企业财务关系的一项经济管理工作。财务管理讲求成本效益原则，目的在于使企业资金更有效地为企业带来效益。请同学们思考以下问题：

　　（1）针对大学生初创企业存在的财务问题，有哪些应对措施？

　　（2）流水账与日记账有什么区别？

知识链接

一、财务管理概述

1. 企业财务管理的定义与内容

　　创业是复杂的过程，从最初的资金筹集，到企业运行中的资金运用，再到税后利润的分配、债务的偿还等，整个过程从始至终都与财务管理关系密切。换句话说，企业的本质就是做好企业财务管理。财务管理是在一定整体目标下，对资产的购置（投资）、资本的融通（筹资）和经营中现金流量（营运资金）以及利润分配的管理。财务管理是企业管理的一个重要组成部分，它是根据财务法规制度，按照财务管理的原则，组织企业财务活动，处理财务关系的一项经济管理工作。简单地说，财务管理是组织企业财务活动、处理财务关系的一项经济管理工作。财务管理讲求成本效益原则，目的在于使企业资金更有效地为企业带来效益。企业的财务管理主要包括以下几个方面。

　　（1）资产管理

　　企业的资产管理包括企业的流动资产、原材料、产成品、固定资产、应收应付账款等管理内容。首先，企业初始期一般不会设有仓储等财务管理部门，销售部门也没有明确的管理资产职责。一方面，企业资产很容易流失，对初始期的企业将是重大的打击；另一方面，财务管理可以起到记录并及时审核企业资产价值的重要作用。因此资产管理是企业管理中的重要任务。

（2）经营管理

企业的经营管理分为成本控制和利润控制两方面。虽然企业的各项成本发生在企业的各个人员和各个部门中，企业的利润主要取决于销售部门和科研部门，但是最终这两部分都需要财务部门核算。因此做好财务管理对企业初期盈利具有重要作用。

（3）投融资管理

处于初创时期的企业，通常现金流短缺，无法扩大规模效应，难以降低成本、较快实现盈利。但如果对未来的现金流、利润增长等做出了合理准确的财务预测，则可能会给企业带来投融资机会，加快企业的成长。

总之，企业初创时期，绝不能因为自身规模较小、业务单一、利润较薄就忽略企业内部的财务管理。

2. 财务管理的重要性

一个企业的兴衰与财务息息相关。企业管理要以财务管理为中心，其重要性主要体现在以下几个方面。

（1）财务管理是企业管理的基础，是企业内部管理的中枢

财务管理作为企业管理的基础，不仅奠定了企业运营和发展的基石，更是企业内部管理的中枢系统，其核心地位无可替代。在这一框架内，财务管理贯穿了企业运营的全过程，从资金筹集、投资决策、生产运营到利润分配，每一个环节都离不开财务管理的精细规划与严格执行。作为中枢系统，财务管理通过汇集、分析和运用财务信息，为企业的战略规划、经营决策提供了重要的数据支持和决策依据。它如同企业的"神经中枢"，实时感知着市场动态、内部运营状况以及外部环境的变化，迅速调整财务策略，确保企业资源的合理配置和高效利用。具体而言，在资金筹集方面，财务管理负责评估企业的资金需求，选择合适的融资渠道和方式，降低融资成本，为企业的发展提供充足的资金支持。在投资决策方面，财务管理通过对项目的财务分析、风险评估，为企业筛选出最具价值的投资项目，确保企业的投资决策科学、合理。同时，在日常运营中，财务管理通过严格的成本控制、预算管理等手段，优化企业的运营流程，提高运营效率，降低运营成本。此外，在利润分配方面，财务管理根据企业的盈利状况和长远发展需求，制定合理的利润分配政策，平衡股东、员工和其他利益相关者的利益，维护企业的和谐稳定。综上所述，财务管理以其基础性、全局性和战略性的特点，成为企业内部管理的中枢系统。它不仅确保了企业资金的安全与高效运转，更为企业的战略规划、经营决策提供了坚实的财务保障，帮助企业在复杂多变的市场环境中稳健前行。

（2）财务管理是实现企业和外部交往的桥梁

财务管理，作为企业和外部环境之间不可或缺的桥梁，扮演着至关重要的角色。它不仅仅是企业内部资源优化配置、成本控制与利润最大化的核心工具，更是企业与外部利益相关者进行有效沟通与合作的纽带。通过精细的财务管理实践，企业能够清晰地展现其经

营状况、盈利能力和未来发展潜力，为投资者、债权人、供应商、政府监管机构以及社会公众等外部实体提供准确、透明的财务信息。这一桥梁作用体现在多个方面：首先，通过财务报表的编制与分析，如资产负债表、利润表和现金流量表等，企业能够向投资者展示其财务健康状况和投资价值，吸引潜在的资金支持，促进资本市场的融资活动；同时，也为债权人评估企业的偿债能力提供了关键依据，有助于企业获得低成本的贷款和信用支持。其次，财务管理在供应链管理中也发挥着桥梁作用。通过精准的财务预测和成本控制，企业能够更有效地与供应商协商价格、付款条件等合作细节，确保供应链的稳定性和成本效益。此外，财务管理还涉及税务筹划与合规，确保企业在遵守税法的前提下，合理降低税负，优化税务结构，为企业的健康发展创造良好的外部环境。再者，财务管理还促进了企业与政府监管机构的沟通与合作。企业需定期向税务、工商等政府部门提交财务报告，接受监管审查，这不仅是法律义务，也是展现企业诚信经营、积极履行社会责任的重要途径。通过良好的财务管理实践，企业能够赢得政府部门的信任和支持，享受政策优惠，为企业发展创造更有利的环境。综上所述，财务管理不仅是企业内部管理的核心，更是企业与外部世界交往的桥梁，它连接着企业的现在与未来、内部与外部，为企业持续、健康、稳定的发展提供了坚实的支撑。

（3）强化财务管理可以找出企业问题的根源，拿出解决问题的方法

强化财务管理，作为一种深入企业肌理的管理手段，能够深刻剖析企业的运营状况，精准定位问题的根源，并据此提出切实可行的解决方案，从而推动企业实现健康、可持续的发展。首先，在找出企业问题根源方面，强化财务管理意味着更加细致入微地审视企业的财务数据，包括财务报表、预算执行情况、成本控制效果等多个维度。通过对这些数据的深度挖掘和对比分析，财务管理人员能够发现隐藏在数字背后的经营异常、资源浪费或效率低下等问题。这些问题可能涉及供应链管理、生产计划、销售策略、人员配置等多个领域，但归根结底都会体现在财务指标的波动上。因此，强化财务管理就像是给企业做了一次全面的"体检"，帮助企业清晰地认识到自身存在的问题和不足。其次，在拿出解决问题的方法方面，强化财务管理不仅仅是揭示问题，更重要的是提供解决问题的思路和方案。财务管理人员会结合企业的实际情况，运用专业的财务知识和分析工具，对问题进行深入剖析，找出问题的症结所在。然后，他们会根据问题的性质和影响程度，提出一系列针对性的改进措施和建议。这些措施可能包括优化成本结构、调整资金配置、改善现金流管理、加强内部控制等方面，旨在从根本上解决问题，提高企业的运营效率和盈利能力。此外，强化财务管理还意味着注重与企业其他管理部门的紧密合作。财务部门会积极与其他部门沟通协作，共同制定解决问题的方案，并跟踪方案的实施效果。通过跨部门的协同作战，企业能够形成合力，更快地解决问题，实现整体优化和提升。综上所述，强化财务管理是企业发现问题、解决问题的有效途径。它不仅能够帮助企业精准定位问题的根源，还能够提供切实可行的解决方案，推动企业不断向更高的目标迈进。

案例分享

财务管理在华为全球化战略中的核心角色

华为技术有限公司是中国知名的信息与通信技术解决方案提供商，其业务遍布全球多个国家和地区。随着公司全球化步伐的加快，财务管理的复杂性也随之增加，特别是在跨国资金流动、外汇风险管理以及国际税务合规等方面。

初期，华为面临诸多财务管理挑战，包括如何有效管理跨境资金流动，如何规避由于汇率波动带来的财务风险，以及如何确保全球业务的税务合规，等等。这些问题不仅会影响公司的财务健康，还可能对公司的全球扩张策略产生制约。

华为在不同地区设立了多个财务中心，实现了财务资源的集中管理与优化配置。中心负责监控和管理所辖区域的财务状况，同时与总部紧密协作，确保整体财务策略的一致性和执行力。华为投资建立了集成的财务信息系统，该系统支持实时数据获取、处理和分析，提高了财务报告的准确性和时效性，从而为决策提供了有力支撑。通过多种金融工具和策略，如期货合约、期权及掉期交易等，华为有效对冲了汇率波动带来的风险，减少了外币波动对公司财务状况的影响。华为聘请国际税务顾问，制定和实施了全球税务规划和合规策略，降低了国际运营的税务成本和法律风险。这些财务管理措施的实施，使华为能够更有效地管理其全球资金，降低运营成本，提高财务效率和透明度，从而支撑了其持续的国际扩张和业务增长。

华为公司的案例彰显了财务管理在企业国际化进程中的核心作用。通过高度集成的财务信息系统、创新的风险管理手段，以及灵活多变的国际税务策略，华为成功地克服了一系列财务管理难题，为其全球化战略的顺利实施提供了坚实的财务支持。

案例点评

在全球化背景下，科学的财务管理体系和前瞻性的财务策略是企业持续增长和国际竞争的关键。企业应不断探索和创新财务管理模式，以适应不断变化的国际商业环境，确保财务安全和业务发展。

知识拓展

税收缴纳期限及企业所得税预缴规定

我国各项税收的缴纳时间不同。增值税、消费税的纳税期限分别为 1 日、3 日、5 日、

10 日、15 日或者 1 个月；企业所得税按年计算，分月或分季预缴。企业应在月份或季度终了后 10 日内申报并预缴税款，年度终了后 45 日内申报，5 个月内汇算清缴。有疑问的创业者可拨打 12366 纳税服务热线或登录国家税务总局 12366 纳税服务平台进行咨询。

二、初创企业财务管理

财务管理是企业管理活动的一项重要内容，是对资金进行管理的活动，主要解决企业资金的筹集、运用和分配等问题。对企业进行有效财务管理，必须了解企业财务管理的现状，以及财务管理过程中存在的主要问题，并进行改进。创业初期的小企业往往将管理的重点放在经营上，而忽视财务管理。企业财务管理水平如何，能否适应创业初期的管理要求，创业者必须对此有清晰认识。

1. 记好流水账和日记账

创业之初，不论你的企业有几个人、有多少资金、规模有多大，都要做好来往账目，记好企业的流水账和日记账，并且要日清月结。企业现金流是创业者进行决策的重要参考数据，应及时掌握企业现金流的情况。

（1）流水账

流水账是一种简单的账目，是按照企业每天发生的收入和支出事项的时间顺序，把所花费和收入的金额及时记录下来的一种记账方法。流水账并不是规范的财务记账方法，一般只对内不对外，财务可以更改流水账，还可以根据流水账来编制记账凭证。由于它使用简便，所以大多数企业都会记流水账。

记流水账的注意事项如下：

①及时收集单据；

②按时间顺序记账；

③尽量日清月结；

④保存好凭证备查。

（2）日记账

日记账属于比较正规的账簿，是根据编制的原始凭证登记的，不允许随意更改；即使想更改也需按规定的格式更改。在编写日记账的时候，注意要清晰、明确、完整、一目了然，这是十分重要的。规范的日记账有助于财务报表和账簿的编写，有助于公司财务的管理。会计在编写各类明细账、总账以及财务报表时均是以日记账为依据的。创业者可以通过对盈利、支出、应收应付账款的及时分析，正确把握企业的发展方向，及时、合理地控制成本。流水账是单式记账法，出现错误不容易查找；但日记账采用的是复式记账法，也叫借贷记账法，发现问题容易查找。日记账有以下几种类型：现金日记账，记录每天的现金收支情况；银行存款日记账，记录每天银行账户的收支情况；销售日记账，记录每天的销售收入情况；采购日记账，记录每天采购的物品和支出情况。

由于现金日记账和银行存款日记账是经济活动中最主要的两本账，是必须每日清算、核对的账簿，所以企业一般必须设置现金日记账和银行存款日记账。下面介绍现金日记账和银行存款日记账的设置和登记方法。

现金日记账是重要的会计账簿之一，是用来核算和监督库存现金每天的收入、支出和结存情况的账簿。现金日记账的设置和登记方法如下：

每天由出纳人员按照经济业务发生的时间先后顺序，根据有关现金收款凭证和现金付款凭证或提取现金的银行存款付款凭证，逐日逐笔登记，并根据以下公式，逐日结出现金余额，与库存现金实存数核对，以检查每日现金收付是否有误，做到日清日结。

$$上日余额＋本日收入－本日支出＝本日余额$$
$$期初余额＋本期增加－本期减少＝期末余额$$

现金日记账通常使用订本三栏式账簿。三栏式现金日记账的具体登记方法如下：

① 日期栏。日期栏指记账凭证的日期，应与现金实际收付日期一致。

② 凭证编号栏。凭证编号栏指登记入账的收付款凭证的种类和编号，如"现金收（付）款凭证"，简写为"现收（付）"；"银行存款收（付）款凭证"，简写为"银收（付）"。凭证栏还应登记凭证的编号数，以便于查账和核对。

③ 摘要栏。摘要用来说明登记入账的经济业务的内容。文字要简练，但要能说明问题。

④ 对方科目栏。对方科目栏指现金收入的来源科目或支出的用途科目，如银行提取现金，其来源科目（即对方科目）为"银行存款"，其作用在于体现经济业务的来龙去脉。

⑤ 收入、支出栏（或借方、贷方）。收入、支出栏指现金实际收付的金额。每日终了，应分别计算现金收入和支出的合计数，结出余额，同时将余额与出纳员的库存现金进行核对，即通常所说的"日清"。如账款不符应查明原因，并记录备案。月终同样要计算现金收、支和结存的合计数，通常称为"月结"。

银行存款日记账是企业对外提供的账簿中最重要的会计账簿之一。银行存款日记账是由出纳人员根据有关银行存款的收款凭证、付款凭证，按照经济业务发生的时间顺序，逐日逐笔地记录和反映银行存款的增减变化及其结果的账簿。出纳人员在期末时，应将本单位的银行存款日记账与开户银行转来的对账单逐笔进行核对，以检查企业银行日记账的记录是否正确。银行存款日记账一般也采用订本三栏式账簿，它的填写方式与现金日记账类似。

2. 读懂资产负债表和损益表

（1）资产负债表

资产负债表也称财务状况表，是反映企业在一定时期内全部资产、负债和所有者权益的财务报表，是企业经营活动的静态体现。资产负债表根据"资产＝负债＋所有者权益"

这一会计方程式，依照一定的分类标准和要求编制而成，是一种重要的财务报表。资产负债表最重要的功能在于确切地反映企业的营运状况和企业需要外部融资的数额。从资产负债表中可以了解到企业的如下信息：

①企业的资产、负债及股东权益的增减；

②企业的经营规模；

③企业的资金实力和企业资金被占用的情况。

（2）损益表

损益表又称为利润表，是反映企业在一定时期内经营成果的会计动态报表。损益表有如下作用：

①可以用来分析企业利润增减变化的原因；

②可以用来评价企业的经营效率和经营成果；

③可以用来衡量企业在经营管理上的成功程度；

④可作为经营成果的分配依据；

⑤有助于考核企业经营管理人员的工作业绩；

⑥可用来分析企业的获利能力。

3. 制订现金流量计划

现金流是决定企业的资金周转能力以及自身融资潜力的重要指标，同时还是银行贷款时关注的重要指标，是银行衡量企业偿还能力的一大标准。对于初创企业，资金缺乏是最为普遍的问题。如果创业者不能及时解决这一问题，则非常容易造成创业夭折。因此创业者要特别注意，在创业初期，资金不要被固定资产占用太多。在企业经营的任何时期，都应尽量保持正的现金流，不能让现金断流。为避免出现现金断流的危机，创业者必须制订现金流量计划。在计划表中一旦发现现金流量出现负值，就可以预先采取防范措施。现金流量计划是企业正常运营的基础。现金流量计划的作用如下：

①显示企业每个月的现金流入流出量，可帮助企业判断其缺不缺钱，缺多少钱，什么时间缺钱，缺钱多长时间；

②了解企业经营所需资金，帮助管理者对企业筹资与投资进行科学决策；

③显示企业每月的赊售和赊购情况，帮助管理者及时掌握企业的偿债能力；

④有助于确定企业贷款的数量及贷款的期限，减少资金成本。

4. 合理规避财务风险

（1）创业初期常见的财务风险

①赊销造成回款困难，甚至坏账。赊销是以信用为基础销售，卖方与买方签订购货协议后，卖方让买方取走货物，而买方按照协议在规定日期付款或以分期付款的形式付清货款的过程。在创业初期，由于新产品尚未被市场和顾客接受，赊销是难免的。虽然赊销能够刺激顾客购买，但存在很大的风险。例如，赊销出去的货物不能及时回款，给客户的账

期过长，货款被拖延支付，甚至成为坏账，都将导致资金周转不灵。

②货物积压或销售不畅。由于刚开始经营时，市场尚未打开，客户少，货物销售不畅，致使很多货物积压，资金被大量占用，无法变现，这在很大程度上阻碍了企业的发展，有些企业甚至因此面临破产倒闭的危险。

③固定支出在经营成本中占有比例太大。很多初创企业在选址时只考虑了地段等因素，忽略了房租等费用在营业成本中的比例，结果是生意虽然很好，但房租等固定支出过多。

④创业启动资金被固定资产占用太多。有些创业者拿到启动资金或风险投资后，第一件事就是买车、买房，缺少风险意识，从而导致资金流断裂。

（2）应对财务风险的常用措施

企业在激烈的市场竞争中，不进则退。因此，企业发展不能只看眼前，必须放眼未来，居安思危。

①在现金流断裂之前，就应该去寻找帮扶资金，想办法弥补现金流的不足。目前，我国的各种创业扶持基金很多，创业者应多留意这些基金的帮扶要求，在困难时可以去申请资金扶持，以渡难关。

②出让部分股份，以换取周转资金。在企业遇到资金困境时，创业者可以采取出让部分股份给企业、机构、个人的方法，吸纳新股东或者合资经营，以维持企业生存。

③具体化处理。如果因为赊销导致企业资金周转不灵，可以采取只对信誉好、实力强的客户提供赊销的优惠方式，以保持长期稳定的客户关系；而对了解不深的客户不进行赊销。如果赊销数量大，还可以建立赊销日记账，做好每一笔赊销记录，及时回收应收账款。

④促销。如果是因为货物销售不畅导致资金被占用，可采取促销手段来促进销售，回笼资金。

⑤分租。如果是因为场地过大造成房租压力过大，可采取部分分租的形式，出让一部分场地给与自己产品和服务不冲突但是相关的企业，一起来分担房租压力。例如，卖地板的与卖灯具的合租，开饭店的与开停车场的合租，做设计的把一楼分租给广告公司，这样的战略合作随处可见。

5. 做好税务筹划

（1）税务筹划的概念

税务筹划又称税收筹划，是指在纳税行为发生之前，在不违反法律法规的前提下，通过对纳税主体（法人或自然人）的经营活动或投资行为等涉税事项做出事先安排，以达到少缴税或递延纳税目标的一系列谋划活动。税务筹划在西方国家的研究与实践起步较早，在 20 世纪 30 年代就引起了社会的关注，并得到法律的认可。经过半个多世纪的发展，税务筹划的定义为"在法律规定许可范围内，通过对经营、投资、理财活动的事先筹划和安排，尽可能取得节税的经济利益"。

（2）做好税务筹划的必要性

从税务筹划的定义可以看出，税务筹划不仅是企业利润最大化的重要途径，也是促进企业经营管理水平提升的一种方式，更是企业领导决策的重要内容，这也正是税务筹划在西方发达国家得以迅速发展、普及的根本原因。事实上，税务筹划是纳税人的一项基本权利。纳税人在法律允许或不违反税法的前提下，所取得的收益应属合法收益。所以初创企业应做好税务筹划以增加企业收益。

案例分享

初创企业财务管理之难

赵雯是一位曾在大型互联网公司担任产品经理的年轻创业者，她发现了智能家居市场的快速发展趋势，决定创立一家专注于智能安防产品的企业。尽管在互联网行业积累了一定的经验，但面对初创企业的财务管理，赵雯还是遭遇了诸多挑战。

初创阶段，赵雯利用自己的积蓄和向亲友筹集的资金开始了公司运营。然而，由于缺乏系统的财务规划，资金使用效率并不高，一些不必要的支出没有及时控制，导致资金链出现紧张的情况。赵雯意识到，若想公司稳健成长，必须强化财务管理。于是，她采取了几项措施改善公司的财务状况。首先，她招聘了一名有初创企业工作经验的兼职财务顾问，帮助搭建财务管理框架，包括制定财务预算、推行会计记账标准化、建立内部审计机制等。其次，赵雯开始运用各种财务管理工具，比如采用云账房、钉钉等软件来管理账目和日常办公，这些工具不仅提高了工作效率，还通过数据分析帮助她做出更明智的财务决策。此外，她还重视现金流的管理，确保每个月的支出与收入平衡，避免出现资金短缺。赵雯定期与财务顾问沟通，审视财务状况，调整策略，并设置紧急资金储备，以应对可能出现的市场风险。

随着财务管理体系的逐步完善，赵雯的企业开始显现活力。准确的财务预测和预算控制让公司能够更有效地使用资金，进行推广和扩大市场份额。经过一年多的运营后，公司成功吸引了一轮风险投资，不仅获得了资金注入，也得到了投资方在财务管理方面的指导和资源支持。

案例点评

初创企业虽然在财务管理方面可能起点较低，但通过积极学习和引入专业力量，也能够逐步建立起一套适合自己的财务管理体系。在这个过程中，创业者的财务管理意识、财务规划和现金流控制等方面的能力都至关重要。赵雯的初创企业最初因缺乏专业的财务管理而面临资金运作不畅的问题，但通过及时调整策略，引入财务管理工具和专业人才，企业逐渐建立起有效的财务管理体系。这个转变不仅提升了企业财务的透明度和控制能力，而且增强了企业对外部投资者的吸引力。

知识拓展

大学生初创企业财务管理存在的问题及对策

大学生初创企业在财务管理方面面临多重挑战，包括知识欠缺、管理意识薄弱、基础工作不规范、融资能力弱和投资缺乏科学性。这些问题严重阻碍了企业的发展与稳定运营。

1. 大学生初创企业财务管理存在的问题

（1）财务管理基础知识欠缺。

创业的大学生大多来自非财会专业，他们能提供创意和技术。然而，创办企业之后不仅只是发展业务、提供服务或销售产品，财务管理也是大学生初创企业正常运作必不可少的一项管理活动或管理工作。财务管理知识的缺乏是大学生初创企业管理者的薄弱环节。

（2）财务管理意识薄弱。

大学生初创企业成立之初，由于规模小、业务量少、企业员工不多，大学生初创企业很难建立一个完善的财务管理系统，通常只简单地将财务工作视为一种记账的手段，对财务管理的一系列工作也没形成科学的管理理念和做法，不能很好地分析和利用财务信息，导致财务管理工作混乱不堪。例如，在控制筹资成本、投资风险、赊销商品等方面存在一些不科学的做法，导致筹资成本高、投资风险大、赊销坏账多等问题，从而阻碍了大学生初创企业的发展。

（3）财务基础工作不规范。

缺乏财务人员和财务人员素质不高是大学生初创企业普遍存在的现象。大学生初创企业成立之初，由于资金有限，大多都没有专门的财务人员，或财务人员一人身兼数职，甚至许多财务人员都是由创业者自己兼任的，或是由亲朋好友来担任。因此，一般情况下，大学生初创企业的财务人员缺少完整、系统的财务管理理论知识，这就会造成公司财务工作的遗漏、错误，从而产生财务风险。

另外，大学生初创企业的财务基础工作缺乏规范的基本程序。原始凭证缺失、记账凭证填制不规范、凭证的传递与保管工作缺位、财务报表不完善或是根本没有财务报表等都是大学生初创企业缺乏规范的基本程序的表现。没有一套详细的财务工作标准、制度来规范，大学生初创企业的财务人员往往难以有序进行工作，财务信息也难以有效反映企业财务状况，最终导致企业财务工作混乱，引起财务风险。

（4）融资能力弱。

启动资金少、融资能力弱是制约大学生初创企业发展的重要因素。初创企业通常资源有限，难以投入大量资金进行市场调研、产品研发和营销推广。投资者通常认为大学生初创企业的风险较高，因为这些企业的商业模式尚未经过验证，市场前景不明确。此外，大学生创业者往往缺乏丰富的商业经验和管理技能，难以制作出吸引投资者的商业计划书。这些因素都会导致大学生初创企业融资能力不足。

（5）投资缺乏科学性。

筹集到资金之后，如何保证资金运营的科学性与投资的合理性是大学生初创企业所面临的又一大问题。投资缺乏科学性会导致投资项目难以获得预期收益，投资无法收回，甚至影响到大学生初创企业的正常运营。

2. 大学生初创企业财务管理的对策

为解决这些问题，大学生初创企业需要加强财务管理知识的学习和实践，增强财务管理意识，规范财务基础工作，提升融资能力，并科学规划投资。同时，可以寻求专业财务顾问的指导，以确保企业财务管理的健康稳定发展。具体来说，可以从以下几个方面做好准备。

（1）加强财务基础知识的学习。

加强财务管理专业基础知识的学习十分重要。进行创业的大学生只有了解了企业运作过程中的筹资、投资、运营及利润分配等内容，才能正确处理企业的财务关系并进行有效的财务管理。目前，各高校纷纷开展不同形式的创业培训活动，旨在使大学生了解创业，促进大学生的创业活动，减少大学生的创业风险。例如，江苏航运职业技术学院组织的"SYB创业培训班"与"大学生KAB创业基础"课程，均为有意愿创业的大学生提供了创业学习平台。非财务专业的学生可以在培训班中学习财务管理知识，为创业做好准备。

（2）树立财务管理意识。

大学生初创企业要发展，就需要大学生重视财务管理问题，建立完善的财务管理制度。此外，大学生不仅需要增强财务管理意识，更应该将财务管理意识融入企业每一个员工的意识当中。组织员工学习、定期召开财务会议都能有效促进财务管理意识的树立。大学生创业之初，既然很难从无到有地建立一套较为完整的财务管理系统，何不去学习借鉴其他类似的中小企业的财务管理制度呢？虽然情况不尽相同，面对的问题也是各有差异，但类似的经验还是可以学习的。例如，资金管理、成本核算、销售收入管理等财务管理制度，可以先借鉴类似的经验再依据自身情况加以修改，从而逐步建立、完善企业的财务管理制度。

（3）规范财务基础工作。

对于大学生初创企业而言，没有规范化的财务基础工作，财务管理也只能是空谈。原始凭证的收集保管、记账凭证的审核编制、财务报表的编报审核等工作都是财务基础工作的重中之重。重视财务基础工作是大学生初创企业财务管理的基础。在大学生初创企业发展过程中，应尽快摆脱财务人员一人身兼数职的尴尬局面。对大学生初创企业而言，聘请专业的财务人员虽然会增加相关费用，但行之有效的财务管理是大学生初创企业必不可少的。规范化的财务基础工作要求同时建立监督审核制度，财务基础工作如果没有监督审核，往往会造成很大风险。

（4）提高融资能力。

对于大学生创业，国家和地方都出台了一系列优惠政策，大学生创业要充分了解国家政策、利用优惠政策。目前，专门针对大学生创业的国家优惠政策主要包括：注册资金允许分期到位；毕业生创办国家指定行业企业可以享受一到两年的减免税；各银行、信用机构简化小额贷款程序；政府所属的人事机构免费为毕业生保管人事档案等多项优惠政策。与此同时，地方也有一些优惠政策，这些优惠政策有助于大学生创业的资金筹集和企业发展。另一方面，融资的多元化也有助于解决大学生初创企业资金紧张的问题。目前，我国的资本市场日益开放，很多外资也进入我国资本市场，大学生可以充分利用外资解决融资困难的处境。此外，还可以从企业自身出发建立融资渠道，初创企业如果能够增强财务管理意识、加强财务基础规范工作，就可以建立良好的企业信用，从而更方便地从金融机构获得贷款。

（5）建立投资风险机制。

理性地投资可以减少投资风险，确保投资收益，促进大学生初创企业的发展。理性投资需要做到以下几点：

①树立投资风险意识，明确投资风险。大学生应该将对投资风险的管理上升到一定高度，真正地重视投资风险，定期开展培训与自我培训，将风险意识融入企业全体员工的意识中去，形成企业文化。建立投资风险评估机制可以有效防范风险的产生，运用"阿尔曼"模型、概率模型等建立预警机制，运用净现值法、差额投资内部收益率比较法等方法计算投资项目的可行性。在投资项目实施前充分了解投资项目，明确投资收益，避免盲目投资、跟风投资。

②建立风险应对机制。投资风险不能完全避免，因此，如何将风险降低到可以接受的范围也是大学生所必须掌握的。大学生初创企业应该建立一套投资风险应对机制，并在不同投资项目实施前制定相应的、明确的风险应对措施，以明确投资风险发生后大学生初创企业的对策，避免因风险而造成的混乱。

③拓展信息获取渠道。信息获取的准确性、有效性和及时性是大学生初创企业合理投资的关键因素。目前，大学生获取信息的渠道众多，但如何获取有效的信息仍是许多大学生迷茫的问题。关注国家的经济政策，加强与其他企业的合作，加强与行业内部的交流，关注国际经济动向等都有助于大学生初创企业获取投资信息。

④建立监督机制。投资风险的产生可能源自外部，也可能是由内部问题引发。因此，建立投资风险监督机制，将投资绩效与权责挂钩，明确奖惩制度，可以避免盲目投资和不理性的投资。

■ 素养园地

促进创新要素全球流动

"要抓住新一轮科技革命和产业变革的机遇，促进创新要素全球流动，帮助发展中国家加快数字经济发展和绿色转型。"这段话出自 2022 年 6 月 22 日习近平主席出席金砖国家工商论坛开幕式时发表的主旨演讲。

世界正在进入以信息产业为主导的经济发展时期。新一轮科技革命和产业变革正在重构全球创新版图、重塑全球经济结构，科学技术和经济社会发展加速渗透融合。

党的十八大以来，我国紧紧瞄准和抓住世界前沿科技创新和产业变革的机遇，科技整体水平大幅提升。以数字经济为例，当前，中国数字经济规模稳居世界第二，互联网普及率达到 73%，5G 基站总量占全球的 60% 以上，数据产量全球占比 9.9%，网络基础设施全球规模最大……数字中国建设成就显著。同时，中国对山水林田湖草沙实施一体化保护和系统治理，经济绿色转型发展成效显著，水电、风电、太阳能发电、生物质发电装机均居世界第一位。

"一花独放不是春，百花齐放春满园"。作为世界上最大的发展中国家和负责任的大国，中国在实现自身发展的同时，着眼构建人类命运共同体，始终在为全球治理贡献着智慧和力量。坚持以全球视野谋划和推动创新，塑造科技向善的文化理念，把"一带一路"建成创新之路；积极通过金砖国家合作机制、中非合作论坛等国际交流合作，不断推动创新要素全球流动。通过搭建创新平台、集聚创新人才、开展技术攻关、提供资金资源支撑等措施，为提升发展中国家发展能力建设提供了有力支持；主动参与国际组织数字经济议题谈判，开展双多边数字治理合作，在国际合作中积极倡导并推动绿色基础设施建设、绿色投资、绿色金融等，强化绿色低碳转型的科技支撑。

当前，经济全球化虽然遭遇逆流，但新兴市场国家和发展中国家求和平、谋发展、促合作的愿望更加强烈，希望借助新一轮科技革命和产业变革实现更好的发展。对此，各国要凝聚发展共识，立足自身优势，结合产业发展需求，深化和创新国际科技交流合作，推进大数据、人工智能、第五代移动通信（5G）等新兴技术与绿色低碳产业深度融合，提高绿色低碳产业在经济总量中的比重，共同推动数字经济与绿色转型发展，为世界可持续发展贡献更多动能。

资料来源：央广网《每日一习话》

■ 任务训练

企业财务管理体系分析

活动目的：

走访初创企业，运用所学知识分析企业存在的财务问题。

活动要求：

走访几家新开办的企业，从财务管理的角度来分析其岗位设立是否合理，会计制度是否健全，现金流量预算控制、应收账款控制、成本控制和风险控制等是否规范。选择其中一家企业，撰写一份 600 字左右的分析报告。该报告须说明以下情况：

1. 企业的名称、开办地点、性质、所属行业、主要业务、开办时间和人员构成等情况。

2. 企业开办以来的缴税情况。

3. 企业的现金流量预算控制情况。

4. 企业的应收账款控制情况。

5. 企业的成本控制和风险控制情况。

6. 企业的财务管理需要改进的地方。

注意事项：

1. 学生可以选择自己住所附近的企业，通过自己的观察或与经营者交谈，了解企业的基本情况。

2. 为了深入了解企业的财务管理情况，学生可以通过各种途径搜集资料，包括查阅有关文献、咨询专家等。

3. 对于涉及企业商业秘密的数据，不用写得太过具体。

项目十
聚焦创新创业活动

要勇于创新，做创新发展的探索者、组织者、引领者，勇于推动生产组织创新、技术创新、市场创新，重视技术研发和人力资本投入，有效调动员工创造力，努力把企业打造成为强大的创新主体。

——习近平

观察那些成功的创业者便不难发现，创业机会总是留给有准备的人。只有做好充分的创业准备，精心构想，运筹帷幄，才能决胜千里。

学习目标 ✈

知识目标

- 了解创业计划书的作用和目的；
- 熟悉创业计划书的内容、框架和大纲；
- 了解创业路演的概念和创业路演战略布局。

能力目标

- 学会分析怎样的创业计划书能够吸引投资人；
- 能够独立或与他人合作撰写一份完整的创业计划书；
- 学会分析创业投资人心态与制定路演策略；
- 掌握创业路演的技能提升方法。

素质目标

- 培养创业计划意识，创业前认真思考、反复评估，考虑成熟再行动，理性对待创业。

案例导入

TikTok 的崛起

TikTok（抖音国际版）是由中国科技公司字节跳动（ByteDance）推出的一款短视频分享平台，自 2016 年推出以来迅速崛起，成为全球下载量最高的应用之一。这一现象级应用的成功，离不开其在技术创新、市场策略和用户体验上的卓越表现。

TikTok 的核心技术创新在于其强大的人工智能（AI）算法。字节跳动利用 AI 技术分析用户行为和兴趣，精准推荐个性化内容。通过不断学习和适应用户的喜好，平台能够持续提供高度相关的视频内容，极大地提高了用户的留存率和活跃度。此外，TikTok 还创新性地引入了智能编辑和特效功能，使用户可以轻松制作高质量的视频内容。这些技术创新不仅提高了用户体验，还大大降低了内容创作的门槛，吸引了大量用户参与。

TikTok 的市场策略也极具创新性。首先，字节跳动采取了全球化的市场拓展策略，迅速进入多个国家和地区，通过本地化运营和营销策略，适应不同文化和市场需求。例如，在进入印度市场时，TikTok 通过与当地音乐、影视和网红合作，快速积累了大量用户。其次，TikTok 通过各种营销手段，如挑战赛、热点话题和 KOL（关键意见领袖）合作等，迅速提升了品牌知名度和用户参与度。此外，字节跳动还通过收购和整合其他短视频平台，扩大了 TikTok 的用户基础和市场影响力。

TikTok 的成功还离不开其卓越的用户体验设计。平台界面简洁直观，用户可以轻松浏览、点赞和分享视频。无缝衔接的短视频播放和滚动浏览功能，使用户可以连续观看感兴趣的内容，形成高度沉浸的使用体验。此外，TikTok 不断推出新颖的功能和活动，如贴纸、滤镜、配乐和挑战赛等，鼓励用户参与和创作，从而不断增加平台的内容丰富度和互动性。

TikTok 不仅是一个短视频分享平台，还是一个强大的社交网络。用户可以关注喜欢的创作者，参与评论互动，甚至通过直播功能进行实时交流。这种社交互动大大增加了用户粘性，使 TikTok 不仅是一个娱乐工具，更成为一个社交平台。

在商业模式上，TikTok 主要通过广告收入、虚拟礼物和电商合作等多种途径实现盈利。平台上的广告形式多样，包括信息流广告、品牌挑战赛和贴纸广告等，精准的用户数据分析使广告效果显著。此外，TikTok 还推出了虚拟礼物功能，用户可以购买虚拟礼物赠送给喜爱的主播，平台从中抽成。通过与电商平台合作，TikTok 还实现了内容和电商的深度结合，进一步拓展了盈利渠道。

TikTok 的成功不仅在于其庞大的用户基数和高频的用户活跃度，更在于其对全球文化的深远影响。TikTok 不仅是一个娱乐工具，更成为文化传播和交流的平台。通过 TikTok，世界各地的用户可以分享和了解不同文化的内容，促进了全球文化的融合和交流。

启示

TikTok 的崛起彰显了创新是成功的关键。该案例强调了技术创新、市场策略和用户体验的重要性，同时也展示了全球化视野和多元化商业模式的潜力。通过不断创新和优化，创业者可以在激烈的市场竞争中脱颖而出，实现长远发展。

任务 19　编制创业计划

问题导入

创业计划书，通常也称为"商业计划"，指创业者就某一具有市场前景的新产品或服务向风险投资者游说，以取得风险投资的商业可行性报告。创业计划书犹如创业者们叩响投资者大门的"敲门砖"，在描述目标和衡量进展情况方面有着不可替代的作用。请同学们思考以下问题：

(1) 创业计划书包括哪几部分内容？

(2) 如何才能撰写出一份高质量的创业计划书？

知识链接

一、了解创业计划书

对于初创企业和刚刚组建团队的创业大学生们而言，项目的酝酿是在撰写创业计划书的过程中一步步变清晰的。就创业团队内部来说，创业计划书是产品、市场营销、财务、生产、人力资源等职能计划的综合，是实施创业团队战略和计划的"路线图"。就创业团队外部来说，创业计划书用于面对不确定的外部环境，同时用于向潜在投资者及其他利益相关者介绍创业团队追求的商业机会。可见，撰写一份创业计划书绝非浪费时间和金钱，而是提前预测所需的资源、面临的问题，以便想出对策，减少失败的可能性，从而达到效益最大化。

1. 创业计划书的作用

杰弗里·蒂蒙斯说："创业是一个漫长的努力的过程，这个过程可以将一个思想的雏形变成一个商机，就像把一条毛毛虫变成一只美丽的蝴蝶，创业计划本身就是这一过程的顶点。"作为一个大学生创业者，一份好的创业计划书不仅能吸引投资，更能指导企业未来的运作。那么，创业计划书具体有哪些作用呢？

(1) 指导创业实践

一份完整的创业计划书，相当于整个创业的纲领性文件，具有战略指导性作用。"做什么""怎么做""如何做"等方方面面在创业计划书中向人们呈现。一个项目的孕育，往往经历从无到有、从模糊到清晰的过程。制订创业计划书，逐条推敲打磨，能帮助创业者认清前进的方向。许多创业者都会和自己的雇员分享创业计划书，使创业团队深刻地理解自己从事的事情。正如管理领域中的目标导向，清晰地向创业者、创业管理团队和企业雇员们提供一份关于初创企业发展目标和发展战略的计划书，能引导企业在不同阶段进行相适应的创业实践。

此外，长期的推敲打磨和探讨也是许多成熟的大公司常用的方法。通过周期性的反复讨论，最终确定组织未来的行动纲要和行动计划，并让组织上下的思想和行为得到统一，朝着共同的目标前进，便于后期实施运行，这就是创业计划书的魅力。

(2) 整合创业资源

资源整合概念起源于经济学领域。就企业而言，众多学者认为企业的资源整合是在识别有用资源要素的基础上获取潜在资源要素，并对已有的资源要素进行整合利用以创造价值的复杂动态过程。创业计划书最根本和最重要的作用就在于整合作用。在创业的过程中，行业前景、产品类型、服务、市场营销、人事、财务、运营、策划等各方面要素都是分散且凌乱的。但在撰写创业计划书的过程中，经过前期调研、挖掘信息、梳理思路、厘清逻辑，最终可找到各要素之间的连接点，将各类信息和资源有序地整合起来，为创业实践提供参照。

（3）获取创业资金

资金是创业的血液，企业唯有获得资金支持才能快速发展和崛起。但要获得资金支持，必须拥有一份使投资人眼前一亮的高质量创业计划书。内容翔实、数据丰富、体系完整，才能获得投资人的认可，使融资成为现实。好比推销员一样，你需要向投资人推荐产品，而你的表达却并不是最重要的标准，手中的创业计划书才是潜在顾客、商业银行和风险投资家最关注的部分。往往一份质量上佳的创业计划书会为项目获取融资发挥不可估量的作用。创业计划书不仅是说服创业者自身，更是说服创业投资人的重要文件。

（4）聚集创业人才

创业活动往往需要一个强有力的创业团队支持。人力资源作为重要的资本，关乎着企业未来的发展走向。创业团队的重要在于丰富的人力资源，而优秀的创业计划书犹如一份招贤纳士的招聘启事。一是可以吸引创业人才加入，通过创业计划了解并熟悉企业，方便快捷地加入志趣相投的创业项目。二是引入潜在的投资者，吸引新股东加盟。三是吸引对创业计划感兴趣的组织赞助和支持。资金的支持不仅来源于风险投资人，还可能来源于其他组织，好的创业计划书会吸引各方组织给予帮助和支持。

总而言之，创业计划书是创业者创业的通行证，也是迈向成功的第一步，这就是创业计划书的价值。

2. 撰写创业计划书的目的

创业计划书就像一种自我推销的文件，是初创企业向潜在投资者、供应商、商业伙伴和应聘者发出的信号，这也暗示了创业计划书一个非常重要的目标——吸引各种各样的利益相关者。好比在进行故事的叙述，创业者们用主线和副线丰富故事，而故事的读者是不断变化的，面对不同的读者，创业计划书的目的也不一样。下面根据创业计划书的不同读者，对撰写创业计划书的目的进行介绍。

（1）企业内部员工

就内部员工而言，创业计划书是他们所必需的文件。市场的快速变化、环境的动荡，使创业计划书具有和计划本身同等的价值。这是一份创业团队内部经过所有成员们相互探讨、解读现状、分析前景制定出的企业发展规划，最终在反复讨论中形成统一的企业发展目标和愿景，起着指导性作用。

内部员工更能从创业计划书中了解到企业的发展方向，明确自身的角色定位。假若你是初创企业中的普通员工，表述清晰的创业计划书有助于你协调工作，积极主动安排，同企业共奋进。对于初创企业的负责人和职能部门的负责人，获得一份正式的创业计划书，能够确保你所做的事情与企业整体计划和方向一致。

（2）企业外部人员

外部人员包括投资者、供应商、商业伙伴等。创业计划书最显著的作用在于获取创业资金，募集外部的资金。但创业活动与传统的商业活动最大的区别在于，创业活动始于创意而非资源。因此，当作为创业者的你拥有一份好的项目计划的时候，你本身是不具备太多资源的，故获取资源也是创业计划书所隐藏的价值。投资者、供应商、商业伙伴、应聘者等都是创业计划书的第二读者，撰写创业计划书的第二目的就在于吸引这类读者。

创业计划书是一种书面文件，它解释了创业者的愿景，以及这些愿景如何转变成为一家切实可行的企业，这些都是第二读者想看到、需要的信息。初创企业寻找投资者的主要目的，就是筹集资本，用来雇用员工，进一步开发产品或服务，租赁办公场地或用作其他运营费用等，而一份好的创业计划书往往能够使投资者清晰地看到创业项目的价值，进而主动对初创企业提供帮助。

案例分享

绿色驾驭：小鹏汽车的创业之旅

在国内新能源汽车行业，小鹏汽车是一颗耀眼的新星。创始人何小鹏在制定创业计划书时准确地捕捉到了市场机遇，明确了公司的发展方向和战略定位。这份计划书不仅为小鹏汽车的成长提供了指导，也成功吸引了风险投资的关注。

何小鹏首先分析了全球以及国内新能源汽车的发展趋势，认定环保意识的提升和政府政策的扶持将为新能源汽车带来巨大的增长空间。针对年轻消费者市场，他决定打造既环保又时尚，且具有互联网功能的电动汽车。在计划书中，何小鹏详细介绍了首款电动车的研发计划，包括独特的设计、智能驾驶功能及"互联网＋"模式。他强调，小鹏汽车将通过大数据和人工智能技术，为用户提供个性化的驾驶体验，同时打造在线升级与远程故障诊断等创新服务。

团队方面，何小鹏展示了一支由资深汽车工程师、顶尖软件开发人员和经验丰富的运营管理者组成的强大阵容。财务预测部分，他提供了保守、乐观和悲观三种情景分析，并据此制订了资金筹集计划和预算分配方案。营销策略上，何小鹏提出利用社交媒体、线上线下活动和口碑营销来提升品牌知名度，同时建立销售和服务网络，保障用户体验。风险评估部分则涉及了技术发展、市场竞争和成本控制等方面，每一点都有详细的应对策略。

何小鹏的创业计划书最终帮助小鹏汽车顺利完成了多轮融资，并在竞争激烈的市场中脱颖而出。小鹏汽车如今已成为中国新能源汽车市场上的一股不可忽视的力量，正不断向更高的目标前进。

案例点评

　　一份优秀的创业计划书是实现企业愿景、吸引投资和指导运营的重要前提。小鹏汽车的创业计划书充分展现了其对新能源汽车市场的深刻洞察和明确的战略规划。通过对行业趋势的准确把握、对目标市场的精准定位以及对产品创新的高度重视，何小鹏成功地将一个创业构想转化为吸引投资者和市场关注的详细蓝图。团队的多元化背景、财务的透明规划、营销的切实可行以及风险的细致评估，进一步强化了计划书的说服力。

二、编制创业计划书

　　明确创业计划书的作用和目的后，初创企业就要开始撰写创业计划书。创业计划书的核心内容如下。

1. 创业计划书的框架

　　一般而言，创业计划书的基本框架如下：封面、执行总结、目录、公司概述、创业团队、产品或服务介绍、市场概况、竞争分析、商业模式、市场营销计划、生产运营计划、财务计划、公司管理、企业文化、风险预测及应对、资本退出和附录。

　　关于创业计划书的撰写，清晰简练尤为重要。篇幅不宜过长，但又必须确保信息充分。

2. 创业计划书的基本内容

　　创业计划书是由创业者准备的全方位的项目计划。一份完整的创业计划书所涵盖的基本内容如下。

　　（1）封面

　　封面的设计要求简单、美观大方、富有艺术感。好的封面会给读者良好的体验，留下好印象。除了基本的美观，封面还需要包含几个必要信息：首先是企业的名称，若有企业的 logo，可以融合到封面中去；其次是创业者和创业团队的联系方式，包括地址、电话、邮箱等，方便投资者能联络到创业者；最后是警示阅读者保密等事项信息，既是对自身知识财产的重视，也是每个阅读者应当遵循的基本原则。

　　（2）执行总结

　　执行总结是最为精简的创业计划书，同论文的摘要有异曲同工之妙，往往是创业者在所有文字都撰写好后进行的综述，但却是投资人最先看到的内容。

执行总结需要高度提炼和总结整篇创业计划书的内容，用 100～150 字说清楚计划书框架内容，阐释清楚商业描述、行业概要、目标市场、竞争优势、经营模式、盈利模式、团队及资源支撑等方面。说清楚为什么要做这个（why）、想要做什么（what）、从哪里做（where）、谁来做（who）、什么时候做（when）以及如何实施（how）。

（3）目录

创业计划书一般采用二级或三级目录，投资者可以采用"查找式"阅读，对内容一目了然。目录的详细程度与创业项目及创业者所要达到的目标密切相关。

（4）公司概述

在创业计划书中，公司概述包括：公司名称、注册时间、公司规模、公司性质、技术力量、项目介绍、员工人数、组织结构等。若创业者还只是处于创意阶段，未有落地的注册公司，则应当将未来公司的愿景和使命写进公司概述中。此外，总体框架上应当言简意赅，向读者展示公司的优势或取得的成果，这些往往都会成为投资者考量的标准。

（5）创业团队

许多利益相关人在翻阅创业计划书时，会特别看重团队人员的实力，这会直接关系到团队能否胜任创业项目。有创意固然重要，但创业项目的成功更在于创业团队是否为开发创意做了充足的准备。创业团队由创始人和关键管理人员组成。创业计划书中的创业团队部分应当充分提供团队内部每个成员的个人简介，包括个人经历、贡献、特征以及能够胜任的要素。投资者更喜欢曾经一起共事过的团队成员，这意味着他们之间相处融洽、彼此信任。

（6）产品或服务介绍

产品或服务介绍这一部分着重强调创业项目的卖点。产品或服务的特色可以从以下几个方面入手：若是服务类，陈述服务流程即可；若是科技类，创业者应注重描述产品或服务所处的发展阶段，并说明后续的进度安排。

（7）市场概况

一般而言，当开发一项新的创业项目时，首先需要从宏观背景和环境思考，找到突破口：所提供产品或服务的行业变革的驱动因素是什么？政治和社会环境因素又是什么？当从宏观环境进行分析后，再从微观的角度进行市场规模、市场增长速度、行业和产品在成长周期中所处的阶段、购买者的数量和规模、竞争对手的情况等方面的分析。此外，市场概况中还应当包括客户分析，毕竟创业是问题导向的，分析客户、解决客户的问题是创业者必须重视的环节，也是创业的价值所在。客户分析可围绕人口统计、心理统计、行为特征分析等展开，从而判断出客户的消费动机和消费心理。

（8）竞争分析

创业计划书中，一般创业者会从如下几个方面对竞争对手进行全面细致的分析：

① 我的竞争对手有哪些？主要竞争对手有哪些？最大竞争对手是谁？

② 和竞争对手相比，我拥有哪些优势和劣势？优势如何发挥？劣势如何消除？

③ 我能否承受竞争带来的压力？

④ 我将采取什么营销策略胜过对手？

（9）商业模式

商业模式是整个创业计划书中最重要的部分，也是投资者最关注的部分。何为商业模式？就是用简洁的语言描述创业项目从开始到经营再到盈利的商业逻辑。若照搬传统的商业模式，则会缺乏创意和创新点，很难融到资金，所以商业模式的撰写非常关键。

（10）市场营销计划

市场营销计划是整个创业计划书里最富有挑战性的一环。和销售不同，营销是一个庞大的系统，销售属于营销的一部分。营销的关键是使产品或服务和消费者之间产生联系，持续获得顾客和销售额，这是初创企业获得利润的途径。市场营销计划主要包括：市场机构和营销渠道的选择、营销队伍建设和管理、促销计划和广告策略、价格决策等。上述的所有内容都必须建立在市场调研的基础之上。可通过产品构思及设想、市场调研、市场定位、营销策略制定和销售预测几个步骤，构思出完整的市场营销计划。

（11）生产运营计划

生产运营计划在创业计划书中属于灵活的部分，这是一个关于选择厂址、购买原材料、组织生产产品或提供服务的过程。不同的创业类型，在生产运营计划撰写时内容也不尽相同。在生产运营计划中，对于工业类企业，生产运营计划包括的具体内容有厂址选择、工艺流程、设备引进、生产周期标准和生产作业计划、物料需求计划及其保障措施、劳动力供求、库存管理以及质量控制方法等。对于创意服务类企业，生产运营计划则包括创意本身、自身优势和员工特点等。大学生创业者在撰写生产运营计划这部分时，应当从以下几个视角进行思考：新产品或服务的成本结构是怎样的？如何保证产品或服务的质量？如何保证原材料或物料的供应？

（12）财务计划

财务计划是针对创业项目的发展而制定的一系列动态的、可靠的、全面的财务规划。财务计划是从财务的角度对创业计划书的支持和说明，以反映企业预期的财务业绩。风险投资人会把这份财务业绩作为判断自身投资风险的依据。如若做的财务业绩不对，则可能降低初创企业的估值，同时增加经营风险。

（13）公司管理

公司的性质、管理制度、组织结构、股权划分、薪酬制度等都会影响风险评估，所以创业者在撰写相关内容的过程中，要将公司相关要素一一说明，包括组织结构、功能职责、主要成员、薪酬激励制度等。更重要的是要凸显创业者和创业团队良好的素质和能力。投资人在翻看创业计划书的同时也是在考察创业者。良好的创业团队可以保障项目的良性运作，投资人会综合考虑各方因素，选择合适的投资项目和创业团队。

（14）企业文化

企业文化又叫组织文化。任何一个组织都离不开组织文化的影响。这种组织文化是由组织内部的价值观、愿景、信念、意识等共同构成的文化形态，是长期发展并内化到企业内部每一位员工心理的文化状态。不同的企业文化都有着同样的功能，即规范、约束、凝聚和激励企业内部所有员工。在企业愿景和核心价值观引导下，企业员工也会更加具有使命感。因此，在撰写创业计划书时，要明确表达企业文化和企业使命，在彰显企业特色的同时，使投资人认识到企业存在的价值。

（15）风险预测及应对

人们普遍会认为创业者都富有冒险精神，是冒险家，但真正的创业者都不喜欢风险，而且会尽最大努力将风险降至最低。风险和回报是成正比的，风险越高回报也就越大。所以大学生创业者在创业计划书的开始撰写阶段，就应当评估可能遇到的风险和获得的回报。只有风险是在可承受范围内才能进行创业实践。进行风险预测和评估后，大学生创业者可根据各类要素选择最有效的风险管理技术进行防范。常用的风险应对方法有风险避免、风险自留、风险预防、风险抑制和风险转嫁等。

（16）资本退出

创业是商业行为，创业计划书撰写的目的在于获得创业资金的支持，但投资人会在合适的时机退出，因此，创业计划书还需要向投资人呈现在什么时候他们的投资可以退出，且能够获得的回报是多少。这也是投资人极为关注的问题。创业者在撰写这一部分的时候，需要注意以下几个问题：企业面临的风险及其带来的影响是什么？面对风险，企业应采取怎样的应对方案？初创企业首选的退出方式是什么？每一项投资的回报率是多少？

（17）附录

附录的作用在于把各种相关文档和数据列出来，给读者提供相应的数据支撑，以便他们作出最终的决策。在创业计划书中，附录的作用是给创业计划书提供补充材料。

3. 创业计划书的核心问题

了解创业计划书的框架和基本内容并不等于可以写出有吸引力的创业计划书，因此下面重点介绍创业计划书可能会用到的一些商业思维和分析问题的方法。

从目标读者（投资人或潜在合伙人）的角度分析，一份吸引眼球的创业计划书至少应该回答9个核心问题：

① 你是谁？——如何让我相信你？

② 团队有谁，如何分工？——管理团队是否稳定？管理模式是否靠谱？团队成员是否互补、有共生效应？

③ 你是做什么的？——产品和服务能否让我快速理解？

④ 为什么要做这个？——是否聚焦市场痛点？有市场前景吗？

⑤ 你什么地方强于对手？——你研究过竞争对手吗？优势相较于其他公司在什么地方？

⑥ 这些优势如何守住？——你的优势竞争对手无法复制吗？

⑦ 你的"优势"和"需求"如何对接才能产生经济效应？——市场渠道如何？产品、供应链和市场如何连接？

⑧ 满足市场这些需求可以赚多少钱？——你的盈利模式成立吗？

⑨ 你能给我多少回报？可能会产生什么风险？——投资的成本和收益是怎样的？

我们写创业计划书的框架应紧扣上述 9 个核心关键问题。

4. 创业计划书的写作技巧

下面我们就围绕核心内容介绍创业计划书的写作技巧。

（1）介绍团队和公司

投资人看创业团队，想看的是团队成员有能力做好创业项目。

①阐述成员经历。内容展示有取舍，精简且有重点。团队介绍的重点在于突出团队优势，体现公司组织框架，凸显团队专业性，挑选对推进项目有利的重点经历进行阐释。着重阐述成员经历，具体可以阐述团队成员在相关行业的经历和已有经验，挖掘团队成员的优点。

②阐述与项目相关的能力。除了相关经历，还可以阐述团队成员与该项目匹配的能力。投资人只会投资有前景的团队，只有能力与项目相匹配，才能使项目成功率提高，投资人也会更信赖创业团队。

③阐述团队的成就。可以说说创业团队在这个行业已有的一些成就，体现丰富的相关履历。此外，可以说说这个项目上目前创业团队取得的成果，以此证明创业团队的实力。

（2）介绍产品和服务的卖点

提供证明产品或者服务得到市场认可的已有运营数据，更能够得到投资人的认可。一般来讲，谈到融资这一步，说明已经解决了产品运营或者服务的缺陷和漏洞，那么接下来需要解决的是如何在最短时间内让投资人了解你推出了一款怎样的产品或者服务。和介绍公司不同，介绍产品和服务要挖掘独特的卖点，最好用一句话抓住读者的注意力，给人留下深刻的印象。

（3）合理分析市场容量

市场容量是指在不考虑产品价格或供应商的前提下，市场在一定时期内能够吸纳某种产品或劳务的单位数目。市场容量是由使用价值需求总量和可支配货币总量两大因素决定的。有市场容量，可以自然拉动企业投资和经济发展；没有市场容量，只依靠企业效率来推动经济增量，就存在发展失调的巨大风险。

那么如何预测一个行业的市场容量呢？建议分 4 步进行：

①需要了解同类产品在目标市场中销售的具体数量和品牌、规格、来源、生产厂家、

价格，并根据当地的有关人口、社会经济统计数据，了解过去到现在发生的变化情况，预测将来可能发生的变化。

②要了解当地市场有关产品的消费变化。查清当地同类产品的生产数量和可能发生的变化，当地产品的就地销售数量，当地的工资收入水平、消费习惯等，运用定性分析和定量分析相结合的方法，综合分析产品今后的消费变化趋势。

③查明同类产品在当地的年消费量、消费者数量，产品的消费方式、产品消费范围的大小、消费频度、产品用途，以及存在何种竞争性替代品。

④为了对产品今后消费情况的变化趋势进行预测，还应查明产品在当地市场的生命周期状况，并结合其他因素进行综合分析和推断。

（4）分析自身核心竞争力

很多创业团队都认为影响他们发展的关键是核心竞争力。它既是无形的，又是有形的；既是可感知的，但又是难以抓住的。公司不论大小，核心竞争力都很关键。

剖析核心竞争力，就是回答为什么这件事情你能做而别人不能做？你有什么与众不同的地方？关键不在于所干事情的大小，而在于你能比别人干得好，与别人干得不一样，有自己的亮点。应善于分析自己的核心竞争力，并以此为切入点进行推广。

（5）构建产品渠道

光有好的产品或者服务，没有好的市场推广，也可能导致市场竞争的失败。在市场推广领域，有经典的"4P"营销理论，"4P"即产品（product）、价格（price）、渠道（place）、促销（promotion）。

成功的企业，往往会构建多种营销渠道。如果过于依赖一种渠道，一旦市场格局发生了变化，就会给企业带来巨大的经营风险。随着互联网时代到来，互联网营销成为热点，也成为企业转型的风口。

（6）设计盈利模式

任何一个创业项目都要认真思考何时才能让项目进入盈利状态，盈利是创业的初衷，更是直接吸引投资人关注的法宝。对于创业实践来讲，越早能赚到钱的项目是越好的。在弄清楚你的项目靠什么盈利之前，要先弄明白付费模式的三个"W"，即 who（谁来付费）、when（何时付费）、how（如何付费）。

知识拓展

一份优秀的商业计划书的十个要点

一份优秀的商业计划书应围绕以下十个要点展开。

第一，用几句话清楚地说明你发现市场中存在一个什么空白点或者问题，以及这个问题有多严重。一份引人入胜的商业计划书应该直击市场痛点问题，言简意赅地表明自己的关注点。

第二，面对市场空缺，你有什么解决方案或者什么样的产品？经验丰富的投资人往往会从客户视角来思考问题，创业者只有展现解决问题方法的实在性与具体性，才能体现项目的价值。

第三，你的产品将面对的用户群有哪些？聚焦一定的用户群是初创公司成功的关键，明确而精准的定位对未来的商业融资与合作也更有利。

第四，说明你的竞争力。为什么这件事你能做而别人不能做？如果这件事任何人都能做，为什么要投资给你？投资者所看重的并非事业的大小，而是你的独特之处。

第五，论证整个市场有多大。创业者必须对自己即将进入的市场有所了解与预测，预计项目未来能有多少用户与消费者，需要向投资者展现你即将进入一个多大的市场。

第六，说明你将如何挣钱。必须表达出自己产品的价值，把产品和用户群体现出来。如果你值得的话，投资者会给予你适当的帮助。

第七，用简单的几句话告诉投资人，这个市场里有没有其他竞争者，他们的具体情况怎样。只有足够了解你的对手，进行清晰的优劣势分析，才能给投资方信心。

第八，突出自己的亮点。亮点就是你的卖点，哪怕只有一点做得比别人好，那也是你的特别之处。这也是你商业计划书的特别之处，必须展开说明。

第九，做财务分析，可以简单一些。主要说说你需要多少钱，未来一年或者六个月内你打算如何使用这些钱，列出一些关键点。该环节可以向投资方展现你的逻辑思维能力。

第十，介绍自己的团队。一个优秀的企业并不是一个"一言堂"，而是需要群策群力，多表现一些你的团队的互补性与优势、每个人的主要职责分工，会获得更多的信赖。

以上十个问题涵盖了一份优秀商业计划书的主要内容，把握住这些内容，用简洁明了的语言、脚踏实地的态度表达出你的行动计划就可以了。

资料来源：吕森林，中山宏．创业从一份商业计划书开始［M］．北京：电子工业出版社，2019

■ 素养园地

要优化创新创业生态环境

"要优化创新创业生态环境，疏通基础研究、应用研究和产业化双向链接的快车道。"这段话出自 2020 年 11 月 12 日习近平总书记在浦东开发开放 30 周年庆祝大会上的讲话。

越是伟大的事业，越充满艰难险阻，越需要艰苦奋斗，越需要开拓创新。深入实施创新驱动战略，完善国家创新体系，优化创新创业环境，离不开基础研究和应用研究，同时也必须打通两者实现产业化的通道。创新是一个国家、一个民族发展进步的不竭动力。基础研究能力是国家创新活力的源泉。面向世界、面向未来，着力解决影响制约国家发展全局和长远利益的重大科技问题，结合产业发展需求，科学合理布局科技创新，让基础研究为应用研究提供强有力的理论支撑；同时将应用研究直接与产业、行业对接，充分释放基础研究的生产力，盘活整个产业，推动产业链与创新链深度融合，进一步强化科技创新策源和高端产业引领功能，打好关键核心技术攻坚战，加速科技成果向现实生产力转化。

理念是行动的先导。创新是第一动力，创新驱动才能推动我国经济从外延式扩张上升为内涵式发展。今天，党领导人民已经踏上全面建成社会主义现代化强国的新征程，贯彻新发展理念，加快构建新发展格局，需要我们坚持创新在我国现代化建设全局中的核心地位，顺应时代潮流，回应人民要求，优化创新创业生态环境，激活高质量发展新动力，加快攻克重要领域"卡脖子"技术，掌握更多"撒手锏"式技术，选取真正的重点堵点难点集中攻关，实现科技自立自强，聚焦关键领域发展创新型产业，打造世界级产业集群，不断增强我国经济创新能力和竞争力，共同创造出更多令人刮目相看的人间奇迹。

资料来源：央广网《每日一习话》

■ 任务训练

创业计划书的撰写

活动方法：

全班同学分组成立创业团队，每个创业团队成员之间相互配合，撰写并最终呈现出一份内容完整、效果较佳的创业计划书。

活动要求：

1. 分组撰写，每组 7～8 人为宜。

2. 每个创业团队进行为期一周的前期调研、文献查阅，确定合适的创业想法和项目。通过分工合作，完成一份完整的创业计划书。

3. 每个创业团队都需要选出一个领导（组长）。

4. 按照本任务所含知识点进行撰写。

5. 每位成员都必须参与其中，并将分工写进创业计划书中。

6. 前期调研时间为一周，撰写创业计划书的时间为一周。

注意事项：

1. 每个创业团队都需要进行分工合作。

2. 老师作为指导教师，指导每个创业团队进行创业计划书的撰写。

3. 本次活动两周内完成。

任务 20　做好项目路演

问题导入

　　生活之中处处存在路演，路演是一种展现自己实力的强而有效的方式。例如，影片上映前，导演都会做好宣发工作，带着他的团队去不同城市举办路演，从而增加电影的票房和排片率。做好创业项目路演也能够达到同样的目的。请同学们思考以下问题：

　　（1）生活中还有哪些活动属于路演的范畴？

　　（2）路演是一次性的商业介绍活动，还是周期内的持续性活动？

知识链接

一、制定路演策略

　　对于创业者来讲，寻找投资是商业活动的开始，而投资人也在寻找资本增值的机会。所以，一次商业路演就是两个寻找者相互认识、认同而取得共识的过程，是一个寻找者去说服另一个寻找者，共同去走一条创业之路的活动。

1. 路演的评分框架

　　参加路演时，主办方都会有评分系统，作为投资人或者裁判打分的参考依据。有些路演主办方会公布评分标准，有些不会公布。根据路演中的评分标准，评分框架可以大致分为三个部分：一是项目基础，二是路演呈现，三是投资价值。如果以百分制来划分，分别是项目基础占 30 分，路演呈现占 40 分，投资价值占 30 分。

　　（1）项目基础

　　项目基础指的是企业的工商、税务、技术、专利、财务管理、劳动合同、经营范围等是否合法合规，这是刚性要求，也是一个企业立足的基础，一个企业规范守法本身就在向社会传递良好的信号。

　　（2）路演呈现

　　路演呈现并非仅仅靠路演技巧，更要看路演时所表现出的商业逻辑、创新能力、资本思维、呈现效果。这些正是投资人要考察或强调的部分，没有这些，企业是没有办法良好地运营和发展的。

（3）投资价值

投资价值一般从企业的五个方面展开：第一是做什么；第二是如何做；第三是凭什么做；第四是做得怎样；第五是业绩增长能否持续。上述五个方面分别对应的是企业的业务范围、商业模式、核心能力、经营效率、管理水平。

2. 分析投资人心态

（1）注重投资安全

众多投资人和投资机构把投资安全排在第一位，他们认为投资安全的重要性是远超投资体验和投资回报的。

投资人通常会关心这 3 个方面：

① 所投资企业的管理能力、抗风险能力与风控体系、信用等级等核心要素之间的关系是良性的，这样才能保障投资的安全。

② 能够确定资金损失可接受的范围，需要多少数额的资金作为投资专用资金，这就是投资"安全垫"，以此来保障投资风险在可控范围内。

③ 在分散投资时，能够找到安全性和收益的平衡点，一定程度上规避风险，在个别投资发生风险时，保障整个投资体系不至于全盘瓦解。

（2）注重投资体验

投资体验发生于资金进入和资金撤出之间的全过程。很多投资人和投资机构非常享受与投资项目一起成长的过程。

它们通常会关心以下 2 个方面：

①项目本身是否具有吸引力？它带来经济价值的同时，还能实现哪些社会价值？这与投资人的喜好息息相关。

②在投资过程中，对产品的认识、技术的研发和创新、管理团队之间的沟通是否符合期望，项目是否能够按照计划如期完成等，都会影响投资人在投资项目时的体验。

（3）注重投资回报

很多投资人和投资机构认为，投资回报是投资安全和投资体验做好了之后的一个自然结果，甚至一些成熟的机构会认为没有回报也很正常。

它们通常关注以下 3 个方面：

① 什么时候进行投资操作是由企业内在价值和所处阶段决定的，一般投资人会选择一个处于创业初期的好项目。投资回报由资产的内在价值高低决定，投资人以低于内在价值买入，高于内在价值卖出，从而获得收益回报。

② 在财务预期方面，初次收益、再次收益、长期收益的周期是多长？是否能增强资金的使用弹性？

③ 在持续投资方面，判断项目是否可持续，是否能够通过长期且稳定的投入追求更

高的投收效益回报。

3. 路演策略

路演不是一次传统的演讲或报告，它要求用短短几分钟时间来达成创业者的表达意图，展示创业者的项目，并回答观众的提问。正因为如此，学习和掌握路演的策略就十分重要。路演可采用的策略有以下几种。

（1）知己知彼

我们需要做好功课，了解对方，路演前对投资人进行调研。我们一定要想办法了解投资人的投资取向、投资历史，投资人有什么喜好，是什么专业背景，之前是否创过业，投过什么项目，获得过什么收益。掌握投资人的需求是双方合作的基础。知道得越多也就越有利于我们站在投资人的角度去思考，在与投资人交流时就越容易达成共识，双方就可以快速切入到进一步的核心话题洽谈当中。

（2）直奔主题

路演是创业者的本色讲演，要求突出个性，争取言简意赅、主题鲜明、语句紧扣、目的清楚，表达的语言专业而简洁。用科学的、职业的态度去路演，不需要刻意表演。

（3）抛出亮点

一个商业项目包括许多方面，但是在路演的短短几分钟时间里，不可能一一陈述，投资人也没有时间和精力听冗长的项目介绍。所以我们有必要精选出自己的主题词，而对主题词内容（如独特的产品、创新的市场营销模式、无人关注的市场销售渠道、颠覆性的顾客体验方式）的阐述将紧紧吸引在场的投资人的目光。充满激情地从正面抛出亮点，先吸引众人的注意，让人产生兴趣，然后等待向你提问，期盼你的答疑。

（4）有效引导

讲述项目的亮点，实际上是为投资人之后的提问做出方向性的引导，他们需要听到我们对这些激动人心的项目予以解释，从而提出他们的观点和问题。例如，我们说项目的产品一旦进入市场将迅速地赢得市场，投资人提问产品有什么市场吸引力；我们说项目的优势在于推动新产品的周期方面会超越其他竞争对手，投资人会关注研发组织能力；如果项目推出的是一个季节性的产品，投资人会想知道全年销售收入的波动性和相应的经营策略是什么；等等。所有的问题都需要拿出理论和数据来支撑我们的观点，将双方沟通讨论的重点带到产品的卖点上，在路演阐述项目时留下空间，以便在回答对此有兴趣的投资人的问题时，给予他们意外惊喜。

（5）正面回答

投资人的大部分提问都是围绕路演的几个方面进行的，所以我们对这些问题应有所准备，即使准备不充分也要勇于面对。如果不正面回答问题，会让投资人感到你的商业计划存在问题，而且还会对项目的可行性和执行者的能力、诚信感到怀疑。如果总是顾左右而言他，答非所问，经过几个问题，当投资人发现你不是因为理解偏差，而是故意用这样的方法回避时，会给投资人留下不好的印象，严重影响创业者和整个公司形象。所以就算问题问得十分尴尬，你也需要正面回答。正面回答不意味着你一定要回答这个问题的详细情况。当你回答不了，或者问题涉及隐私及核心机密时，你可以说"这个问题暂时还不能确定，但是我们的团队正在关注"或者"这个问题比较敏感，如果您感兴趣我可以稍后跟您做进一步的沟通"。

（6）用心打动

面对面地回答问题，实际上就是项目的创始人与投资人直接进行思想沟通的过程。这既是创业者展现自己能力和知识的过程，又是寻找合适的投资者和合作经营者的过程。相当于一次面试，给对方留下什么印象很重要。要用自己拼搏的精神、高尚的情怀、非凡的智慧唤醒投资者的初心，因为那些成功人士在功成名就前都有过"不经一番彻骨寒，怎得梅花扑鼻香"的奋斗岁月。

（8）准备问答

投资人对项目可行性提出的问题，80%都是可以预料的，所以对这些问题要提前做好准备。但是，难点在于投资人对回答的进一步追问。这就考验我们的临场应变能力。另外，还可能有一些没有考虑到的问题。不要试图用偏离本公司客观状况的描述去包装公司。如果企业不具备切实可行的方案，投资人不会轻易进行投资。必须记住，投资人见过无数的创业者和很多熟悉的投资项目，本身有着丰富的专业知识和商业经验，是行业的专家，他们能找出矛盾点，直击根本问题。

案例分享

贝采撷：滩涂贝类自动采收设备的领航者

江苏航运职业技术学院"贝采撷"团队成功研发出了一种高效、环保的贝类自动采收设备。该项目于2023年参加了江苏省职业院校创新创业大赛，并取得了省赛一等奖的优异成绩。设备通过两大创新点，成功提升了采收效率，大大降低了人工劳动强度和对贝类的损伤，实现了技术和环保的双重突破。

在参加江苏省职业院校创新创业大赛前，"贝采撷"团队进行了充分的准备，确保在答辩中能够全面展示项目的潜力和可行性。团队成员深入滩涂贝类采收现场，了解一线工人的实际需求和困难，确保产品设计切实可行。多次进行设备测试和改进，确保设备的稳定性和高效性，同时邀请专业人士进行指导和评估，提升设备的竞争力。团队精心编写了详细的商业计划书，包括市场分析、产品介绍、营销策略、财务预测等内容，确保在答辩中能够全面展示项目的潜力和可行性。此外，团队还多次进行模拟答辩，邀请校内外专家进行评审和反馈，不断完善答辩内容和展示形式。通过积极的路演答辩准备和出色的现场表现，"贝采撷"团队在江苏省职业院校创新创业大赛中脱颖而出，荣获省赛一等奖的优异成绩。这一成绩不仅为项目赢得了荣誉，还进一步验证了市场需求的真实性和商业模式的可行性，为项目的后续发展奠定了坚实基础。未来，"贝采撷"团队将继续优化产品性能，扩大生产规模，并积极探索国内外市场，推动设备在更多滩涂地区的应用，助力传统渔业的现代化、智能化转型，促进滩涂经济的可持续发展。

案例点评

　　"贝采撷"项目团队在路演答辩前的准备工作十分扎实，团队深入调研实际需求，多次优化设备，精心撰写商业计划书，并进行多次模拟答辩，确保展示的全面性和专业性。这种充分的准备不仅提升了答辩表现，也为项目赢得创新创业大赛荣誉和广泛商业机会奠定了基础，体现了项目展示在创业成功中的重要作用。

二、做好路演准备

　　要完成一场成功的路演，路演人需要与商业计划书及投资人建立联系，梳理自己的逻辑，不断优化讲稿和 PPT，采用路演技巧，更强有力地传达信息给投资者。

1. 演讲稿的准备

　　人说话的正常语速为一分钟 200 字左右，如果准备 10 分钟的路演讲稿，那么讲稿的字数约为 2000 字。为了保证路演质量，避免忘词、表述混乱，在路演前路演人应先对路演内容进行梳理并记录下来，根据路演时间准备讲稿。

　　（1）准备讲稿的原则

　　①以全篇思考主线为先。讲稿全篇思考主线要讲求逻辑结构，按照商业计划书的顺序安排内容。讲稿内容要展示商业计划书中的重要关键点，内容涉及做的是什么、谁来做、为什么做、为什么现在做、需要投多少钱、回报有多少等。

　　②讲稿内容要为主线服务。要设计一个吸引投资人的开场，提炼每个环节的关键要点，设计并运用类比数字，展示竞品分析、痛点解决、发展潜力。要利用细节帮助投资人了解复杂的内容，赢得投资人的信任。

　　（2）准备讲稿的技巧

　　要在规定时间内有效地利用路演时间，突出重点，扬长避短，可以参考下面给出的 8 个技巧。

①"先声夺人"建立信任。我们需要在路演开始1分钟之内，让投资方感受到诚意和真心，用人格魅力建立信任，用简短的话概括创业项目的整体背景、产生来源、项目内容，清晰介绍创业项目的特色。

②感"痛"身受的社会价值。很多路演人在阐述行业痛点和社会问题时，蜻蜓点水，虚晃一枪，并未达到很好的效果。因为痛点和社会问题是建立起整个项目逻辑的支点，如果这个点立不住或概念模糊，非常不利于项目的逻辑建立与发展。阐述我们项目要解决的社会问题，和这个项目能给社会带来的价值和意义，有助于让人们理解你在解决什么问题、为什么要解决它，引出我们根据这个痛点制定的相应的措施。

③多维度的政策解读。政策解读是一个非常重要的规避风险的环节，创业者应该多了解和评估政策，多收集相应案例和知识。这样才能在备稿解读国家的政策时，不生搬硬套，从政策带来的民生和经济的影响谈起，直击要点，说明政策给项目带来的优势，向投资方展示项目的投资价值。

④较强的核心竞争力。一切的商业模式、商业计划、企业愿景都建立在核心竞争力基础上，所以我们必须对商业计划书里面的项目优势进行提炼，了解自己项目的核心竞争力，才能从万千路演中脱颖而出。我们可以从技术、专利、人才、品牌等方面来展示核心竞争力。

⑤有代表性的经典案例。好的案例不能一句话带过，也不要冗长啰嗦，可以通过故事的形式阐述。在讲述过程中增添画面感，在结尾处强调结果，以增强可信度。

⑥做会讲故事的路演人。故事是传递思想的最有力的方式之一。一场精彩的路演，需要引人入胜的故事。结构紧凑、简短有力的故事更加能吸引观众，击中人心。

⑦清晰的风险评估和财务预期。任何一个项目都有风险，能够在风险中找到风口，在危险中找到机会，才是风险评估分析的价值所在。备稿时，要大胆面对项目所存在的风险，具体情况具体分析。不能把财务预期当作羞于表达的部分。首先要改变"一上来就赚钱"的观念；其次要认识到财报的表述应该体现一家企业的规范能力而不是盈利能力。要清晰合理地阐述对未来几年的财务变化的预判。可以从分析盈利模式，包括如何盈利、盈利点的分布、收益资金预计使用情况出发，来估计需要的融资，对融资进行说明（包括融资金额、使用周期、股权比例），并且还要阐述项目的未来前景。

⑧令人印象深刻的收尾。当我们阐述完所有的项目内容时，在讲稿的收尾之处要升华本次路演的意义和价值，这里适合彰显企业的价值主张，在路演的结尾留下一个美好愿景或者企业使命。

2. 路演 PPT 的设计

作为路演人，更应该是一个引领者、启发者，使 PPT 要传递的理念自动自发地在观众内心产生。所以一个好的路演人应该是能够提出对的问题的人，让观众自己去思考。

（1）PPT 的篇幅

路演时间一般是 8～15 分钟，前面 60%～70% 的时间是展示阶段，后面则是答辩环节。因此路演 PPT 篇幅要控制在 7～15 页。

（2）PPT 的制作技巧

呈现具有冲击力并使人印象深刻的视觉元素是路演人取得成功的必要手段。研究发现，人的图像记忆在数量上优于语言记忆，所以相比文字，人们往往更能记住图像。因此，可以将我们想传递的信息视觉化，创造能够给投资方带来情感冲击的图像。设计具有视觉冲击力的 PPT，需要做到以下几点：

①图片的选择。很多时候，图片产生的巨大瞬时冲击力不是文字可以比拟的。一幅视觉冲击力足够强的图片可以颠覆思想、震撼情感、影响行为。

②视觉元素的采用。投资方不需要听一场滔滔不绝的演讲，他们希望和路演人一起思考、探讨。这意味着你要将自己的 PPT 变成帮助他们思考的工具。因此，视觉元素的选择和采用就格外重要。

③用另外一种方式呈现表格的内容。路演的时间是非常宝贵的，对于表格而言，我们所需要强调的往往只是其中的某一两个小点。将表格放在商业计划里，对 PPT 中含有表格的页面重新总结提取设计，更加能够突出重点，传递信息。

④贯彻一个视觉主题。确保你的 PPT 自始至终都为投资方带来统一的视觉体验，具备独有的标题和色彩风格。设计好版面、章节和框架，用清晰的视觉元素呈现出来，打好有条理演示的基础。

⑤用色彩增添趣味性。色彩能够帮助路演人吸引投资方的视线，使其集中注意力。明亮的色彩可以把人的目光集中到重要的信息上，可以用暗淡的色彩代表次要的信息。同时，不同的颜色有不同的心理暗示。考虑到演示环境，在灯光较暗的情况下最好使用深色的 PPT 背景；如果光线充足，建议选择白底亮色。

⑥用心设计字体。大多数路演人会在 PPT 中选择使用 10 号字体，以便在页面上填塞大量的文字，然后在演示过程中照本宣科。但这样投资方会直接去看 PPT，使你与投资方的思维无法同步。

⑦让简洁恰到好处。保持简洁，因为观众都希望你的演示尽可能简单。

3. 路演人的呈现技巧

每个路演人都有不同风格，人们在极短的时间内就能通过对方的肢体语言与声音语调，形成对这个人的第一印象。在路演者上台进入投资人视线的那一瞬间，投资人就会开始进行评估。我们都知道第一印象的重要性，那么如何提升路演时的印象分呢？以下是 6 条建议。

（1）提升仪态好形象

路演人的衣着与仪表，会在开口之前影响投资人对其的第一印象。衣着应干净整洁，保持抬头挺胸，精神饱满。路演时的着装并不一定需要西装革履，但也不要穿着牛仔裤和运动鞋与投资人交流。过于随意的衣着让人觉得你对这场路演不够重视，从一开始就会失去可信度。检查一下自己的衣着、发型以及妆容看起来是否整洁大方。另外，上台时需要注意卸下不符合企业形象的首饰。想象一下投资人会穿什么样的衣服，然后尽量让自己的衣着看起来与他们更加和谐。不过，就算路演人穿着打扮得很精致，如果在台上弯腰驼背进行路演，也会影响气质，因此要注意调整体态。

（2）传递情绪的目光

自然的目光接触就像是演讲者和投资人"情绪上的握手"，是自信的表现。如果目光闪烁、频繁转移视线，就会看上去特别紧张。当路演时看到台下的投资人用放光的眼睛在盯着你，这时候你会感受到他对自己的肯定。当投资人在对路演进行提问或评论时，目光也要跟随他。记住要保持微笑，身体前倾表示倾听。还要学习控制目光的接触次数与时间长短，太少显得害羞、笨拙，太多则显得无礼。

（3）表情管理要练习

人与人情绪的传递体现了路演现场的感染力。当路演人的情感发生变化，倾听者也就会有表情上的反馈。当我们对路演没有激情或路演当天受到其他影响造成情绪波动的时候，路演效果就会大打折扣。为了避免这样的情绪让投资人察觉，路演人需要尽快调整，传递正能量。你一定要时刻寻找机会，让自己要传递的信息与公司的任务及愿景联系起来。这在增强演示激情方面很有帮助，可以提升感染力和自信心。我们可以在镜子前练习表情管理，学习如何表达对听众的关心，用自己的表情和目光传递心里的感受。

（4）来回踱步不要慌

以轻快的脚步走上台，并对听众保持微笑。展示自己的自信，扫除与投资者之间的障碍。如果台上有讲台，可以站到旁边，而不是讲台后面。与观众席要保持半米的安全距离。路演者在同一个地方待太长时间，听众的注意力会下降，这时就需要移动一下位置，重新吸引听众的目光和注意。要注意的是，有些路演人在紧张时会不自觉地摇晃身体，这会让台下观众觉得不适。

（5）协调四肢有技巧

站立时将手垂直放在身体两侧，同时保持双肘稍抬不贴身，双脚打开与肩同宽。这是一种非常自然、平衡的姿势。在路演时可以结合讲稿及PPT的内容，用开放的手势将情绪和观点传递出去。根据自己的位置与演示屏的方向，切换手的指向性方位，注意做手势时五指闭拢。传递数字信息时，可以伸出手指来展示。但请注意，切勿用手指指向听众。当演讲完毕，聆听投资人提问或点评时，可以把手放到身侧或双手相叠垂于身前。

（6）发出声音要响亮

路演时，路演人的声音会成为传递言语力量的媒介，吸引观众。因此，要注意练习发声技巧，保证演讲的清晰度和感染力，讲话时声音要洪亮。

（7）刻意练习不紧张

绝大多数人上台时都会紧张，这是正常现象。我们可以通过多次预演，有效地规避这个问题：选择不同场景（如对着白墙、PPT内容、镜子、教室、路演场地等）进行演练，不要惧怕别人的目光，调整情绪，将路人当作观众，鼓励自己将心中所想表达出来，做到真正意义上的"路"演。通过反复练习，形成条件反射，提高心理抗压能力与临场应变能力，这样才能在路演中展现自己的风采。

案例分享

卫星互联网测量中的"中国力量"

在第六届中国国际"互联网＋"大学生创新创业大赛总决赛冠军争夺赛中，全球六个入围决赛的项目团队通过线上线下互联竞技。经过激烈角逐，来自北京理工大学的"星网测通"项目以1310分夺得总决赛冠军。

2008年汶川地震后，灾区的大部分通信设施被毁坏，救援人员肩扛通信设备的场景深深触动了当时正在做本科毕业设计的宋哲，她将毕业设计定位在卫星互联网领域，以解决更多通信问题。"从2014年马斯克和星链项目横空出世，再到我国提出'新基建'，卫星互联网正在带领着人类大踏步地进入太空WiFi时代。"

宋哲认为，卫星互联网测量就是给卫星做体检，是卫星互联网产业链的关键一环。给卫星进行测量，说起来容易，做起来难。卫星的轨道高度高达数万米，使得卫星上的微小偏差会被放大为地面覆盖区域的大幅偏离，而想要偏差小，就得测得准。"在标准的基础上，卫星测量还要解决通信场景多、通用设备功能弱、测不了，测量流程长、设备效率低、测不快，产线规模大、设备售价高、测不起等问题。"为了解决这些问题，宋哲用12年的时间开拓创新，发明了系列卫星通信测量仪"星网测通"，用一台仪器就能在数百种场景下进行测量，测量效率提升100倍，为客户节省了90%的成本，真正做到测得了、测得快、测得起。

宋哲介绍，目前，"星网测通"的设备已可满足国家多个重大型号的研制急需，保障了"神舟"飞船宇航员与地面之间天地通话链路的畅通，保证了"天通一号"卫星能按时飞向太空，填补了北斗系统测量手段的空白。宋哲说："我的梦想就是想成为像邓稼先一样的科学家，为国家献身，为国家尖端科技助力。"宋哲一直将这个梦想铭记在心，践诸于行，让世界见证了"中国力量"。

资料来源：徐德锋，陈群，江一山．大学生创新创业实践与案例［M］．华中科学技术大学出版社，2021

案例点评

　　"星网测通"项目在第六届中国国际"互联网＋"大学生创新创业大赛总决赛冠军争夺赛中获得冠军。这一成绩的取得固然与项目本身的价值与作用有关，但也离不开比赛时项目负责人宋哲在路演时的突出表现，无论是着装、举止、言谈，还是展示的 PPT，都给评委及观众留下了深刻的印象。

知识拓展

最佳压力区

　　出汗、手抖、胃痉挛、脸色苍白或通红、呼吸困难、思维滞涩、膝盖发软，在路演时大多数人会出现其中的几种反应，有的人甚至会出现全部的反应。世界上许多知名演讲人，终身都在与怯场作斗争。就算我们准备得再充分，上台前可能还是会有紧张感。怯场是一个普遍存在的问题，但每个人的怯场反应各不相同。路演时的压力，可以带来正反两方面影响。人们可能因为压力过大而表现失常，也有些路演人的问题则在于压力感不足，过于淡定。所以既不要回避紧张，也不要过度紧张，要寻求一个"最佳压力区"，保持适当压力下的良好状态。除了台下的刻意练习，在路演现场还可以通过以下方式调整状态：

　　（1）用心理暗示给自己解压，预设本次路演达到的效果；

　　（2）适当活动身体，让肌肉放松下来；

　　（3）进行 3～10 分钟的冥想，能有效缓解焦虑和紧张；

　　（4）为了使自己镇定下来，闭上眼睛多次进行深呼吸；

　　（5）预先反复练习会形成肌肉记忆，并对 PPT 印象更深。

　　资料来源：科丽·科歌昂，布瑞克·英格兰，朱莉·施密特. 这样路演就对了［M］. 易文波，译. 广州：广东人民出版社，2016

■ 素养园地

让理想信念在创业奋斗中升华，让青春在创新创造中闪光

　　"新时代中国青年要树立对马克思主义的信仰、对中国特色社会主义的信念、对中华民族伟大复兴中国梦的信心，到人民群众中去，到新时代新天地中去，让理想信念在创业奋斗中升华，让青春在创新创造中闪光！"这段话出自 2019 年 4 月 30 日习近平总书记在纪念"五四运动"100 周年大会上的讲话。

　　未来属于青年，希望寄予青年。一百多年来，在中国共产党的旗帜下，一代代中国青年把青春奋斗和人生理想自觉融入党和人民事业，坚定信念听党话、跟党走，成为实现中华民族伟大复兴的先锋力量。

　　"有责任有担当，青春才会闪光。"新时代的中国青年理想信念内植在思想深处，外显于担当作为的实际行动。党的十八大以来，中国青年在各自岗位上奋斗奉献，在急难险重任务中冲锋在前，在创新创业中走在前列，在重要领域和重要岗位上攻坚克难，展现出不怕苦、不畏难的青春风采。以"大学生志愿服务西部计划"为例，20多年来，全国先后有46.5万余名大学生志愿者在我国2000多个县（市、区、旗）基层为当地提供志愿服务。近三年来，全国高校毕业生积极响应党和国家号召，到地市级及以下就业比例约70%，到中西部就业比例约60%。这些充满朝气的青春力量，用脚步丈量祖国大地，在艰苦环境和基层一线服务群众、贡献知识，磨练意志，增强担当精神，在边疆和基层创业创造的奋斗中奏响最美青春之歌。

　　青年最具创新热情，也最具创新动力。近年来，一批批具有国际竞争力的青年科技人才脱颖而出，在"天宫""蛟龙""天眼""悟空""墨子""天问""嫦娥"等重大科技攻关任务中担重任、挑大梁。2013年以来，航空工业集团以"罗阳青年突击队"为载体，组织广大青年在急难险重任务中学罗阳、做先锋，累计有37万人次参与其中。"航空报国、航空强国，矢志不渝"是这一群体年轻人的座右铭，他们在学思践悟中坚定理想信念，用肩膀扛起如山的责任，为强国建设积极贡献力量。

　　党的二十大报告强调，全党要把青年工作作为战略性工作来抓。当前，我们比历史上任何时期都更接近中华民族伟大复兴的目标。习近平总书记在考察红旗渠青年洞时对在场的干部群众表示："实现第二个百年奋斗目标也就是一两代人的事，我们正逢其时、不可辜负，要作出我们这一代的贡献。"立足新时代新征程，我们中国青年要坚定不移听党话、跟党走，立志做有理想、敢担当、能吃苦、肯奋斗的新时代好青年，不负韶华，不负时代，不负人民，树立为祖国为人民永久奋斗、赤诚奉献的坚定理想，用青春的智慧和汗水打拼出一个更加美好的中国。

资料来源：央广网《每日一习话》

■ 任务训练

模拟"电梯路演"

　　活动方法：

　　学生进行角色扮演，一个是说服方，一个是被说服方，说服方推销一个物品或一件事、一个点子，也可以推销自己。比如你是公司的普通员工，偶然碰到你的老板。你酝酿了一个很不错的点子，想要把这个点子推销给自己的老板，得到老板的支持；或者你自己办了个创业公司，需要用几分钟的时间表达清楚自己的创业项目，并打动投资人，使其进一步了解项目，促成后续的融资洽谈；或者在求职过程中，在面试、招聘会，甚至停车场、电梯间，当你有机会与面试官聊上几句时，用这短短几十秒展示你自己，争取求职成功。

活动要求：

1.5 人一组。

2. 学生设定一个场景，通过模拟路演，用 30 秒的时间打动被说服方。

3. 以小组为单位进行报告分享，由教师做出点评。

注意事项：

在模拟活动中，注意一定要以 30 秒为限，时间一到，立即停止，轮到下一位同学。

附　录

附录一　创业相关法律法规

一、创业相关法律

对大学生创业者而言，企业设立、财务税收、人事管理，甚至破产倒闭，都需要严格遵守法律规定。大学生创业涉及的主要法律有以下几个方面。

设立企业从事经营活动，必须到工商行政管理部门办理登记手续，领取营业执照，如果从事特定行业的经营活动，还须事先取得相关主管部门的批准文件，我国企业立法已经不再延续按企业所有制立法的旧模式，而是按企业组织形式分别立法，根据《中华人民共和国民法典》《中华人民共和国公司法》《中华人民共和国合伙企业法》《中华人民共和国个人独资企业法》《中华人民共和国中外合资经营企业法》《中华人民共和国中小企业促进法》等法律规定，企业的组织形式可以是股份制有限公司、有限责任公司、合伙企业、个人独资企业，其中以有限责任公司最为常见。企业成立时应该依据《中华人民共和国公司登记管理条例》等法规规范办理登记手续。

企业设立后，与政府部门打交道最多的应该就是税务登记和财务方面的工作。其中涉及税法和财务制度，因此，创业需要了解企业要缴纳哪些税。不仅需要了解营业税、增值税、所得税的规定等，还需要了解哪些支出可以列为成本，开办费、固定资产怎么摊销，等等。聘用员工就涉及劳动法和社会保险的问题，需要了解劳动合同、试用期、服务期、商业秘密、竞业禁止、工伤、养老金、住房公积金、医疗保险、失业保险等诸多规定。企业发展过程中，还需要处理知识产权问题，既不能侵犯别人的知识产权，又要建立自己的知识产权保护体系，了解《中华人民共和国著作权法》《中华人民共和国商标法》《中华人民共和国专利法》对大学生了解著作权、商标、域名、商号、专利、技术秘密等保护方法具有重要意义。

与企业经营活动相关的法律很多，在创业初期，创业者应当了解相关的法律，以确保合法经营，避免违法，保障自己应有的合法权益。以下是大学生在创业时应当了解和关注的主要法律及其规范宗旨。《中华人民共和国民法典》第三编《合同》：规范合同关系，约束合同双方，保证合同的遵守，维护双方利益，保障合同关系的稳定。《中华人民共和国劳动法》：规范企业的劳动制度，保障企业员工的权益，保证劳资关系的和谐。《中华人民共和国反不正当竞争法》：规范企业之间的市场竞争，保护企业的合法权益，惩治竞争中的不正当手段。《中华人民共和国消费者权益保护法》：保护消费者的合法权益，规范企业的经营生产，保证企业的产品质量。

另外，《中华人民共和国票据法》《中华人民共和国会计法》等基本民商法律也是大学生创业必须了解的。还有一些法律是作为公民本身需要了解的，而作为企业经营者则更应该了解，例如《中华人民共和国民法典》《中华人民共和国刑法》《中华人民共和国民事诉讼法》。

二、创业相关法规

法规指国家机关制定的规范性文件，一般用"条例""规定""规则""办法"等称谓。如国务院制定和颁布的行政法规，省、自治区、直辖市人大及常委会制定和公布的地方性法规。省、自治区人民政府所在市，经过国务院批准的较大的市的人大及其常委会，也可以制定地方性法规，报省、自治区的人大及其常委会批准后施行。法规也具有法律效力。

对大学生而言，在开始创业前除了要了解创新创业相关的法律条文，还需要熟知国家以及各级政府部门针对创新创业所制定的相关法规、规章。

创办企业时，需要了解《中华人民共和国企业登记管理条例》《中华人民共和国公司登记管理条例》等工商管理法规、规章，有关开发区、高科技园区、软件园区（基地）等方面的法规、规章，以及有关地方规定，这样有助于选择创业地点，以享受税收等优惠政策。我国实行法定注册资本制，如果不是以货币资金出资，而是以实物、知识产权等无形资产或股权、债权等出资，还需要了解有关出资、资产评估等法规的规定。

创业者应该了解《中华人民共和国增值税暂行条例》《中华人民共和国营业税暂行条例》等法规及税法和财务制度。企业聘用员工时涉及社会保险问题，需要了解《中华人民共和国工伤保险条例》《中华人民共和国最低工资规定》等法规。

附录二　大学生创新创业项目及赛事

一、大学生创新创业培育计划项目[①]

为贯彻党中央、国务院关于促进就业创业的决策部署，落实新修订的《中华人民共和国职业教育法》，根据《关于深化现代职业教育体系建设改革的意见》《关于进一步支持大学生创新创业的指导意见》《关于推动现代职业教育高质量发展的实施意见》等文件精神，进一步深化创新创业教育改革，加快推进职业教育高质量发展，决定开展职业院校学生创新创业培育计划项目（以下简称创新创业培育计划项目）申报。

1. 总体要求

以习近平新时代中国特色社会主义思想为指导，深入落实党的二十大精神和习近平总书记对江苏工作的重要讲话精神，全面贯彻党的教育方针，落实立德树人根本任务，把创新创业教育融入人才培养体系、贯穿人才培养全过程。深化创新创业教育改革，培养创新文化、营造创新氛围、推动创新实践、促进创业就业。广泛开展创新创业实践活动，培养职业院校学生的创新精神、创业意识和创新创业能力。

2. 项目类型与数量

创新创业培育计划项目实行项目制管理，在类型上分为创新实践项目和创业孵化项目两大类。

（1）项目类型

①创新实践项目。分为科技发明类项目、人文社科类项目和公益实践类项目。学生个人或团队在导师指导下，自主完成项目设计、作品制作、应用测试、材料撰写等工作。

②创业孵化项目。学生个人或团队在导师指导下，利用创新实践项目或专业研究成果，提出具有市场前景的创新性产品和服务设想，以此为基础开展创业孵化活动。

（2）申报立项数量

每校立项创新创业培育计划省级项目约 40 项，校级项目约 80 项。

3. 申报条件

创新创业培育计划项目申报不限专业。项目主持人和团队成员均应为职业院校在校学生，鼓励学生跨院系、跨专业、跨年级组建团队。每个项目团队成员不超过 5 人，其中项

---

① 以江苏省教育厅《关于做好 2023 年职业院校学生创新创业培育计划项目申报工作的通知》为例。

目主持人不超过 2 人。每名学生在校期间只能主持 1 项省级创新创业培育计划项目，且作为参与人的项目不超过 2 项。

（1）创新实践项目申报条件

①科技发明类项目要求具有一定的创新性、先进性和综合性，具有一定的应用价值和经济价值。学生可结合所学专业、兴趣、爱好、特长和生活实际，构思、设计、制作完成新产品和新材料的研发、工艺流程革新或优化等，不得抄袭、盗用、提供虚假材料或违反相关法律法规，一经发现即取消申报资格，并自负一切法律责任。

②人文社科类项目要求具有社会性、贴近生活和贴近实际，重点围绕全面发展成就、文明文化、美丽中国和民生福祉等社会发展问题展开，研究成果能够反映新经验、体认新实践、拓展新视野。

③公益实践类项目要求具有非营利性，具有较好的创意、产品或服务模式。学生结合专业背景或相关资源，重点就农业农村和城乡社区发展面临的主要问题，开展公益实践活动，助力乡村振兴和社区治理。项目可持续性强，能够在团队建设和活动经费上实现自给自足。

（2）创业孵化项目申报条件

创业孵化项目应具有一定的创新性和可行性，结合所学专业、兴趣、爱好和特长，体现专创融合，符合所在地区产业规划发展导向，满足商业发展前景良好，潜在经济或社会效益较高等特点。项目团队是否注册企业法人均可推荐申报，但企业注册时间不超过 2 年。项目应面向社会市场，按企业实际运营模式开展业务。

4. 结项要求

（1）创新实践项目结项要求

①科技发明类项目应对实物成果、以学生为第一作者公开发表的相关论文、申请专利等成果进行明确说明。要求至少有 1 个能够演示的模型（产品），或至少有 1 项学生排名第一完成的论文（专利成果），或形成 1 篇不少于 5000 字的成果报告（包括研究计划、研究过程、解决的问题与技术等）。

②人文社科类项目应对以项目团队学生为第一作者公开发表的相关论文、调研报告以及实践推广等成果进行明确说明。要求至少具有以项目团队学生为第一作者公开发表的相关论文 1 篇，或形成 1 篇不少于 5000 字的调研报告（实践过程支撑材料详实）和实践推广报告。

③公益实践类项目应对公益实践活动和社会支持等成果进行明确说明。要求具有年度活动计划、活动总结报告（实践过程材料详实，5000 字左右）及成果相关证明材料。

（2）创业孵化项目结项要求

项目结项前，已在本省行政区域内完成工商等各类登记注册；项目主持人须为营业执照登记的企业负责人，应有对外实际运营的业绩。

与项目紧密相关的成果在政府部门主办的市级及以上创新创业大赛中荣获三等奖及以上，或获得市级及以上表彰奖励（表彰主体为本项目学生团队，非个人成员），经审核通过可直接结项。

以上所有成果均是省级立项后，项目培育期内取得的成果。培育期为一年，如未达到结项要求，可申请延期一年。期满仍未达到结项要求，将予以通报，并作撤项处理。

二、中国国际大学生创新大赛①

为贯彻落实党的二十大精神，深入贯彻落实习近平总书记关于教育的重要论述和给"青年红色筑梦之旅"大学生重要回信精神，"三位一体"统筹推进教育、科技、人才工作，把创新教育贯穿教育活动全过程，加强拔尖创新人才自主培养，培育新质生产力发展新动能，为教育强国建设支撑引领中国式现代化作出更大贡献，决定举办中国国际大学生创新大赛（2024）。

1. 大赛主题

我敢闯，我会创。

2. 总体目标

更中国、更国际、更教育、更全面、更创新、更协同，落实立德树人根本任务，传承和弘扬红色基因，聚焦"五育"融合创新创业教育实践，开启创新创业教育改革新征程，激发青年学生创新创造热情，打造共建共享、融通中外的国际创新盛会，让青春在全面建设社会主义现代化国家的火热实践中绽放绚丽之花。

——更中国。更深层次、更广范围体现红色基因传承，充分展现新发展阶段高水平创新教育的丰硕成果，集中展示新发展理念引领下创新人才培养的中国方案，提升新时代中国高等教育的感召力。

——更国际。深化创新教育国际交流合作，汇聚全球知名高校、企业和创业者，服务以国内大循环为主体、国内国际双循环相互促进的新发展格局，搭建全球性创新创业竞赛平台，提升新时代中国高等教育的影响力。

——更教育。推动思想政治教育、专业教育与创新教育深度融合，弘扬劳动精神，加强学生创新实践能力培养，造就敢想敢为又善作善成的新时代好青年，提升新时代中国高等教育的塑造力。

——更全面。推进职普融通、产教融合、科教融汇，鼓励各学段学生积极参赛，形成创新创业教育在高等教育、职业教育、基础教育、留学生教育等各类各学段的全覆盖，打

---

① 以教育部《关于举办中国国际大学生创新大赛（2024）的通知》为例。

通人才培养各环节，提升新时代中国高等教育的引领力。

——更创新。积极开辟发展新领域新赛道，不断塑造发展新动能新优势，丰富竞赛内容和形式，激发全社会创新创造动能，促进高校创新成果转化应用，进一步服务国家重大战略需求和经济社会高质量发展，提升新时代中国高等教育的创造力。

——更协同。充分发挥大赛平台纽带作用，促进优质资源互联互通，推动形成开放大学、开放产业、开放问题的良好氛围，助推大赛项目落地转化，营造支持青年大学生创新创业、共同合作、互相包容、互相支持的良好生态。

3. 主要任务

以赛促教，探索人才培养新途径。全面提高人才自主培养质量，强化高校课程思政建设，深入推进新工科、新医科、新农科、新文科建设，深化创新创业教育改革，引领各类学校人才培养范式深刻变革，形成新的人才培养质量观和质量标准，切实提高学生的创新精神、创新意识和创新能力。

以赛促学，培养创新创业生力军。着力造就拔尖创新人才，激励广大青年扎根中国大地了解国情民情，在创新创业中增长智慧才干，怀抱梦想又脚踏实地，敢想敢为又善作善成，做有理想、敢担当、能吃苦、肯奋斗的新时代好青年。

以赛促创，搭建产教融合新平台。把教育融入经济社会发展，推动成果转化和产学研用融合，促进教育链、人才链与产业链、创新链有机衔接，以创新引领创业、以创业带动就业，推动形成高校毕业生更高质量创业就业的新局面。

4. 大赛内容

①主体赛事。包括高教主赛道、"青年红色筑梦之旅"赛道、职教赛道、产业命题赛道和萌芽赛道。

②"青年红色筑梦之旅"活动。

③同期活动。即大赛优秀项目资源对接会、大学生创新成果展、世界大学生创新论坛、世界大学生创新指数框架体系发布会等系列活动。

5. 参赛要求

①参赛项目能够紧密结合经济社会各领域现实需求，充分体现高校在新工科、新医科、新农科、新文科建设等方面取得的成果，培育新产品、新服务、新业态、新模式，促进制造业、农业、卫生、能源、环保、战略性新兴产业等产业转型升级，促进人工智能、数字技术与教育、医疗、交通、金融、消费生活、文化传播等深度融合。

②参赛项目应弘扬正能量，践行社会主义核心价值观，真实、健康、合法。不得含有任何违反《中华人民共和国宪法》及其他法律法规的内容。所涉及的发明创造、专利技术、资源等必须拥有清晰合法的知识产权或物权。参赛项目如有涉密内容，参赛前须进行脱敏处理。如有抄袭盗用他人成果、提供虚假材料等违反相关法律法规或违背大赛精神的

行为，一经发现即刻丧失参赛资格、所获奖项等相关权利，并自负一切法律责任。

③参赛项目只能选择一个符合要求的赛道报名参赛，根据参赛团队负责人的学籍或学历确定参赛团队所代表的参赛学校，且代表的参赛学校具有唯一性。参赛团队须在报名系统中将项目所涉及的材料按时如实填写提交。已获本大赛往年总决赛各赛道金奖和银奖的项目，不可报名参加今年大赛。

④参赛人员（不含产业命题赛道参赛项目成员中的教师）年龄不超过 35 岁（1989 年3 月 1 日及以后出生）。

⑤各省级教育行政部门及各有关学校要严格开展参赛项目审查工作，确保参赛项目的合规性和真实性。审查主要包括参赛资格以及项目所涉及的科技成果、知识产权、财务状况、运营、荣誉奖项等方面。其中，入围省赛的项目由各学校汇总后加盖公章报省级教育行政部门；入围总决赛的项目由各省级教育行政部门汇总后加盖公章报教育部高等教育司。

6. 比赛赛制

①大赛主要采用校级初赛、省级复赛、总决赛三级赛制（不含萌芽赛道以及国际参赛项目）。校级初赛由各院校负责组织，省级复赛由各地负责组织，总决赛由各地按照大赛组委会确定的配额择优遴选推荐项目。大赛组委会将综合考虑各地报名团队数（含邀请国际参赛项目数）、参赛院校数、往年获奖项目情况和创新教育工作情况等因素分配总决赛名额。

②大赛共产生 4250 个项目入围总决赛（港澳台地区参赛名额单列），其中高教主赛道2300 个（国内项目 1800 个、国际项目 500 个）、"青年红色筑梦之旅"赛道 650 个、职教赛道 650 个、产业命题赛道 450 个、萌芽赛道 200 个。

③高教主赛道每所高校入选总决赛项目不超过 5 个，"青年红色筑梦之旅"赛道每所院校入选总决赛项目不超过 3 个，职教赛道每所院校入选总决赛项目不超过 3 个，产业命题赛道每道命题每所院校入选项目不超过 3 个，萌芽赛道每所学校入选总决赛项目不超过2 个。

三、"挑战杯"全国大学生系列科技学术竞赛

挑战杯是"挑战杯"全国大学生系列科技学术竞赛的简称，是由共青团中央、中国科协、教育部和全国学联共同主办的全国性的大学生课外学术实践竞赛，竞赛官方网站为www.tiaozhanbei.net。"挑战杯"竞赛在中国共有两个并列项目，一个是"挑战杯"中国大学生创业计划竞赛，另一个则是"挑战杯"全国大学生课外学术科技作品竞赛。这两个项目的全国竞赛交叉轮流开展，每个项目每两年举办一届。

1. "挑战杯"全国大学生课外学术科技作品竞赛

"挑战杯"全国大学生课外学术科技作品竞赛（以下简称"'挑战杯'竞赛"）是由共

青团中央、中国科协、教育部、全国学联和地方政府共同主办，国内著名大学、新闻媒体联合发起的一项具有导向性、示范性和群众性的全国竞赛活动。自1989年首届竞赛举办以来，"挑战杯"竞赛始终坚持"崇尚科学、追求真知、勤奋学习、锐意创新、迎接挑战"的宗旨，在促进青年创新人才成长、深化高校素质教育、推动经济社会发展等方面发挥了积极作用，在广大高校乃至社会上产生了广泛而良好的影响，被誉为当代大学生科技创新的"奥林匹克"盛会。竞赛的发展得到党和国家领导同志的亲切关怀，江泽民同志为"挑战杯"竞赛题写了杯名，李鹏、李岚清等党和国家领导同志题词勉励。历经十届，"挑战杯"竞赛已经成为：

——吸引广大高校学生共同参与的科技盛会。从最初的19所高校发起，发展到1000多所高校参与；从300多人的小擂台发展到200多万大学生的竞技场，"挑战杯"竞赛在广大青年学生中的影响力和号召力显著增强。

——促进优秀青年人才脱颖而出的创新摇篮。竞赛获奖者中已经产生了两位长江学者，6位国家重点实验室负责人，20多位教授和博士生导师，70％的学生获奖后继续攻读更高层次的学历，近30％的学生出国深造。他们中的代表人物有：第二届"挑战杯"竞赛获奖者、国家科技进步一等奖获得者、中国十大杰出青年、北京中星微电子有限公司董事长邓中翰，第五届"挑战杯"竞赛获奖者、"中国杰出青年科技创新奖"获得者、安徽中科大讯飞信息科技有限公司总裁刘庆峰，第八届和第九届"挑战杯"竞赛获奖者、"中国青年五四奖章"标兵、南京航空航天大学2007级博士研究生胡铃心，等等。

——引导高校学生推动现代化建设的重要渠道。成果展示、技术转让、科技创业，让"挑战杯"竞赛从象牙塔走向社会，推动了高校科技成果向现实生产力的转化，为经济社会发展做出了积极贡献。

——深化高校素质教育的实践课堂。"挑战杯"已经形成了国家、省、高校三级赛制，广大高校以"挑战杯"竞赛为龙头，不断丰富活动内容，拓展工作载体，把创新教育纳入教育规划，使"挑战杯"竞赛成为大学生参与科技创新活动的重要平台。

——展示全体中华学子创新风采的亮丽舞台。香港、澳门、台湾众多高校积极参与竞赛，派出代表团参加观摩和展示。竞赛成为两岸四地青年学子展示创新风采的舞台，增进彼此了解、加深相互感情的重要途径。

2. "挑战杯"中国大学生创业计划竞赛

创业计划竞赛起源于美国，又称商业计划竞赛，是风靡全球高校的重要赛事。它借用风险投资的运作模式，要求参赛者组成优势互补的竞赛小组，提出一项具有市场前景的技术、产品或者服务，并围绕这一技术、产品或服务，以获得风险投资为目的，完成一份完整、具体、深入的创业计划。

竞赛采取学校、省（自治区、直辖市）和全国三级赛制，分预赛、复赛、决赛三个赛段进行。

大力实施"科教兴国"战略，努力培养广大青年的创新、创业意识，造就一代符合未来挑战要求的高素质人才，已经成为实现中华民族伟大复兴的时代要求。作为学生科技活动的新载体，创业计划竞赛在培养复合型、创新型人才，促进高校产学研结合，推动国内风险投资体系建立方面发挥出越来越积极的作用。

四、全国大学生电子商务"创新、创意及创业"挑战赛

全国大学生电子商务"创新、创意及创业"挑战赛（以下简称"三创赛"）是由中华人民共和国教育部委托教育部高校电子商务类专业教学指导委员会主办的全国性在校大学生学科竞赛，是激发大学生兴趣与潜能，培养大学生创新意识、创意思维、创业能力以及团队协同实战精神的比赛。

"三创赛"自 2009 年至 2023 年，已成功举办了 13 届。经过多年的发展，大赛的参赛团队不断增加，从第一届的 1500 多支到第十四届官网报名 18 万多支；参赛项目的内涵逐步扩大，同时，大赛创造性地举行了实战赛。大赛的规则也在不断完善，从而保证了大赛更加公开、公平和公正。随着比赛规模越来越大，影响力越来越强，"三创赛"现已成为颇具影响力的全国性品牌赛事。在 2023 年全国高校大学生学科竞赛排行榜"创新创业类"赛事中排名第三。

①大赛的目的：强化创新意识、引导创意思维、锻炼创业能力、倡导团队精神。

②大赛的价值：促进教学，促进实践，促进就业，促进创业，促进升学、促进育人。

③大赛的类别：分为常规赛和实战赛两类。常规赛包含多个主题。实战赛包括：跨境电商实战赛、乡村振兴实战赛、产学用（BUC）实战赛、商务大数据分析实战赛、直播电商实战赛。两类赛事都按校级赛、省级赛和全国总决赛三级赛事进行比赛。

五、"学创杯"全国大学生创业综合模拟大赛

为深入贯彻习近平总书记在全国教育大会的重要讲话精神，落实《国务院办公厅关于进一步支持大学生创新创业的指导意见》，进一步深化高校创新创业教育改革，培养造就创新创业主力军，推动创新创业实验教学工作的发展，高等学校国家级实验教学示范中心联席会经济与管理学科组与中国陶行知研究会决定举办"学创杯"全国大学生创业综合模拟演训活动。

至 2023 年，"学创杯"全国大学生创业综合模拟大赛已持续举办十届。赛事侧重于提升大学生创业团队初创企业运营管理能力，2022 年大赛吸引了 1458 所高校，超过 30 万师生参与。"学创杯"全国大学生创业综合模拟大赛为中国高等教育学会"2021 全国普通高校大学生竞赛排行榜"竞赛项目之一。"学创杯"全国大学生创业综合模拟演训活动，分为创业综合模拟活动、数字营销模拟活动、财务决策模拟活动。

参考文献

[1] 李伟. 创新创业教程［M］. 2版. 北京：清华大学出版社，2019.

[2] 黄藤. 大学生创新创业教程：慕课版［M］. 北京：人民邮电出版社，2018.

[3] 兰小毅，苏兵. 创新创业学［M］. 北京：清华大学出版社，2019.

[4] 姚波，吉家文. 大学生创新创业基础：项目式［M］. 北京：人民邮电出版社，2020.

[5] 周苏，褚赟. 创新创业：思维、方法与能力［M］. 北京：清华大学出版社，2017.

[6] 余胜海. 不折腾：大众创业成功法则［M］. 北京：电子工业出版社，2018.

[7] 杨京智. 大学生创新创业基础：大赛案例版［M］. 北京：人民邮电出版社，2020.

[8] 丁旭，莫晔. 创新创业教程［M］. 2版. 北京：清华大学出版社，2019.

[9] 郑懿，熊晓曦. 大学生创新创业基础：微课版［M］. 北京：人民邮电出版社，2020.

[10] 张雅伦，张丽丽. 大学生创新创业基础教程［M］. 北京：北京理工大学出版社，2018.

[11] 吴敏，李劲峰. 大学生创新创业基础教程［M］. 合肥：中国科学技术大学出版社，2018.

[12] 姜文龙. 大学生创新创业基础教程［M］. 北京：高等教育出版社，2019.

[13] 闫俊霞，吴秋平，陈锐. 大学生创新创业基础教程［M］. 重庆：重庆大学出版社，2021.

[14] 胡金林，金文豪. 大学生创业理论与实训［M］. 武汉：武汉大学出版社，2019.

[15] 蔡松伯，陈永清，王东晖. 大学生创新创业指导教程［M］. 重庆：重庆大学出版社，2021.

[16] 刘延，高万里. 大学生创新创业基础［M］. 武汉：华中科技大学出版社，2020.

[17] 刘小庆，曹静，王存芳. 大学生创新创业［M］. 北京：人民邮电出版社，2019.

[18] 何雪利，王永祥. 从零到卓越：创新创业导论［M］. 上海：上海交通大学出版社，2022.